献给石秀娜（Anna K. Seidel, 1938—1991）

是她鼓励我们从事这项研究计划

遗憾的是，她生前未能看到这部成果

本书以及相关的研讨会由美国学术团体协会（the American Council of Learned Societies）下属中国研究联合委员会（the Joint Committee on Chinese Studies）和社会科学研究理事会（the Social Science Research Council）赞助，国家人文基金会（the National Endowment for the Humanities）和福特基金会（the Ford Foundation）提供资金。

海外中国专题研究丛书

刘 东 主编

Pilgrims and Sacred Sites in China

进香

中国历史上的朝圣之地

〔美〕韩书瑞 于君方 —— 编

Susan Naquin and Chün-fang Yü

孔祥文 孙昉 —— 译

九 州 出 版 社 | 全国百佳图书出版单位

JIUZHOUPRESS

图书在版编目（CIP）数据

进香：中国历史上的朝圣之地 / 刘东主编；（美）
韩书瑞，于君方编；孔祥文，孙昉译. -- 北京：九州
出版社，2023.1
（海外中国专题研究丛书）
书名原文：Pilgrims and Sacred Sites in China
ISBN 978-7-5225-1226-6

Ⅰ. ①进… Ⅱ. ①刘… ②韩… ③于… ④孔… ⑤孙
… Ⅲ. ①山－研究－中国 Ⅳ. ①K928.3

中国版本图书馆CIP数据核字（2022）第224455号

©1992 The Regents of the University of California
Published by arrangement with University of California Press

著作权合同登记号：图字01-2021-2279

进香：中国历史上的朝圣之地

作　　者	［美］韩书瑞　于君方　编　孔祥文　孙昉　译　刘东　主编
责任编辑	邹　婧
出版发行	九州出版社
地　　址	北京市西城区阜外大街甲 35 号（100037）
发行电话	(010)68992190/3/5/6
网　　址	www.jiuzhoupress.com
印　　刷	三河市兴博印务有限公司
开　　本	710 毫米×1000 毫米　16 开
印　　张	26.25
字　　数	340 千字
版　　次	2023 年 2 月第 1 版
印　　次	2023 年 2 月第 1 次印刷
书　　号	ISBN 978-7-5225-1226-6
定　　价	118.00 元（精装）

序"海外中国专题研究丛书"

刘　东

　　尽管总会遇到阻抗与逆流，尤其在当下这段艰难岁月，可只要举目观望自己的周遭，还是到处都留有"全球化"的影响。当然在这中间，也包含了从八十年代便已启动的，如今已经林立在四壁书架上、足以把我们簇拥起来的各种学术丛书，尽管人们当年更淳朴的习惯说法，是把这一切都称作"改革开放"。——可不管用什么辞令，到了几十年后再不经意地回望，我们总是会不无"陌生感"地发现，居然连自己毕生从事的学术研究，也已经大规模地、完全不可逆地"全球化"了。而且，这还不光是指那些号称"无国界"的现代学问，比如理科的理论物理、或工科的机械工程等，也同样是指这些"有文化"的传统学问，甚至还包含了对于这种传统本身的人文研究。

　　正因为介身于"全球化"的潮流之中，如果早在1988年，当我动笔为"海外中国研究丛书"作序时，曾经并非故作自谦、而乃老老实实地写道，"我们的译介毕竟还只是初步的尝试，而我们所努力去做的，毕竟也只是和读者一起去反复思索这些奉献给大家的东西"，那么再到2001年，当我又为"阅读中国"丛书做序时，就已可面对着当时的进展、而带有相当信心地写道，"如果在上次作序的时候，我们对于西方同行的工作还只知一鳞半爪，那么今番再来作序，简直就像在介绍老朋友的一些新作了"——的确，以往只有极少数社科院里的精英，才得以略窥一二的汉学著作，如今已成了随便哪个学生的必读书，甚至更成了一般知识大众的枕边书，以至于只要是一打开哪本后进的著作，尤其是那些非要装出点"学究气"的学位论文，就能在参考书目中看到大批丛书的选题。

可话说回来，一方面固然也可以觉得，只有到了这种回头"复盘"的时候，才有可能于蓦然回首中发现，我们如今竟已走出了"那么远"；但另一方面，自己仍然心有戚戚地觉得，我们终究还是走得"不够远"。实际上，在编辑那套"海外中国研究丛书"之余，在自己心底一直都潜藏着另一批书，而且以往趁着开会时也曾经多方呼吁过，这就是目前终于可以循序推出的、规模相对要小的"海外中国专题研究丛书"。——再来顾名思义：收进这套丛书中的每一种，都是由一组或一批来自海外的学者，围绕共同关注的某个话题或环节，来进行各施所长的交流与切磋、启迪与补充。

之所以总在心里惦记这个，是因为在"国学"与"汉学"的对话中，至少是在我们自己的这一侧，对于别人的"成本论著"关注得较多，而对别人的"单篇论文"关注得太少。而诸如此类的偏向，以及由此生出的拖拉与被动，又不能只是归结于此前的译介——包括"海外中国研究丛书"的坚持与成功——更要同国内知识生产的独特现状相连。但无论如何，越是更多地读到了别人的专著，这种偏又不读别人论文的缺陷，也才会更加突出和集中地暴露出来，从而也就更应得到相应的补救与矫正。说白了，唯有论文才属于成果的即时反映，缘此才反映了学术创新的前沿状态，而一旦连相应的专著都印刷出来了，在时效上往往便已相对滞后了。正因为这样，如果仅限于去阅读别人的专著——更何况还只是转成了中文的译著——那样的学术报告就已经没多少情报价值了。

不可讳言，也正是因为这种知识生产的现状，以及与此互为因果的、普遍不读别人论文的缺失，也就拖累了我们自家的论文质量。这也就意味着，实则中国的文科学术，至少在"论文撰写"这个方面，还远远没能够匹配"全球化"的步伐。也正因为这样，就使得真正在坚持国际标准的学刊，比如一直由哈佛燕京学社支持、商务印书馆出版的《中国学术》杂志，很难从国内学界汲取到充沛的稿源。事实上，国内的评价机制更在意论文的数量或篇数，而不是它们的创新度与论证量，这自然使人们养成了这样的惯习，写出的东西都篇幅偏短、分量偏轻、味道偏淡。——在这样的现状中，恐怕人们也很难去想象或理解了：有些声望和影响都很大的国际学者，比如芝加哥大学的科斯、加州大学的施坚雅，终其一生都并未出版过什么"专著"，而他们享有的那种"大师级"的声誉，主要就靠少数几篇作为"代表作"的论文。

正是在上面这样的检思中，我才在心里一直默默念想着，一定要集中推出一批"论文集"。虽则说，即使有了这种翻译过来的"论文集"，也并不能代替"阅读论文"的研究习惯，可它们终究还是有个好处，那就是能够促使国内学界认识到，什么才是别人知识生产的"原生态"？事实上，每当打开这样的"论文集"时，我们就总能听到众声的喧哗、别异的观点，也总能看到对立的视角、不同的手法。就此而言，这种七嘴八舌、不一而足的"论文集"，往往也正是催化知识生产的温床。到了后来，有些作者也正是从这里出发，才大大发展了研究的兴趣，写出了后来译出的"专著"；只不过，如果就国内的特有语境来看，人们是把阅读的次序给颠倒了过来。但无论如何，这种学术史中的"发展性"，却不应就这么简单地忽略掉，否则我们对于别人的研究，就会只是"知其然"，而不能"知其所以然"了。——也就是说，在这样的领域与话题中，到底还保留了怎样的潜力，留下了怎样的余地，闪出了怎样的缝隙，露出了怎么样的破绽，存在着怎样的争议，我们就会统统对此不得而知了。

毫无疑问，要是这套丛书能从刚开始，就去自行动手编选这类论文集，那无疑会有更多的选择余地，也更应当能贴合国内的阅读要求。只不过，由此所带来的具体技术问题，尤其是由此涉及的单篇版权，会使相应的工作难上很多倍。既然如此，作为一种"投石问路"的尝试，就决定先到加州大学出版社那里，去联系这套素被称道的"论文集"。读者们可以顺藤摸瓜地发现，它们往往都属于某次会议的"结集"。——而这样一来，就又带来了一个附加的好处，那就是让大家顺便也能看到，一次真正堪称严肃认真的、可以有预期成果的学术会议，究竟应当怎么去筹备、怎么去落实，怎么去主持，和怎么去总结。也是唯其如此，纳税人的宝贵钱财，或者捐资人的热心贡献，才不致被白白抛撒在"楼堂馆所"中，甚至干脆把"胡乱召集开会"，当成了"快速用掉经费"的唯一手段。

事实上，正因为那些会议的组织者，对于某个尚且未知的话题，或者稍显陌生的领域，已经具备了相当的敏感性、和相应的前瞻性，而又能按捺住自己的性子，把它酝酿得较为长久、准备得较为充足，才能有足够的把握去开好这次会。由此可知，某次学术会议之"大获成功"的标志，就不仅要同时反映在会议主题、参会阵容、讲演质量、交流程度中，还理应更进一步地反映在：一旦这样的会议圆满结束了，那么，研究的风气与话题能否随之一变，而流行的话语与范式能否吐故纳新？——在这样的意义上，虽说还不是引入了一个活生生的学术界，然而我们通过这样的会议"论文集"，总算是看到了它某次精心活动的剪影。而大家如果善于深层地阅读，还足以就此领悟得更多，比如国外的那些同行或对手，如果就某一特定领域而言，究竟具备着怎么样的研究实力，以及正在关切怎样的话题，和正在面临怎样的转向……

当然，相对于潜藏心间的计划而言，这些率先引进的会议"论文集"，还只不过是"三步走"中的"第一步"。一旦这些出版物能被认可了，我就将依托未来团队的支撑，一边去自行动手、一边也邀约国外同行，去像完成一个研究项目一般地，另外编辑和翻译出一批"论文集"。希望这样一来，就不光能更广谱地扫描国外的研究，也更能聚焦于它的某些纽结点，比如那些引发过"范式转换"的著名论文，以及围绕它们所发生的争辩。与此同时，为了能返回国外的学术现场，从而在知识生产的"原生态"中，去体会学术史中的微妙转折，我还打算再更进一步地，去联系国外的一些著名学刊，把造成某次"学术事件"某期杂志，原封不动地把版权买过来，再原原本本地端给中国读者。——比如，我们要是能想个什么办法，把1975年春季号的Daedalus杂志，给原封不动地买来版权、和翻译出版，那就会大大有助于国内学界去了解，当前占据了话语中心的"轴心突破"、乃至于"内在超越"，都是由哪次具体"学术事件"所导致的；事实上，那个导致了风气转变的专辑，正是由出身犹太的汉学家史华兹发起的，而它的名称正是"智慧、启示与怀疑：公元前一千纪的人类文明"。

也正因为这样，写到了最后就必须紧跟着补充，尽管我们借助于这样的"论文集"，也顺便介绍了一种"相对正常"的学术秩序，不过读者们与此同时也需要明鉴：这也无非就只是"相对正常"罢了。所以无论如何，又不能把这一切都给"理想化"了，而只要用心研读过就总能发现，可供质疑和论辩之处还俯拾皆是。由此又不免想起了伏尔泰的那句名言："我可以不同意你的观点，但是我誓死捍卫你说话的权利！"而我在最早的那篇《总序》中，也曾本着"改革开放"的精神写道："不能只从各家学说中筛选那些我们可以或者乐于接受的东西，否则我们的'筛子'本身就可能使读者失去选择、挑剔和批判的广阔天地。"——甚至于，到了"全球化"的进程业已如此深入、而风险社会也已同步加剧的今天，就连只是这么"宽容"地空泛表态，也还是显得太过消极和被动了，因为从更加积极进取的意义上说，也只有由"文明对话"带来的"文化间性"，才能帮助我们从目前的分裂泥沼中挣脱出来，将自家的心智带上更为高远的大平台。

2020 年 5 月 1 日

于三亚湾·双台阁

目　录

导论：比较视角下的朝圣

韩书瑞（Susan Naquin）
于君方（Chün-fang Yü）

纵观历史并通览各种文化，人类将形态和模式赋予到自然空间和流动的时间上。某些时间间隔具有特殊的意义，与平常的日期有所区别：日历清楚地标示并且强化了这种模式。同理，某些地方迥异于周围的环境，与特殊的经历和部分人为规定的地理环境相关。在任何一种宗教中，都有某些地方和时间被认为是特别适合与超自然力量建立联系的。我们发现，在大多数文化中，人们都是为此类目的而前往这样的地方旅行。在不同的情况下，这些朝圣的含义也彼此不同。我们所称的"朝圣之旅"，反映的有关时间、空间和神圣力量的中心思想，也是研究民族宗教文化一个富有成果的切入点。

本书主要集中论述中国的朝圣者和圣地，这是在通俗文学或学术文献中尚未得到广泛讨论的话题。我们将以八篇论文①来介绍中国的各类圣地和有代

---

① 原书有九篇论文，由于第9篇论文与本书主题关系不大，故删去。——译者注

表性的山岳，朝圣者通过对它们的参拜肯定了这些圣地的法力，并使其更具有神圣性。对于那些不熟悉中国宗教或朝圣比较文学的人们而言，我们希望本导论可以提供有用的背景知识。本导论肯定是浅显的、初步的，它间接借鉴了各种各样的著述，这些著述就列于本导论后面的参考书目中。

世界各大主要宗教都有朝圣活动。在犹太教、基督教等宗教中，典型的朝圣是前往圣城的旅行。在犹太教中，朝圣是确定一个人为犹太教徒的核心仪式。《旧约全书》规定，每个男性犹太教信徒每年都必须前往耶路撒冷的圣殿三次，分别是在逾越节（Passover）、五旬节（Shavuot）和住棚节（Sukkot）。根据《密西拿》（Mishnah）——公元 2 世纪的一部法律文献——只有未成年人、妇女和身体欠佳的人才可以免除朝圣义务。事实上，在第二圣殿时期（the era of the Second Temple，即公元前 6 世纪至公元 1 世纪），这个圣地吸引的朝圣者可能比地中海世界的任何地方都多。随着公元 70 年这座圣殿的毁灭，踏上这段旅程的愿望与犹太人回归耶路撒冷的决心融合在一起。在经历了几个世纪的悲痛后，犹太人仍能回想起那座圣城所带来的欢乐。对犹太人而言，朝圣之旅浓缩了这种流亡和不确定回归的经历，这对他们的身份至关重要。

自从基督教形成以来，基督徒同样也进行朝圣，基督教的朝圣不是强制性的。早在公元 4 世纪，人们就开始前往耶路撒冷旅行。在那里，朝圣者参拜了耶稣、圣母、使徒以及《旧约全书》中的纪念圣地。后来，随着天主教会的影响日益扩大，基督教世界的首都罗马成为圣城和朝圣者的目的地，甚至可以与耶路撒冷相媲美。在中世纪，那些长途跋涉前往耶路撒冷或罗马的朝圣者受到特殊的法律保护，获得济贫院（hospice）的支持和优待。旅途中的艰苦被理解为一种苦修，可以获得直接与神的力量接触的报偿。

对于大多数基督徒而言，朝圣更为频繁，而规模却较小。首先是在东欧，然后是在西欧，对圣徒和圣母的崇拜日益流行，使得神圣场所的数量激增，并且距离家乡更近。孔波斯特拉（Compostela）、坎特伯雷（Canterbury）、韦兹雷（Vezelay）和图尔（Tours）名噪一时，紧随其后的还有卢尔德（Lourdes）、法蒂玛（Fatima）以及欧洲和美洲的许多其他城市。这些地方的神龛因其特殊功效而闻名，圣地的神迹轶事被汇编成册，圣物和圣像的效力也广为流传。教会竞相占有这些物品，并将圣徒的节日纳入礼拜日历中。

朝圣者的经历有时与被逐出伊甸园的人类始祖相似，终其一生都向往着天堂，因此，朝圣也成为对基督徒生活的隐喻。人们把这类经历记载下来，编成流行读物并开创了这样的先例——把朝圣理解为个人追求的一个重大方面。尽管伴有随着宗教改革而来的批评，但是直到今天，神迹、神龛和朝圣在欧洲和拉丁美洲的天主教地区中仍然非常重要。

在这三个相关的宗教中，朝圣赋予个人一种超常的直接体验、一种表达虔诚和祈福的机会。更具体地说，朝圣之旅通常是漫长而艰辛的，朝圣之旅又对那些认为某地是神圣的人群进行了区分，因此在宗教信仰相互竞争的世界里，人们重新确认了自己的宗教身份。

然而，在这些宗教中，用于朝圣的词语在概念化这一过程时，却表现出多样性。英语单词"pilgrim"的词根强调"旅行者"的概念，而"holy"则与"健康"和"完整"有关。朝圣和徒步行路都和旅行有关，而且它们存在某些相似之处，但后者缺乏某个特定目的地。与圣地、圣所或教堂不同，"朝圣中心"没有专门术语。在德语中，用"*Wallfahrt*"来指耗时长、次数频繁的朝圣，而用"*Pilgerfahrt*"来指耗时短、次数少的朝圣。相比之下，希伯来语单词"*hag*"（朝圣盛宴）不仅指旅程，而且还表示循环运动。

在犹太教、基督教等宗教的背景下，有关朝圣的学术写作在西方得到了发展。前往这些宗教历史上重要地点的旅程，与前往供奉先知、圣徒和圣人圣殿的旅程之间的相似性表明，朝圣是一种普遍的人类现象，而朝圣者的记述则把学者的注意力引向了体验本身。在以往的半个世纪里，随着人类学家和历史学家对宗教的研究，很多学者把目光投向了基督教朝圣，一方面特别是中世纪时期——"朝圣的黄金时代"，另一方面则是当今。迄今为止，对基督教朝圣传统的研究是最成熟的，而且主要集中于圣徒传记、圣地、祭仪和神迹的历史，以及朝圣在社会中的作用。

为了跨文化研究朝圣，研究者们必须摆脱西方宗教的影响——他们对宗教和信徒有着明确的定义，对崇拜行为有着明确的认识，并把艰难困苦作为朝圣之旅的一部分。大多数学者需要一种可以涵盖其他宗教的朝圣定义，并通过这种朝圣定义来进行比较——就像我们在此所做的那样——任何前往圣地进行宗教活动的旅程都是朝圣。

当我们使用"神圣"（sacred）这个术语时，就会敏锐地意识到它与"超越"（transcendent）含义的相关性，以及它暗含着对源自西方宗教传统的术语"渎神"（profane）含义的反对。这种暗示在那三个有渊源的宗教中是自然而然的，它们都肯定了一个超自然的神的存在，但是这种暗示不可能延伸到包括那些东亚宗教在内的其他文化中，那里的宗教崇拜对象不是与自然相分离的，而是存在于其中的。因为没有熟悉的术语很难展开研究，所以读者应该注意到，我们使用的术语是没有这些内涵的"神圣"（sacred）一词。

在天主教中，信徒很容易将朝圣与各种相关行为区分开来；而在其他地方，这种区别并非总是泾渭分明。因此，学者们也不得不重新思考这一现象的边界。例如，他们必须考虑如何区分朝圣和以下这些活动：

（1）在某个圣地（无须旅行）的普通祭拜。

（2）前往历史古迹或风景名胜旅行。

（3）列队展示的神灵、圣物以及前往一系列圣地的信徒。

宗教与世俗混杂在一起，在朝圣中是如此常见，所以有必要提醒那些期待这些术语之间有明显区别的人注意一下。

虽然对非西方宗教传统的朝圣的学术研究发展较为缓慢，但它现在已成为扩大的跨时代跨区域的宗教比较视野的一部分。近年来，学术界的关注点放在了南亚，特别是印度的印度教世界。

印度教徒公开宣称的目标是从出生、死亡和转世的重复循环中解脱出来，并且从时间和空间中解脱出来。朝着这个终极自由前进时，每个人都在一生中寻求更好的转世。生活好比是渡河到达彼岸（在与之相关的佛教中也是这样比喻的）。朝圣之旅被表达为"tīrtha-yādtrā"，其字面意思就是"到一个涉水的地方旅行"。拜访一个朝圣之地，无论从字面上还是在隐喻上都可以理解为"跨越"那个地方，是非常值得称颂的，有助于减少现世的束缚。例如，人们平静地来到神圣的恒河之滨的贝拿勒斯（Benares），沐浴、祈祷，甚至死亡和火化。朝圣者也前往达显（darshan，意即观看、想象）之地，希望得到被达显之地的神灵、圣人"瞻视"的回报。在朝圣者与神灵、圣人相互凝视、进行交流的过程中，祝福被接受，愿望得到实现。许多朝圣之旅遵循着定期的行程和安排。例如，每十二年一次前往印度河和恒河的交汇点哈德瓦（Hadvar）朝圣被视为特别吉利的事。① 印度各地分布着成千上万处供奉各种神灵的圣地，人类学家在研究印度教徒的朝圣活动方面走在了前列。人类学家抓住机会参观这些朝圣中心，观看和采访朝圣者，甚至亲自前去朝圣。前往印度教圣地的旅程是很容易识别的，其与欧洲宗教行为的相似之处也很容易受到关注。

虽然佛教对东亚产生了极其重要的影响，但对佛教朝圣的研究却主要集中在南亚（佛教的发源地）和东南亚（佛教形成后的传播地）。佛教没有专门的术语来描述朝圣。在一个层面上，大乘佛教的"空"概念暗示了无差别的空间，是对神圣的地理环境的解构。然而，在释迦牟尼第一次布道以及沿袭千年的教导中，通往觉悟和涅槃之路，对朝圣者而言始终是一个重要隐喻。

如同其他许多朝圣活动，佛教徒朝圣的目的地也都是在历史上被神圣化

---

① 此处英文原书有误。哈德瓦位于恒河上游，与印度河距离尚远。印度河并未与恒河交汇。此外，原书误把哈德瓦的英译写作"Hardar"，此次翻译，注明正确拼写"Hadvar"。——译者注

的地方，并以悟道者的遗迹为标志。和其他有可确认的创始人的宗教一样，佛陀释迦牟尼（公元前6世纪至公元前5世纪）的后世追随者想要前往印度纪念其生前之地，特别是出生、悟道、第一次布道和去世之地。其中最重要的是菩提伽耶（Bodhgaya）——释迦牟尼在那里顿悟——持续吸引着来自世界各地的朝圣者。

在佛教发展的早期，佛经记载了佛陀以及有名弟子们的舍利子被安放在封闭的穹状佛塔内供奉和被朝拜的情形。这类圣物（梵文拼写是 śarīra，中文即"舍利"）与基督教圣徒的圣物一样，包括肉身遗骸（骨骼、头发、牙齿）以及与圣人生活有关的物品。根据传说，印度阿育王在公元前3世纪，修建了八万四千座佛塔，用以恢复、重新分配和散布佛陀的圣骨。这个故事证实了佛塔在整个佛教世界的扩散。

如同世界其他的宗教，后来对圣人（通常是僧侣）的崇拜为神职和世俗之人的朝圣创造了额外的场所。僧侣为"出家"或"遁世"之人，他们不再贪恋物质的生活和社会地位，成为朝圣者的典范。如同进入人生第四阶段的印度教弃绝者（renunciate）和中世纪欧洲的朝圣者（palmers），佛教僧侣可能要花费一生的时间到处旅行。最典型的朝圣者是年轻的僧人善财童子，他前去拜访五十三位"善知识"，正是这些"善知识"引导他悟道。这个故事记载于广为人知的《华严经》中。

日本的宗教传统与中国一样，也是佛教和本土宗教的结合。在这两种文化中对朝圣做广泛比较将是十分有趣的，但超出了我们这本书的研究范围。伊势神宫最初只接受帝国的庇护和祭拜，后来成为朝圣者组织的朝拜目标——在近代，伊势神宫变得日趋重要。与此同时，僧俗还开发了各种新的佛教圣地（许多山岳）。

朝圣的语言极具日本特色。相关术语"詣い"和"詣で"，通常用于访问圣地，并没有区分是本地寺庙还是遥远的圣地。其他术语有"廻国""巡礼"

和"遍路の旅"。在日本，一组组的圣地构成了朝圣之路。有名的例子是位于日本本土西部的 33 座观音寺庙，以及分布在四国的 88 座与圣僧空海（774—835）有关的寺院。其他圣地则要求在规定的天数内参拜。例如，比睿山天台寺的僧人在七年中有一千天，每天绕行这座山三周，走上 30—80 公里，他们会在沿途驻足地——这些驻足地超过 250 个——停下来吟诵相应的咒语，而且都有仪式性手势。这些驻足地包括寺院和供奉吠陀、佛教、神道教和道教神灵的神龛；天台祖师陵墓；还有神圣的山峰、山丘、岩石、树林、竹林、雪松林、瀑布、池塘和山泉。

有关世界主要宗教以外的这些朝圣活动的研究一直比较零散，并且缺乏系统性，但近十年来的一些研讨会表明，学者们在努力开拓新的研究领域。有些学者只关注泛欧洲和泛基督教的朝圣之旅，而另一些学者则进行了更广泛的比较研究——多学科和多文化背景现在被认为是理所当然的。就现代而言，一些学者在世俗化和朝圣者转变为宗教旅游者或普通旅游者方面进行探讨，这种转变有时是在有关工业社会文化改造的更大理论范围内进行的。

学术性朝圣文学在经验上是丰富的，但在理论上却不那么丰富。一些学者试图创造类型学模式（不走运的是，这种模式并不总是可以跨文化迁移的），其他学者则集中于功能性分析（例如，作为社会整合力量的朝圣，社会秩序的建立，等等），有些学者则是对个人动机和心理更为感兴趣。

维克多·特纳（Victor Turner）是一位早期在非洲有实地考察经验的人类学家，他转向研究欧洲和墨西哥的玛利亚朝圣（Marian Pilgrimages），并于 20 世纪 70 年代成为该领域的主要理论家。特纳对朝圣者的体验十分感兴趣，受人类学家阿诺尔德·范热内普（Arnold van Gennep）提出的过渡仪式（分离、过渡和结合）各阶段模式的启发，把朝圣描述为一个"社会过程"（social process）。他解释说，朝圣者离开家庭，在前往圣地的途中进入一种阈限的状态，然后再返回来，经过转化，重新融入他们的家族团体。在旅行的过程中，朝圣者从普通社会的"结构"（structure）中解脱出来，并促使某种不同的亲缘关系模式的形成，其高潮是在朝圣者中出现了被特纳称之为平等的、无差异的、开放的"共同体"（communitas）。然而，"结构"与"共同体"并非完全对立，而是辩证地联系在一起的。

这个文雅而吸引人的理论模型，强调朝圣是一种强大的、普遍的转变体验。因此，作为当代朝圣研究的先驱者，特纳有着无与伦比的巨大影响力。许多人试图验证他的模式，有些人最终质疑并修改了他的理论。詹姆斯·普吕斯（James B. Pruess）、戴尔·艾克尔曼（Dale F. Eickelman）和 E. 艾伦·莫里尼斯（E. Alan Morinis）分别对泰国佛教等和孟加拉印度教朝圣进行了研究。例如，他们发现，朝圣可以说是创造了一个阈限状态，但特纳理论的关键部分——共同体的体验——有时却没有。但无论是否赞同特纳的理论，大多数研究者都认为有必要阐述他的观点。而特纳对于朝圣中心的边缘性与中心性的辩证关系，以及朝圣现象的消长动态的其他见解和假设，则较少受到学者的关注。

为了从各种各样的朝圣活动的纷杂中提炼出一种通用模式，特纳做出了巨大的贡献。因此，许多学者，尤其是人类学家的兴趣，已经转向朝圣者体验背后的相似性，而不是差异性和圣地本身。我们发现，也许是到了应该重新考虑一下朝圣的复杂性，再听听那些众多不同观点的时候了，其原因在下面有更详细的解释。

在朝圣这项研究的背景下，1989 年研讨会组织出版了本书。我们最简单的目标是在一般文献中增加几个来自中国的研究案例。中国拥有悠久的朝圣历史，这是由其本土传统和佛教塑造的，但在比较研究著述中却较少提及。同时，我们希望通过对比较文学及其关注点的介绍，将朝圣研究引入中国研究领域。此外，针对中国的朝圣真实情况和中国朝圣的来源，需要不同的研究方法和重点。

有关朝圣最富有成果的研究是在大量史料（包括朝圣者的描述）与当代实地考察相结合中进行的。研究中国事例时，这种结合则不易实现。出于各种各样的原因，实地考察存在问题，在历史研究中还有其他的限制：朝圣者的识字率不高，而且，正如在本书的吴百益所写的那篇文章中所指出的那样，一般而言，受过教育的人不会为他们的情感生活提供个人陈述。类似的，通常对宗教体验的记载，与欧洲和中东的教士们相比，中国僧道很少撰写有关圣地旅行的记述。与此同时，朝圣中心本身也保存着丰富多样的史料。因此，受到鼓舞的我们把焦点从人类学转向历史学，从朝圣者的旅程转向圣地本身。我们先暂时搁置关于特纳的争论，选择通过事实上因朝圣者的虔诚而创造的圣地来观察他们。

对朝圣者目的地的比较研究也受到了另一种理性探究的影响（并不完全是积极的影响），这一研究起源于对神话和比较宗教的研究。美国宗教史学科的创始人米尔恰·伊利亚德（Mircea Eliade）在 1959 年提出，所有的圣地都有类似的特征。每个圣地都是"圣显"（hierophany），是神灵或超自然力量示现以及被人们发现（而不是被人们选择或创造）的地方。每个圣地都是中心，是天地相交的一个轴心，是更大整体的缩影。

保罗·惠特利（Paul Wheatley）和其他学者把在亚洲圣城的后续研究工作集中于象征性的布局、建筑、神话和传说上。这样的研究没有整合历史学或人类学有关大众宗教多样性的研究，然而这些多样性有助于我们理解朝圣。此外，不同于耶路撒冷或罗马，中国的城市通常并不吸引朝圣者，因此对中国都城的研究并没有为这方面的进一步研究提供基础。

把圣地说成是整个文化的精粹，消除了分歧，又强化了宗教（或教派）之间令人迷惑的明显差异。西方宗教经常强调其宗教场所的排他性：法蒂玛是圣母的圣地并吸引了天主教朝圣者，哭墙是正统犹太教的圣地。当然，学者们已经对一个地方先前存在的崇拜行为进行过研究，这些崇拜行为通常会被纳入后来居上的宗教之中。宗教职事人员——印度教的婆罗门、佛教的僧人、天主教的神父、犹太教的拉比等——通常控制着朝圣场所，并以一种更有利于自己的方式来表述他们的历史。对于不同群体而言，神圣中心的故事是不准探究底细的，因而往往被叙述成后续时期的零星历史，或强调与敌对临近部族的紧张关系。

这种划分在西方是有误导性的，当然在东亚也是如此。以耶路撒冷为例，它是由宗教朝圣活动的复杂叠加而成的，这些朝圣活动不仅是同时进行的，而且有时甚至集中在同一地点。此外，即使在一个传统信仰中，不同的教派和宗教团体会争夺对某些神殿（如圣墓教堂）的控制权。这种复杂性在中国司空见惯。

在中国，佛教和道教职事人员的权力在过去屡屡处于争议中，并在数百年来走向衰落。此外，由于国家制衡并笼络了有组织的宗教力量，但其本身又不足以强大到支配宗教领域，因此宗教体系和解释的多样性是正常的。因此，朝圣和朝圣场所可以像在其他地方一样，提供在不受正统中间人影响下就可直接获取神圣力量的途径，但这很少为一个群体所独有。因此，对中国圣地的研究必须在朝圣者具有相当大的非单纯性和多样性的前提下进行。戴安娜·艾克（Diana Eck）关于瓦拉纳西的专著[1]中非常成功地描述了一座城市对朝圣者吸引力的多样性和不断变化的原因。我们不得不假设圣地是多元化和多面性的。

此外，在中国文化中，朝圣并没有像在基督教、犹太教、印度教或佛教中那样占据着中心地位。朝圣既不是一种宗教义务，也不是一种对人在宇宙中地位的隐喻（或许除了僧道），普通朝拜和旅行之间的界限更为模糊。然而，要研究朝圣，就必须确定是什么因素构成了朝拜、神圣，以及更广泛的宗教

---

[1] Diana Eck, *Encountering God: A Spiritual Journey From Bozeman to Banaras*, Boston: Beacon Press, 1993. "瓦拉纳西"为"贝拿勒斯"现称。——译者注

领域。通过朝圣之旅，我们仍然可以窥见中国宗教的精髓。

朝圣之旅在中国

尽管无法否认，朝圣有社会、经济和政治方面的意义，但从根本上来说，它是一种宗教活动。对于非专业人士而言，中国宗教呈现出的是一幅支离破碎、令人迷惑的画面。甚至对究竟应该说单个中国宗教反映作为整体的文化，还是说多个中国宗教传统中的不同因素，这一问题尚未取得共识。直到本世纪①，中国还没有一个与西方"religion"相对应的词语。数百年来，中国的精英们一直宣称，在他们眼中，受过教育的人的复杂哲学与普通人的低俗迷信之间存在着区别。西方的观点（无论是自由主义的、基督教的，还是马克思主义的）强化了这种分类，儒家思想在中国和西方都被普遍理解为一种哲学，而佛教和道教则被认定为宗教。有时普通人会被称只相信其中的一个，或者全部三个，或者一个都不信。

造成这种困惑的部分原因在于，西方对中国宗教的认识是沿着两条不同的路线发展起来的。第一条路线是从对精英传统的研究出发，考察儒家、佛教和道教经典文献的思想和作者。学者们，尤其是有知识的历史学家和人文学科的学者们，主要对思想、思想家、已形成的经典和正式的宗教机构感兴趣。第二条路线是从对"民间宗教"的调查开始，通过实地调查研究未受过教育的人的信仰和仪式。这些社会学家的研究集中在家族生活和乡村社区中的"中国宗教"（用杨庆堃的术语）的传播形式。经典文献和宗教神职人员都不怎么重要。这两种研究路线之间的紧张关系仍然没有得到缓解，有关书面和口头传统、精英和流行文化、哲学和宗教、一种宗教或多种宗教之间关系的问题仍然处于争议中。

---

① 此处"本世纪"是指 20 世纪。——译者注

我们认为，只有在谈及宗教职事人员、他们的仪式和他们的经文资料时，道教和佛教才会有相对明确的分类；同样，我们也可以确定儒家经典是精英教育的基础，以及儒家礼仪的司职人员是为国家和家族服务的。此外，每个宗教传统都提供了个人自我转化和拯救自己的"道"。

与此同时，这些可识别的传统所规定的行为准则和涉及生活的条规实际上有许多共同点，在数百年中经历了相当大的相互影响。此外，团体宗教仪式本身并非是排他的，事实上，团体宗教仪式很容易容纳参与者不同的个人理解。因此，一个中国人可能自称拥有儒家、佛教或道教的身份，但他仍然参加这些宗教仪式，认同社会广泛共享的系列价值观。中国人对模糊并且非强化的宗教身份的偏好就体现于"三教合一"的理想中。

我们认为，中国的民间宗教应该被理解为全体社会成员所共有的日常生活中的宗教活动，并不排斥宗教神职人员、受过教育的精英阶层或任何对这些活动有不同理解的人。尽管存在许多地域差异（可能随着时间的推移而减少），民间宗教仍然构成了中国文化的一个重要组成部分。

朝圣是这些共享并流行的宗教活动之一，各色人等都进行了这些旅行。朝圣中心是由僧人和尼姑、善男和信女、富人和穷人、有学识的人和无学识的人、有权力的人和无权的人建立的。虽然有些场所已经被贴上佛教、道教或儒家的标识，本书的论文将表明，这些标识往往存在争议。

随着中国宗教的发展，朝圣逐渐被边缘化。归根到底，朝圣并不是一个核心的文化隐喻，也不是一种宗教义务，更不是宗教经典所强调的行为。乡村研究通常把社区以外的活动排除在外，而被当作"圣城"研究的首都实际上并不是朝圣中心。在 20 世纪初，中外游客对于他们认为对朝圣者有吸引力的地方都进行过描述，实际上所有的被中外游客描述的地方都是山上的寺庙。但沙畹（Edouard Chavannes）对泰山朝圣的学术研究主要集中于华北地区，而不是朝圣者，苏远鸣（Michel Soymié）对广州附近的罗浮山朝圣的研究也是如此。顾颉刚对妙峰山朝圣的开创性研究并没有激发其他学者的效仿。今天，西方关于中国宗教的书籍和文章可能只有一段或数页与这个主题有关，而中国大多数相关著述完全忽略了这一点。总的来说，在过去的 50 年里，几乎没有任何一种语言对此进行过持续的研究。因此，如果从一开始就把对中国朝圣传统的不全面的了解汇总在一起，对于我们可能会有所帮助。我们热切地希望其他学者对其予以完善，帮助填补空白。

在中国，圣地是神灵显灵的地方。朝圣的经典形式必须包括前往山顶寺庙，以及沿途在其他神明显灵的地方停留。主要目的是与造像被供奉在山顶寺庙的神灵建立联系（普通寺庙的圣地与山的比喻相互对应，例如，庭院的入口被称之为"山门"）。

在中文里，"山"可以指一座山峰（如妙峰山），一群山（如九华山），或整个山脉（如五台山），更不用说在山上的洞穴（如茅山）或一座岛屿（如普陀山）（这些地点分别在韩书瑞、鲍威尔［Powell］、詹密罗、司马虚［Michel Strickmann］和于君方的研讨会论文中讨论过）。中国人对低矮的山丘更加偏爱，这些山的距离虽然不一定遥远，但上山却是艰难的旅程，而且许多山确实很高。中国的陆地上有许多高耸入云的山峰，这些山峰似乎从很早的时候起就被视为通往天堂的入口或神灵居住的地方。在中国，并非所有的朝圣地点或圣地都是山岳，但山岳却是标准的和最典型的类型。

"朝山进香"这个中文短语的意思就是朝圣——既不意味着旅程，也不意味着周游。"朝山"的意思是"对一座山表示敬意"，如同某人拜谒统治者。"进香"指的是带香然后再通过焚香与神灵联络的行为（相比之下，"烧香"则是指每天在家族祭坛或村社寺庙里的祭拜）。这两个词都表达了卑微的求愿者与强大神灵之间的从属关系。

在关于朝圣的语言中，到处都提到了"香"。安放在神灵面前的香炉确定了寺庙的仪式中心；朝圣者被称为"香客"（incense visitors），他们的组织被称为"香会"（incense associations）。寺庙或祭拜的兴旺程度可以用"香火"（incense fires）来表示。在当代台湾地区，"香"一词把供奉同一个神灵的寺庙联系在一起。在一些崇拜中，来自祖庙的香灰被带到一座新成立的分灵庙去点燃新香炉，这个过程就是众所周知的"分香"（dividing incense）。为了延续这种关系，分灵庙的香客每年都会去祖庙进香，把香灰堆积起来，随同燃香一起带回去，放到自己的香炉里，这个过程被称为"割香"（cutting incense）。

中国的朝圣者和世界其他地方的朝圣者一样，朝圣的动机是多种多样的。他们可能会去寻找神明的异象，进行苦修，求子或治病，或为自己和家人祈祷健康和长寿。"求福避祸"这一含混的短语常被用来描述这样的目标。许多这样的旅行是作为个人与神灵的具体交流的一部分进行的，以表达向神灵做出承诺的契约语言（许愿）和履行这样的誓言（还愿）。

历史上，关于朝圣的语言包括其他术语，并且正如本书各论文所示，圣地也吸引了游客，他们的目的和对该圣地力量的理解是不同的话语体系。我们还需要做更多的工作来收集各种不断变化中的词语和行为。

类似朝圣的行为在中国有着悠久的历史。我们推测，无论是真实的还是虚构的个人朝圣者的出现不晚于公元前4世纪，而大规模的朝圣活动则是在中世纪（8世纪至12世纪）发展起来的，发展的根源在于根深蒂固的本土观念与通过佛教传入中国所产生的信仰之间的相互影响。因此，我们首先要回顾佛教入华之前的朝圣活动，然后是佛教的思想和实践，最后看一下由此而导致的结合，并对关于这些阶段研究的粗略感到抱歉。

对于中国的早期历史，我们的了解肯定是浅略的。与其他农业社会一样，自然被赋予相当大的力量，有时甚至被想象成动物的形态。这样的力量开始被更强大的超自然力量所取代，这些超自然力量被想象成逝者（通常是统治者）的灵魂，或者是不近人情的"天"。这些不同的力量得到崇拜，也就是说，人们会定期向其献祭。帝王坟冢是献祭仪式的重点对象之一，巫师也被认为有能力进行精神之旅来与这些灵魂建立联系。随着后来文献的不断完善，我们更清楚地看到中国古代统治者是如何继续垄断对这些最强大力量的利用的。

至少在东周时期（约公元前 8 世纪至前 3 世纪）^①，山岳和江河构成了定义王国的象征性格局之一，而山岳在中国君主的典仪中占有更特殊的地位。北部、东部、南部、西部和中部的五座山峰被指定为"五岳"。据中国的《尚书》记载，传说中的舜帝开创了每年到各地巡视并向各神灵献祭的先例（这条规模宏大的巡幸路线本应与当地的巡游路线相匹配）。这样的行为可以描述为山（被比作大臣）对统治者的臣服。

公元前 10 世纪的其他经典文献为这种帝王巡幸的模式提供了史料。在《穆天子传》中，"朝山"一词所概括的模式就是为朝圣而设的：一位统治者巡视他的国土，参山拜河，接受当地神灵的致敬，因为他们交纳了珍宝来换取护佑。在公元前 3 世纪末^②，中国第一个帝国的缔造者秦始皇，通过祭拜一系列圣山（和河流）使其统治合法化，创造了一个有据可查的先例（载于司马迁的《史记》）；他还在泰山为天地举行了少有的封禅大典。这样，延续了近两千年之久的"帝国神圣地理"（imperial sacred geography）逐渐形成。

在周朝后期以及后来的汉朝（一直持续到公元 2 世纪），我们可以看到其他信仰也塑造了与朝圣有关的观念。例如，人们认为，神仙居住在偏远、荒无人烟的地方，永远没有人类的需求。一些神仙居住在遥远的西部，甚至居住在中亚地区的崇山峻岭上，另一些神仙居住在东海的岛屿上（汉代香炉的形状就像从海上升起的山，显示了岛屿、山和神仙之间早期的密切联系）。

---

① 此处，作者误将东周始迄年代写作"seventh to third century B.C."（公元前 7 至前 3 世纪），此次翻译直接更正，谨此说明。——译者注

② 此处，作者误将秦始皇统一中国的时代写作"in the late third century"（在公元 3 世纪末），应为"in the late third century B.C."（在公元前 3 世纪末），此次翻译直接更正，谨此说明。——译者注

《山海经》叙说了神话中的大禹治水和对自然世界的统治。《山海经》与《穆天子传》《淮南子》一起，共同促进了早期传统圣山观念的形成。这些著作提供了许多有关西王母，以及她在遥远的西方世界——昆仑山的住所的传说，将昆仑山描述为沟通人间和天国的关键通道，是一个可以让人永生的神奇之地。

任何一座山都可能是神圣的，是神灵居所，是通往另一个世界的通道。到 4 世纪初，哲学家葛洪写道："山无大小，皆有鬼神。"[1] 由于山岳是强大而令人敬畏的地方，人们不能随便到那里去冒险，必须严格遵守对"入山"的适当时间和适当行为的规定。葛洪为那些寻找山神保藏的长生不老药和其他自然秘密的人提供了护身符。

已故者也被视为强大的灵魂，需要仪式性关注和定期拜访。坟墓外观形似土丘，与山相似。然而，在中国，甚至在早期，坟墓从未成为公众崇拜的焦点。孔子本人关注的是子女为父母举行的丧葬仪式，但他所主张的"慎终追远"成为一种标准，把大多数坟墓排除于拜祭对象之外。

史料记载的皇家巡幸可能是前佛教时期类似朝圣活动的最显著例子。在中国历史的早期，很难获得有关个人宗教生活的信息，但在《后汉书》中，我们发现确实有个关于个体朝圣者的简单而明确的记载：许峻，患重病，乃"谒"泰山（长期受到统治者庇护的东岳）请命。[2]

随着佛教在公元 1、2 世纪的传入，佛教对中国的朝圣传统形成了新的冲击。打头阵的是僧人，他们的旅行的最初方向是印度。千年来，朝圣的僧人勇敢地面对危险的沙漠、偏远的山脉和险恶的海洋，踏上艰难而危险的旅程，

---

[1] 葛洪此语，见［东晋］葛洪，《抱朴子·内篇》卷十一，"仙药"。——译者注

[2] 参见［南朝宋］范晔，《后汉书》卷八十二下《方术列传下》，"许曼传"。许曼系许峻之孙。原文如下："祖父峻，字季山，善卜占之术，多有显验，时人方之前世京房。自云少尝笃病，三年不愈，乃谒太山请命，行遇道士张巨君，授以方术。所著《易林》，至今行于世。"——译者注

求法取经，参谒被佛陀的生活神圣化的著名景点。

到目前为止，最有名的僧人朝圣者是西行"求法"的三藏大师玄奘（约602—664年）[1]，他在印度生活了16年。后来，这位"行者"通过故事、戏剧和小说《西游记》广为人知，成为一个持久而强大的象征。玄奘的旅程是对真正的朝圣之旅的理想化描述，蕴含了巨大的奉献和自我牺牲，危险和冒险，良好的友谊和精神的实现。

《大般涅槃经》（《大藏经》卷7，第374—377页），大约于公元300年首次译成汉文，介绍了有关舍利塔（埋葬圣物的土丘）的基本概念——如果参拜它，就可以提升人们的信仰，有助于更好地转世。在中国，如同在其他佛教国家，这篇经文是朝圣和圣物膜拜的章程。

随着佛教的本土化——欧洲基督教在中世纪也经历了这一过程——信徒们开始在自己的故土上创造神圣的地理环境，以圣地、奇迹般保存下来的僧人遗体、著名的寺院，最后是四大佛教名山（和许多较小的山岳）为标志。一位过着独身生活的僧人为虔诚的俗家信徒（pious laypeople）制定了标准，这些俗家信徒现在可以在他们自己的国家成为朝圣者。当中国对其他东亚国家产生强大的文化影响时，朝鲜和日本的佛教朝圣者便前往中国，而不是印度。

借助阿育王舍利塔的传说，某些拥有佛教圣物的寺院获得了较高的声望和捐助。举例来说，9世纪时，地处唐朝都城郊外的法门寺远近闻名，这与它声称拥有一根释迦牟尼的指骨有关（最近出土了一个盛放佛骨、黄金和珍贵宝石的宝函）。[2] 这些圣物受到从皇帝、贵族、僧人到平民百姓的虔诚信徒的公开膜拜。这些膜拜可以激发出巨大的宗教热情，甚至是狂热，崇拜者可能

---

① 原文作者误将玄奘的生年写作596年，特此更正。——译者注

② 此处原文说法有误，法门寺并非位于唐都长安郊外，而是位于扶风，离长安较远。1987年，中国文物工作者在清理法门寺地宫时，发现了包括佛骨舍利在内的大批珍贵文物。——译者注

会斫指或斫臂作为祭品。许多佛塔都建在寺院附近，用来存放僧人（特别是高僧）的骨灰和遗物，这是他们无形的伟大精神的外在标志。这样的佛塔开始吸引游客——起初是别处僧人，但后来也有俗家修行者。正如伯纳德·佛尔（Bernard Faure）在本书第 4 篇文章中所阐述的那样，在 8 世纪，在中国被称为"禅"（在日本和西方称为"Zen"①）的禅修教派的僧人们开始保存那些奇迹般留下来的开悟先师的肉身，其他僧人也开始前来祭拜和供奉这些"肉身"。

虽然佛教为人们朝圣提供了新的理由，但矛盾的是，它也给传统观念带来了挑战。许多关于佛教高僧的传说，是讲他们利用普世性宗教来征服并使当地的神灵皈依佛教，消除其特殊性，这反映了两种世界观的相互对抗。此外，就总体而言，佛教僧人（尤其是禅僧）认为，内心之旅可能与身体之旅同样有助于救赎，而后者甚至可能是具有破坏性和不必要的。净土（西方极乐世界）被认为与一个人的心境没有什么不同，阿弥陀佛（承诺可以在他那里获得转世投胎）被认为与个人的自我本性是一样的。事实上，如同其他宗教，中国的佛教、道教和理学（Neo-Confucianism）都有发展神秘主义的传统，强调精神成长并通过内省或冥想来接近神灵。

禅宗虽然淡化了朝圣的概念，但强调从一个到另一个主要佛教中心进行徒步（行脚）旅行的僧人（游方或参方）的价值，他们以此加深对佛法的领悟，并在名师那里求教、学习或冥想。乞丐被称为"云水僧"，因为其被认为像流水和浮云一样自由和独立。然而，随着时间的推移，一些名师生前居住或终老的寺院逐渐发展为僧人的朝圣中心。

对世俗的朝圣者而言，在今世积累功德，为自己和亲人的来世争取利益，是朝圣的常见动机。造像（雕塑或绘画）很快成为虔诚祈祷的重要焦点。唐代以前成立的佛教组织，目的是资助在通往印度的道路上以及信仰佛教的统

① 此处"Zen"系"禅"的日语罗马字拼写，日文假名书写是"ぜん"。——译者注

治者都城附近的敦煌、云冈、龙门和大足的洞窟里雕塑不朽的塑像。① 这些佛教组织以及其他某些自宋朝创立的"念佛会"或"放生会"可能已经发展为后来的朝圣组织。

佛教造像对中国宗教艺术产生了深远的影响。佛教造像被解释为帮助信徒把他们的情感和思想集中在神灵的身上，它们很容易成为宗教思想的化身。有些造像被认为是奇迹般地出现的，或是自我显现的，或是由神灵创造出来的；另一些造像被认为具有法力。安置造像的屋子变成了寺庙，如果出现奇迹，还会成为朝圣的圣地。

随着灵验之地变得更加广为人知，佛经就提供了可以用来"美化"（transfigure）这种地点的名字和造像（用詹密罗的话来说）。印度有关普陀洛迦（Potalaka，观音道场）的说法为圣地概念在中国的进一步模糊提供了权威的经文依据，而《华严经》则是规划和命名重要圣地的基础经文。《华严经》还提供了一个佛教朝圣的经典范例：年轻的善财童子拜访五十三位"善知识"以寻求开悟的故事。从 10 世纪开始，这个故事在艺术和文学中广为传颂，善财成为神职人员和世俗朝圣者的榜样。中国佛教的所有重要菩萨，即致力于拯救悟道者的开导者——弥勒、文殊、普贤、观世音，都是以年轻朝圣者导师的身份出现的。

如本书第 5 篇即于君方论文所述，其中三位菩萨的道场分别是：山西的五台山（文殊）、四川的峨眉山（普贤）和浙江沿海的普陀山（观音），与安徽的九华山，即地藏的道场，构成了佛教"四大名山"，它们位于帝制中国的四个想象方位，同时代表了宇宙的四个组成元素。神话的创造归功于菩萨贤者示现于信徒和降奇迹于寻求者。迟至明代（1368—1644 年），这四大名山已形成了重要的佛教朝圣路线。此外，这四位神灵的诞辰已经被列入每年祭拜

---

① 原文此处有误，敦煌和大足并不在都城附近。——译者注。

的日历，会举办特别的庆祝活动。

佛教的思想和制度，就是这样对中国朝圣的发展做出了巨大的贡献。中国朝圣在早期传统的基础上建构，适应早期传统，而且又改变了早期传统。在同一时期（公元后的一千年里），道教的新兴流派鼓励和影响了这些趋势，并且正如司马虚的研讨会论文所述，道教的新兴流派极大地丰富了有关中国山岳的口头传说。

道教高人在深山里过着苦行僧般的隐居生活，而道家经文则阐述了有关山岳和洞穴以及居住在这些地方的超然存在。在延续葛洪和陶弘景（456—536年）思想同时，道教创造了一种以山岳和洞窟为中心的神圣地理。例如，传统的五岳被重新阐释为老祖天师的五根手指。到了8世纪，这些圣地被系统化，分为圣境之下的十大洞天、三十六小洞天和七十二福地。据推测，这些地方是通过隐蔽的网络连接起来的，在中国普遍可见，它们都是道家通过冥想唤起的秘境，也是朝圣者拜访的真实场所（正如于君方和詹密罗在自己所写的文章中所述，佛教徒也偏好洞窟寺庙，因为佛教徒认为它适合隐居冥想，也可能是神灵显圣的场所）。

在此期间，皇帝们继续在专设的殿堂里祭拜帝国山川，并周期性地前往特别优待的圣山。他们慷慨地赐予山神封号，报答那些为整个国家带来福祉的神灵。自汉代以来，这五岳分别是泰山、恒山（位于山西）、嵩山（位于河南）、华山（位于陕西）、衡山（位于湖南），其中最重要的是泰山。正如劳格文（John Lagerwey）在本书中关于武当山的论文中所指出的那样，帝国的庇护者可能对崇拜和宗教中心的发展至关重要。

与此同时，国家剥夺富裕的佛教和道教组织显赫经济实力的努力相当成功。9世纪后，中国的宗教组织没有获得像世界其他地区宗教组织那样的财富。理学（重塑儒家思想的学说，12世纪后成为精英的正统学说）同样挑战其竞争对手的知识权威，尽管理学对它们有所借鉴。然而，宽容和共存是普遍的标准。随着中央控制区域扩大和人口增长，国家试图把寺庙和僧道登记在册，控制未经许可的崇拜，并劝阻朝圣，但这些举措都愈来愈难以实施。

从宋代开始，对佛教菩萨和许多其他神灵的崇拜得到了地方精英的推动和帝国的护持。对于朝圣而言，这是一种强烈的刺激。许多神灵逐渐获得帝国的认可——观音、真武、碧霞元君（上述神灵在后面论文中予以论述）、妈祖、文昌和关帝——在中世纪及以后发展了众多的追随者。神灵回应信徒祈祷的寺庙彼此相互竞争，每一个教派和祭拜场所的发展都促进了另一个教派和祭拜场所的发展。

帝制时期的文人教育并不鼓励效仿僧道或虔诚民众的朝圣行为。相反，受过教育的精英创造了他们自己的模式（并通过追随这些模式，把自己定义为文人）。如孔子，花费多年时间周游列国，寻找能采纳他主张的统治者，理学家如朱熹（1130—1200 年）和王阳明（1472—1529 年）四处讲学。与这些大师生活相关的地方会吸引其他文人骚客前来追忆故人，从而使这些地方重新焕发出新的活力。朱熹在江西成立的白鹿洞书院就是这样的地方（后来朱熹就安葬于此 ①）。也有别的私人墓地成为公众祭拜之地，地处山东的孔子墓也得到了皇室和文人访客的祭拜。

得益于帝国交通条件的改善，宋、元、明、清（从 10 世纪至 19 世纪）的文人去游山玩水和省师访友更方便了。至今留存了大量的游记，讲述了对历史古迹、景点和宗教圣地的游览。这种被称为"闲游"的旅行，包括许多活动：观赏名胜、探访古迹、怀古凭吊，通过写诗作画或写一篇短文来记述这些时刻。这些作品的特点是避免述及宗教方面，并表达出对普通民众宗教热情的蔑视。由此，某些文学和艺术流派有力地约束了它们的作者（这种态度在高居翰、吴百益和杜德桥所写的论文中有所提及，并与詹密罗和于君方

---

① 此处有误，朱熹墓位于福建南平建阳区。——译者注

提供的早期材料形成对比）。

幸运的是，中国的文人也是历史学家。例如，有上百部山志幸存下来，这些山志的历史记载包含多种原始资料，为本书研究泰山、黄山、五台山、普陀山和武当山的朝圣提供了重要的依据。

中世纪，文人开始以山岳为题材创作山水画。即使选择名山作为朝圣中心，画家们也还是表达了不同的价值观和关怀。有些山岳，例如江西庐山，数百年来在画家中享有盛誉，原因在于它们被描绘得过于完美（或者经常得到描绘）；其他山岳成为画册或一系列卷轴的主题，画册或卷轴可以运用散点透视来展现这些山岳；大多数山是通过诗歌加以纪念的。本书中高居翰所写论文就描述了这样的地方。正如他所指出的那样，与画家对自然环境的体验相比，黄山上的人群、寺庙和宗教活动显然不是主角。

与此同时，微缩成岩石的"山"也从野外搬到花园和住宅里，在精英文化中发挥着重要作用。花园，如同卷轴和画册，适合引导观众在蜿蜒的小路上穿景而行。小盆里放着一块石头和一棵树（盆景，与日本盆栽有关，也与早期的山形香炉有关），将自然压缩在一个更小的范围内。

到了近代早期（约16世纪），许多因素滋养了中国的朝圣文化。不同的文人、皇家、僧道和世俗的传统与持续增加的各种本地的、区域的和国家神灵的殿堂共存。随着国内旅行的日益便利，在导游图书的帮助下，在经济增长和政治一体化的鼓励下，朝圣活动蓬勃发展。在中国许多地方，朝圣组织的发展促进了这些旅行并为越来越多的朝圣者提供了关照（相关内容在劳格文、韩书瑞、吴百益和杜德桥所写论文中有所论述）。

尽管数百年以来，某些朝圣中心不断积累着神圣的力量，但它们的发展并非总是平稳而持续的；更常见的情况是，其所在圣地的兴旺程度起起落落。例如，五台山首先从中世纪开始扩张，后来又经历了复兴和转变，才成为藏传佛教中心。正如佛尔和于君方所写论文所指出的那样，随着新圣地的发展，旧圣地有时会被遗忘。总的来说，拥有各种各样的朝圣者的圣山会比只拥有范围较为狭窄的捐助者的圣山更具有生命力。

朝圣者通常穿着特制服装，表演独特的动作。尉迟酣（Holmes Welch）提供了某些现代事例，这些事例无疑都有更早的先例：1882年，虚云禅师从普陀山到五台山朝圣，恳求文殊帮助他已故的父母脱离苦海，早生净土。他每三步一拜，花了两年的时间走完一千五百公里。世俗的苦修者则采取一种更为严苛的苦行方式以弥补严重的罪孽或还愿：把香炉悬在钩子上，用钩子刺穿朝圣者的手臂，或者把一块护身符牌嵌别在胸部的皮肤上。在传统时代，也有一些朝圣者，他们被自以为看到的神灵示现所带来的狂喜冲昏了头脑，于是采用自杀的方式从山崖上跳下来，以加入神灵的行列。虽然大多数朝圣者并未采取这种极端卑微的形式，但他们会在整个旅程中都禁欲和食素。

正如卜正民（Timothy Brook）的研讨会论文所阐明的那样，旅行已成为僧人宗教训练的一个关键因素。1827年出版的导游读物《参学知津》的作者为僧人朝圣者提供了专门的指导，僧人朝圣者参访名山的目的应该是获得初步启迪。在旅途中，他们要化斋、夜宿寺院、忍受旅途的艰辛，而且始终遵守寺院的规定。该书作者建议读者与其他僧人一起旅行，这样可以寻求陪伴、帮助和保护。制订旅行计划并严格执行，但不要为旅行限定时间。他们应当放弃对名利的追求，当下定决心上路后，便把这条路当作自己的家，无忧无虑地度过每一天。然而，和政府官员一样，有权势的僧人也担心对朝圣活动管控的问题。晚明著名禅师袾宏就是这种矛盾态度的典型代表：他批评了普遍出现的隐居和旅行，并强调要对终身精神修行定制适当的顺序。至于尼姑，袾宏认为，比丘尼根本就不应该外出！

中国仍然是更为广阔的朝圣格局的一部分。中世纪，宗教是多元化的，当时在中国都城可以看到摩尼教信徒（Manicheans）、景教徒（Nestorians）、基督徒、犹太教徒等。中世纪后，宗教多元化就衰落了。从16世纪到19世纪，帝国资助了密宗（所谓的喇嘛教），帮助其开发了新的圣地，改造了旧的圣地，吸引了虔诚的蒙古族人和藏族人到中原朝圣。到了 20 世纪，由于对欧洲文化的认识逐渐加深，并且前往国外的旅行更加便利，中国基督徒可以前往罗马或耶路撒冷，而中国马克思主义者可以到伦敦或列宁格勒[①]去旅行。

在中国大陆，位置偏远的朝圣圣山在一定程度上使自己免于遭受 20 世纪的动乱。正如桑高仁（P. Steven Sangren）的研讨会论文所言，自 1949 年以来，台湾地区的模糊态度和经济的繁荣使宗教活动得以蓬勃发展。

中国的朝圣地

考虑到这些比较框架和历史框架，现在让我们转而讨论本书的内容。我们对中国朝圣的研究方法最初受到资料来源的限制。实地考察——世界各地许多朝圣研究的支柱——在 20 世纪初的中国大陆是可行的，但在 1949 年后就无法实现了。中国革命似乎彻底切断了当代和过去的宗教习俗，直到 20 世纪 80 年代中期，才有了参访这些圣地和采访当代朝圣者的机会。虽然实地考察在台湾地区和香港地区是可行的，并产生了有趣的结果，但这两个地区需要适应一个世纪前对它们更大的文化区域的分离。因此，中国没有为人类学家提供与印度、拉丁美洲或欧洲同等的研究条件。

其他限制对历史学家所依赖的书面记载也有影响。中国最有名的朝圣者是那些离开中原王朝前往印度旅行的人；此外，国内没有其他可确认的朝圣记载，少数善于写作的旅行者的著作很少述及"宗教"感情或活动。然而，吸引朝圣者的圣山的历史被广泛地记载下来，其中包含了许多关于建筑物、布局和接踵而至的捐助人的信息。曾经参访或居住在这些寺观的佛教徒和道教徒的传记和大部分旅游记（中国和外国）一样，提供了深层的信息来源。

---

① 现名"圣彼得堡"。——译者注

这类史料对研究明清时代的朝圣比较重要，而且随着岁月流逝，这类史料的数量有所减少。

我们计划举行这次研讨会是因为我们知道对中国朝圣的研究兴趣正在增加。虽然许多与会者都拜访过他们研究过的圣地，但只有少数人做过访谈（尤其是于君方和鲍威尔）。因此，在本书中，我们将把重点放在对朝圣历史的研究方面。这样做的目的是为了提醒大家关注研究这个专题所面临的挑战，因为这个专题很少有个人叙述，也没有与朝圣者交谈的记载。在利用历史资料进行朝圣圣地的研究方面，这些论文具有相当的说服力，可以为其他学者提供借鉴。

我们希望向学者们展示如何通过研究一个圣地来了解朝圣的过程，来确认这是对特纳和其他学者过于强调朝圣者体验的一种必要纠正。我们希望阐明在没有关于朝圣者的第一手资料的情况下展开工作的方法，提供能够解决问题的一些办法。研讨会花费相当长的时间讨论这样的问题："阅读"一个地方并创建一位"隐式朝圣者"（就像鲍威尔在他的论文中所做的那样）是否有效。如何将尚存的（和有文献记载的）圣地与已不存的（和无文献记载的）体验联系起来？这些圣地是否为怀着不同动机的朝圣者提供了类似的体验？如果是这样的话，那又是怎么做到的呢？我们如何看待这些地方的多样性？在接下来的论文中，我们将给出一些答案。

我们把每位写过或去过朝圣圣地的人都视为有助于建造圣地的人。在这个意义上，朝圣者和游客之间的区别似乎无关紧要。不理解这一点的读者，可以通过与我们的定义相比偏于狭义的定义来认识。此外，我们还认为，这些游客的充满差异、分歧的看法和他们对景点片面的、偏向性的描述都应该得到认可。这些表达组合在一起，可以展示一个圣地所包含的各种意义和不同的表达层次，其累积的效果和重叠的区域可能会揭示出更多不可避免的共同内容。这种方法需要对资料来源做谨慎的处理，每个来源不仅有自己的过滤器（过滤掉有关圣地及其访问者方面的负面信息），而且在以特别的，有时是有排他性的确定圣地意义方面有既得利益。

虽然中国的朝圣圣地在传统上指向山顶的寺庙，但大多数圣地则是更为分散、复杂和多成因的。"山"通常指的是一系列的山峰，但即使只是区区一座山顶，通常也会包括许多上山和下山的道路，以及各种各样的景点和幽趣。大自然的固有的神圣之物——峰顶、悬崖、景色、洞穴、泉水、岩石、树木——是人们从物质上和想象中进行构建的基础。人们到处建造舍利塔、坟冢、碑刻、祭坛、神龛、塑像、绘画和亭台；引入并制造圣物和经文；神职人员在附近定居；记载并刊印事迹和神话。圣地分布的混杂性部分缘于物质的多样性；部分缘于古往今来各种各样的朝圣者和捐助人：皇帝、禅师和普通的佛教僧人、专职道士、隐士、游人和普通的朝圣者。正如本书论文所示，某个圣地的成功很少是因为单一类型朝圣者。这些相对容易看到、列举和研究的多样性，可以告诉我们很多有关朝圣的故事。

在中国，不同时代，不同的人对什么是"神圣"有着不同的看法，这些看法有时甚至是对立的。此外，朝圣者和游客都有自己的期望和体验。尽管有些难度，但试图再现这些期望还是可行的。同一时期，有关朝圣场所的信息通常以短暂的形式进行传播：朝圣者的口述、神迹故事、经文、木刻版画、绘画图册、地图、示意图、素描、游记、小说、朝圣组织的公告、导游书、史地研究。这些不同的手段为朝圣者即将进行的旅程做好了准备，随着时间的变化，它们还以不同的方式宣传圣地，以适应不同的听众。事实上，如同大多数宣传一样，这些对某个朝圣场所的描述是以损害其他朝圣场所为代价的。

而且朝圣者也有可能不仅抵制此类宣传的影响，而且还会抵制特定组织的影响。每个朝圣者都专注于特定的问题，这就形成了过滤器，突出显示圣地某些吸引人的方面，筛选或贬低其他方面。每个人肯定都有他或她自己的心理地图，甚至那些在同一时间走同一条路线的人肯定也会看到不同的东西或看到相同东西的差异。

本书论文说明了种种复杂性。劳格文和于君方描述了不同类型的朝圣者——僧道、皇帝、文人和平民——如何随着时间的推移建立一个圣地，一个是在道家的环境中，另一个则是佛教的。佛尔指出禅宗僧人对几处朝圣地的争夺。吴百益和杜德桥的论文清楚地表明了文人和"民众"对同一座山的感受之间的明显差异。韩书瑞则看到了有组织的朝圣者和无组织的朝圣者在目标上的差异。

没有哪一个朝圣者的观点可以揭示任何一个圣地的多样性，我们必须在关于典型性的假设中保持谨慎。简单列举朝圣地所有吸引人的因素，赋予每个因素同等权重，也不能感受到朝圣的经历。此外，结构主义的分析往往忽略了发展和衰落的过程，并且掩盖了冲突和相互作用。在有关朝圣地和其他的记载中，积淀数百年的意义需要仔细发掘，从而勾勒出竞争与互补交织的变化透视组图（幸运的是，尽管某些朝圣者和捐助者在不同的时间来到此地，目的是控制某个特定的圣地及其历史记载，通常也会保留多种文献依据）。因为圣地本身必须被视为是由朝圣者创造的，我们可以用它作为研究朝圣者的一种方式。

这种观点的多样性并没有减损一个圣地的声誉，反而使之有所加强。如同复述（杜赞奇［Prasenjit Duara］称之为"题写"［superscription］）神话，为朝圣圣地增加新的和不同层面的意义，重写其历史，或改变朝圣者的路线，所有这一切都有助于提升圣地的力量。一个经久不衰的兴旺圣地似乎是许多不同朝圣者之间相互作用的结果——朝圣者们建起并维护圣地。朝圣者们互不搭理、彼此较劲，这是事实，但是通过桑高仁在其研讨会论文中所描述的"相互认证的过程"（mutual authentication），整个圣地从这类关于它的局部之见中获得强化的力量氛围就如专注圣地之间的竞争，实际上可以提高神灵的名望，因此，当朝圣者竞相建起某个圣地之时，他们共同（也许在不经意间）对其整个声望做出了贡献。整体大于各部分的总和。①

尤其是对中国人（但肯定不是只有中国人）而言，在某个灵活的朝圣圣地框架内，充满争议和活力的多元主义（pluralism）似乎就是向别处夸大常见的情形，而且它是历史和文化的产物。中国有组织的宗教的薄弱和精英们对城市仪式活动的重视，意味着与其他一些文化相比，中央集权对圣地控制相对薄弱，也不重视圣地的排他性。

在中国，毕竟没有类似每日祷告、洗礼、成年礼或临终仪式这样的要求，没有强制性的义务要求进行忏悔或做弥撒、在安息日到犹太教堂或礼拜日去基督教堂。虽然日常生活仪式和出行礼仪并不具有强制性，但是共享于整个文化体系中，成为华"夷"之别的标志。更严格规定的帝国礼仪只适用于少数人。尽管存在竞争（最明显的表现是争夺帝国护佑），但没有哪个专职宗教团体能长期占据优势地位——殿堂得到了发展，其他体系被视为互补的替代者。大多数人会同意（即使他们不能完全解释）劳格文引用的武当山上的明代碑文："三教合一"。

这是一种允许甚至坚持多种理解的文化。华琛（James Watson）认为，强调人们行为的相似性，是以牺牲共同的信条为代价的。正如朝圣所表明的那样，在中国，民间宗教仪式非常简单，这意味着没有正式或排他性的教义。文人画家、目光敏锐的小说家和在任官员，都可以在寺庙里烧香，就像精疲力竭的苦修者或住寺僧人那样。寺庙容纳了许多不同的造像，可以服务于不同的社区，向所有人开放。朝圣，如同普通的敬拜，是完全自愿的行为：圣地、路线和时间（与某些崇拜有关的"朝圣时节"除外）是由个人决定的。

对朝圣这一方面的理解表明，用二分对立（精英与大众、佛教与道教、

---

① 此语系古希腊哲学家亚里士多德的名言。——译者注

正统与异端等）或折中主义与融合主义（儒释道"三教合一"等）来描述中国文化是不充分的。学者还必须关注在相互竞争的教义、专职人员、阶级和制度的背景下，共同观念和习惯的整体统一是如何发展和生存的。

接下来的各论文会提供 10 世纪至 19 世纪（主要是该时段）的八处意义含混的朝圣之地的信息，其中有两篇论文共同讨论了一处独特地点。

杜德桥对一部 17 世纪中叶小说中两回的翻译，生动地表现了朝圣的人性维度，以及"现实"的人们在登上泰山时的所见所闻。同时，这位有学识的作者还揭示了文人与普通朝圣者（尤其是女性）之间具有讽刺意味的距离。该文还让我们思考使用虚构类资料的优点和问题。

吴百益运用的资料在时间和地点上都与杜德桥的资料相似，可以使我们有机会更深入了解一位 17 世纪早期的文人，他并非一次而是两次登上了泰山。这个生动的描述有助于我们理解精英们分享（以及没有分享）其他朝圣者体验的方式，并向我们介绍对写作游记这类体裁的限制。

詹密罗翻译了一本有关精英文人朝圣之旅的罕见一手资料：文人、虔诚的佛教俗家弟子张商英对他在 1087 年的五台山之旅的描述，提供了对宗教关注非同寻常的明确讨论，和佛尔的论文一样，成为了解中世纪的一个窗口。

佛尔在论文中探讨了在中世纪时期禅宗朝圣中心的发展。通过对曹溪（六祖肉身的保存之处）和嵩山（失去禅宗的捐助者）的对比，佛尔不仅说明了圣地之间的竞争，也说明了圣地声望的脆弱性。

于君方研究了中国四大佛"山"之一——普陀山——位于中国中部沿海的观音道场，那里有很多寺庙和景点。通过收集奇迹故事，尤其是山志的一系列版本，于君方向我们揭示了，中国的普陀洛迦——佛经传说中的闻名圣地——是如何在此处形成的，尽管在大陆有许多其他选择。

高居翰转向另一种载体，追溯了黄山文人绘画的发展。黄山是皖南徽州精英文人在明清时期占据的一处自然美景。该文呼吁我们关注不同艺术水平的绘画在传播这座山的名声方面所起的作用。

劳格文着重于讨论湖北武当山的各类捐助者——武当山是供奉真武的圣地。他使用了大量的资料，包括许多道教资料。

京郊妙峰山是韩书瑞的研究对象。妙峰山的捐助者是当地香客，其规模要小得多。妙峰山的人气旺盛要归功于它是泰山山顶寺庙的一个分支，以及城乡朝圣组织的积极努力。韩书瑞和劳格文都揭示了保存在原地的石碑碑文如何成为研究更多普通朝圣者的资料来源。

虽然无法穷尽中国朝圣历史，但我们仍希望本书可以向读者展示中国一系列的朝圣者和朝圣圣地，以及通过具体事例展现其更常规的步骤。同时，通过在读者面前列举各种可用的原始资料，提出打开这些厚重历史记载的方法，我们希望能对这一专题的后续研究起到抛砖引玉的作用。显然，有许多事情我们还没有做，也无法做。越来越多有关朝圣的比较文学显示了该主题的多面性，这一主题所起到的调查研究中国史的作用，到目前，在本书中只是顺便述及而已。为了鼓励进一步的工作，我们通过对一些需要完成的工作进行初步调查来结束本导论。

我们希望了解更多有关朝圣者在他们家乡社区的情况。那些曾在印度村庄生活过，并且参加朝圣活动的人类学家提供了很好的榜样。什么样的人会去朝圣？某一年龄、性别或职业的人朝圣是否更为普遍呢？我们可以把推力和拉力因素分开吗？人们是如何提前了解朝圣并为之做准备的呢？返回的朝圣者是如何影响他们的家庭和社区的生活呢？

我们都希望看到对更多的朝圣者，尤其是不同阶层的男女朝圣者的记述。我们是否低估了来自中国的此类材料的数量？在哪里可以找到这些相关的记载呢？有关目标、意义和经历本身的直接证据，虽不是整个故事的全部，但可能提供与其他宗教可对比的史料，并允许对特纳提出的一些问题进行严肃的讨论。实地调查的史料也可以帮助我们更好地了解朝圣者是如何看待一个圣地的——忽略一些事情，注意到其他事情。连有关僧人和文人体验的更为人所知的材料也没有得到充分的研究。关于中国山岳的诗性文学（poetic literature），其丰富性是由戴密微（Demiéville）、薛爱华（Schafer）和柯睿（Kroll）提出的，可与绘画和版画的表现形式相结合，从而向我们讲述流派和个人的内容。例如，通过大型清代旅游文献《小方壶斋舆地丛钞》，就可以进行系统的研究。我们如何更好地利用虚构类的材料？我们如何研究记载甚少的女性朝圣者？于君方在1987年收集的女性朝圣者歌曲（收录在她的研讨会论文中，但未收入本书）提出了一些获取史料的途径。

我们能否重新获取宣传媒介推广过的某些圣地、预定的许愿目标和记忆呢——例如，对地点（如五台山）和神灵（如观音）的肖像化表现，或是那些证实朝圣的奇迹文学作品？在我们的研讨会论文零散的参考文献中包含了一些朝圣中心的指南。对于这些指南应当加以定位和系统性研究，卜正民的研究（1988年）是很好的一个起点。

众所周知的民间经书"宝卷"可能是另一个丰富的史料来源。例如，明代《灵应泰山娘娘宝卷》，辩称该圣地的特别灵验之处，并承诺对虔诚的朝圣者来说，前往该圣地是轻松的旅程，而对于不虔诚的人来说则会是个艰难的旅程。这些经文以散文和诗歌的形式交织写成，以供背诵之用——生动的语言所讲述的故事，能够铭刻在朝圣者的记忆中，给人留下深刻的印象。

朝圣者的标志性装束是什么，经久不衰的象征是什么，法杖、念珠、盛水的葫芦、香囊、帽子、腰带、便鞋和臂章？在不同的时间、空间和阶层中，它们会有多少变化呢？这些有用的标记是用来区分朝圣和在社区寺庙的普通朝拜，或者区分朝圣者和游客？小说和绘画也许是有用的资料。

一些论文提到了朝圣组织，但是我们对朝圣组织及其发展知之甚少。在中世纪的敦煌，为雕刻佛像捐赠钱财的虔诚的信徒团体，与那些在清朝分发茶或粥给朝圣者，或为公共葬礼提供捐助，或为其他慈善事业组织起来的"社"有何不同？这种组织形式演变了吗？如果是这样的话，那么又是如何演变的呢？

来华外国朝圣者的旅行记述，虽然被武断地排除在我们的研讨会议题之外，但也是很有价值的。9世纪的日本僧人圆仁因日记被译成英文而广为人知。除此之外，还有其他日本人和朝鲜人的记载，可以相互进行比较。的确，前往中国的东亚游客立足于他们的文化根源进行交流的游记文学作品，如同美国人去欧洲朝圣一样，或许会创造出朝圣行为的一种大的类别。

我们没有收录有关中国最著名的朝圣者玄奘的论文，尽管有几位自愿参会者提交关于玄奘的论文，虽然很多人都知道玄奘、他的旅程，以及这个故事的许多影响深远的演变。《西游记》可以告诉我们有关中国朝圣的理念和现实吗？这个故事究竟如何成为朝圣者典范的？

在这些圣地中心居住的神职人员（和其他人）呢？在印度朝圣中心，导游对游客至关重要。这些人对中国朝圣者经历的形成（詹密罗所写论文）的重要程度如何？不同寺庙的僧人是如何相互交流的？僧人们是如何看待当地居民拜访萨满、巫师、占卜者和朝圣组织首领的呢？这些圣地的微观政治是什么样的？朝圣在修道生活中的位置如何？欧阳瑞（Birnbaum）的研究工作应该继续进行下去：僧人们寻求示现和其他朝圣活动尚需调查。

中国国家宗教政策的历史既没有系统地记载官方对朝圣的态度，也没有描述皇帝对朝圣圣地的个人捐助。本书的大多数文章都说明这些因素是非常重要的，档案也很丰富。许多皇帝（以及他们的妻子和母亲）都曾在他们所处时代人气兴旺的朝圣中心进行长途祭拜，对这些旅行的详细研究能更全面地揭示出帝王的态度和朝圣之旅吗？

中国少数民族和宗教在本书中完全没有涉及。

关于神殿和圣地的布局以及建筑方面尚有很多研究工作要做。在这里，艺术史学者的著述可以与山志相结合。许多历史悠久的圣地仍然存在，只是年久失修。我们希望读到更多有关塑像和壁画的内容，以及它们是如何成为朝圣者故事来源的。在自然方面，山区圣地与城乡社区的寺庙是否有所不同呢？风水是如何影响寺庙和佛塔的选址和建造的？那些吸引游客但没有寺庙的圣地——纪念碑、历史遗迹或著名事件的遗址——与此处所讨论的朝圣中心有何不同？

其他地方的朝圣通常与商业和贸易并存，当然，在中国也是如此。这些服务对旅行者来说能够维持多长时间，由谁来运营呢？为朝圣者生产了何种商品——香、蜡烛、纸钱、宗教纪念品？地方志可以帮助我们了解这些圣地在当地经济上的作用。主要的朝圣之山是否太过偏远而无法作为重要集市的场所？其他圣地是否能作为区域经济或文化整合来源的集市（如在于君方的研讨会论文中提到的天竺香市）？谁是这些地方的捐助者（比如韩书瑞论文中妙峰山的天津商人，或者高居翰论文中使黄山广为人知的徽州家族）？甚至全国著名的景点也可能有区域性捐助者。对这些圣地的拜访是否会提供现在罕见的捐助者名单（刻在石碑背面或记载于其他地方）？这些捐助可以用来重建这些圣地的经济吗？

本书论文介绍了一些形成分布在帝国各地的朝圣地的文化，而且这些文化遍及中国主要地区，但我们需要了解更全面的历史——不仅仅是闻名全国的人物，还有当地的神灵和殿堂，以及他们的造像和历史。殿堂与一位神灵之间的联系是如何表现的：分香的语言常用吗？圣地之间的竞争是如何展开的？佛尔所写的文章表明，对禅僧及其佛塔的调查研究是如此富有成效。

卜正民的研讨会论文介绍了一部1827年朝圣的指南手册，该手册暗示了为恪守教义的朝圣者而设的全国性网状道路的存在。在给定的时刻绘制中国所有朝圣中心的地图是否有用，如同巴德瓦杰（Bhardwaj）为印度所做的那样？是否存在嵌套式层次结构？它们如何适应施坚雅（G. W. Skinner）所说的宏观区域体系？它们大多数位于区域的边缘，但影响往往要大得多。朝圣者的路线是什么？这些全国性圣地的祭拜年历会揭示出什么呢？中国所积极整合的与相互交织的国家圣地网络的创建是保持一致的吗？

我们研讨会的议题有时会从圣地转向形成生命和思想的神圣时刻和日历，这个议题更易被忽略。神诞日的区域性周期是否融入了全国性周期？如果是这样的话，是什么时候融入的呢？中国人把世俗时刻和神圣时刻区分开来了吗？在特纳看来，朝圣地是阈限（liminal）的吗？当一个人进入一个圣地时，时间是如何变化的？

对中国文化中朝圣圣地的全面了解还包括其他内容，这些内容被排除在本书之外，是由于本书篇幅有限造成的。从视觉研究中可以了解到很多东西。中国有丰富的隐喻性游记文学作品，包括身体内外的感受。这些长途旅行使用（或塑造）了朝圣的语言吗？此外，还有大量的象征性联系（几个世纪以来发展不均衡）有待探索——在山岭、洞穴、石窟、岛屿、苑囿、宫殿、寺庙、坟墓、岩石、骨头、五脏六腑之间。的确，朝圣与死亡、山岳与坟冢、天堂与地狱之间的关系特别有趣。这些联系是如何在世界其他地方被发现的，在中国呢？祭坛、超度亡者、舍身崖和长生不老药讲述了圣地作为与"彼岸世界"联系的不同方式。汉语中还有丰富的关于山地地形的词语可供使用。

桑高仁已经开始探索朝圣和普通寺庙崇拜与社区游行以及庆典之间的界限。在中国台湾，你会发现附近和远方的神社之间存在一种连续体——这是普遍的事实吗？更详细的历史资料对当地寺庙和宗教行为的研究显然是一个先决条件。

本导论所提供的有关中国朝圣的概略历史需要进行大量的补充。我们想知道更多关于佛教之前的模式。我们推测在宋朝时期曾有过一个重大的转变，如同在其他的领域一样。知识和制度上的重大变化也发生在 20 世纪。我们能否追踪世俗化对朝圣的影响——西方科学（强化了儒家理性主义）、反宗教运动、新的革命朝圣圣地和行为的创造、台湾与福建两岸分离（和重新连接）的调整、国内外旅游和旅游的增加？当山变得过于世俗且易于到达（泰山和峨眉山有缆车，普陀山有巴士），与日常生活没有足够的区别时，它们会失去超然性吗？

简而言之，还有很多工作要做。持续接触其他时间和地方有关朝圣和旅行的文献，应该可以帮助中国专家了解什么是司空见惯的，强调什么是不同寻常的，呼吁关注缺失的，并提出新的方法和资料来源。比较中国和日本的朝圣似乎尤为必要。

参观中国的朝圣之山的体验并没有很好地用语言表达出来，尤其是进行学术分析。我们当中的某些人非常幸运地曾到过我们在本书中描述的地方，在研讨会期间，关于这些旅行的描述和幻灯片使我们受益匪浅。圣地的自然美景，攀登过程中体力的消耗和兴奋之情，历史创造的神圣气氛，以及朝圣者明显的宗教虔诚，都不会被轻易忘记。我们希望读者能够通过自己的感受来弥补缺失的部分。

参考书目

中国宗教与朝圣西文书目精选

在此列出了没有收录于本书的研讨会论文，或从已出版图书中摘取的大量重要资料。有关中国的山岳更多的参考书目，包括西方游客早期游记，参见 *Chinese Religion in Western Languages: A Comprehensive and Classified Bibliography of Publications in English, French, and German through 1980*（中国宗教：西语文献 1980 年），edited by Laurence G Thompson（谭维理主编），pp. 121-125 and 246-254 (Tucson: Association for Asian Studies, 1985).

Baker, D W（贝克）. *T'ai Shan: An Account of the Sacred Eastern Peak of China*（泰山：中国圣山东岳的研究）. Shanghai: Commercial Press, 1925.

Beal, Samuel（毕尔）. *Si-yu-ki, Buddhist Records of the Western Worlds, Translated from the Chinese of Hiuen Tsiang*（*A.D. 629*）(《大唐西域记》：西方世界的佛教记载，译自中国玄奘［公元629年］). 2 vols. London, 1884.

Bell, Catherine（凯瑟琳·贝尔）. "Religion and Chinese Culture: Toward an Assessment of 'Popular Religion'（宗教与中国文化：对"大众宗教"的评价）." *History of Religion* 29:1（1989）: 35-57.

Birnbaum, Raoul（欧阳瑞）. "Thoughts on T'ang Buddhist Mountain Traditions and Their Contexts（对唐代佛教山寺传统及其语境的思考）." *T'ang Studies* 2（1984）: 5-23.

—— "The Manifestation of a Monastery: Shen-ying's Experiences on Mount Wut'ai in T'ang Context（寺院的表现形式——唐代文献中的神英五台山的体验）." *Journal of the American Oriental Society* 106:1（1986）: 19-37.

—— "Secret Halls of the Mountain Lords: The Caves of Wu-t'ai Shan（山神们的秘密殿堂：五台山的洞窟）." *Cahiers d'Extrême-Asie* 5（1989—1990）: 115-140.

Boerschmann, Ernst（恩斯特·柏石曼）. *Die Baukunst und religiöses Kultur der Chinesen*（中国的建筑和宗教文化之一：普陀山）. Vol. 1, *P'u T'o Shan*. Berlin, 1911.

Bokenkamp, Stephen（柏夷）. "Sources of the Ling-Pao Scriptures（《灵宝经》之起源）." In *Mélanges Chinois et Bouddhiques: Tantric and Taoist Studies in Honour of Rolf Stein*（密宗与道教研究——纪念石泰安），edited by Michel Strickmann（司马虚编），3: 434-486. Brussels: Institut Beige des Hautes Etudes Chinois, 1981.

Boltz, Judith（鲍菊隐）. *A Survey of Taoist Literature, Tenth to Seventeenth Centuries*（十至十七世纪道教文献通论）. Berkeley: Institute of East Asian Studies, University of California, 1987.

Brook, Timothy（卜正民）. *Geographical Sources of Ming-Qing History*（明清历史地理资料）. Ann Arbor: Center for Chinese Studies, University of Michigan, 1988.

——"Knowing the Fords on the Way to Knowledge: Ecclesiastical Pilgrimage Routes in Late-Imperial China（参学知津：晚期中华帝国宗教组织的朝圣之路）." Paper prepared for the 1989 Conference on Pilgrims and Sacred Sites in China（"中国朝圣者和圣地"研讨会论文）.

Bush, Susan（卜寿珊）. "Tsung Ping's Essay on Landscape Painting and the Landscape Buddhism of Mount Lu（宗炳论山水画与庐山"山水佛学"）." In *Theories of the Arts in China*（中国艺术理论）, edited by Susan Bush and Christian Murck（卜寿珊、孟克文编）, 132-164. Princeton: Princeton University Press, 1983.

Cahill, James（高居翰）. *Shadows of Mount Huang: Chinese Painting and Printing of the Anhui School*（黄山之影：新安画派绘画及版画）. Berkeley: University Art Museum, 1981.

Chavannes, Edouard（沙畹）. *Le T'ai Chan: Essai de monographie d'un culte chinois*（泰山志）. Paris: Leroux, 1910.

Chen-hua（真华）. *In Search of the Dharma: Memoirs of a Modern Chinese Buddhist Pilgrim*（参学琐谭）. Translated by Denis C Mair（梅丹理译）. Edited with an introduction by Chün-fang Yü（于君方编）. Albany: SUNY Press, forthcoming.

Ch'en, Kenneth（陈观胜）. *Buddhism in China: A Historical Survey*（佛教在中国：史学考察）. Princeton: Princeton University Press, 1964.

Demiéville, Paul（戴密微）. "La Montagne dans l'art littéraire chinois（中国文学中的山岳）." In Demiéville, *Choix d'études sinologiques (1921-1970)*, 365-389. Leiden: Brill, 1973.

Duara, Prasenjit（杜赞奇）. "Superscribing Symbols: The Myth of Guandi, Chinese God of War（雕刻的符号：中国武圣关帝的神话）." *Journal of Asian Studies* 47:4（1988）: 778-795.

Dudbridge, Glen（杜德桥）. "A Pilgrimage in Seventeenth-Century Fiction: T'ai-shan and the *Hsing-shihyin-yuan chuan*（17世纪小说中的进香：泰山和《醒世姻缘传》）."Paper prepared for the 1989 Conference on Pilgrims and Sacred Sites in China.

Ennin's Diary: The Record of a Pilgrimage to China in Search of the Law（入唐求法巡礼行记）. Translated by E O Reischauer（埃德温·赖肖尔译）. New York: Ronald Press, 1955.

Faure, Bernard（伯纳德·佛尔）. "Space and Place in Chinese Religious Traditions（中国宗教

传统中的空间与场所）." *History of Religions* 26:4（1987）: 337-356.

Fontein, Jan（方腾）. *The Pilgrimage of Sudhana: A Study of Gandavyūha Illustrations in China, Japan, and Java*（善财的朝圣：中国、日本和爪哇的《华严经》插画研究）. Paris: Mouton, 1968.

Ganza, Kenneth（肯那斯）. "A Landscape by Leng Ch'ien and the Emergence of Travel as a Theme in Fourteenth-century Chinese Painting（冷谦山水画——14 世纪以旅行为主题的中国绘画）." *National Palace Museum Bulletin* 21:3（1986）: 1-17.

Geil, W E（威廉·盖尔）. *The Sacred Five of China*（中国五岳）. London: C. W. Daniel, 1926.

Hahn, Thomas（韩涛）. "The Standard Taoist Mountain and Related Features of Religious Geography（道教名山的标准及相关宗教地理特征）." *Cahiers d'Extrême-Asie* 4（1988）: 145-166.

Hansen, Valerie L（芮乐伟）. *Changing Gods in Medieval China, 1127-1276*（变迁之神：南宋时期的民间信仰）. Princeton: Princeton University Press, 1990.

Hargett, James M（何瞻）. *On the Road in Twelfth-Century China: The Travel Diaries of Fan Chengda (1126-1193)*（十二世纪中国之路：范成大游记）. Stuttgart: Franz Steiner, 1989.

Hart, Virgil C（赫斐秋）. *Western China: A Journey to the Great Buddhist Center of Mt. Omei*（华西：峨眉山旅行记）. Boston, 1888.

Hay, John（约翰·海）. *Kernels of Energy, Bones of Earth: The Rock in Chinese Art*（力源地骨：中国艺术中的赏石）. New York: China Institute in America, 1986.

Huang Shou-fu（黄绥芙）and T'an Chung-yo（谭钟岳）. *Mount Omei Illustrated Guide*（峨眉图说）. Translated by Dreyden Linsley Phelps. Chengtu, 1936. Reprint. Hong Kong: Hong Kong University Press, 1974.

Joachim, Christian（周克勤）. *Chinese Religions, A Cultural Perspective*（中国宗教，一种文化视角）. Prentice-Hall Series on World Religions. Englewood Cliffs, N.J.: Prentice-Hall, 1986.

Johnston, Reginald Fleming（庄士敦）. *Buddhist China*（大地众生成佛）. London: John Murray, 1913.

Jordan, David（焦大卫）. *Gods, Ghosts, and Ancestors: The Folk Religion of a Taiwanese Village*（神·鬼·祖先：一个台湾乡村的民间信仰）. Berkeley: University of California Press, 1972.

Ko Hung（葛洪）. *Alchemy, Medicine, Religion in China of A.D. 320: The Nei-p'ien of Ko Hung (Pao-p'u-tzu)*（抱朴子）. Translated by James R Ware. Cambridge: M.I.T. Press, 1967.

Kroll, Paul W（柯睿）. "Verses from on High: The Ascent of T'ai Shan（高处而来的诗：登泰山）." *T'oungPao* 49:4-5（1983）: 223-260.

Kupfer, Carl F（库思非）. *The Sacred Places of China*（中国圣地）. Cincinnati: Western Methodist Book Concern,1911.

Lagerwey, John（劳格文）. "Le Pelerinage taoi'que en Chine（中国道家朝圣）." In Chélini and Branthomme（1987）, 311-327.

Ledderhose, Lothar（洛萨·莱德豪斯）. "The Earthly Paradise: Religious Elements in Landscape Art（人间天堂：景观艺术中的宗教元素）." In *Theories of the Arts in China*, edited by Susan Bush and Christian Murck, 165-183. Princeton: Princeton University Press, 1983.

Loewe, Michael（鲁惟一）. *Ways to Paradise: The Chinese Quest for Immortality*（天堂之路：中国人对永生的追求）. London: George Allen & Unwin, 1979.

Magnin, Paul（梅弘理）. "Le Pèlerinage dans la tradition bouddhique chinoise（中国佛教传统中的朝圣）." In Chélini and Branthomme（1987）, 279-309.

McDermott, Joseph P（周绍明）. "The Making of a Chinese Mountain, Huangshan: Politics and Wealth in Chinese Art（中国黄山的形成：中国艺术中的政治与财富）." *Asian Cultural Studies*（Tokyo）17（1989）: 145-176.

Morrison, Hedda（赫达·莫理循）. *HuaShan: The Taoist Sacred Mountain in West China: Its Scenery, Monasteries, and Monks*（华山——中国西部的道教圣山：风景、宫观和道士）. Introduction by Wolfram Eberhard. Hong Kong: Vetch and Lee, 1973.

Mullikin, Mary A（玛丽·穆里根）, and Anna M Hotchkis（安娜·霍奇基斯）. *The Nine Sacred Mountains of China: An Illustrated Record of Pilgrimages Made in the Years 1935-1936*（中国九大圣山：1935—1936年朝圣图录）. Hong Kong: Vetch and Lee,1973.

Munakata, Kiyohiko（宗像清彦）. *Sacred Mountains in Chinese Art: An Exhibition Organized by the Krannert Art Museum at the University of Illinois*（中国艺术中的圣山：伊利诺伊大学克兰纳特艺术博物馆举办的展览）. Baltimore: University of Illinois Press,1991.

Overmyer, Daniel L（欧大年）. *Religions of China: The World as a Living System*（中国的宗教：作为生命系统的世界）. San Francisco: Harper & Row, 1986.

Powell, William（威廉·鲍威尔）. "A Pilgrim's Map of Chiu Hua Shan（九华山朝圣地图）." Paper prepared for the 1989 Conference on Pilgrims and Sacred Sites in China.

Reichelt, Karl Ludvig（艾香德）. *Truth and Tradition in Chinese Buddhism*（中国佛教中的真理与传统）. Shanghai: Commercial Press, 1934.

Robinet, Isabelle（贺碧来）. *Meditation taoïste*（道教冥想）. Paris: Dervy, 1979.

——— *La Revelation du Shangqing dans I'histoire du taoisme*（上清在道教历史上的启示）. *2* vols. Paris: Ecole Françaised d'Extrêm-Orient, 1984.

Sangren, P Steven（桑高仁）. *History and Magical Power in a Chinese Community*（一个中国社区的历史和魔力）. Stanford: Stanford University Press, 1987.

——— "History and the Rhetoric of Legitimacy: The Ma Tsu Cult of Taiwan（历史与合法性修辞：台湾妈祖崇拜）." *Comparative Studies in Society and History* 30:4（1988）: 674-697.

——— "Multilectics of Alienation: Worship and Testimony in the Ma Tsu Pilgrimages of Taiwan（异化的多元论：台湾妈祖朝圣中的崇拜与见证）." Paper prepared for the 1989 Conference on Pilgrims and Sacred Sites in China.

Schafer, Edward（薛爱华）. *Mao Shan in T'ang Times*（唐代的茅山）. 2nd ed., rev. Society for the Study of Chinese Religions Monograph no. 1, Boulder, Colo., 1989.

Schipper, Kristofer（施舟人）. "Les pèlerinages en chine: montagnes et pistes（中国的朝圣之旅：山脉和小径）." In *Les Pèlerinages*, 303-342. Paris: Seuil, 1960.

———*Le Corps taoïste: corps physique, corps social*（道教之体）. Paris: Fayard, 1982.

Schneider, Richard（理查德·施耐德）. "Un Moine indien au Wou-t'ai chan: relation d'un pèlerinage（五台山的一位印度僧人——朝圣的故事）." *Cahiers d'Extrême-Asie* 3（1987）: 27-39.

Seaman, Gary（沈雅礼）. *Temple Organization in a Chinese Village*（中国农村的寺庙组织）. Taipei: Chinese Association for Folklore, 1978.

Seidel, Anna.（石秀娜）"Chronicle of Taoist Studies in the West, 1950-1990（西方道教研究编年史，1950—1990 年）." *Cahiers d'Extrême-Asie* 5（1989-1990）: 223-347.

Sivin, Nathan（席文）. "On the Word 'Taoist' as a Source of Perplexity（有关"道士"一词的困惑之源）." *History of Religion* 17:3-4（1978）: 303-334.

Soymié, Michel（苏远鸣）. "Le Lo-feou chan, etude de géographie religieuse（罗浮山宗教地理研究）." *Bulletin de I'École Française d'Extrême-Orient* 48（1956）:1-139.

Stein, Rolf A（石泰安）. *The World in Miniature: Container Gardens and Dwellings in Far Eastern Religious Thought*（缩微世界：小型花园和远东宗教建筑中的住宅）. Translated by Phyllis Brooks. Stanford: Stanford University Press, 1990.

Strickmann, Michel（司马虚）. "The Mao Shan Revelations: Taoism and the Aristocracy（茅山启示录：道教与贵族）." *T'oung Pao* 63:1（1977）: 1-64.

——— "Building the Sacred Mountain at Mao Shan（茅山的圣山营造）." Paper prepared for the 1989 Conference on Pilgrims and Sacred Sites in China.

Teiser, Stephen F（太史文）. *The Ghost Festival in Medieval China*（中世纪中国的亡灵节）. Princeton: Princeton University Press, 1988.

Thompson, Lawrence G（谭维理）. *Chinese Religion: An Introduction*（中国宗教简介）. 4th ed. Belmont, Calif.: Wadsworth, 1989.

The Travels of Fah-Hian and Sung Yun, Buddhist Pilgrims from China to India (400 AD to 518 AD)（法显传）. Translated by S Beal（毕尔译）. London, 1869; many reprints.

Watson, James L（华琛）. "Standardizing the Gods: The Promotion of T'ien Hou（'Empress of Heaven'）along the South China Coast, 960-1960（神明的标准化：华南沿海天后的推广，960—1960 年 ）." In *Popular Culture in Late Imperial China,* edited by David Johnson, Evelyn Rawski, and Andrew Nathan, 292-324. Berkeley: University of California Press, 1985.

Weinstein, Stanley（斯坦利·威斯坦因）. *Buddhism under the T'ang*（唐代佛教）. Cambridge: Cambridge University Press, 1987.

Weller, Robert P（魏乐博）. *Unities and Diversities in Chinese Religion*（中国宗教的统一性与多样性）. Seattle: University of Washington Press, 1987.

Welch, Holmes（尉迟酣）. *The Practice of Chinese Buddhism, 1900-1950*（中国佛教的实践：1900—1950）. Cambridge: Harvard University Press, 1967.

———*The Buddhist Revival in China*（中国佛教的复兴）. Cambridge: Harvard University Press, 1968.

Wolf, Arthur P（武雅士）, ed. *Religion and Ritual in Chinese Society*（中国社会中的宗教与仪式）. Stanford: Stanford University Press, 1974.

Wu Ch'eng-en（吴承恩）. *The Journey to the West*（西游记）. Translated and edited by Anthony C Yu（余国蕃［英译］）. 4 vols. Chicago: University of Chicago Press, 1977.

Wu Hung（吴皇［音］）. "From Temple to Tomb: Ancient Chinese Art and Religion in Transition（从庙宇到坟墓：中国古代艺术与宗教的过渡）." *Early China* 13（1988）: 78-115.

Wu Pei-yi（吴百益）. *The Confucian's Progress: Autobiographical Writings in Traditional China*（儒者的进阶：传统中国的自传作品）. Princeton: Princeton University Press, 1990.

Wright, Arthur F（芮沃寿）. *Buddhism in Chinese History*（中国史中的佛教）. Stanford: Stanford University Press, 1959.（该书中译本为常蕾译，北京：北京大学出版社，2017 年。——译者注）

Yang, C K（杨庆堃）. *Religion in Chinese Society*（中国社会中的宗教）. Berkeley: University of California Press, 1961.（该书中译本为范丽珠等译，成都：四川人民出版社，2016年。——译者注）

Yü, Chün-fang（于君方）. "Miracles, Pilgrimage Sites, and the Cult of Kuan-yin（神迹、朝圣和观音崇拜）." Paper prepared for the 1989 Conference on Pilgrims and Sacred Sites in China.

Zürcher, Erik（许理和）. *The Buddhist Conquest of China: The Spread and Adaptation of Buddhism in Early Medieval China*（佛教征服中国：佛教在中国中古早期的传播与适应）. Rev. ed. Leiden: Brill, 1972.（该书中译本为李四龙、裴勇等译，南京：江苏人民出版社，2017年。——译者注）

关于其他文化的朝圣研究西文书目选

Aziz, Barbara Nimri（芭芭拉·尼姆里·阿齐兹）. "Personal Dimensions of the Sacred Journey: What Pilgrims Say（神圣旅程的个人层面：朝圣者说什么）." *Religious Studies* 23（1987）: 247-261.

Babb, Lawrence A（劳伦斯·巴布）. *The Divine Hierarchy: Popular Hinduism in Central India*（神圣等级制度：印度中部流行的印度教）. New York: Columbia University Press, 1975.

Barbhill, David L（大卫·巴伯黑尔）. "Basho as Bat: Wayfaring and Antistructure in the Journals of Matsuo Basho（作为蝙蝠的芭蕉：在松尾芭蕉日记中的行走和反结构）."*Journal of Asian Studies* 49:2（1990）: 274-290.

Bharati, Agehananda（阿哈农达·巴拉蒂）. "Pilgrimage in the Indian Tradition（印度传统的朝圣之旅）." *History of Religions* 3:1（1963）: 135-167.

——— "Pilgrimage Sites and Indian Civilization（朝圣地点和印度文明）." In *Chapters in Indian Civilisation,* edited by J W Elder, 85-126. Dubuque, Iowa: Kendell, Hunt, 1970.

Bhardwaj, Surinder Mohan（萨伦德·莫汉·巴德瓦杰）. *Hindu Places of Pilgrimage in India: A Study in Cultural Geography*（印度的印度教朝圣之地：文化地理学研究）. Berkeley: University of California Press, 1973.

Bhardwaj, S M（萨伦德·莫汉·巴德瓦杰）, and G Rinschede（林谢德）. *Pilgrimage in World Religions*（世界宗教中的朝圣）. Berlin: D. Reimer, 1988.

Bishop, Peter.（彼得·毕晓普）*The Myth of Shangri-La: Tibet, Travel Writing and the Creation of Sacred Landscape*（香格里拉的神话：西藏、游记和神圣景观的创造）. Berkeley: University of California Press, 1989.

Blacker, Carmen（卡门·布莱克）. *The Catalpa Bow, A Study of Shamanistic Practices in Japan*（梓之弓——日本萨满教习俗的研究）. London: George Allen & Unwin, 1975.

Bowman, Glenn（格伦·鲍曼）. "Pilgrimage Conference（朝圣研讨会）." *Anthropology Today* 4: 6（1988）: 20-23. A report on the July 1988 Interdisciplinary Conference on Pilgrimage, held at Digby Stuart College, Roehampton Institute（England）.

Brown, Peter（彼得·布朗）. *The Cult of the Saints: Its Rise and Function in Latin Christianity*（圣徒崇拜：其在拉丁基督教中的兴起和作用）. Chicago:University of Chicago Press, 1981.

Chélini, Jean（让·切利尼）, and Henry Branthomme（亨利·布朗托姆）, eds. *Chemins de Dieux: Histoire des pèlerinages Chrétiens des origines à nos jours*（神的道路：基督教朝圣的历史——从起源到现在）. Paris: Hachette, 1982.

——*Histoire des pelerinages non chretiens: Entre magique et sacre, le chemin des dieux*（非基督教朝圣：神奇与神圣之间）. Paris:Hachette, 1987.

Clothey, Fred（佛瑞德·克洛索）. "Pilgrimage Centers in the Tamil Cults of Murukan（穆鲁坎泰米尔崇拜的朝圣中心）." *Journal of the American Academy of Religion* 40（1972）: 79-95.

Crumrine, N Ross（罗斯·克鲁瑞尼）, and Alan Morinis（艾伦·莫里尼斯）, eds. *Pilgrimage in Latin America*（拉丁美洲的朝圣之旅）. New York: Greenwood Press, 1990.

Daniel, E（瓦伦丁·丹尼尔）. Valentine. *Fluid Signs: Being a Person the Tamil Way*（流动的迹象：泰米尔人的为人处世之道）. Berkeley: University of California Press, 1984.

Davis, Winston（温斯顿·戴维斯）. "Pilgrimage and World Renewal: A Study of Religion and Social Values in Tokugawa Japan（朝圣与世界更新：德川时代日本的宗教与社会价值观研究）." *History of Religion* 23:2（1983）: 97-116, 23:3（1984）: 197-221.

Diehl, Carl Gustav（卡尔·古斯塔夫·迪赫）. "Replacement and Substitution in the Meeting of Religions（宗教会议中的替换和代入）." In *Syncretism*, edited by Svan Hartman, 137-161. Stockholm: Almquist and Wiksell, 1969.

Dupront, Alphonse（阿尔方斯·迪普龙）. *Du sacre: croisades et pelerinages, images et langages*（圣杯：十字军东征和朝圣，图像和语言）. Paris: Gallimard, 1987.

Eck, Diana L（戴安娜·艾克）. *Darsan: Seeing the Divine Image in India*（印度的神像）. Chambersburg, Pa.: Anima Books, 1981.

——*Benares, the City of Light*（贝拿勒斯，光明之城）. New York: Knopf, 1982.

Eliade, Mircea（米尔恰·伊利亚德）. The Sacred and the Profane（神圣和世俗）. New York:

Harcourt, Brace, Jovanovich, 1959.

—— "Sacred Places: Temple, Palace, 'Center of the World'（圣地：寺庙、宫殿、"世界中心"）," In Patterns in Comparative Religion, 367-385, Cleveland: World Publishing, 1963.

Eliade, M（米尔恰·伊利亚德）, et al., eds. Encyclopedia of Religion（宗教百科全书）. New York: Macmillan, 1987. Entry on Pilgrimage, various authors.

Falk, Nancy（南希·福尔克）. "To Gaze on the Sacred Traces（凝视神圣的痕迹）." History of Religions 16: 4（1977）: 281-293.

Finucane, Ronald C（罗纳德·菲纽肯）. Miracles and Pilgrims: Popular Beliefs in Medieval England（神迹和朝圣者：中世纪英格兰的民间信仰）. Totowa, J.: Rowman & Littlefield, 1977.

Foard, James H（詹姆斯·福尔德）. "The Boundaries of Compassion: Buddhism and the National Tradition in Japanese Pilgrimage（慈悲的界限：佛教与日本朝圣的民族传统）." Journal of Asian Studies 41:2（1982）: 231-252.

Geary, Patrick J（帕特里克·格里）. Furta Sacra: Thefts of Relics in the Central Middle Ages（富尔塔·萨克拉：中世纪中期的圣骨盗窃）. Princeton: Princeton University Press, 1978.

Gold, Ann Grodzins（安·格罗津斯·戈尔德）. Fruitful Journeys: The Ways of Rajasthani Pilgrims（获益丰硕的旅程：拉贾斯坦朝圣者之路）. Berkeley: University of California Press, 1988.

Gombrich, Richard（理查德·冈布里奇）. Precept and Practice: Traditional Buddhism in the Rural Highlands of Ceylon（戒律与实践：锡兰高地农村地区的传统佛教）. Oxford: Clarendon, 1971.

—— Theravada Buddhism: A Social History from Ancient Benares to Modern Colombo（小乘佛教：从古代贝拿勒斯到现代科伦坡的社会历史）. London: Routledge & Kegan Paul, 1988.

Gross, Daniel（丹尼尔·格罗斯）. "Ritual and Conformity: A Religious Pilgrimage to Northeastern Brazil（仪式和一致性：前往巴西东北部的宗教朝圣）." Ethnology 10（1971）: 129-148.

Hawley, John（约翰·霍利）. At Play with Krishna: Pilgrimage Dramas from Brindavan（与奎师那同行：来自布林达文的朝圣戏剧）. Princeton: Princeton University Press, 1981.

Hunt, E D（亨特）. Holy Land Pilgrimage in the Later Roman Empire, AD 312-460（罗马帝国晚期的圣地朝圣，312—460 年）. Oxford: Clarendon, 1984.

Hutchison, John A（约翰·哈钦森）. *Path of Faith*（信仰之路）. New York: McGraw-Hill, 1981.

Iancu, Carol（卡罗尔·伊安库）. "Les Pèlerinages dans lejuda'ïsme après 70 et dans Israël aujourd'hui（70 年后的犹太朝圣和当代以色列朝圣）." In Chélini and Branthomme（1987）, 345-364.

Karve, I（卡夫）. "On the Road: A Maharashtrian Pilgrimage（在路上：马哈拉施特拉邦的朝圣之旅）." *Journal of Asian Studies* 22：13-30.

Keyes, Charles F（查尔斯·凯斯）. "Buddhist Pilgrimage Centers and the Twelve-Year Cycle: Northern Thai Moral Orders in Space and Time（佛教朝圣中心和十二年轮回：空间和时间上的泰国北部道德秩序）." *History of Religions* 15（1975）：71-89.

Kitagawa, Joseph（约瑟夫·北川）. "Three Types of Pilgrimage in Japan（日本的三种朝圣方式）." In *Studies in Mysticism and Religion Presented to Gershom G Scholem,* edited by E E Urbach, R J Werblowsky, and C Wirszubski. Jerusalem: Magnes Press, 1967.

La Fleur, William（威廉·拉·福尔）. "Points of Departure: Comments on Religious Pilgrimage in Sri Lanka and Japan（出发地：对斯里兰卡和日本宗教朝圣的评论）." *Journal of Asian Studies* 38:2（1979）：271-281.

Leclercq, Jean（让·法克莱尔）. "Monachisme et pérégrination du IXe au XIIe siècle（9 至 12 世纪的修道和朝圣）." *Studia Monastica* 3（1961）：33-52.

Morinis, E Alan（艾伦·莫里尼斯）. *Pilgrimage in the Hindu Tradition, A Case Study of West Bengal*（印度传统中的朝圣，西孟加拉邦的一个案例研究）. Delhi: Oxford University Press, 1984.

———*Sacred Journeys: The Anthropology of Pilgrimage*（神圣之旅：朝圣的人类学）. Delhi: Oxford University Press, forthcoming.

Nolan, Mary Lee（玛丽·李·诺兰）, and Sidney Nolan（西德尼·诺兰）. *Christian Pilgrimage in Modern Western Europe*（现代西欧的基督教朝圣之旅）. Chapel Hill: University of North Carolina Press, 1989.

Preston, James J（詹姆斯·普勒斯顿）. "Sacred Centers and Symbolic Networks in South Asia（南亚的宗教中心和象征网络）." *Mankind Quarterly* 20:3-4（1980）：259-293.

Pruess, James B（詹姆斯·普吕斯）. "Veneration and Merit-Seeking at Sacred Places: Buddhist Pilgrimage in Contemporary Thailand（圣地的尊崇与求善：当代泰国的佛教朝圣之旅）." Ph.D. diss., University of Washington, 1975.

Rotermund, Hartmut O（哈特穆特·罗特穆德）. *Pèlerinage aux neuf sommets; carnet de route d'un religieux itinérant dans le Japon du XIX siecle*（九峰朝圣：19 世纪日本游方僧人的

游记）. Paris: Centre Nationale de la Recherche Scientifique,1985.

Rothkrug, Lionel（莱昂内尔·罗斯克鲁格）. "Religious Practices and Collective Perceptions: Hidden Homologies in the Renaissance and Reformation（宗教实践和集体观念：文艺复兴和宗教改革中隐含的同源性）." *Historical Reflections* 7:1（1980）: 243-251.

———"'The Odour of Sanctity' and the Hebrew Origins of Christian Relic Veneration（"神圣的气味"和基督教圣物崇拜的希伯来起源）." *Historical Reflections* 8:2（1981）: 95-142.

Sallnow, Michael J（麦可尔·沙诺）. *Pilgrims of the Andes: Regional Cults in Cusco*（安第斯山脉的朝圣者：库斯科的地区崇拜）. Washington, D.C.: Smithsonian, 1987.

Sax, William S（威廉·萨克斯）. *Mountain Goddess: Gender and Politics in a Himalayan Pilgrimage*（山神：喜马拉雅朝圣之旅中的性别与政治）. New York: Oxford University Press, 1991.

Smith, Bardwell（巴德韦尔·史密斯）, and Holly B Reynolds（霍利·雷诺斯）, eds. *The City as a Sacred Center: Essays on Six Asian Contexts*（作为神圣中心的城市：六种亚洲背景的随笔）. Leiden: Brill, 1987.

Smith, Wilfrid Cantwell（威尔弗里德·史密斯）. *Faith and Belief*（信仰和信念）. Princeton: Princeton University Press, 1979.

Stevens, John（约翰·史蒂文斯）. *The Marathon Monks of Mount Hiei*（远行的比睿山僧人）. Boston: Shambhala, 1988.

Stoddard, Robert（罗伯特·斯托达德）. "An Analysis of the Distribution of Major Hindu Holy Sites（印度教主要圣地分布的分析）." *National Geographical Journal of India* 14:2-3（1968）: 148-155.

Stoddard, Robert H（罗伯特·斯托达德）, and Alan Morinis（艾伦·莫里尼斯）, eds. "Sacred Places, Sacred Spaces: The Geography of Pilgrimage（神圣的地方、神圣的空间：朝圣的地理）." Typescript.

Sumption, Jonathan（乔纳森·萨姆欣）. *Pilgrimage: An Image of Medieval Religion*（朝圣：中世纪宗教的一种形象）. London: Faber & Faber, 1975.

Turner, Victor W（维克多·特纳）. *The Ritual Process: Structure and Anti-structure*（仪式过程：结构与反结构）. London: Routledge & Kegan Paul, 1969.

———"The Center Out There: Pilgrim's Goal（远方的中心：朝圣者的目标）." *History of Religions* 12（1973）: 191-230.

——"Pilgrimages as Social Processes（朝圣是一种社会过程）." In *Dramas, Fields, and Metaphors,* edited by Victor Turner, 166-230. Ithaca: Cornell University Press, 1974.

——"Death and the Dead in the Pilgrimage Process（朝圣过程中的亡故及亡者）." In *Religious Encounters with Death,* edited by Frank E Reynolds and Earl Waugh, pp. 24-39. University Park: Pennsylvania State University Press, 1977.

Turner, Victor W（维克多·特纳）, and Edith Turner（伊迪斯·特纳）. *Image and Pilgrimage in Christian Culture: Anthropological Perspectives*（基督教文化中的意象与朝圣：人类学视角）. New York: Columbia University Press, 1978.

van der Veer, Peter（彼得·范德维尔）. *Gods on Earth: The Management of Religious Experience and Identity in a North Indian Pilgrimage Center*（大地的神灵：印度北部朝圣中心的宗教体验与特性的控制）. London: Athlone, 1988.

Vidyarthi, Lalita Prasad（拉利塔·普拉萨德·维迪亚希）. *The Sacred Complex in Hindu Gaya*（印度教伽耶的神圣建筑群）. Bombay: Asia Publishing House, 1961.

Wallfahrt kennt keine Grenzen: Themen zu einer Ausstellung des Bayerischen Nationalmuseums und des Adalbert Stifler Vereins, Munchen（朝圣没有尽头：巴伐利亚国家博物馆和阿德伯特·史提勒协会，慕尼黑展会的主题）. Munich: Verlag Schnell & Steiner, 1984.

Wheatley, Paul（保罗·惠特利）. *The Pivot of the Four Quarters: A Preliminary Enquiry into the Origins and Character of the Ancient Chinese City*（辐辏之心：对中国古代城市起源和特征的初步探讨）. Chicago: University of Chicago Press, 1971.

Wilson, Stephen（史蒂芬·威尔逊）, ed. *Saints and Their Cults: Studies in Religious Sociology, Folklore, and History*（圣徒及圣徒崇拜：宗教社会学、民俗学与历史研究）. Cambridge: Cambridge University Press, 1983. There is an extensive annotated bibliography on pp. 309-417; pp. 359-368 cover pilgrimage.

Zacher, Christian K（克里斯蒂安·扎切尔）. *Curiosity and Pilgrimage: The Literature of Discovery in Fourteenth-Century England*（好奇与朝圣：十四世纪英国的文学发现）. Baltimore: Johns Hopkins University Press, 1976.

1

泰山的女性进香——一部 17 世纪小说的篇章

杜德桥（Glen Dudbridge）

　　大约在 1628—1728 年间，出现了一部小说《醒世姻缘传》。该小说的成书年代究竟是明末或还是清初，文学批评家们至今还存有争议。[①] 而且关于这部小说的作者身份的确认，也尚存分歧。然而，作者的笔名——西周生透露出其对儒家崇古取向的理想社会的孤高乡愁。他的作品大量运用讽刺笔法表达了对没落的空想的纠结。

　　我们摘取了这部小说中的两回。在这两回中，描写了一群来自山东明水

[①]　关于《醒世姻缘传》作者西周生的真实姓名和生平，有许多学者进行考证。胡适认为西周生即蒲松龄（《醒世姻缘传考证》，载《胡适论学集》，朝华出版社，2018 年）。徐北文、李永祥均支持此说。张清洁认为该小说作者是诸城丁耀元（《〈醒世姻缘传〉作者是丁耀元》，《徐州师范学院学报》1989 年第 3 期）。校注该小说的童万周认为西周生是河南人（《醒世姻缘传》"后记"，中州古籍出版社，1997 年）。总的来看，目前学术界对这一问题仍然存有争议。只能诸说并存，留待详考。——译者注

镇的妇女们前往泰山进香的情景。[①] 我们注意到,在女性宗教信徒的带头下,这些进香女性群体的形成——筹资、组团,以及当地旅行带头者、体力的考验、沿途的宗教捐奉。首先,我们看到,由于有个女人决定参加进香所造成的家庭矛盾,以及当时社会交往状况所呈现出的阶级差异的微妙倾向。对于这个有趣的材料,需要谨慎而仔细地研究,既要把众多的细节描写与从其他来源得到的关于泰山进香文化的材料加以对比,还要明了作者所表达或暗示的价值判断。对于解读者来说,确认并考证该小说文本中所表露出来的关于进香的种种不同态度,并且细察该小说对女性视角和行为的描述——这种描述在小说中通常被过度关注——是具有挑战性的。由于本书关注的是朝圣的社会动力,而不是举行仪式的场所,所以没有收入试图进行这类探讨的论文。[②] 笔者在此仅提供该小说中两回的英译,并配有若干注释。[③] 地图 1–1 展现了这一进香场地的主要特征。

这部小说曲折复杂而且引人入胜的情节分成并不均衡的两部分。这些情节与来世重生机制相关。在这种机制里,不正当的男女关系会带来后果和个人复仇的机会。在翻译的这两回里,集中描述了举子狄希陈和他的妻子薛素姐——一个出身巡抚家庭的小姐的反常关系。在一系列怪诞并经常令人感到恐惧的情节里,薛素姐虐待软弱而顺从的丈夫,其毫无羞耻的举动令读者震惊不已。进香合乎这样的意图:通过参加进香,素姐可以在折磨并公开羞辱那个可怜的狄希陈时,藐视娘家和婆家的男性长辈的权威。她得到当地两个宗教首领的帮助和指点。这两个宗教首领是专门在虔诚的女信徒们当中组织基层宗教活动的农妇。小说作者在开始叙述她们的朝圣之旅时,用一个粗俗

---

① 明水镇,即今山东省济南市章丘区明水街道。——译者注

② 另外参见《17 世纪小说中的进香:泰山与〈醒世姻缘传〉》(杜德桥,1991)。阅读本书吴百益论文的读者可以发现,更早些时候的进香地址。本书韩书瑞论文则从另外的视角探讨了同样的神灵。

③ 此处采用的小说版本,系上海古籍出版社 1981 年版。英语译文中括注了章回和原书页码。

南天门

东岳庙

日观峰

碧霞元君祠

舍身崖

朝阳洞

二天门

红门

一天门

丰都宫

登峰门

东岳庙

泰安

蒿里山

山崖
山峰
洞穴
寺观
门
宫祠
路线
溪流

北

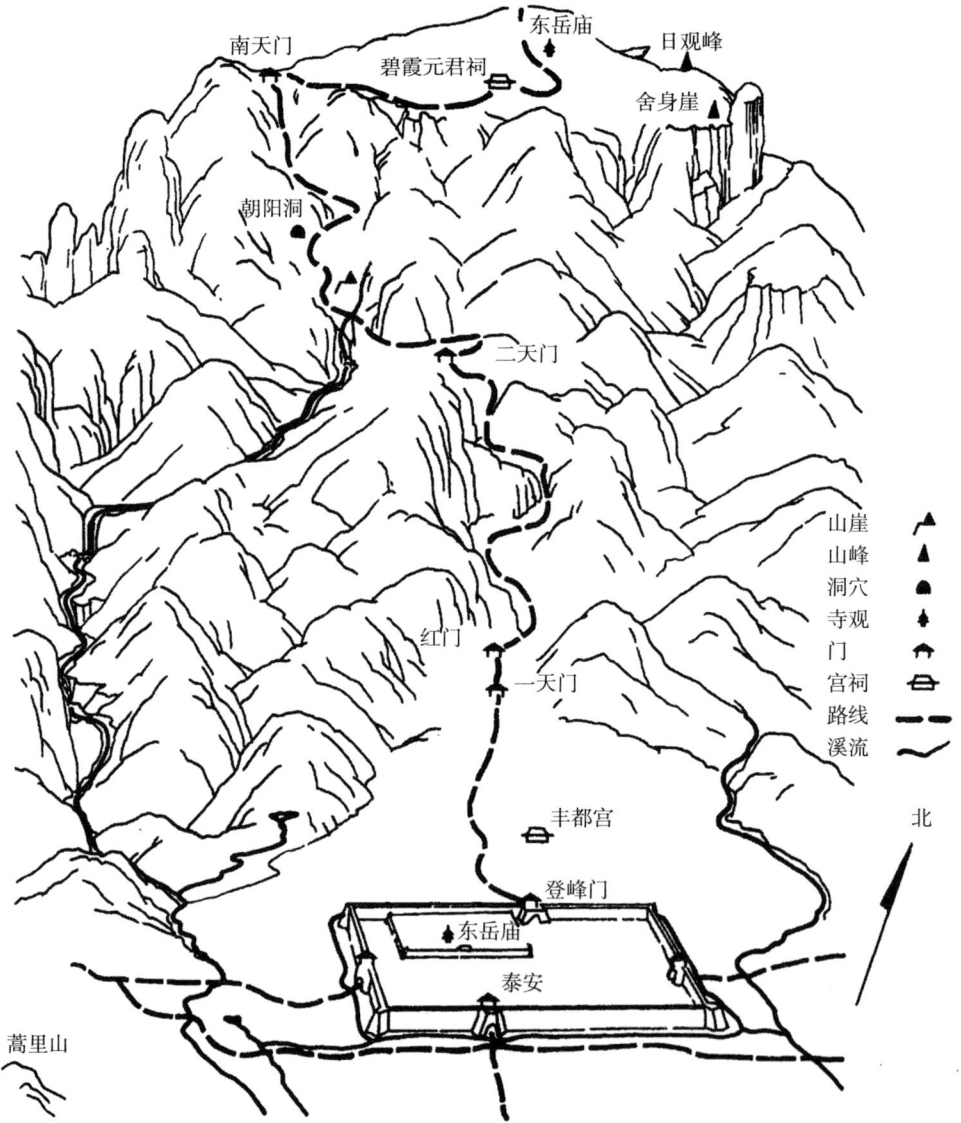

乔伊·陈·刘易斯（Joy Chen Lewis）绘，
1991 年

地图 1-1　泰山

的双关语 "道婆"（"a religious laywomen" 或 "temple workers"）或 "盗婆"（"thieving old women"，又可以译作 "temple thieves"）来识别和讽刺她们。

第六十八回 ①

【第 969 页】再说明水镇上那两个道婆老侯、老张，他的丈夫、儿子，没有别的一些营运，专靠定这两个老歪辣指了东庄建庙，西庄铸钟，那里铸甚么菩萨的金身，那里启甚么圣诞的大醮。肯布施的，积得今生见受荣华，来世还要无穷富贵；那样悭吝不肯布施的，不惟来世就不如人，今世且要转贵为贱，转富为贫。且是那怕老公的媳妇，受嫡妻气的小老婆，若肯随心大大的布施，能致得他丈夫回心向善，不惟不作践那媳妇，且更要惧内起来。那做妾的人肯布施，成了善果，致得那夫主见了就似见了西天活佛一般，偏他放个臭屁也香，那大老婆说的话也臭。任那小老婆放僻邪侈，无所不为，佛力护持着，赐了一根影身草，做夫主的一些也看不见：——大约都是此等言语，哄那些呆呆的老婆。哄得那些呆呆老婆如拨龟② 相似，跟了他团团的转。

那一等自己当家银钱方便的女人，就自由自在成几两几钱的舍与他。那一等公婆管家，丈夫拘束，银钱不得凑手，粮食不能抵盗，便就瞒了公婆，背了丈夫，将自己的簪环首饰，或是甚么【第 970 页】衣裳，都抵盗了与他。

---

① 第 68 回标题为《侯道婆伙倡邪教 狄监生自控妻驴》。英译时略去开篇诗词右调《菩萨蛮》。现补于下：

> 父慈子孝庭帏肃，夫义妻贤恩爱笃。
>
> 积庆福来多，门中杜六婆。
>
> 六婆心最毒，不令家和睦。
>
> 希陈富且儒，为妻自控驴。

——译者注

② 从字面意义上来理解，"拨龟" 是 "teasing a tortoise"，该词含义对我来说是隐晦的。该词在次回中再次出现，用来描述在泰山山腰上手持灯笼的特定人员的行为（参见第 69 回，第 988 页）。我猜测这个词是指 "算命者"（fortuneteller）。

至于人家的小妇，越发又多了一个大老婆碍眼，若说有光明正大的布施与他，这是确然没有这事，只是偷偷伴伴，掩掩藏藏，或偷主母的东西，或盗夫主的粮食，填这两个盗婆的溪壑。妇女们有那堂堂正正的布施，这是不怕公婆知道，不怕丈夫拘管。那铸像铸钟的所在，建庙建醮的处所，自己的身子便也就到得那里，在那万人碑上，缘簿里边，还有个查考。这两个盗婆于十分之中也还只可克落得六七分，还有三四分安在里面。惟这瞒了公婆，背了夫主的妾妇们，你就有成百成千的东西布施了去，他生受也不道你一声。布施的银钱，攒着买地盖房；布施的米粮麦豆，大布袋扛到家去，噇他一家的屁股眼子；布施的衣裳，或改与丈夫儿子穿着，或披在自己身上。两个盗婆合成了个和合二圣一般，你倡我和，两家过得甚是快活日子。自从那一年七月十五在三官庙与素姐相识以后①，看得素姐极是一个好起发，容易设骗的妈妈头主子。但只是打听得是狄员外的儿妇，这狄员外的为人还也忠厚，凡事也还与人留些体面；那狄员外的婆子相氏，好不辣燥的性子，这明水的人，谁是敢在他头上动土的？所以千思万想，无处入脚，再想等素姐回去娘家时，引他入门，也是妙着。谁知这素姐偏生不是别人家的女儿，却是那执鼓掌板道学薛先生的小姐。这个迂板老头巾家里，是叫这两个盗婆进得去的？所以两下张望，只是无门可入。后来老狄婆子故后，这两个婆娘伙买了一盘纸，齐去吊孝。②狄家照了堂客一例相待，那时又有相家大妗子合崔家三姨相陪。③

---

① 在第56回中，这两个女人在当地的一座用于祭祀三官大帝的庙宇连续举行了三天仪式。中元节，相当于盂兰盆节，在七月十五日达到高潮。仪式和祭品是献给孤魂野鬼的，所以在这个月中尤其危险，但也是献给祭拜者指定的祖先灵魂。素姐独自去看放河灯的仪式，和衣着俭朴的农妇们在一起，但还是引起了别人的注意。素姐找到老侯和老张，向她们捐款（第56回，第806—810页）。

② 在第59回中，狄老太太因为看到素姐欺负狄希陈的情景，发癫而死（第59回，第855页）。在后一回中，全家举哀致丧（第60回，第858页）。

③ 狄老太太姓相。她的哥哥和嫂子，还有外甥相于廷前来帮忙料理后事（第60回，第858页）。从崔家来的三姨是狄老太太的妹妹（第52回，第758页），也前来吊唁（第60回，第869页）。

况且素姐叫相大妗子打得雌牙扭【第 971 页】嘴的，就有话也便没空说得。①

过日，两个又到狄家，恰好不端不正跨进门去，劈头与狄员外撞了个满怀，待进又不好直进，待退又不好直退，那时的赹趄的光景也甚可怜。狄员外说："侯老道合张老道，有甚么事齐来下顾哩？"两个道："有句话来见见狄大嫂。"狄员外道："那孩子家合他说甚么话，有话咱大人们说。"没叫他家去，把他一顿固让，让到客位里边，与他宾主坐下，叫家人去看茶，问说："二位有话请说。是待怎么见教哩？"两个盗婆说："这二月十九日是咱这白衣庵白衣奶奶②的圣诞，要建三昼夜祝圣的道场，是咱这镇上杨尚书府里奶奶为首。这白衣奶奶极有灵圣，出过布施的，祈男得男，祈女得女，再没有不感应的。俺曾会过狄大嫂，叫他舍助些甚么，生好儿好女的。"狄员外道："原来是说这个？极好。多谢挈带。"从袖中掏出一块钱来，说道："这刚才卖麻的一百二十文整钱，二位就捐了去罢。省的我又着人送。"两个接了那钱，没颜落色的去了。

过了一向，两个又走到狄家。那时狄家还该兴旺的时节，家宅六神都是保护的，有这样怪物进门，自然惊动家堂，轰传土地，使出狄员外不因不由，复又撞了个满面。狄员外问道："二位又到寒家，一定又是那位菩萨圣诞了？"两个道："这四月十八日泰山奶奶的圣诞，没的就忘记了？"狄员外道："正是，你看我就忘了。"从袖中取出一块钱来，说："这是五十文钱，拿出来待使还没使哩，且做了醮资罢。"两个道："俺还到后头请声狄大嫂，到那一日早到那里参佛。"狄员外【第 972 页】道："二位不消合他说罢。孩子们没有主意，万一说的叫他当真要去，少女嫩妇，不成个道理。以后二位有话只合我说，再别

① 相于廷的母亲前来哭祭小姑的时候，得知素姐与狄老太太之死大有干系，并且看到素姐居然照样头戴花朵，身穿彩衣，就对素姐加以痛殴。这是小说中素姐反社会行为引发家庭等级制度宣泄性爆发的时刻之一（第 60 回，第 860—862 页）。

② 这个神灵就是观音，在祭祀日历上，她的诞辰就是这个日子。本书中的于君方的文章就讨论了白色长袍的图像意义。

要合孩子们说话，伤了咱的体面。"把两个道婆雌得一头灰。

一连这们两遭，把那骗素姐的心肠吊起了一半，计无可施。幸得薛教授那老头子没了，等素姐回娘家的时候，这也有隙可乘。也一连撞了两次，谁知这薛教授的夫人更是个难捉鼻的人，石头上踏了两个猛子，百当踏不进去。恰好薛夫人老病没了，知道素姐在娘家奔丧，这个机会万万不可错过。这两个盗婆算计素姐也还不十分着极，只是闻得白姑子起发那许多银钱[①]，料定素姐是个肯撒漫的女人，紧走紧跟，慢走慢跟，就如那九江府吊黄鱼的渔父一样，睡里饭里，何尝有一刻放松？也又合买了一分冥钱，指了与薛夫人吊孝，走到薛家。薛如下兄弟虽然是有正经，但是为他母亲烧纸，难道好拒绝他不成？待他到了灵前，叫孝妇孝女答礼叩谢。

这素姐见了这两个道婆，就是见了前世的亲娘也没有这般的亲热，让进密室献茶。这两个道婆见得素姐这等殷勤，他反故意做势，说道："俺忙得异常，要料理社中的女菩萨们往泰山顶上烧香，没有工夫，不扰茶罢。"素姐那里肯放，狠命的让进龙氏卧房，摆了茶果吃茶，仍要摆菜留饭。素姐叙说前年七月建斋放灯，甚感他两个的挈带。两个亦说："两次曾到府上，都撞见了员外外边截住，不放我们进内。那二月十九白衣菩萨的圣诞，建三昼夜道场，真是人山人海，只【第 973 页】济南府[②]城里的乡宦奶奶，举人秀才娘子，那轿马挨挤的有点缝儿么。狄大嫂，你该到那里走走好来。员外不叫俺到后边说去，给了俺百十个钱的布施，撵出俺来了。四月十八顶上奶奶的圣诞，比这白衣奶奶的圣诞更自齐整，这是哄动二十合属的人烟，天下的货物都来赶会，卖的衣服、首饰、玛瑙、珍珠，甚么是没有的。奶奶们都到庙上，自己拣着相应的买。"素姐没等他两个说了，截着说道："这们好事，你二位不该合我说声，挈带我出去走走么？"他两个道："还说哩！俺可是没到那里呀？偏

---

① 第 64 回中有一个插曲，素姐被骗去请了一伙尼姑来驱除鬼祟。见本书第 63 页，注释①。

② 济南府是山东省的省会。

生的又撞见员外，又没叫俺进去，给了俺四五十个钱，立断出来了。员外那意思一似俺两个不是甚么好人，见了大嫂，就哄骗大嫂似的。这各人积福是各人的，替白衣奶奶打醮，就指望生好儿好女的；替顶上奶奶打醮，就指望增福增寿的哩。员外他知道甚么？"素姐怒道："好贼老砍头的！他怕我使了他的家当，格住你不叫见我，难为俺那贼强人杀的也拧成一股子，瞒得我住住的，不叫我知道！由他！我合俺这贼割的算帐！"说着，那两个道婆一齐都要起身。素姐道："我难得见你二位，你再坐坐吃了饭，合我再说会话儿你去。"两个道婆说："要没有紧要的事，俺也不肯就去，实是这十五日会友们待起身上泰山烧香，俺两个是会首，这些会友们眼罩子，蓝丝绸汗巾子，都还没做哩；生口讲着，也还没定下来哩；帐也都还没算清哩；这只四五日期程了，等俺烧香回来。俺也不敢再上那头去，只打听得大嫂往这头来，可俺就来合大嫂说话；还只怕这里相公嗔俺来的勤哩。"素姐道："怎么会里不着男人作会首，倒叫你两【第 974 页】个女人做会首呢？"两个道婆说："这会里没有汉子们，都是女人，差不多够八十位人哩。"素姐道："这会里的女人也有象模样的人家么？"两个道婆说："你看大嫂说的好话呀！要是上不得台盘的，他也敢往俺这会里来么？杨尚书宅里娘儿们够五六位，北街上孟奶奶娘们，东街上洪奶奶、汪奶奶、耿奶奶，大街上张奶奶，南街上汪奶奶，后街上刘奶奶娘儿们，都是这些大人家的奶奶。那小主儿也插的上么？"素姐道："咱这里到泰安州有多少路？"道婆道："人说有二百九十里路。这路好走，顶不上别的路二百里走。沿路都是大庙大寺，一路的景致，满路的来往香客，香车宝马，士女才郎，看不了的好处，只恨那路不长哩。"素姐问道："那山上有景致么？"道婆道："好大嫂，你看天下有两个泰山么？上头把普天地下的国度，龙宫海藏，佛殿仙宫，一眼看得真真的哩。要没有好处，为甚么那云南、贵州、川、湖、两广的男人、妇女都从几千几万里家都来烧香做甚么？且是这泰山奶奶掌管天下人的生死福禄。人要虔诚上顶烧香，从天上挂下红来，披在人的身上，笙箫细乐的往顶上迎哩；要不虔诚的，王灵官就把人当时捆住，待动的一点儿哩！心虔的人，见那奶奶就是真人的肉脸；要不虔诚，看那奶奶的脸是金面。增福赦罪，好不灵验哩。山上说不尽的景致，象那朝阳洞、三天门、黄花屿、舍身台、晒经石、无字碑、秦松、汉柏、金简、玉书，通是神仙住的所在。凡人缘法浅的，也到得那里么？"

一席话说的个素姐心痒难挠，神情飞越，问道："那些会里去的道友，都坐的是轿，骑的是【第 975 页】马？得用多少路费？路上有主人家没有？"两个道婆说："这烧香，一为积福，一为看景逍遥，要死拍拍猴着顶轿，那就俗杀人罢了，都骑的通是骡马。会里雇的长驴，来回是八钱银子。要是骑自己的头口，坐八钱银子给他。起初随会是三两银子的本儿，这整三年，支生本利够十两了。雇驴下店报名，五两银子抛满使不尽的。还剩五两买人事用的哩。"素姐说："象不是会里的人也好搭上去不？"两个道婆说："这可看是甚么人哩。要是咱相厚的人，叫他照着众人本利找上银子，咱就合众人说着，就带挈的他去了；要是不相干的人，平白的咱就不叫他去。"素姐说："我待跟了去看看，与奶奶烧炷香，保护我来生不照这世里不如人，受汉子气。不知你二位肯叫我去不？"两个道婆说："得你去，俺巴不能够的哩。咱路上打伙子说说笑笑的顽不好呀？只是狄员外乔乔的，你三层大，两层小，只怕自家主不下来。"素姐说："不怕！我待去就去，他们主不得我的事。——他们也都有家里正经人跟着么？"两个道婆说："怎么没有？有丈夫跟着的，有儿的，有女婿侄儿的，家人的，随人所便。可只是使的是各人自己的盘缠。"素姐道："仗赖二位带挈我，着上十两银子，我也同去走走。"两个道婆说："你要去，我好添你这一分的行装合头口，十三日同往娘娘庙烧香演社，你可别要误了。银子也就叫人送了去，好添备着做甚么。"素姐合两个道婆都约守去了。

这是八月初十的时候。素姐一心只在烧香上面，也甚是无心替他母亲奔丧，即刻把狄希陈【第 976 页】叫到跟前，说道："我待往泰安州替顶上奶奶烧烧香，你合我去呀？你要合我去，我好替你扎括衣裳。"狄希陈若是个有正经的人，把那义正词严有纲纪的话拦阻他，难道他会插翅飞去不成？争奈这狄希陈少年流荡心性，便也说道："这倒也好。有人同去么？"素姐说："刚才老侯、老张说来，他会里女人们这十三日烧信香演社，十五日起身。叫我入十两银子，一切搅裹都使不尽，还有五两银子分哩；要不骑雇的驴，还坐八钱银子给咱。"狄希陈道："只怕咱爹不叫咱去，可怎么样的？"素姐道："你去对爹说，你说下来了，我有好到你；你要说不下这事来，你浑深也过不出好日子来。"狄希陈道："咱爹极是疼我，待我去说，只怕依了也不可知。"素姐催着狄希陈回家去说。"我立刻等着你来回话。"

狄希陈不敢稽迟，回到家去，见了他爹，把他媳妇要去随会烧香，说了详细。狄员外道："咱常时罢了，你如今做着个监生，也算是诗礼人家了，怎好叫年小的女人随会烧香的？你就没见那随会社演会的女人们？头上戴着个青屯绢眼罩子，蓝丝绸裹着束香，捆在肩膀上面，男女混杂的沿街上跑，甚么模样？他既发心待去，咱等收完了秋，头口闲了，收拾盘缠，你两口儿可去不迟，别要跟着那老侯婆子。他两个不是好人。他两个连往咱家来了两次，我都没叫他进去，给了他百十个钱，打发的他去了。"

狄希陈即刻往素姐那里，把他爹的话对素姐说了。素姐不听便罢，听了不由怒起，即时紫【第 977 页】胀了面皮，说道："我只是如今就去！我必欲去！我主意待合老侯、老张去！怎么这一点事儿我就主不的呢？你快早依随着我，是你便宜！你只休要后悔！"搅的狄希陈这会子好不作难，垂首丧气，没了主意。素姐也没等到黑，回到家去取了十两花银，次早仍回母家合龙氏说了。龙氏瞒着薛如下兄弟，使人悄悄的唤了两个道婆来家，交与他那十两银子，要赌气不骑家里的骡子，叫他雇了驴儿，约定十三日清早到老张家取齐。分派已定，也再不与狄员外、狄希陈商量。十三日起了个早，梳光了头，搽白了粉，戴了满头珠翠，也不管甚么母亲的热孝，穿了那套顾绣裙衫，不由分说，叫小玉兰跟了，俫长出门而去。狄员外合狄希陈站在一旁干瞪着眼看，没敢言语一声。那随行逐队跟了众人烧信香演圣驾的，那百般丑态，不必细说。事完回到房中，脱剥了那首饰衣服，怒狠狠坐在房中。

狄希陈不及防备，一脚跨到房门。素姐骂道："我当你跌开了脑袋，跌折了双腿，走不动了，没跟了我去，叫我自己去了！谁知还有你么？你没跟了我去，怎么也烧回信香来了，也没人敢把我掐了块子去呢？"狄希陈道："你待去，你自家去罢呀。我戴着顶方巾，跟着你沿街上演社，成个道理么？"素姐怒道："阿！你不跟了我去，你是怕我玷辱了你的体面么？我可偏要坏你的体面哩！我十五日起身，我叫你戴着方巾，穿着道袍子，路上替我牵着驴，上山替我掌着轿，你只敢离我一步儿，我不立劈了你成两半个，我改了不姓薛！我叫你挽起那两根狗屎眉毛认我【第 978 页】认，叫你有这们造化！你若跟着我，谁不说你：'看这们鬼头蛤蟆眼的个小厮，有这们等个媳妇！'我只说是替你装门面，这那里放着坏了你的面皮哩？我倒心里算计，你要跟我去呵，我把那匹蓝丝绸替你做个夹袄，剩下的替你做条夹裤，再做个绫背心子，好穿着上山朝奶奶。你倒乔起腔来了！我想来：那泰山娘娘脱不了也是做女人，赌不信那泰山爷爷要象你这们拗别扭手，那泰山奶奶也没有饶了那泰山爷爷的。王皮好来！① 我且'一朝权在手，便把令来行！'"狄希陈背地里与他爹商量。狄员外道："他的主意定了。你待拗别的过他哩？你就强留下他，他也作蹬的叫你不肯安生。咱说得苦么？我叫人替你收拾，你和他只得走一遭去。"狄员外叫人收拾行李，捎的米、面、腊肉、糟鱼、酱瓜、豆豉之类，预先料理。

再说到了十四日早辰，龙氏合薛如卞的娘子说道："你大姑子往泰安州烧

---

① 我无法准确地把"王皮好来"这个短语译成英文。

香，你妯娌们不该置桌酒与他饯饯顶么？"连氏道："真个么！几时起身？俺怎么通不见说起呢？"龙氏道："你是甚么大的们，凡事该先禀你知道。他说了这两三日了，你不理论他，又说你不知道哩。"连氏即忙进房合丈夫说知此事，要与素姐饯顶。薛如卞听知素姐要去烧香，他只说是自己同狄希陈自去，还把双眉紧蹙，说道："再没见狄大叔合这个狄姐夫没有正经，少女嫩妇的上甚顶！你没见坐着那山轿，往上上还好，只是往下下可是倒坐着轿子，女【第 979 页】人仰拍着，那脚差不多就在那轿夫肩膀上。那轿夫们，贼狗头，又极可恶，故意的趁和着那轿子，一擞一擞的，怎么怪不好看的哩！这是读书人家干的营生么？这顶我劝你替他饯不成，叫他怪些也罢。"及至听见入在老侯婆的社里，已是十三日烧过信香，薛如卞道："这成甚么道理！"叫人快接了素姐来家，也请狄希陈说话。

素姐也还道是与他饯顶，慨然而回。狄希陈又是不敢不同来的，一同前后进门。薛如卞问道："姐姐待往泰安州烧香去哩？多咱起身？合谁同去？"素姐把找银入会，十五日起身，老侯、老张是会首的话说了一遍。薛如卞道："依我说，姐姐，你去不的。这有好人家的妇女也合人随社烧香的么？狄姐夫他已是出了学，上了监生，不顾人笑话罢了，俺弟兄们正火磙磙也还要去学里去见人哩！这在家门子上沿街跑着烧信香，往泰安州路上摇旗打鼓，出头露面的，人说这狄友苏的婆子，倒也罢了；只怕说这是薛如卞合薛如兼的姐姐，他爹做了场老教官，两个兄弟捺着面，戴着顶头巾，积泊的个姐姐这们等！"

素姐已是大怒，还没发作。龙氏大怒道："放的是狗臭大屁！你姐姐怎么来就叫你为不的人了？他嫁出去的人，你好哩，认他是姐姐[①]；你要不好哩，别认他是姐姐，别叫他上门。他狄家浑深也有碗饭吃，累不着你甚么！"薛

① 龙氏是素姐父亲薛教授的小妾（第 45 回，第 659 页），也就是薛如卞的母亲。因此，龙氏要求薛如卞在这里和下一次谈话中这样称呼薛素姐。

如下道："我说的好话，倒麻犯我起来！这不姐夫这里听着，我说的有不是么？"龙氏一声大哭："我的皇天呵！我怎么就这们不气长！有汉子，汉子管【第980页】着；等这汉子死了，那大老婆又象蚂蚍叮腿似的；巴着南墙望的大老婆没了，落在儿们的手里，还一点儿由不的我呀！皇天呵！"薛如下凭他哭，也没理论，让出狄希陈客位坐去了。薛如下道："姐姐待去烧香，料道姐夫你是不敢拦阻的。但你合他自家去不的么？怎么偏只要入在那两个老歪辣的社里去，是待怎么？"

狄希陈把狄员外的话合素姐怎样发作，对着薛如下告诉。不料素姐逼在门外头听，猛虎般跑进门来。狄希陈扑门逃去，不曾捞着，扭住薛如下的衣领，口里骂，手里打。薛如下把衣裳褪下，一溜风走了。素姐也没回到后去，竟往狄门来了。狄希陈知道自己有了不是，在家替素姐寻褡套，找搭连，缝裹肚，买缨头，装酱斗，色色完备，单候素姐起马。睡到次日五鼓，素姐起来梳洗完备，穿了一件白丝绸小裙，一件水红绫小夹袄，一件天蓝绫机小绸衫，白秋罗素裙，白洒线秋罗膝裤，大红连面的缎子鞋鞋，脊梁背着蓝丝绸汗巾包的香，头上顶着甲马，必欲骑着社里雇的长驴。狄员外差的觅汉上前替他那驴子牵了一牵，他把那觅汉兜脖子一鞭打开吊远的，叫狄希陈与他牵了头口行走；致一街两岸的老婆汉子，又贪着看素姐的风流，又看着狄希陈的丢丑。狄希陈也甚是害羞，只是怕那素姐如虎，说不得他那苦恼，只得与他牵了驴儿，夹在人队里行走。

偏偏的事不凑巧，走不二里多路，劈头撞见相于廷从后庄上回来①。狄希陈只道他还不曾看见，连忙把只袖子把脸遮住。谁知相于廷已经看得分明，越发在路旁站住。等狄希陈走到跟前，【第981页】相于廷道："狄大哥，你拿了袖子罢，看着路好牵驴子走，带着袖子，看抢了脸。"素姐看见是相于廷

① 见本书第52页，注释③。

说他，还拿起鞭子望着相于廷指了几指，然后一群婆娘，豺狗阵一般，把那驴子乱窜乱跑。有时你前我后，有时你后我前。有的在驴子上抱着孩子；有的在驴子上墩吊鬏髻；有的偏了鞍子坠下驴来；有的跑了头口乔声怪气的叫唤；有的走不上几里说肚腹不大调和，要下驴来寻空地屙屎；有的说身上不便，要从被套内寻布子夹屄；有的要叫儿吃乳，叫掌鞭来牵着缰绳；有的说麻木了腿骨，叫人从凳里与他取出脚去；有的吊了丁香，叫人沿地找寻；有的忘了梳匣，叫人回家去取。跐蹬的尘土扛天，臊气满地。这是起身光景，已是大不堪观。及至烧了香来，更不知还有多少把戏，还得一回再说这进香的结束。

第六十九回 ①

【第 982 页】狄希陈戴着巾，穿着长衣，在那许多妇人之中与素姐控驴而行。富家子弟，又是娇生惯养的儿郎，那里走得惯路？ 走的不上二十里，只得把那道袍脱下，卷作一团，一只腋肋里夹住，又渐次双足走出泡来，疼不可忍，伸了个脖项向前，两只腿又只管坠后。素姐越把那驴子打的飞跑。那觅汉常功在狄希陈身旁空赶着个骡子，原是留候狄希陈骑坐的。常功见狄希陈走的甚是狼狈，气息奄奄，脚力不加，走向前把素姐驴子的缰首一手扯住，说道："大嫂，你大哥已是走不动了，待我替大嫂牵着驴，叫大哥骑上骡子走罢。"素姐在那常功的肩上一连两鞭，骂道："他走动走不动，累你腿事！ 我倒不疼，要你献浅！ 你好好与我快走开去！ "狄希陈只得仍旧牵着驴子往前苦挣。

---

① 第 69 回标题为《招商店素姐投师 蒿里山希陈哭母》。原有开篇词右调《少年游》：
露面出头，女男混杂，轻自出闺门；招摇闹市，托宿荒郊，走镇又经村。
长跽老妪求妙诀，贴廿两花银。敬奉师尊，嗔夫哭母，放火禁挑灯。

　　　　　　　　　　　　　　　　　　　　　　　　——译者注

内中有一个四十多年纪，穿着油绿还复过的丝绸夹袄紫花布氅衣的个女人，在素姐后边同走，揭起眼罩，问那常功道："前边这位嫂子是谁家的？"常功道："是大街上狄相公的娘子。"那【第983页】妇人道："那替他牵驴的是谁？"常功道："就是狄相公。"妇人道："你看那相公牵着驴，累的这们等的是怎么的？他就不疼么？"常功道："敢是两口儿家里合了气来，因此这是罚他的哩。"那妇人道："我就没见这个刑法。"把自己的驴打了一下，追上素姐，叫道："前边是狄嫂子呀？"素姐回过头来应道："是呀。"那妇人问道："那戴着巾替你牵驴的小伙子是谁呢？"素姐道："是俺当家的。"那妇人又问："这旁里牵着骡的也是跟你的呀？"素姐道："是俺的觅汉。"那妇人道："你放着觅汉不叫他给你牵驴，可拿着丈夫替你牵驴！我见他瘸那瘸的，已是走不动了。既是戴着顶巾子，一定是个相公呀。这使不的，你休叫他牵驴。咱来烧香是问奶奶求福，没的倒来堕业哩？"素姐道："我待来随着社里烧烧香，他合他老子拧成一股，别变着不叫我来。我烧信香演社，他跟也不跟我一跟儿，合俺那不争气的兄弟、姐夫、小舅儿背地里数说我败坏了他的体面了；我如今可叫他替我牵着驴跑，闲着那骡，我叫觅汉骑。"那妇人道："狄嫂子，你听我说，这使不的。丈夫就是天哩，痴男惧妇，贤女敬夫，折堕汉子的有好人么？你听我这分上，请相公骑上骡子，叫这觅汉给你牵驴。"素姐说："也罢。要不是这位嫂子说，我足足叫你替我牵着头口走个来回哩！——我还没敢问这位嫂子，你姓甚么？"那妇人道："我姓刘。俺儿是刘尚仁，县里的礼房。我在东头住，咱是一条街上人家。我虽是小家子人家，没事，我也不出到街上，所以也不认的狄相公。"两个成了熟识，一路叙话不提。

【第984页】这狄希陈一别气跑了二十七八里路，跑的筋软骨折，得刘嫂子说了分上，骑着骡，就是那八人轿也没有这般受用，感激那刘嫂子就如生身父母也还不同。这日尽力走了一百里，宿了济南府东关周少冈的店内。

素姐虽与许多人同走，未免多是人生面不熟的。那老侯、老张又是两个会首，又少专功走来照管。偎贴了刘嫂子做了一处，又兼狄希陈是感激他的人，于是这几个的行李安放一处。老侯、老张看着正面安下圣母的大驾，一群妇女跪在地下。一个宣唱佛偈，众人齐声高叫："南无救苦救难观世音菩萨！阿弥陀佛！"齐叫一声，声闻数里。号佛已完，主人家端水洗脸，摆上菜子油炸的馓枝、毛耳朵，煮的熟红枣、软枣，四碟茶果吃茶。讲定饭钱每人二分，捍油饼，豆腐汤，大米连汤水饭，管饱。众人吃完饭，漱口溺尿，铺床睡觉。

　　老侯、老张因素姐是个新入会的好主顾，也寻成一堆，合刘嫂子四个一处安宿。狄希陈合别家的男子另在一处宿歇。老侯、老张合素姐众人睡在炕上，成夜说提那怎么吃斋念佛，怎么拜斗看经，这样修行的人，在阳世之间，任你堕罪作孽，那牛头不敢拿，马面不敢问，阎王正眼也不敢看他，任他拣着富贵的所在托生。素姐问道："说阴间有甚么神鹰急脚，任凭甚么强魂恶鬼，再没有拿不去的？"[①] 老侯婆道："狗！甚么神鹰急脚！要入在俺这教[②]里，休说是甚么神鹰，你就是神虎神龙也不敢来傍傍影儿。你待活着，千年古代的只管长生；你怕见活了，自家投到阎王【第 985 页】那里，另托生托生新鲜。"素姐说："你这教里是怎么样的？"侯婆子道："俺这教里：凡有来入教的，先着上二十两银子，把这二十两银支生着利钱，修桥补路，养老济贫，遇着

---

　　① 在该小说的开头部分，素姐前世化身为狐狸时，她的尸体的皮被一只鹰抓住了（第 3 回，第 31 页）。所以，素姐现世一辈子都害怕这样的鸟。素姐哥哥知道这一点后，就把一只鹰带进素姐的房间，吓唬她，把她丈夫从惩罚性监禁中释放出来，然后他假装这只鸟带来了对不明智行为的神圣惩罚的警告（第 63 回，第 904—906 页）。当地的尼姑们证实了这一预兆的重要性，并为素姐精心安排了一场开销巨大的赎罪仪式（第 64 回，第 913 页）。

　　② 汉语"教"字面意义就是"教育"（teaching）。我在英译时不喜欢用俗套的"sect"这个词，因为它属于外人的口风；我更喜欢用"church"这个词，尽管它倾向于暗示建筑的概念，但它既涵盖了少数教派的概念，也涵盖了从内部看一个完整的宗教团体的概念。

三十诸天的生辰，八金刚四菩萨的圣诞①，诸神巡察的日期，建醮念经，夜聚晓散；只是如此，再没别的功课。又不忌荤酒，也不戒房事，就合俗人一般。"素姐问道："这教里师傅是谁？"老侯婆道："就是我合张师父。俺两个：我是师正，他是师副。"素姐问道："我也待入这教里，不知也许我入么？"老侯道："你这们年小小的，及时正好修行。那有了年纪的人，日子短了，修行也不中用，只是免些罪业罢了，成不得甚么正果。只是你公公难说话，你那兄弟薛相公更是毁僧谤佛的。顶上奶奶托梦给我，说为你来烧香，你那兄弟背地好不抱怨哩。"素姐道："我的事他也管不的。俺汉子还管不的，休说娘家的兄弟呀。我只为他拦我拦，我罚他替我牵着驴跑够三十里地。要不是刘嫂子的话紧，我足足的叫他跑个来回，只管叫他跑细了腿。"老侯两个道："可也怪不得呢。人家的汉子，你要不给他个利害，致的他怕了咱，只针鼻子点事儿，他就里头把拦住不叫咱做。为甚么我见他跑得可怜拉拉的，我只不替他说呢？后来我见他骑上骡子。原来是刘嫂替他说了分上。"素姐道："我五更起来梳了头，央刘嫂子做个明府，我就拜二位为师。我只一到家就送上二十两银子，一分也不敢短少。"老侯两个唯唯从命。

素姐睡到五更，他比众人更是早起。狄希陈已先伺候。素姐梳洗已完，老侯婆两个也都收【第986页】拾完备。把老侯两个让到上面，两把椅子坐着，素姐在下面四双八拜，叩了一十六个响头。老侯两个端然坐受。与众人叙了师弟师兄，大家叙了年齿，行礼相见。狄希陈在旁呆呆的看，不知是甚么原故。素姐道："我已拜了二位师父做了徒弟，我的师父就是你的师父一般，你也过来与二位师父磕个头儿。"老侯两个道："要不是教中的人，这可不敢受

---

① 三十诸天（佛教三十三天的简称）和八金刚（佛教法条的武装守护者）在中国的流行文化中很常见，例如《西游记》（北京：作家出版社，1954年）第8回第78页，第51回第586页，第52回第602页，第58回第671页，第98回第1112页，第99回第1122页。四菩萨——观音、地藏、普贤和文殊亦是如此——在中国文化中，他们跟四大名山关联起来了。

礼。"狄希陈本待不过来磕头，只因不敢违拗了素姐，只得走到下面磕了四个头。这两个老歪辣半拉半受的罢了。素姐从此赶着老侯叫"侯师父"，老张叫"张师父"。这两个道婆当面叫素姐是"徒弟"，对着人叫是"狄家的徒弟"；赶着狄希陈当面叫"狄相公"，对着人称他"狄徒弟的女婿"。

素姐因与那些会友认了同门，又同走了许多路，渐渐熟识。也没有甚么杨尚书宅里的奶奶，都是杨尚书家的佃户客家；也没有甚么孟奶奶、耿奶奶，或原是孟家满出的奶子与或是耿家嫁出去的丫头。倒只有素姐是人家的个正气娘子。素姐甘心为伍，倒也绝无鄙薄之心。又行了一日，走了一百里路，宿在弯德地方。脱不了还是下店安驾，宣偈号佛，不必絮烦。

再说又走了数十里，经过火炉地方。这火炉街上排门挨户都是卖油炸果子的人家。大凡香客经过，各店里的过卖，都乱烘烘跑到街心，把那香头的驴子狠命的拉住，往里让吃果子，希图卖钱。那可厌的情状，就如北京东江米巷那些卖褐子毡条的陕西人一般；又象北京西瓦厂墙底【第 987 页】下的妓者一般，往街里死活拖人。素姐这一伙人刚从那里走过，一伙走塘的过卖，虎也似跑将出来，不当不正把老侯两道的驴子许多人拉住，乱往家里争夺，都说："新出锅滚热的果子，纯香油炸的，又香又脆，请到里边用一个儿。这到店里还有老大一日里，看饿着了身子。"老侯两道说："多谢罢。俺才从弯德吃了饭起身，还要赶早到店里报名雇轿子哩。"再三不住，只得放行去了。

素姐初次烧香，不知但凡过客都是这等强抗，抗的你吃了他的，按着数儿别钱。素姐只见各店里的人都攒拢了抗那老侯两道，只道都是认得他的，问道："这些开店的都与二位师傅相识么？怎么这等固让哩？"老侯两个顺口应道："这些人家都是俺两个的徒弟，大家这等争着请我进去，我们怎能遍到？只得都不进去罢了。"

行到泰安州教场内，有旧时下过的熟店宋魁吾家差的人在那里等候香客。

看见老侯两个领了许多社友来到，宋魁吾差的人远远认得，欢天喜地的，飞跑迎将上来，拉住老侯两个的头口，说道："主人家差俺等了几日了，只不见来，想是十五日起身呀？路上没着雨么？你老人家这向身上安呀？"一直牵了他驴，众人跟着到了店里。宋魁吾看见，拿出店家胁肩谄笑的态度迎将出来，说些不由衷的寒温说话。洗脸吃茶，报名雇驴轿，号佛宣经，先都到天齐庙①游玩参拜。回店吃了晚饭，睡到三更，大家起来梳洗完毕，烧香号佛过了，然后大众一齐吃饭。

【第988页】老侯两个看着一行人众各各的上了山轿，老侯两人方才上轿押后。那一路讨钱的，拨龟的，舍路灯的，都有灯火，所以沿路如同白昼一般。

素姐生在薛教授深闺之内，嫁在狄门富厚之家，起晚睡早，出入暖轿安车；如今乍跟了这一群坐不得筵席，打得柴的婆娘，起了半夜，眼还不曾醒的伶俐，饱饱的吃那一肚割生割硬的大米干饭，半生半熟的咸面馍馍，不干不净的兀秃素菜，坐着抖成一块半截没踏脚的柳木椅子的山轿，抬不到红门，头晕的眼花撩乱，恶心呕吐。起先吐的，不过是那半夜起来吃的那些羹馔佳肴；后来吐的，都是那焦黄的屎水，臭气熏人。抖的那光头蓬松四垂，吐的那粉面菜叶般青黄二色。老侯与众人道："这是年小的人心不虔诚，奶奶拿着了。"那刘嫂子道："我前日见他降那汉子，叫他汉子替他牵着驴跑，我就说他不是个良才。果不其然，惹的奶奶计较。咱这们些人只有这一个叫奶奶心里不受用，咱大家脸上都没光采。"老侯两个说："他既是知不道好歹，惹得奶奶心里不自在，咱没的看得上么？说不的咱大家替他告饶。"那别会里烧香的人成千成万，围的封皮不透，乱说奶奶捆住人了，乱问道："这是那里的香头？

---

① 在中国北方的城镇中，有这一称号的寺庙是用来祭拜泰山的。显然，在泰安，朝圣者们正在参拜位于城北城墙内的岳庙（岱庙，亦称东岳庙），赶在夜间登山之前在那里进行参拜。参见沙畹，《泰山志》，第27—28，126—148页。

为怎么来，奶奶就下狠的计较呢？"又有的说："看这位香头还年小着哩，看身上穿的这们齐整，一定是个大主子。"同会的人答应道："这是明水狄家媳妇，狄贡生娘子。这旁里跟着的不是狄相公么？"围看的人，你一言，我一语，都乱讲说。

【第 989 页】素姐焦黄的个脸，搭拉着头，坐在地上，一来听人讲说得紧，二来下了轿子，坐在地上歇了一会，那头晕恶心渐渐止了许多。素姐听不上那屄声嗓气，"咄"的一声，喝道："一个人晕轿子，恶心头晕的呕吐，坐着歇歇，有那些死声淘气！甚么是奶奶捆着我！我抱着你们的孩子撺在井里了么？打伙子咒念我！还不散开走哩！我没那好，挝起土来照着那淡嘴屄养的脸撒倒好来！"一边站起来道："我且不坐轿，我待自家走造子哩。"放开脚就往上走。众人见他走得有力，同会的人方都上轿行走。素姐既是步行，狄希陈岂敢坐轿，紧紧跟随，在旁扶掖。素姐原是狐狸托生，泰山元是他的熟路①，故是上那高山，就如履那平地的一般容易；走那周折的山径，就如走那行惯的熟路一般，不以为苦。把个狄希陈倒累得通身是汗，喘的如使乏的疲牛，渐渐后脚跟不上前脚，只是打软腿。又亏那刘嫂子道："狄嫂子，你不害走的慌么？你和狄相公都坐会子轿，等要头晕，再下来走不迟。"果然那两顶轿歇下，素姐和狄希陈方才坐下。抬得不上十来步，狄希陈才坐得自在，素姐叫声"不好"，脸又焦黄，依旧恶心，仍是头晕。只得又叫人放下了轿，自己步行。狄希陈又只得扶了素姐行走。

渐次走到顶上。那管香税的是历城县的县丞，将逐位的香客单名点进。方到圣母殿前，殿门是封锁的；因里边有施舍的银钱、袍服、金银娃娃之类，所以人是进不去的。要看娘娘金面的人，都垫了什么，从殿门格子眼里往里观看。素姐躧着狄希陈的两个肩膀，狄希陈两只手攥【第 990 页】着素姐两

---

① 此处指的是该小说的开头一幕。在这一幕中，晁源在雍山打猎时遇到了这只狐狸（第 1 回，第 12 页）。

只脚，倒也看得真实。也往殿里边舍了些银子。

烧香已毕，各人又都到各处游观一会，方才各人上轿下山。素姐依旧不敢上轿，叫狄希陈挽了，走下山来，走到红庙。宋魁吾治了盒酒，预先在那里等候与众人接顶。这些妇女一齐下了轿子，男女混杂的，把那混帐攒盒，酸薄时酒，登时吃的风卷残云，从新坐了轿回店。素姐骑着自己的骡子同行，方才也许狄希陈随众坐轿。到了店家，把这一日本店下顶的香头，在厂棚里面，男女各席，满满的坐定，摆酒唱戏，公同饯行。当中坐首席的点了一本《荆钗》，找了一出《月下斩貂蝉》，一出《独行千里》，方各散席回房。

素姐问道："侯师傅，刚才唱的是甚么故事？怎么钱玉莲刚从江里捞得出来，又被关老爷杀了？关老爷杀了他罢，怎么领了两个媳妇逃走？想是怕他叫偿命么？"众人都道："正是呢。这们个好人，关老爷不保护他，倒把来杀了，可见事不公道哩！"①

说着，睡了觉，明早吃了饭，收拾起身。宋魁吾送了老侯老张每人一把伞，一把藤篾子扇，一块腌的死猪子肉，一个十二两重的小杂铜盆。都收拾了，上头口回程，还要顺路到蒿里山烧纸。这蒿里山离泰安州有六七里远，山不甚高，也是个大庙。两廊塑的是十殿阎君，那十八层地狱的苦楚无所不有。传说普天地下，凡是死的人，没有不到那里的。所以凡是香客，定到那里，或是打醮超度，或是烧纸化钱。看庙的和尚道士，又巧于起发人财，置了签筒，签上写了某【第991页】司某阎王位下的字样。烧纸的人预先讨了签寻到那里，看得那司里是个好所在，没有甚么受罪苦恼，那儿孙们便就喜欢。若是甚么上刀山、下苦海、碓捣、磨研的恶趣，当真就象那亡过的人在

---

① 这些女人可笑地把三个不同戏剧的情节当作同一出戏的一部分。当然，所有这些情节中的女主角实际上很可能是由同一个女演员扮演的。《荆钗》中，女主人公钱玉莲因溺水而免予自尽。三国戏《月下斩貂蝉》中，曹操利用貂蝉引诱关羽，使关羽为自己效力，关羽却斩了貂蝉。在《独行千里》中，还是关羽这位英雄，负责保护刘备的两位妻子，假装归降曹操，最后他想方设法把她们平安无恙地带回刘备那里，并且成功地挫败了阻止他回到刘备那里的企图。

那里受苦一般，哭声震地，好不凄惨！"天象起于人心"，这般一个鬼哭神嚎的所在，你要他天晴气朗，日亮风和，怎么能够？自然是天昏地暗，日月无光，阴风飒飒，冷气飕飕，这是自然之理。人又愈加附会起来，把这蒿里山通成当真的酆都世界。

却说那狄希陈母亲老狄婆子在世之时，又不打公骂婆，又不怨天恨地，又不虐婢凌奴，又不抛米撒面，又不调长唆短，又不偷东摸西，表里如一，心口一般，这样人死去，也是天地间妇人中的正气。若没甚么阎王，他那正气不散，必定往那正大光明的所在托生。若是果有甚么阎王，那阎王见了这般好人，一定是起敬致恭，差金童玉女导引他过那金桥，转世去了，岂有死去三四年还在那蒿里山的理？但为人子的，宁可信其有，岂可信其无，也在佛前求了一签，注的分明，却在那五阎王的司里。这五阎王在那十个阎王之中是有名的利害主儿。

狄希陈抽着这签，心中已是凄惨得紧；及至买了纸锞，提了浆酒，走到那个司里，只见塑的那泥像，一个女人，绑在一根桩上，一个使一把铁钩，把鬼妇人的舌头钩将出来，使刀就割。狄希陈见了，不由放声大哭，就象当真割他娘的舌头一般，抱住了那个受罪的泥身，把那鬼手里的【第 992 页】钩刀都弄断了。真是哭的"石人堕泪"，人人伤心。同会的人也都劝道："这不过是塑的泥像，儆戒世人的意思，你甚么认做了当真一般？闻得你母在世的时，为人甚好，甚么得受这般重罪？"素姐插口道："这倒也定不得哩。俺婆婆在世时，嘴头子可是不达时务，好枉口拨舌的说作人。别说别人，止我不知叫他数说了多少。声声口口的谤说我不贤良，又说我打公骂婆，欺侮汉子。只这屈说了好人，没的不该割舌头么？"刘嫂子道："没的家说！要冲撞了媳妇儿就割舌头，要冲撞了婆婆可该割甚么的是呢？"众人说话，狄希陈还哭。素姐道："你只管嚎，嚎到多咱？没的那阎王为你哭就饶了他不割舌头罢？我待走路哩，你等着你爹死了，可你再来哭不迟！"众人也都恼那素姐的不是。狄希陈也就再不敢哭了，跟了素姐出庙。骑上头口，走了七日，八月二十一日日西的时分回到家中。他也不说请公公相见，一头钻在房里。调羹和狄周媳妇倒往房里去见他。龙氏收拾了一桌酒菜，叫巧姐与他大姑子接顶。次日，仍打扮穿了色衣，戴了珠翠，叫狄希陈合小玉兰跟随同着众人往娘娘庙烧回香。家中带了二十两银暗自送与侯、张两个师傅做入会的公费。侯、张两个道："这是随心的善愿。你的银子没有甚么低假，都分两足数么？你既入了会，以后还有甚么善事，一传你要即刻就到；若有一次失误，可惜的就前功尽弃了。可只你公公不许我们进去，怎么传到你的耳朵？"素姐道："以后凡有该做的善事，你只到俺娘家去说，自然有人说知与我。"侯、张二人各自会意。

【第 993 页】大凡事体，只怕起初难做。素姐自从往泰安州走了一遭，放荡了心性，又有了这两个盗婆引诱，所以凡有甚么烧香上庙的事件，素姐都做了个药中的甘草，偏生少他不得。只看后回不一而足，再看接说便知。

2

十七世纪纠结的泰山朝圣之旅

吴百益（Pei-yi Wu）

　　中国朝圣之地的分布与其他文明体系不同。尽管在中国宗教之外，神山也广为人知，但很少能把宗教信徒们吸引到自己的巅峰来。在旧世界[①]，尤其是所有的宗教中心——著名的坎特伯雷、孔波斯泰拉、耶路撒冷等——大都位于平地上。相反，中国的朝圣地理似乎轻视低地和城市（而且很少有城市建在山顶上）。细察两个明显的例外只会证实这个规律：于君方在本书第5篇文章中讨论的普陀山是浙江海边的一座岛屿，佛尔在本书第4篇文章中讨论的曹溪的字面含义是"曹家的小溪"，它们都由一群低山丘陵和其他自然景观构成。与其他壮观的佛教中心相比，它们在高度上是不起眼的，但已经被发展和组织得几乎无异于圣山了，特别是对容易被劝诱的游客而言。海拔高度和规模的确是被信徒们和作家们忽略了，他们在这两个地名后加上后

---

　　① "旧世界"（the Old Word）是指相对于"新大陆"美洲大陆而言的，亚、欧、非地区。——译者注

缀——"山"字，由此把一座岛屿和一条小溪提升到山岳的级别。① 另一种迹象——山岳已经与朝圣观念紧密结合在一起，从下面这两个术语当中的任何一个，都可以看出来。这两个术语比其他术语都更好地表达出了这一观念（在英语中，是没有与之等值的单词）：一个是"进香"，即"to present incense"；另一个是"朝山"，即"to pay obeisances to a mountain"。

为什么会这样呢？这个问题大概根本无法得到解答。尽管如此，可以注意到的是，在中国，要追溯圣山观念的历史起源的话，它是远远早于佛教的传入和道教的形成的，甚至可能先于朝圣的出现。最为重要的圣山是"五岳"，它们是东岳泰山（海拔 1545 米）、西岳华山（海拔 2154 米）、南岳衡山（海拔 1290 米）、北岳恒山（海拔 2016 米）和中岳嵩山（海拔 1512 米）。② 它们"在古代中国被神化的自然力量中，属于最有威力的，被认为是最重要的国家保护者"（柯睿，第 225 页）。

五岳之首泰山（见本书第 55 页，地图 1-1）一直拥有其他朝圣之地所不具有的特殊光环。各种类型的游客，出于不同的动机来攀登泰山顶峰。统治者们——从上古时代的王到后来的专制君主和皇帝——来到泰山举行封禅大典。像孔子那样的圣人和像王守仁（阳明）那样的哲学家都认为泰山的魅力是不可抗拒的。诗人和信教者在此处山间寻找宁静的隐居之所，虔诚的人们涌进泰山的神庙里供奉祭品、祈求保佑。几乎每个登游泰山的读书人都会写下自己的回忆性文字，使关于泰山的文学作品持续增加。然而，如果我们依

---

① 参见由君方所写的本书第 5 篇文章，普陀山被列入三大名山或四大名山的历史。在《坛经》中，这个地方因其与六祖的关系而变得神圣，被称为"曹溪山"（参见佛尔撰写的本书第 4 篇论文）。

② 这些数据是从《中国国情》上摘选出来的，代表了主要山峰的海拔高度。关于"marchmount"，参见柯睿，《高处而来的诗：登泰山》，第 224 页，表 8。比起"sacred mountain"（神山）或"peak"（峰），我更喜欢用"marchmount"这个词来表示"岳"。中国有很多神山，但只有五岳。"峰"也不行，因为每一个"岳"都是一座"山"，而"山"又是由若干座"峰"组成的集群。情况复杂得足以证明一个新词是正确的。

照这样的认识——作者毫不含糊地描述他所参与的一系列活动，而且他本人明确认为这些活动是朝圣——来定义散文叙述的话，那就几乎见不到朝圣者本人留下的叙述。尽管这个定义看起来是多余和宽泛的，但只有一部作品符合这个定义，那就是张岱（1597—1684？年）撰写的《岱志》。关于中国朝圣者的叙述资料稀缺的原因是多方面的，对它们的探究可以使我们加深对中国朝圣活动的认识。

看似成立的解释是假设很少朝圣者有足够的文化水平来记下自己的活动。即使我们可以假设至少还有一些文人墨客参加朝圣，而问题依然是他们为何鲜于记载自己的朝圣经历。一个更突出的问题是，他们为何鲜于将主观宗教体验付诸笔墨。有一种解释可能存在于中国的第一人称叙事作品的性质中。

风格的变化无穷，表述的自由活泼，尝试的意愿，在现代写作中是理所当然的，我们很难理解前现代世界里几乎每个作家所要受到的约束，无论是东方还是西方。仅靠有限的体验——当然是随着时间和地点而变化的——是可以进行陈述的，陈述的方式受到叙事惯例的严格限制。即使是在作家用母语来书写的情况下，这同样是普遍而苛刻的，甚至有人会说，对现实的感知，大部分是由特定作家所知的叙事模式形成的。

我称之为"目击实录"（eye-witness account）的文体，在古代中国出现得相当晚，其原因比较复杂，也无法探讨。① 换言之，可能有过第一人称的叙述，但是受到了严格的限制。对于当代读者来说，这些限制是不合理的。然而直到 16 世纪，即使写自传的作者也无法讲述朝圣圈内人员的事迹，只能根据档案材料或二手材料记下那些表面上有文献出处的事实，这种事实是公开的而且可以被当作示范。即使像小说这样明确用想象笔法的体裁，也只能用第三人称来撰写。要采用"辛巴达（Sinbad）"模式或"格列佛（Gulliver）"模式

① 关于中国的第一人称叙事文学的历史，参见吴百益，《儒者的进阶：传统中国的自传作品》，第 3–14 页。

来叙事，那是不可能的。只有一个例外，那就是唐代小说《游仙窟》，其作者和说唱者都已无从考证。该小说在中国已经失传，我们之所以知道有这部小说，是因为在日本还保存着该小说的抄本。因此，即使一个朝圣者想把自己的经历写下来，也找不到合适的表达途径。对他来说，无论是自传还是小说的体裁，都没有多大用处；他最能采用的体裁是旅行文学体裁，但是这种体裁在早期阶段仍会限制他的写作自由。

这个问题，在高僧玄奘（596—664 年）的游记中得到了最好的展示。玄奘是杰出的朝圣者，为了寻求佛经曾游历印度和中亚诸国十六年之久。《大唐西域记》是由玄奘口述，其弟子撰写而成的，大约十万字。该书直白地交代了旅行家本人的活动，同时详细叙述了大约一百个玄奘访问过的国家。对这些国家的记载是基于在当地的见闻和传说之类的二手材料，几乎没有他亲身的观察。从他的叙述中，我们很难想象激发他宏愿的信仰，在艰险的旅途中支撑他的勇气，还有在一次有六千多人参加的教义辩论中被戒日王（Harsha）——一位印度帝王——宣布为获胜者后的喜悦。尽管玄奘不是最早记述印度朝圣的人——早在两个世纪前，高僧法显就曾写下了他的朝圣经历——但是，考虑到他的知名度和成就，此书为后来的佛教旅行者树立了一个写作榜样。就我们的目的而言，玄奘比其他任何人更能证明叙述朝圣几乎是不可能的：尽管他是中国最伟大的朝圣者，但是他在叙述自己的旅行故事时，除了朝圣，其他内容都记载下来了。①

为了维护这位佛学大师的名誉，有人会争辩说，因为当时大部分中国人

① 在这种严格的限制下，本书第 3 篇文章中所记载的张商英登山朝圣的奇遇，是前所未有的。张商英的另一个创新是，他使用了一种叙事风格，强烈地让人联想到典型的汉译佛经，而不是他那个时代已经由唐宋大师完全确立标准的散文。鉴于张商英的文人身份和他成功的仕途，他的创新是极不寻常的。然而，并没有人模仿他，即使到了脱离常规相当普遍的明末。值得注意的是，张商英的文章保存在佛教文集中，而没有保存在任何世俗文集中，他神奇的想象似乎没有引起儒家文人的任何评论或反应。

没有到过国外，所以玄奘在叙述时主要关心的是可信程度——这份报告明显是想引起皇帝的注意，而不是为了自我表现。在这一点上，玄奘与那些自我中心胜过旅游欲望的现代游记作家们截然相反。总之，在封建王朝时代，中国旅行文学倾向于以关于未开化者的记载为范本，它们通常与 19 世纪欧洲人类学家和民俗学家的文章相似。周达观的《真腊风土记》，一部记载他作为官方使团成员访问柬埔寨经历的作品，始作于 1295 年，实际上，可以和欧洲写于上个世纪 ① 之前的最好的人类学著作相媲美。

玄奘和其他长途旅行家们的著作只是中国旅行文学的两种类型之一。另一种类型——我称之为"游记"——可能因为受到六朝的山水田园诗的影响，因此相对比人类学著作自由，更适合用第一人称叙述。由唐宋时代的散文作家如柳宗元和苏轼逐步确立的游记风格，在公元 1100 年后仍然优美动人。游记作品通常以讲述旅游所处的环境为开端；如果旅游目的地或所在地是名山胜地（或使用通常的简称"名胜"），往往要求游记作者多才多艺，并且和他印象深刻的前人游记进行比较。对地点和景色的反映，往往更多的是说教，而非内省，而且他们的同伴和其表述也会得到充分的关注。独自旅行的人则很少留下记述，即使那位不知疲倦的探险家徐霞客（1568—1641 年），也经常是在僧人向导和仆人的陪同下，进入高山和偏远的峡谷探险。在篇幅较短的游记作品中，对诚挚友情的描述夺去了自然风景的光彩。②

---

① 此处，"上个世纪"指 19 世纪。——译者注

② 中国的游记文学直到最近才受到持续的关注。关于这个重要而广泛的议题的两项新研究成果，我读得相当晚，所以未能在本文中运用。这两项研究成果是：

（1）何瞻，《十二世纪中国之路：范成大游记》（Stuttgart: Franz Steiner Verlag, 1989）。

（2）Richard E. Strassberg, *Inscribed Landscapes: Travel Writing from Imperial China,* Berkeley: University of California Press, forthcoming.（该书于 1994 年出版。——译者注）

必须补充的是，1560 年后中国的自传偶尔受益于作为一种叙事模式的游记文学，因此自传可以摆脱死板的传记格式。邓豁渠（1498—1570？年）和高攀龙（1562—1626 年）是最著名的自传作家，他们在自传中讲述了自己的生活故事，以及或多或少的旅行事迹（参见吴百益，《儒者的进阶：传统

虽然几乎所有的朝圣之地都是名胜，但游记文学没有在宗教方面给我们提供关于中国朝圣的明确的有价值的信息。即使有文人旅行者注意到旅行文学中普通的朝圣者，也只是用一两句话评头论足一番而已。即使作者本人为朝圣这一目的而专程前往这些地方，其不加修饰的直述也是事实，然而对旅行的叙述仍没有脱离通常的游记风格。[①] 为了说明这一点以及这种体裁的一般特点，并且为了掌握对泰山的记载，我们最好仔细欣赏明代最知名的文人之一所撰写的代表作。

王世贞三游泰山

王世贞（1526—1590 年），独领文坛二十年，他既是一位诗人、评论家，又是一位著述多产的撰史者。虽然他在仕途上并不如意，但他还是渐渐升为刑部尚书。大约在二十一岁时，他第一次被朝廷授职。1557—1559 年，他在山东青州出任按察副使（正四品）。和以往及后来的泰山游客一样，王世贞充分利用任职地点毗邻这座圣山的便利条件——青州位于泰山以东——以及职位授予他的特权[②]，从 1558 年到 1559 年，三次登临泰山。关于这几次旅行的

中国的自传作品》，第 95—116、131—141 页）。他们参观了许多与圣人和贤士有关的地方。每个人都说他们追求绝对真理是一次双重的旅程：伴随着灵性进步的艰苦，向上攀登。在艰险的攀登过程中，每个人都走到了一个突出的地方，在那里，一盏灯突然亮了起来。如果他们承认了某种意图或指明了一个特定的地点，那么他们的旅程将是完美的朝圣。另一位自传作者，毛奇龄（1623—1716 年），两次登临中岳嵩山的顶峰。在第二次成功登嵩山的过程中，他遇到了一个神秘的陌生人。从这个陌生人那里，毛奇龄得到了真正的儒家思想的秘籍，由此改变了他的人生（吴百益，《儒者的进阶：传统中国的自传作品》，第 173—186 页）。所有这三种生活，和本文作者拙著中所讨论的其他生活一样，都可以视为朝圣之旅，然而在把朝圣作为风俗而非隐喻的书中，并未得到应有的认识。

① 参见高居翰撰写的本书第 6 篇文章。他所讨论的黄山图似乎与中国的游记文学一样，不愿表达宗教情感。

② 本书于君方撰写的第 5 篇文章和劳格文撰写的第 7 篇文章，也举出了许多驻扎在著名景点附近的官员利用这种机会游览的事例。

记载，写于 1576 年，在各方面都承循游记的格式，包括惯用的标题：游泰山记。王世贞第一次游泰山始于 1558 年正月晦日，适逢从邻城拜访他的上司后归来途中：

> 与海道宋丈太武偕，夜沐于使院。三鼓起，启堂之北扉而望，若曳匹练者，自山址上至绝顶，又似聚萤数百斛囊中，光熠耀不定。问之，乃以兹时士女礼元君，灯鱼贯而上者也。其颂祝亦隐隐可听云。以黎明入山，即阴晦，浮云出没訾际，十步外不辨物，第觉舆人之后趾高而余前偻而已。即绝顶亦无所睹见，且寒甚，宋丈迫欲返。还憩鄪都宫，趣畅举者数，而后肤不栗也。甚悔之。（《泰山志》卷 5，第 13 页）

王世贞对第一次登泰山的记载虽然简短，毕竟给我们在大体上提供了这种体裁的信息，并交代了关于泰山朝圣的信息。王世贞因未能在山顶看到美景而抱憾，一些中国文人游客也持有这样的遗憾。他们就像前往少女峰一日游的当代游客们一样，爬到了山顶，游兴却被糟糕的天气给败坏了，除了茫茫云雾以外，什么也看不到，也享受不到精神上的升华。但王世贞从来不愿意忍受平常人旅行的颠簸之苦。实际上，学者型官员和随意聚合的普通游客之间的差别是再明显不过了。前者在舒适洁净的馆舍里过夜，还要进行仪式性沐浴——这是 16 世纪以来的惯例——第二天早晨去登山，毫不夸张地说，他们是坐在别人的脊背上去登山的。① 而大多数人却只能在夜里步履艰难地登山。或许虔诚是他们采用这种艰苦方式的原因，但是朝圣者的绝对数量和他们当中大多数人的贫困状态，使他们难以住宿或乘坐轿子。这两者之间的区别，从王世贞所见闻的远处情形就可以显现出来。在他本人登山的过程中，

---

① 此处是比喻乘轿登山。——译者注

王世贞肯定没有落在后面，也没有率先下山。但是王世贞没有详细叙述这些衣着俭朴的平民百姓，即使在后面两次登泰山的游记中也是对他们略而不提。

数月后，王世贞第二次登临泰山。

> 至六月朔，偕御史段君按部泰安。段君约以三日登，而诸道从者众，度不任舆马。余乃与参议徐君文通请以二日先，段君许之。（《泰山志》卷5，第13页）

有明一代，御史的职责虽然有所不同，但是他们的权力几乎是不受限制的。御史离京巡察时，都会从地方官员那里得到优先照顾和特权。对王世贞来说，并没有必要去讲述那些对他本人和读者显而易见的情景，但我们还是可以从游记中了解到与其所属府同名、又是府治所在地的泰安县对一个姓段的御史和他的宾客们的物质供应。王世贞选择记述的不外乎游记中的通常内容：游览那些在早期记载中备受赞颂的名胜古迹，对前人观察的确认、质疑或补充。他和他的同伴们说笑、畅饮、赋诗。几乎整个旅途，他们都受到阴雨天气的折腾，而且在唯一本来可以看到日出的早晨，"呼酒谈诗甚乐，三鼓而寝。约以五鼓起观日出，然则其寝皆以甘甚，醒则高春矣"。该游记除了讲到段御史住的地方离他的客人比较远，以及下了四天雨后，"州供业已尽"（《泰山志》卷5，第15页），关于此次旅程的实用细节就几乎没有记述了。这个旅行团就在次日清晨冒着寒冷和霏霏阴雨下山了。

然而，这一旅行还算是有一个愉快的结局。当他们抵达御帐崖时，天气变得非常和煦，并且阳光明媚。从大约两百英尺高的地方落下的瀑布，比往常更加壮观。①

---

① 王世贞原文为："但见岩傍飞瀑争下，凡二十余丈，涛翻雪喷，水势比往日确是大的多了。"（《泰山志》卷5，第15页）同时还需要说明的是御帐崖又称作御帐坪。——译者注

余兴发不可遏，跳立磐石流，呼酒数大白，辄酹，长歌振林樾。诸君皆壮之，有和者，有就取饮者，移时而报段君至，相与之酆都宫，为小宴别。（《泰山志》卷5，第15页）

对第三次登临泰山的记载，篇幅还不到半页，而且绝大部分是写他在五更前登山，及时抵达日观峰去看日出。王世贞在文中对前次旅行未能尽兴而持憾，他就接着在文中表达了自己只能在远处观看而不能详观的二十四个广为人所知的景点的遗憾。如此罗列乃是游记的主要组成部分，但是对于我们而言，在这简短的叙述当中，真正有趣的要素是看似简略而泛泛的开头：

其明年[①]之四月朔，以行部道出莱芜，会家大人有边事，事甫定，乃乞灵于泰岳，以间登焉。（《泰山志》卷5，第15页）

这段文字的简短遮掩了它的重要性，因为它明确无误地表明了王世贞第三次登泰山的本意。尽管他在该文其他部分回顾此次游览，但没有进一步说明被我们视为朝圣的东西，但是《明史》中王世贞之父王忬的传记清楚地说明了王世贞为何在1559年春哀求神灵的干预。[②]王忬，性格平和而且能干，其父[③]曾担任兵部右侍郎。王忬在远征中立下赫赫战功，得到皇帝的嘉许，因此而得到快速提拔，然而在随后的官宦生涯中却屡屡遭祸。皇上宽赦了他，

① 此处指“1559年”。——译者注

② 此处原文有误，《明史·王忬传》并未记载王世贞祈神之事。《明史·王忬传》有记载王世贞与其弟王世懋为父求情之事：“父忬以滦河失事，嵩构之，论死系狱。世贞解官奔赴，与弟世懋日蒲伏嵩门，涕泣求贷。嵩阴持忬狱，而时为谩语以宽之，两人又日囚服跽道旁。遮诸贵人舆，搏颡乞救。诸贵人畏嵩不敢言，忬竟死西市。”——译者注

③ 王忬的父亲王倬（1474—1521年），曾任南京兵部右侍郎。——译者注

最后任命他为蓟辽总督。1559年春，鞑靼部施用计谋，从没有防备的潘家口越过长城，肆无忌惮地抢掠了五天之后，方才撤离。震怒的皇帝惩办了王忬之下的将领们，但是这位统帅却被允准留职，只是没有薪俸。这篇游记中对受到牵连的父亲得以暂时无恙有所述及，并明确指出这些事件恰好发生于入塞的鞑靼部撤离之后。由于取得胜利的鞑靼部依然从容立足边塞，以及有权势的仇家在皇帝耳边进谗言——有些仇家的敌意是他这个言辞犀利的儿子所引起的，王忬到处求助。祈求神灵保佑也无济于事。参劾王忬的御史们再次翻腾起这桩事，并向他提出新的指控。此时，皇帝怒不可遏，否决了宽大的判决，并对王忬判处极刑，如同对王忬手下所有将领们的判决一样。王世贞和他的弟弟绝望地四处呼求宽赦，但是也只拖延了短暂的时间而已。1560年底，他们的父亲被处决。

结合《明史》记载，就可以理解王世贞不愿详写父亲的不幸和其无果的朝圣了。实际上，如同他在临近结尾处未加解释的叙述，直到最后一次登泰山的十七年后，他才写下这篇文章。在此之前，岁月无疑平复了他的创伤，淡化了他的悲痛。1567年，他等到了父亲被平反。否则，对他来说，在游记里，把父亲和在瀑布下尽情嬉戏、在日观峰上收获良多等令人愉悦的事一同提及，是毫无心肝的举动。他的成就感和他在1576年的状态很相宜，那一年，他无可争辩地成为文坛巨擘。或许我们可以轻易地把这归因于王世贞对通行的游记主题的遵守。在这种体例中，他不能表达父亲的冤屈或孝子的无助感。虽然这种文本的确可以用来抒发乡愁，也仅是平和的伤感而已。

诚然，张岱的游记从来没有偏离这一文体的通行范式。和王世贞还不一样，他甚至没有暗示自己为何公开参加地地道道的朝圣活动。但是他所参与的环境和朝圣的性质，给予他直接观察可称之为朝圣之旅的活动的机会，而这种机会是其他游记作者们很少利用的。他对寻常的泰山之旅的细致观察能力来自多种因素的结合。在我们进行叙述之前，先来探讨这些环境和因素。

作者张岱

张岱，祖籍山阴（浙江绍兴），出身于显赫的士大夫世家。张岱在他的前半生中沉浸于作为鉴赏家的愉悦之中，毋庸担心开销，直到父辈开始贪图安逸并开销无度。[①] 明亡后，他陷于赤贫。晚年，他转而从事著述，写下了多卷回忆录。就某种意义而言，他反映了一种趋向的巅峰，这种趋向可称之为"晚明异议模式"：玩世不恭有时发展为反传统，强调个体和本性，比以往更倾向于于释放自我。由于是在白话小说已经臻于成熟的时代背景下写作，张岱作为一个小说家，敏锐地观察平民大众的生活，并将其细致地展现出来。

当优裕的生活离得愈来愈远，再也没有恢复到之前的生活状态的希望时，张岱几乎毫无幻想地写作。旧秩序的瓦解，使得他从那些之前让他感到束缚的东西中解脱出来。他可能是中国第一个不守礼教的文人：他用现实主义的笔法，毫无溢美地描述了自己的叔父和侄子。张岱甚至比他的前辈们更无偏见，因为他几乎像一个试图用写作来匡补自己昔日乖谬之行的忏悔者，即自我觉醒的罪孽之徒。[②] 在给题为《陶庵梦忆》的文集撰写的自传性序言中，他列举了自己昔日生活的奢华和此时的赤贫的反差。他写道："今日罹此果报，……当作如何消受，遥思往事，忆即书之，持向佛前，一一忏悔。"（《陶庵梦忆》，第 1 页）坦诚的心态和对晚明社会现实的毫无虚幻的认识，共同使他得以无所顾忌地写下他所参与而其他作家鲜有叙及的活动。

张岱这篇游记没有标明写作日期，被收入题为《琅嬛文集》的文集中。此文集收录了他晚年撰写的一些文章。该游记也没有提及他登山的年代，但他还是在临近结尾处向我们提供了一条线索——就在这次旅行后，他返回兖

---

① 张岱之父张耀芳，字尔弢，号大涤。——译者注

② 关于我称为"忏悔文学"（penitential literature）的历史，可参见吴百益，《儒者的进阶：传统中国的自传作品》，第 207—234 页。在张岱撰文怀旧时，这一文学流派进入鼎盛阶段。

州（《琅嬛文集》，第 43 页）。我们从他的传记（《清代名人传略》第一卷，第 53 页）中了解到，当他父亲 1627—1631 年间在兖州给第十一任鲁王担任右长史时，张岱曾数次前往那里去探望父亲。由此，这次登泰山似当发生于他数次探父过程中的某一次。作为一个充满好奇心和想象力的人，在无忧无虑又无所事事的青年时代，纵情声色和笔墨之趣，他是不会放弃登泰山的机会的——到泰山，只需要从家乡到兖州绕一小段弯路，很少有文人会让这种机会从自己手中溜掉。此外，有证据表明他的朝圣活动不晚于 1629 年，因为根据另一个游客[①] 在 17 世纪 40 年代中期所写的文章指出，那时登泰山朝圣开始出现一个急剧的衰落（《寒夜录》，第 25 页），而张岱没有记载这一衰落。

　　这样，让我们假定张岱是在 1628 年进行的此次登山。由此，就意味着他是在 31 岁时登的泰山，是一个无官无衔的人，而且他的文学才华还没有广为人所知。他的社会地位，使得他与其他那些也写游记的游客们区分开来。其他文人游客似乎都得到了当地官府的供给——没有记载表明他们当中任何一个人是自己操办旅行的。这两位不同时代的人第一次登泰山时，王世贞只比张岱年长一岁，但是他已经拥有名望，既是文人又是政府官员。此外，王世贞的官阶使他拥有对毗邻州县的裁判权。王世贞是作为御史的客人登山的。张岱则无法凭借自己的社会地位提出类似的要求，即便是他的父亲也不能。因为他父亲不像 1549 年罹祸前的总督王忬，有足够的名望让地方官给寂然无闻的年轻人提供便利。在这种情况下，他大概别无选择——正如我们将要看到的那样，只能去参加类似 20 世纪 "包价游"（package tour）那样的登山活动。

---

① 此处，该游客系《寒夜录》作者陈弘绪。——译者注

朝圣和旅游

张岱，这个游泰山的普通文人游客，从泰安启程。泰安是州治的所在，泰山就坐落于泰安。但是张岱的游记不同于其他文人的游记，他的游记清楚地提到他离开泰安后不久，就去到可以被称为有组织的朝圣之旅的代理那里，他们满足了他所有的旅行需求。尽管有时候，他试图自由活动，但是他的游记明确无误地告诉我们，他的旅行在本质上无异于包价游。其他文人在写作中几乎没有注意到这种朝圣之旅的商业性，更不消说去承认自己也参与其中了——如果这种事情曾经发生过的话。①

但是，我们用现代的观点来看待 17 世纪中国文人的旅游条件和过程，这是没有意义的。当然，张岱有他自己的用语，他对事实的描述给现代读者留下了许多晦涩不明和令人费解的地方。第一个既显露于外却又令人费解的用语是"牙家"。牙家既是向导、导游，又是旅游公司的代理。然而文中并没有提到任何与我们所称的公司、社团或合伙企业等同的东西。张岱和其他参与者唯一有业务往来的经济实体是"店"或"客店"，我分别翻译成"inn"或"guide company"。当然，这两样并不是一回事，但张岱似乎并没有在意。而且对于"导游是客店的老板还是伙计"这个现代读者最有可能提出来的问题，他也没有提供任何线索。还是让张岱用自己的话来叙述吧。

离州城数里，牙家走迎，控马至其门。门前马厩十数间，妓馆十数间，优人寓十数间。向谓是一州之事，不知其为一店之事也。到店，税房有例，

① 劳格文撰写的第 7 篇文章和韩书瑞撰写的第 8 篇文章讨论了有组织的朝圣团体。杜德桥的论文（本书第 1 篇文章）中对泰山包价游的文学描写和张岱的泰山游十分相似。

幕轿有例，纳山税有例。客^①有上中下三等，出山者送，上山者贺，到山者迎。客单数千，房百十处，荤素酒筵百十席，优倡弹唱百十群，奔走祗应百十辈，牙家十余姓。合计入山者日八九千人，春初日满二万，山税每人一钱二分，千人百二十，万人千二百，岁入二三十万。牙家之大，山税之大，总以见吾泰山之大也。呜呼泰山！（《琅嬛文集》，第 37 页）

客店至泰安州，不复敢以客店目之。余进香泰山，未至店里许，见驴马槽房二三十间；再近，有戏子寓二十余处；再近，则密户曲房，皆妓女妖冶其中。余谓是一州之事，不知其为一店之事也。投店者，先至一厅事，上簿挂号，人纳店例银三钱八分，又人纳税山银一钱八分。店房三等：下客夜素早亦素，午在山上用素酒果核劳之，谓之"接顶"。夜至店，设席贺，谓烧香后求官得官，求子得子，求利得利，故曰贺也。贺亦三等：上者专席，糖饼、五果、十肴、果核、演戏；次者二人一席，亦糖饼，亦肴核，亦演戏；下者三四人一席，亦糖饼、肴核，不演戏，用弹唱。计其店中，演戏者二十余处，弹唱者不胜计。庖厨炊灶亦二十余所，奔走服役者一二百人。下山后，荤酒狎妓惟所欲，此皆一日事也。若上山落山，客日日至，而新旧客房不相袭，荤素庖厨不相混，迎送厮役不相兼，是则不可测识之矣。泰安一州与此店比者五六所，又更奇。（《陶庵梦忆》，第 59—60 页）

张岱是作为香客进泰山的，这是显而易见的：他参加了所有我们称之为"朝圣包价游"的活动。显然，在游记中，他从不觉得有必要这样认定自己。但是在前面的引文中，他明确地陈述了自己前往泰山的目的——进香。为什么他要进山朝圣呢？对于一个士大夫阶层成员来说，这肯定是一种不同寻常

① 在这里，我把"客"英译成"visitor"，因为它似乎着重于世俗之事。当全称"香客"出现时，我翻译成"pilgrim"。

的安排，而他并没有加以解释。从这两段材料中可以看出，他对这个进香活动既感到惊讶，又略感厌恶。虽然他只是不加评论地记述他的旅伴们从表面上的敬神变成公然的渎神，但这种并行叙述中的讽刺可能是有意的。

东岳庙

东岳庙（又名"天齐庙"），坐落在山脚下，是一座由墙壁围起来的长方形院落。东岳大帝的神像安置在大殿里，一直受到帝王们的祭拜，在神像之前举行的仪式成为宣称新王朝的合法性或加强皇权的活动的一部分。东岳大帝在上古时代就被确认为泰山府君，后来被称为泰山王。在公众信仰中，他主宰着每一个凡人的阳寿，并统治着幽冥界。这座庙宇的墙壁上绘有刑讯罪人鬼魂的图画。有明一代，这个勾魂之王逐渐被一个护生女神所取代。[①] 但是官员仍然朝拜泰山王，正如我们前面提到的游记作者王世贞于 1559 年为不幸的父亲许愿时所做的那样；而正如我们将看到的那样，大批民众则潮涌般地去朝拜碧霞元君，他们认为这个女神可以治疗所有疾病，包括不孕不育。1324 年，东岳庙从祭拜者的捐奉中所获得的收入，多得足以令皇帝亲自干预处理（泽田瑞穗，《泰山香税考》，第 303 页）。然而，根据泽田对泰山香客财务方面的细致研究，自那之后，就再也没有没有更多的捐奉记载了。另有两座庙宇曾经也是用来祭祀东岳大帝的，一座离山顶有半程远，而另一座临近山顶。王世贞记载了山脚下的东岳庙，但是没有详细叙说。至于山间的东岳庙，除了基址外，荡然无存。他发现山顶的东岳庙保存状况也很差，"为拓碑者冬月篝火蚀之"（《泰山志》卷 5，第 13 页）。到 17 世纪末，甚至主庙对普通朝圣者来说，也完全失去了它的宗教意义。朱彝尊（1629—1709 年）碰到这座东岳庙在修缮。他写道，很少有人光顾这座庙宇。当朝廷有重要的国家

---

① 韩书瑞对东岳大帝和碧霞元君进行了对比，参见本书第 8 篇文章。

大事时，会派使者去祭告神灵。"有司春秋致祭，一洒扫而已。庙以是久不治。呜呼！"（《泰山志》卷10，第6页）①

张岱的记述没有提及东岳庙令人敬畏的一面，也没有提及东岳庙奉上天之命职司于审断以及它的地位——至少在想象力丰富的文学作品中，它是通往幽冥界的大门。张岱只对东岳庙院落的大小感兴趣，而且院落的空地被一群虔诚的人们占据了。

货郎扇客，错杂其间，交易者多女人稚子。其余空地，斗鸡蹴踘，走解说书，相扑台四五，戏台四五，数千人如蜂如蚁，各占一方。锣鼓讴唱，相隔甚远，各不相浑也。（《琅嬛文集》，第37页）

旅行见闻

鉴于张岱的游记是我目前所能见到的关于泰山朝圣的唯一前现代记载，所以我大段地引用该游记。

五鼓，檐有滴沥，余意迟之，牙家促起盥漱。山㯱在户，㯱杠曲起，不长而方，用皮条负肩上，拾山蹬则横行如蟹，已歇而代，则旋转似螺，自成思理。出门，天未曙。山上进香人上者下者，念阿弥陀佛，一呼百和，节以铜锣。灯火蝉联四十里，如星海屈注，又如隋炀帝囊萤火数斛，放之山谷间，燃山熠谷，目眩久之。

甫上舆，牙家以锡钱数千搭㯱杠，薄如榆叶，上铸"阿弥陀佛"字，携以予乞。凡钱一贯七分，而此直其半，上山牙家付香客，下山乞人付牙家，

---

① 该文没有标注日期。众所周知，在1668年到1670年间，朱彝尊担任山东巡抚的幕僚，所以东岳庙可能就在那段时期重修。

此钱只行于泰山之乞，而出入且数百余金。出登封门，沿山皆乞丐，持竹
筐乞钱，不顾人头面。入山愈多，至朝阳洞少杀。其乞法扮法叫法，是吴
道子①一幅《地狱变相》，奇奇怪怪，真不可思议也。山中两可恨者，乞丐
其一；而又有进香姓氏，各立小碑，或刻之崖石，如"万代瞻仰""万古流芳"
等字，处处可厌。乞丐者，求利于泰山者也；进香者，求名于泰山者也。泰
山清净土，无处不受此二项人作践。（《琅嬛文集》，第 38 页）

碧霞元君

明末，或许更早以前，碧霞元君祠已经成为泰山朝圣的中心，而且对大
多数人来说，碧霞元君是前往泰山朝圣的唯一目标。②从税收和贡品的角度来
看，碧霞元君祠的收入比帝国时期任何其他宗教场所的收入都要多，而且是
山东的主要收入来源。③每年向北京国库上交两万多两白银（《明史》第 7 册，
第 2006 页）。在我们继续深入论述之前，先回到张岱的叙述上来。

顶上牙家有土房，延客入向火。余寒颤不能出手，蒸炙移时，方出问顶。
出门，白云缠住如败絮，从者觌面不相见，摸索而行，手先于趾。

走里许，如入村落。左折而上，为碧霞官门，左进右出。入门，十数人
负予而前，坐其肩上，乱扑香客，导余见元君金面。铁栅如椽，从窗棂中见
佛像不甚大。盖天下名山，如补陀、武当、齐云、天竺、前门诸圣像，俱不

---

① 吴道子是 8 世纪的一位画家。

② 关于碧霞元君的详细情况，请参见韩书瑞撰写的本书第 8 篇文章。在一些地方，立有供奉
碧霞元君和东岳大帝的庙宇，东岳大帝被认为是碧霞元君的父亲。关于这个祭祀的研究，参见艾博华，
《传统中国的罪与孽》，第 55—59 页。

③ 参见泽田瑞穗《泰山香税考》对碧霞元君祠香火收入的详细历史考察。劳格文在本书第 7
篇文章中提到了武当山的征税情况。

大。元君像不及三尺，而香火之盛，为四大部洲所无。

应劭《封禅记》："汉武至泰山下，未及上，百官为上跪拜，置梨枣钱于道，为帝求福。"置钱之例，其来已久，然未有盛于今时。四方香客日数百起，酿钱满筐，开铁栅向佛殿倾泻，则以钱进。元君三座，左司子嗣，求子得子者，以银范一小儿酬之，大小随其家计，则以银小儿进。右司眼光，以眼疾祈得光明者，以银范一眼光酬之，则以银眼光进。座前悬一大金钱，进香者以小银锭或以钱，在栅外望金钱掷之，谓得中则得福，则以银钱进。供佛者以法锦，以绸帛，以金珠，以宝石，以滕裤、珠鞋、绣帨之类者，则以锦帛、金珠、鞋帨进。以是堆垛殿中，高满数尺。山下立一军营，每夜有兵守宿。一季委一官扫殿，鼠雀之余，岁尚数万金，山东合省官，自巡抚以至州吏目，皆分及之。（《琅嬛文集》，第40—41页）

对碧霞元君的祭拜正式形成于11世纪初，宋真宗在靠近山顶的地方为天仙玉女碧霞元君修筑庙宇。碧霞元君被认为是东岳大帝的几个女儿之一，也是曾对李白表达善意的一个玉女（参见柯睿，第248—251页）。《泰安县志》所载的一系列碑刻和铭文表明，在明朝以前，就有一些游客注意到这座女神的庙宇，但没有提到访客的目的或频率。1190年，一个女真族公主，在她丈夫的陪同下，到东岳庙进香。她在简短的题词中写道："明日遂登顶，拜于玉仙祠下。"（《泰安县志》卷11，第35页）这个贵妇人和她的丈夫可能是怀着求子的愿望前去进香的，因为在宋朝首都开封城外，有一座供奉泰山玉女的道观，没有生育子嗣的宋朝君主都前往那里求子。

1497年或许标志着碧霞元君崇拜开始兴起，就在当年，她的宫殿翻修一新（《泰安县志》卷11，第41页）。从那时起，直到明朝末期，她的名字越来越频繁地出现。对她的朝拜在1516年之前肯定已经达到了相当大的规模，因为就在那一年，朝廷听从了监督山东税收的太监的建议，开始从碧霞元君祠的祭品中提取收入。到 1532 年，她作为送子女神的令名已经广为人知，皇太后向她呈交了下述祭祀表文：

皇帝临御海宇，十有二载。皇储未建，国本尚虚。百臣万民，无不仰望。兹特遣官敬诣祠下，祗陈醮礼，洁修裎祀。仰祈神贶，默运化机。俾子孙发育，早锡元良，实宗社无疆之庆。无任恳悯之至。(《泰安县志》卷 10，第 17 页)

一个儒生韩锡胙（1716—1776 年）撰写了关于碧霞元君的文章。在概括性的开篇中，他肯定了碧霞元君的最高地位："统古今天上神祇，首东岳，东岳祀事之盛，首碧霞元君"(《泰山志》卷 10，第 19 页)。他接受了一些关于她的起源的说法，并否定了其他的说法。对我来说最有趣的是其中一个被他所否认的说法：

近世佞佛者云：观世音千百亿化身，在南为海神天后，封碧霞元君；在北为泰山玉女，亦封碧霞元君，皆一人也。(《泰山志》卷 10，第 19 页)

上述佛教徒说得当然有道理。尽管碧霞元君一直被供奉于道观里，而且身列于道教神仙行列中，但是她拥有几乎观音菩萨的所有的特征。[①] 事实上，不管来历如何，这两个女神在信徒们的想象中经历了几乎一样的变迁。有人可能会说，就在玛利亚崇拜兴起于欧洲的几个世纪里，公众的呼声把印度的男性神祇和民间传说中风情万种的玉女都变成了主司生育的女神。根据当代神话学研究者推测，韩锡胙把碧霞元君认作地母，虽然他的意图是用复杂而曲折的方式，把碧霞元君从他所认为的迷信的小民中拉出来，并把她安置在

① 参见本书于君方论文（本书第 5 篇文章）和韩书瑞论文（本书第 8 篇文章）对这一崇拜的深入讨论。

一个儒家仪式认可的位置：

> 然则元君，地祇也。且夫父严而母慈，胞孕乳哺出于母，而其出之者母不自知之；天尊而地亲，五材百货产于地，而其产之者，地不自明之。所谓神也。
>
> 今千万男妇欲祈年免病，求嗣保寿，日跻崇峦，猿攀蚁接，泥首元君前，皆人世吉祥应有之事。而神即如其意佑之，非若金泥玉简冀长生不死，为世人所不应有之事。神不能违天以与之也。
>
> ……
>
> 易泰坼而宫室之，貌地祇而珈佩之，是灵爽之集，百福之综也，谓非天下之正神乎！（《泰山志》卷10，第20页）

叛逆的朝圣者

想要在马特洪峰的泽马特（Zermatt）一日游者往往会被糟糕的天气搞得败兴不堪。到泰山来的游客也是如此。如果说张岱在描述碧霞元君崇拜时，他那实事求是的语气中没有流露出丝毫的轻信，那他对云的反应则暴露了他的基本取向——不是一个希望出现奇迹的信徒，而是一个渴望看到壮丽景观的文人：

> 出碧霞宫，云仍缠裹不能步。自念三千里来，不得一认泰山面目，此来何为？心甚懊恨。谋宿顶，不见人，且不见路，从人饥寒，万不可住。舆人披之，竟登舆从南天门急下。（《琅嬛文集》，第41页）

张岱的失望让人联想到王世贞第一次游泰山时的失望。但王世贞更轻易地弥补他的遗憾，因为他具有的优越地位，所以他可以很容易地再次去尝试，就像他五个月后所做的那样。因为这个机会对张岱来说是难得的，所以他必须充分利用。无论他是出于绝望还是仅仅是为了维持自己的独立，他随后的行为使他有别于其他朝圣者：

> 出红门，牙家携酒核洗足，谓之"接顶"。夜戏剧开筵，酌酒相贺，谓朝山归，求名得名，求利得利，求嗣得嗣，故先贺也。余怏怏了故事，蚤宿，谋再游。中夜起，见天高气肃，檐前星历历如杯大，私心甚喜。
>
> 黎明，叱苍头募山樏。牙家喃喃作"怪事"，谓余曰："朝山后无再上山法，犯者有祟。"余佯应之，从间道走至一天门，始得山樏。山中儿童妇女昨识一面者，辄指笑曰："是昨日朝顶过者，今日又来，何也？"走问舆人不住口。盖从来有一日一宿顶者，无两日两朝顶者，前年朝山例，予卒破之。（《琅嬛文集》，第 41 页）

张岱大胆地破除了一个历史悠久的禁忌，得到了明确的回报——他清楚地看到所有的山峰和其下面周围的大地。此时，他显然摆脱了他的向导，也不受团队的阻碍：他时而眺望远方的景色，时而细看刻在石碑和峭壁上的文字，这是历代文人喜好的消遣，但对跟团旅行的朝圣者却毫无吸引力。由于前一天大部分景点都笼罩在浓雾之中，张岱想再去一趟，但很快他就对观光感到厌倦了。他有一句话值得注意："以无山符，不复进见元君"（《琅嬛文集》，第 42 页）。大概元君祠是唯一有检票员执勤的地方，这张门票不是在他第一次来就被收走了，就是一直在他的导游手里。

张岱没有在任何特定的地点逗留。他说的最后一件事是关于他的旅行本身："到岳宫，寻碑碣读之，目不给，日亦不给"（《琅嬛文集》，第 43 页）①。如果说，张岱是作为朝圣者的一员开始登山的，那么下山时他就完全是旧时的他了。

文化差异

没有任何迹象表明，在他的旅途中，张岱曾与他的朝圣伙伴交谈或结识。据推测，他无法逃脱他们的陪伴，因为这群人从一个地方被带到另一个地方，他也无法避免在宴会上分享他们的狂欢，即使他自己单独一张桌子。但在张岱的记述中，他没有提到任何个人，也没有叙述这个群体。他在这方面的沉默与他在两部文集中所表现出的平素喜好交游，形成了鲜明的对比。朝圣者是大量来自各行各业的个人的缩影，即使是最卑微的灵魂和对张岱来说完全陌生的人——妓女、演员、仆人、杂耍艺人——他们都具有不寻常的特性或罕见的魅力，前来救赎自己。那么，我们能得出这样的结论：张岱的旅行团的其他参与者，在他的眼中，没有任何值得介绍的东西吗？还是因为他们在社会和文化层面上——如果不是总考虑财力的话——属于比张岱低一等的阶层，所以被张岱和其他文人旅行者草率地忽视呢？

这些问题是无法得到肯定的回答。然而，从张岱的其他著述中，我们可以发现他对其他朝圣者的厌恶，这可能有助于理解他对同游泰山的人的态度。1638 年，他前往普陀山朝圣，并写了一篇游记（《琅嬛文集》，第 44—53 页）。在这篇游记中，他还是没有提到他本人和其他朝圣者之间的任何交流。事实上，他批评了其中一些人的过度热情，导致了自残（参见本书第 5 篇文章于

---

① 早些时候，张岱曾对沿途的碑刻表示不满，因为对他来说，这些碑文除了颂扬之外，别无他用。与此相反，文人通常看重的是由士大夫阶层所写的碑文的历史和文学价值。然而，对于现代社会历史学家来说，张岱所不满的碑文或许更有意思。参见本书劳格文撰写的第 7 篇文章，因为该文巧妙地使用了张岱会嗤之以鼻的那种东西。

君方的深入讨论）。由于普陀岛离最近的海岸尚有一段距离，所以朝圣者只能乘船前往。张岱以生动的语言描述了他与数百名善男信女住在一起，共用污浊的设施的不适（参见《琅嬛文集》，第51—52页，另参见于君方所写的本书第5篇文章）。他想知道在"香船"上充任管理者和接待者的僧侣们是如何忍受人挤人的混杂相处，"种种恶臭，如何消受"（《琅嬛文集》，第52页）。为了预先警告那些出身高贵的读者，以免他们重复他那地狱般的经历，张岱坚持让他们搭乘水师船只——当地称之为"唬船"，这种船的布置可能与现代货船的布置相似，在指定为"官舱"的船舱里为少数乘客提供住宿。一群朝拜者和文雅的文人之间的差距——"不盥、不漱，遗溲、遗溺"（《琅嬛文集》，第52页）——简直大得不能再大了。①

可以表明，普陀山朝圣是一个特例。普陀山是一个偏僻的地方，很难到达，只有真正的信徒才能到达，尽管普陀山香火很旺盛。它并没有从文人中吸引到很多游客，这一点在张岱的叙述中反复得到证实。与泰山不同的是，"山中无古碑，无名人手迹，无文人题咏，寥寥一志"（《琅嬛文集》，第51页）。张岱承认，当他旅行时，他总是催促他的朋友一起去，但是当提到普陀山的时候，却很少有人回应②（《琅嬛文集》，第52页）。他对朝圣的反感或许归因于旅行中的恶劣条件。

更难解释的是，张岱对朝圣者的另一种无情的描述，这种描述就包含在一篇关于香市的文章中。每年二月中旬，在杭州会举办香市，两大波香客们

---

① 张岱对嗅觉灵敏度的展示可以被解读为一种刻意的布局：用来展示船的名字和船上现实条件之间的反差。同样，考虑到"香"这个字眼（指香味或熏香）在关于朝圣各个方面的描写中几乎无所不在，我们就不能忽视《醒世姻缘传》的佚名小说家可能有意的讽刺——将看似毫无意义的大小便片段引入到泰山朝圣中（参见本书杜德桥论文）。

② 张岱原文为："余游必拉伴，语及补陀，辄讪缩不应。"——译者注

各自往返于普陀山和天竺①，于杭州交汇，杭州也因此成为一个庞大的贸易站，直到五月初五（端午节），最后一个外来人员离开。使张岱不可忍受的是在春意盎然的时候，香客们对这片田园诗般的湖泊的粗暴而大规模的入侵。他对从昭庆寺延伸出来的两个游廊沿线被改造为长期集市尤为不满，显然，在欢庆时节，这是杭州精英阶层的专属领地。而这一切都要归因于张岱根据地理环境、阶级和品味来划分归属对象：

> 而此以香客杂来，光景又别：士女闲都，不胜其村妆野妇之乔画；芳兰芗泽，不胜其合香芫荽之薰蒸；丝竹管弦，不胜其摇鼓欨笙之聒帐；鼎彝光怪，不胜其泥人竹马之行情；宋元名画，不胜其湖景佛图之纸贵。如逃如逐，如奔如追，撩扑不开，牵挽不住。数百十万男男女女，老老少少，日簇于寺之前后左右者，凡四阅月方罢。（《陶庵梦忆》，第91—92页）

张岱接着陈述道，昭庆寺于1640年被烧毁，两年后，清兵袭击山东，切断了朝圣者的流动，西湖香市也就销声匿迹了。②从这个细节，我们就知道这篇文章是在他两次朝圣之后写的。那么，我们是否可以说，他所述及的杭州精英与香客之间的细致区别——大部分的普陀山朝圣的参与者都来自山东——多少带有他对这两次旅行的记忆的色彩呢？

这些对比清楚地表明，至少在张岱看来，这两个群体之间存在着不可逾越的鸿沟。总的来说，杭州的精英阶层，特别是张岱，可能比大多数明朝文

---

① 这两处地方都是供奉观音的。张岱对集市的描述，尤其是各种各样的小饰品和商品，暗示了一些朝圣者从他们的家乡带来了货物，并在杭州出售。与特定寺庙相关的集市，被称为"庙会"，在中国其他地方也有。中国香客们的经济方面值得深入研究。可参见维克多·特纳、伊迪斯·特纳，《基督教文化中的意象与朝圣：人类学视角》，第36—37页。

② 原文为："崇祯庚辰三月，昭庆寺火。是岁及辛巳、壬午海饥民强半饿死。壬午虏鲸山东，香客断绝，无有至者，市遂废。"——译者注

人更过于讲究，而那些涌进杭州的朝圣者可能比其他人更加随心所欲。然而，所有的证据都指出，文人旅行者和普通朝圣者之间的现实差距。事实上，第 1 篇文章杜德桥所讨论的那篇白话小说也支持这一观点。《醒世姻缘传》里的泰山朝圣者都是虚构的人物，作者可能为了达到喜剧效果而夸大了他们的负面特征。但是，即使我们把他们的卑贱和粗鄙归之于漫画式的夸张，也无法使他们为文人所接受。

虽然张岱的游记和《醒世姻缘传》中的泰山情节是用不同的体裁写的，面向不同的读者，但就朝圣的外在表现而言，它们都证实了对方的现实本质。这两批朝圣者在时间上相隔了大约半个世纪，但他们似乎参加了同一类型的旅行团。在安排得很紧凑的两天一夜的行程中，住宿的类型、交通工具和其他细节，如接顶和旅馆里的戏剧表演，都有很大的连续性和相似性。①张岱和《醒世姻缘传》中的女主人公——一个站在有利的位置，一个骑在别人肩头上②——都成功地瞥见了女神的神像，这是朝圣之旅的一个高潮，所有人都梦寐以求，但只有很少的人能实现，这真是一个不可思议的巧合。除此之外，这个出身高贵的爱书者和小说中目不识丁的泼妇几乎没有任何共同之处。

我们之前已经推测过，为什么张岱会选择跟旅行团，与他不可能意气相投的人交往。也许，他匿名旅行还有另一个原因。张岱如此详细地描述了寺庙祭品的收入，其中的一部分每年都被送到三位皇子的府邸，他们在山东享有世袭封地（《岱史》卷 13，第 5 页）。③皇子们虽然名义上享有封地，但显

---

① 我怀疑那些跟团旅游的人只是朝圣者中的一小部分，他们中的许多人可能太穷了，住不起旅馆或雇不起轿子。然而，在我所见过的任何关于泰山朝圣的前现代记述中，都没有提到这种划分。韩书瑞在本书其所写论文中推测，有组织的朝圣者大约占总数的 20%。

② "骑在别人的肩头上"，是指《醒世姻缘传》中薛素姐强迫狄希陈用肩头背她上山的情节。——译者注

③ 原文为："近年解部，大约春季银一万两有零，冬季一万二三千两有零。一日存司，专供公堂庆贺、表笺、扛夫、车价、公差、人役、六房文册、纸剖、写字、手书、工食，及德、鲁、衡三藩府个郡王禄粮等项。"——译者注

然没有什么其他大额收入来源。莫非张岱是在把旅游和公务结合起来，代表他父亲来直接调查鲁王以及封地官僚对福利的依赖程度吗？张岱生动地描述了皇子们的挥霍无度，他们增加财政收入的需求可能尤其迫切（《陶庵梦忆》，第 18—19 页）[①]。即使他没有承担这一使命，他也意识到朝圣者的慷慨的轻信和他父亲的俸薪之间的联系——即使像张岱这样的人也摆脱不了这种联系，特别是因为张家远远未至贫困——这种反讽必定使张岱敏锐地注意到没有被其他文人旅行者所注意到的东西。

---

① 原文以"鲁藩烟火"为题，记载了鲁王府在兖州放烟花的盛大而奢华的场面。——译者注

参考文献

引用文献

Eminent Chinese of the Ch'ing Period（清代名人传）, edited by Arthur W Hummel.（亚瑟·W. 哈默尔）2 vols. Washington, D.C.: U.S. Government Printing Office, 1943-1944.

陈宏绪，《寒夜录》，《丛书集成》。

张岱，《琅嬛文集》，上海：上海杂志公司，1935 年。

《泰安县志》，1828 年。

张岱，《陶庵梦忆》，台北：开明书店，1972 年。

查志隆，《岱史》，载《道藏》，卷 1092—1096。

《泰山志》，1802 年。

其他文献

Eberhard, Wolfram（艾博华）. 1967. Guilt and Sin in Traditional China（传统中国的罪与孽）. Berkeley: University of California Press.

Information China（中国国情）. 1989. Oxford: Pergamon.

Kroll, Paul W（柯睿）. 1983. "Verses from on High: The Ascent of T'ai Shan（高处而来的诗：登泰山）." T'oung Pao 69, 4-5:223-260.

《明史》，北京：中华书局，1974 年。

泽田瑞穗，《泰山香税考》，载《中国民间信仰》，东京：小坂书社，1982 年。

Turner, Victor（维克多·特纳）, and Edith Turner（伊迪斯·特纳）. 1978. Image and Pilgrimage in Christian Culture: Anthropological Perspectives（基督教文化中的意象与朝圣：人类学视角）. New York: Columbia University Press.

Wu, Pei-yi（吴百益）. 1990. The Confucian's Progress: Autobiographical Writings in Traditional China（儒者的进阶：传统中国的自传作品）. Princeton: Princeton University Press.

3

张商英在五台山

詹密罗（Robert M.Gimello）

这些异象在灵魂中产生的效果是平静、光明、喜悦，类似于荣耀、喜悦、纯洁、爱、谦卑，以及向主的所在处攀登前行。

——圣十字约翰（Saint John of the Cross）[①]，《攀登嘉默罗山》（*The Ascent of Mount Carmel*）

朝圣和其神圣的目的地似乎属于普通人的宗教信仰之事。在众多的超自然现象中，朝圣的最典型特征似乎是一种匿名的、集体的宗教体验，与具有自我意识的个体的特殊宗教狂热截然不同。正如阿尔方斯·迪普龙（Alphonse Dupront）所指出的那样，形成朝圣是伴随着与神灵通常更私密和更具有个人化的接触，"与神灵形象的对话可能是最常见的个人的和隐秘的。然而，朝圣

[①] 圣十字约翰（1542—1591年），西班牙天主教修士，一生致力于修道和神学著述。其神学思想有较为浓厚的玄学色彩。——译者注

行为,无论是个人的还是团体的,都是集体性的。是大众创造了朝圣的社会"①（迪普龙,1974 年,第 201 页）。因此,现在研究这类问题的学者倾向于使用最适合研究集体和超个人意义模式的方法和理论——社会、政治、阶级、阶层、符号、结构、心态、文本,等等（有些学者说,只有应用上述方法和理论,否则无从探究）。这样的理论和方法现在应用广泛,更不用说专门的理论和方法,对这些学者来说,这是幸运的巧合。

然而,历史偶尔允许我们在折射中看到宗教的集体性和客观性——如果不是主观地,那么至少是具体地、透过棱镜般地看待宗教的集体性和客观性,例如,在特定环境中生活的特定人物的特定著述中去看待宗教的集体性和客观性。可以肯定的是,当代学者不再认为这类著述直接提供,或经中介通达,著述作者们的思想、主观意识的途径。如今许多学者并不期望通过这类著述来了解著述作者们所处的时代和文化,也不期望在这类著述的基础上建构关于人类宗教行为的普遍理论。这样的个人写作确实能激起人们思考大范围的宗教现象,在这种模式下,它们似乎有一种被放大的生动性。这种具体的研究,反过来又可以有效地抑制过度的理论奢望,而这种理论奢望有时会妨碍对宗教的社会科学研究。无论如何,研究朝圣和圣地的学者如果选择中国作为他们的工作领域,他们选择的是一个到处都有类似朝圣行为却很少有人研究的地方,那他们最好还是推迟进行通则式解释（nomothetic）的冒险,即编造总体性理论。因此,我们可以稍加关注某些宗教现象的现实,因为这些宗教现象已经被某些实际接触过它们的人深思熟虑地联系起来并有意识地加以解释。自传和回忆录,都是特殊的写作体裁,有着自己独特的修辞手法,因而从来都不是反映历史现实的完美镜子,但仍然可以作为其他学术资料的有益补充。

基于这一假设,我想提请大家注意一篇文章,该文章关键在于是 1088 年

---

① 原文为法文。——译者注

由宋代政治家、文学家、道学家和居士张商英（1043—1122 年）所写的。这个人，是地地道道的文人领袖，也是一位重要的政治人物，同时还是一位著名的虔诚的朝圣者。在后一个身份中，他以中国最重要的朝圣地点之一的游客而盛名在外，这个朝圣地点就是五台山，也就是山西北部的清凉山。这种兴趣和功名的结合在现在看起来相当奇怪。尽管在某些人以及某些时代中，精英的世人皆知的成就和特权，以及"少数者"的精微批判性反思，可以与虔诚的戏剧化形式结合起来，而我们更惯常于把这种虔诚的戏剧化形式与"大众"和"不反思的多数者"联系在一起。持有现代观念的人常常对此感到困惑。[①] 然而，张商英似乎并没有感受到这种不同的价值观和其事业之间的冲突。他发现自己有可能既当朝圣者又当学者，既当梦想家又当官员，既当禅者又当文人，因此他是可能加入了文人朝圣者之列。于君方在本书中已经作了提醒（见本书第 5 篇文章），我们似乎仍需要提醒：认为"民间宗教"和"精英宗教"相互对立的现代习惯性假设，可能并不总是有利于我们对传统社会的研究。对张商英来说朝圣和追求功名一样，都是一回事，对与他同时代的人来说，似乎也是如此。那这应该是特别有趣，因为他敏锐地意识到，他生活在中国历史上文化"萎缩"的时代。一位当代学者还形容这个时代是"在所有形式上背离多元化"的时代，"压制宗教理想"的时代，以及趋向于"僵化"的人文主义时代（鲍吾刚，1976 年，第 205—239 页）。

张商英对奇迹般的朝圣之旅的记录，为我们提供了一个机会来思考若干有趣的问题，例如，为什么一个中国知识分子和文人可以成为一个佛教朝圣者？特别是身处一个据说对传统佛教的宗教热情越来越淡漠的时空，他为什

---

① 当然，这些术语是雷德斐（Robert Redfield）在阐述"大传统"和"小传统"之间的经典区别时创造的（雷德斐，1956 年）。我认为，这种区别仍然是有用的，而且比最近罗友枝所宣称的（罗友枝，1985 年，第 404 页）更适用于研究中国文化和宗教。不管怎么说，这种区别在中国和别的国家一样，可以用来探索两种文化秩序的联系，而不仅仅是两者之间的差异。

么会这样做呢？他怎样才能在朝圣的热情和冒险中找到意义呢？他为什么要继续为至少有一部分是知识分子精英的读者——记录这样的旅行呢？对于一个与禅宗有着最密切宗教联系的居士来说，朝圣之旅会有什么样的吸引力呢？他是如何解决朝圣对佛教的明显轻信和禅宗对佛教看似玄妙的开悟[①]的怀疑之间的矛盾呢？这些问题本身就很有趣，但它们也可以作为更有趣的一般性问题的一种——整本书所关注的问题，即，宗教是如何以及为什么在"儒学塑造的中国"繁荣起来的？这是一个伏尔泰所钦佩的中国——因为伏尔泰推测这个"儒学塑造的中国"的汉语哲学有理性主义和非宗教性。因此，张商英几个世纪以来一直默默无闻的《续清凉传》还是值得人们去翻检的。这样的翻检也不是一项枯燥或恼人的差事，因为尽管该著深奥难读，却是一部相当"值得一读"的书！

关于张商英

张商英，字天觉，他不为现代学者所熟知，但这并不是因为他的作品缺乏重要性，也不是因为缺少传记资料。他是北宋宗教史、文化史和政治史上的重要人物，世俗和佛教撰史都保存了大量关于他的私人生活和宦迹的史料。[②]1043 年，他降生于一个著名的文人家庭。他们家自称是一位高级官员

---

① 此处"开悟"一词在原文中为德语单词"*entzauberte*"。——译者注

② 此处仅举若干最为重要的传记资料：《名臣碑传琬琰之集》卷 3，第 34—35 页；《宋史》卷 116，第 11095—11098 页；《宋史新编》卷 121，第 182 页；《东都事略》102，第 1567—1571 页；《嘉泰普灯录》卷 23，第 319—321 页；《居士分灯录》第 2 册，第 898—901 页；《居士传》卷 28，第 897—900 页；《五灯会元》卷 18，第 1199—1201 页；《指月录》卷 29，第 632—633 页；《教外别传》卷 9，第 241—243 页；《佛法金汤编》卷 13，第 951—952 页。当代学术界对张商英的研究成果不多，但是仍有研究成果值得重视：常盘大定，《中国的儒释道》，东京：现书房，1982 年，第 244—263 页；久保田量远，《中国儒道佛三教史论》，1931 年版，第 522—527 页；久保田量远，《中国儒道佛交涉史》，1943 年版，第 256—264 页；安藤智信，《张商英护法论的写作背景》，《大谷学报》，1963 年，第 3 期。

的第七代后裔，这个高官曾效力于唐僖宗（873—888年在位）。880年，这个高官随同唐僖宗为躲避黄巢起义而逃到四川，便在那里安下家来。[①]年仅22岁的张商英于1065年中进士，从而很早就步入仕途。宋神宗时期（1067—1085年），他在家乡四川担任一个小官，在对少数民族部落的征伐中崭露头角，很快便引起章惇（1035—1105年）的注意和关照。章惇是王安石（1021—1086年）门徒中比较突出的一员，当时正在四川平叛战争中督战。[②]章惇向王安石介绍了张商英，由此，这位年轻学者得到了在大都市的第一个职位——检正中书礼房公事。就这样，在变法，即所谓新法的早期和令人兴奋的日子里，张商英出现在政治舞台上。他赞同王安石的事业，很快便得到晋升，并被认为是变法派的核心人物之一。此外，他对变法的支持似乎从未不加批评，也不是暂时而投机性的。例如，只要他看到变法机构的其他成员在落实变法工作中应受指摘时，对变法的支持并不妨碍张商英有力地公开抨击他们。即使在王安石下台后，张商英也没有放弃对变法的支持。他反对1085年宋哲宗继位后立即废除变法的举动，因此，被证明是一位直言不讳的批评者。我们从其一篇出名的直言疏文中即可看出这一点。该疏文被详细收载于《宋史》的《张商英传》中。张商英甚至暗示说，新继位的皇帝突然改变他父亲的政策是不孝之举。但他忽略了废除变法实际上应归因于宣仁太后和她的保守派

---

① 张商英的父亲，张文蔚（998—1067年），字隐之，有七个儿子，都以"英"字作为他们名字最后一个字。张商英是次子。他的哥哥，张唐英（1029—1071年），字次功，1043年中进士（参见《宋史》卷351）。张唐英曾当过张商英的启蒙老师。张唐英以自己的才能闻名于世，在其英年早逝之前，他所发挥的政治影响力与其弟在其职业生涯的大部分时间里所发挥的影响力相当。张文蔚的墓志铭，保存于《名臣碑传琬琰之集》卷2，其中提供了详细的家谱。张唐英的墓志铭，由张商英撰写，以同样的形式保存下来。该墓志铭提到，哥哥和他们的许多祖先一样，都是道教信徒。在这方面，张唐英也可能对他的弟弟产生了早期的影响。

② 章惇，字子厚（见《宋史》第471页），特别负责处理边境事务，似乎与在四川执行王安石的政策有很大关系。显然是通过这个职位，他认识并关照张商英。然而，兄长张唐英可能也与张商英早期的事业发展有一定的关系。要了解章惇以及北宋时期的四川边境，可参见万志英，1987年，第210页等各处。

谋士们。① 这种勇敢的坦率，在他充满矛盾的为官经历中反复呈现，为他赢得了作为朝廷正直典范的持久声誉。正是因为这一点，而不是其他，使他后来被人们铭记和钦佩。在反对变法的人得势的元祐时代（1086—1094 年），张商英继续公开批评受人尊敬和势力强大的保守派人士，如司马光。他的批评总是诚挚和具体的，而不是投机式或引经据典的。因此，即使在他对手的眼中，他也成功地维护了自己作为一个有原则和值得信赖的变法者的声誉。也许正是由于这个原因，他得以在元祐时代保留官位——尽管地位大大下降——从而在最极端的反对变法时期得以无恙。

1093 年，宣仁太后去世，哲宗亲政后，把变法派召回朝廷，张商英再次官运亨达。1100 年，宋徽宗继位，张商英首先和王安石女婿的兄弟、徽宗最宠信的谋臣蔡京②（1047—1126 年）合作。这种关系进一步推动了他的事业，并在接下来的十年中达到顶峰。从 1110 年 6 月到 1111 年 9 月，张商英担任宰相③，位极人臣。然而，正是在这几年中，张商英发现自己越来越无法容忍蔡京的专横和贪腐，蔡京被证明是一个既利欲熏心又跋扈的官员，只是伪装成一个变法者。他还反感徽宗朝廷的奢靡和荒淫，曾屡屡斥责。当他与一些

---

① 《宋史》（卷 351，第 11095 页）援引《东都事略》（卷 102，第 1569 页）和其他文献来源，引用经典格言——"三年无改于父之道，可谓孝矣"，张商英尖锐地指出："今先帝陵土未干，即议变更，得为孝乎？"大致在同时，张商英还致信苏轼，请他返京任职。在那封信中，他以委婉和含蓄的双关语的廋辞重申了这一指控："老僧欲住乌寺，呵佛骂祖。"这是在一定程度的政治意义上运用禅语。"乌寺"谐音"无私"（此语是"乌乌私情"的略称，语出著名的《陈情表》。这篇纪念散文，收于《晋书》卷 88 和《文选》卷 37。作者是朝臣李密［224—287 年］。该文表达他必须照顾年迈的祖母，因此谢却西晋王朝任命的恳求。他把自己比作乌鸦。根据中国人的信仰观念，乌鸦会反哺自己年迈的父母）。《宋史》告诉我们，这句话使张商英被贬离京城。像这样流传千古的奇闻轶事，颂扬了张商英直言不讳的诚实和机智，使得后人把他看作一个有非凡勇气和正直的人。 难怪在后来的中国通俗小说和戏剧中，他会成为一个固定角色：非常典型的"正直官员"。

② 蔡京胞弟蔡卞系王安石女婿。蔡卞为人正直，为官清廉，不似蔡京贪鄙枉法。——译者注

③ 关于张商英担任此职时最为详细的记载，可参见《通鉴长编纪事本末》卷 131，第 3965—3981 页。

有影响力的道教人士发生冲突时，他与徽宗的关系进一步恶化。这些道教人士怂恿徽宗推行张商英所极力反对的排佛政策。迫于这些压力，张商英在到达宋朝官僚机构顶峰的仅 13 个月后就被罢免了。

这种突如其来但完全荣耀的命运逆转，似乎标志着张商英政治交往和忠诚中的渐进而根本的变化达到了顶点。最终，他与当时相对温和的保守派残余分子达成了共识——他发现这些人比那些假装支持变法的人更有声望，更值得尊敬。作为报复，蔡京把张商英列名于臭名昭著的"元祐党籍碑"中。因此，张商英在事实上离开了政治舞台，从而保持了他一贯清廉的声誉，并在他的余生（1111—1122 年）中过着退隐生活。在人生最后十年，他主要致力于治学和沉思，尤其是对佛教的追求。他于 1122 年 1 月 1 日① 去世。

然而，即使在相对闲散的最后数年之前，张商英就已经成功地将积极的政治生涯与虔诚的习行佛学结合起来。张商英的法号为"无尽居士"，他扮演了当时一些最著名的禅师——临济宗杨岐派的圆悟克勤（1063—1135 年）②，临济宗黄龙派的杰出人物兜率从悦（1044—1091 年）和湛堂文准（1061—1115 年）的朋友、弟子和捐助人的角色。③ 另一位年轻的黄龙派僧人觉范慧洪（1070—1128 年）亦和张商英交往密切。的确，他们的生活是如此紧密地交织在一起。慧洪的事业与张商英同起同落，他甚至因为与这位有争议的居

---

① 通常认为的张商英 1121 年去世的时间，误提前了一天。

② 圆悟克勤（亦称佛果禅师）是那个时代两三位著名禅师之一，以他是大慧宗杲的师父和他编撰了最有影响力的公案选集，即《碧岩录》而闻名。关于他的生平叙述以及他领众讲学方式的代表性事例，见《五灯会元》第 19 卷，第 1253—1257 页。亦可参见《公案史和临济宗公案研究》，第161—163 页。在记载下来的圆悟克勤语录中，张商英多次出现（《圆悟佛果禅师语录》，《大正新修大藏经》第 47 册，第 713—810 页）。圆悟克勤的另一个弟子，虎丘绍隆（1077—1136 年），是日本禅宗重要支派的远祖。在某种程度上，正是由于这个原因，张商英才得以在日本声名远扬，受到尊敬。

③ 参见《五灯会元》第 17 卷，第 1147—1149、1150—1154 页。禅宗对张商英的师徒传承关系的"官方"认定是，张商英是兜率从悦的弟子或再传弟子。因此，在大多数的禅宗世系图中，张商英以兜率弟子的名义出现。

士交往而被监禁和流放。慧洪是一位高僧，又是著名的诗人和文学家，留下了大量的著述。在慧洪著述里经常提到张商英，由此，我们可以仰仗慧洪著述来了解与作为官员的张商英有区别的另一面。两人甚至共同为两本有影响力的佛教经书作注解，并且偶尔一起撰写其他佛学著述。① 张商英还结识了大慧宗杲（1089—1163 年）。大慧宗杲可能是南宋最为著名的禅师。事实上，正是在张商英的敦促下，宗杲才继续向圆悟克勤学习，最终成为圆悟克勤的弟子。②

北宋佛禅和其他流派文学中的语录保留了张商英和这些僧人的对话，既有轻松的，也有深刻的。其中许多对话与华严宗思想有关，张商英似乎对华严宗思想有特别兴趣。反过来，这种兴趣引领着他前往与华严宗有关的景点，如五台山。张商英在一次旅居期间讲解了华严宗教义，由此而特别出名。1088 年，驻足山西时，他特意到五台山旅游。他拜访了附近的一座山，据称神秘的唐代僧人、隐士李通玄（635—730 年）就住在这座山上。③ 张商英在那里偶然发现了几部以前不为人知的李通玄著述，这些著述都是对《华严经》的注解，对他影响颇深。他决定传播李通玄著述。此后，这些著述在整个东亚地区产生了极其深远的影响。事实上，他在提高华严宗思想特别是李通玄思想的知名度上起到了至关重要的作用，对北宋末期和南宋时代的禅宗产生了一定的影响。游览五台山这一华严宗圣地，可能促使张商英走上了这条路。

在已确认的张商英撰写的佛教著述中，有三部主要著述被证明是具影响力

---

① 《五灯会元》第 17 卷，第 1159—1160 页。关于慧洪的传记，可见于其《文集》（《石门文字禅》第 24 卷，第 17—18 页）。关于当代对慧洪的研究，参见阿部肇一，1986 年，第 449—488 页；柳田圣山，1988 年，第 30—57 页。

② 在大慧宗杲的著作中，对张商英也有述及。参见罗梅如，1978 年。

③ 和张商英同时代的禅宗信徒一样，李通玄对张商英来说，也是重要的启迪来源。这或许因为他不但是一位居士，而且因为他通过举证，圆满地把深邃佛学，尤其是华严宗传统和冥思修炼以及对幻象的许愿融会贯通起来了。参见詹密罗，1983 年。

的，因而被收录在现代标准版《大藏经》中。其中最为重要的，无疑就是《护法论》①（《大正新修大藏经》第 52 册，第 648—667 页），此著有力地驳斥了道家对佛学的非议。另一部是慧洪对《妙法莲华经》的注解（《续藏经》第 47 册，第 699—835 页）。第三部就是我们即将读到的《续清凉传》。值得注意的是，在中国佛教史上，很少有居士的三部著述被收录进正典。此外，在《大藏经》或其他文集中也收录了他的一些较短的佛教作品（序言、题字、题跋等）。②

然而，佛教并不是张商英写作的唯一主题，这一事实将我们引向他多元的宗教和知识背景下的其他方面。在道教经典《道藏》中，至少有四部被认为是张商英著述。其中两部是张商英奉宋徽宗之命编纂的颂词简写本，这是信仰道教的皇帝向全国各地寺观颁发道教礼法标准文献计划的一部分（龙彼得，第 39 页；鲍菊隐，第 50 页）。这两部著述是《金箓斋三洞赞咏仪》（《道藏》第 310 册）和《金箓斋投简仪》（《道藏》第 498 册）。还有《三才定位图》（《道藏》第 155 册），它是对通俗的道教宇宙论和神秘的人类观念的一个生动总结。当然，从版本数量来说，最为出名的是第四种《素书》（《道藏》第 1178—1179 册）。这种对道德修养和政治基本原则的简扼叙述，据说是汉代传奇的仙人黄石公向半人半仙的道家掌门人张良揭示的。张商英说自己只

---

① 这部经常重印的著作，与契嵩早年撰写的《辅教编》（《大正新修大藏经》第 52 册，第 637—646 页）和李屏山的《鸣道集说》齐名，因为它被认为是佛教对来自始于北宋并在此后获得正统地位的新儒家或道学批判的最雄辩而持久的回应。关于李屏山的著作，可参见冉云华，1979 年。关于契嵩的文献更为丰富，参见黄启强，1986 年。还要注意的是，张商英为契嵩著作撰写了中规中矩的序言。

② 特别要注意他给李通玄《略释新华严经修行次第决疑论》（《大正新修大藏经》第 36 册，第 1048—1049 页）撰写的后记。该文是一篇解答有关修行次序的疑问的论文。在这篇后记的开头数行中，张商英提及自己于 1088 年 10 月在方山偶然读到李通玄的这篇文章。方山是一座位于寿阳镇以东 20 英里的山，寿阳镇在太原以东 20 英里处。他从五台山返回太原的路上，在那座山上参访了李通玄的祠堂——昭化院。张商英甚至特意提到秘魔岩，并在其朝圣故事结尾处加以描述，说他在那里恰好看到了文殊菩萨，这让他振奋，在这种状态下，他发誓要开始研习佛教经典。在考虑《续清凉传》的真实性问题时，必须牢记这一证词。

是发现并对这一记载作注。然而，当代学者从《四库全书》(《四库全书总目》第 99 册，第 837 页）编撰者入手研究，认为这部著作出自张商英之笔。据说，这四部著述实际上都是实质性和有意而作的并且被道教传统奉为经典的著作——实际上可能不是由张商英撰写或编辑的，只是后来被那些想借用他名字的人归功于他。然而，这一说法尚未得到证实——如果这些著述都是张商英之作，那么可以表明张商英对佛教以外传统的了解远非肤浅。此外，即使他是在皇权的授意下而不是自己主动撰写这些著作的，它们也很可能是在回应他年轻时对道教的热情，他的传记中记载了这种热情，这似乎是一种家族传统。例如，张商英在年轻时，就养成了只穿道家服装的习惯，因而被人视为举止古怪。无论如何，后世的道家典籍作者出于敬意而述及张商英。对玄妙事物的支持，以及对道教的深入了解，可能会帮助张商英更倾心于佛教的类似方面，比如有异象出现的朝圣。

至于张商英的世俗学识以及对儒家传统的认识，我们可以从他的进士功名以及他在佛教著作中所表现出的古典学识中找到证据。此外，宋代大藏书家晁公武在其《郡斋读书志》中，提及现已失传的三十二卷张商英著述（标题为《张无尽集》[①]）。这部失传的文集很可能包含张商英明确谈论的世俗问题的部分内容，例如政治问题。在这些方面，在这类问题上，无疑他与当时儒家政治主流话语是一致的。现存并散见于其他文献中的张商英著述，有一系列的诗词和函牍，以及其他随笔，这些著述可以证明张商英的文学写作功底相当深厚。

简而言之，张商英的确是一个多才多艺的人：一个涉猎广泛的、受过传

---

① 《郡斋读书志》第 4 卷，第 21 页。其他结集的张商英著述有 53 卷本（应为 13 卷，即《张商英集》——译者注）和 100 卷本（即《张商英文集》——译者注）(《宋史》，第 208 卷，第 5537 页）以及书目所列的《别集》17 卷，参见许鼎肇，1986 年，第 99 页。实际上，这部文集得以全部保存的文章有 58 篇，是从多种来源遴选而来的，保存于《宋代蜀文辑存》，第 13—14、195—218 页。

统教育的学者和文人；一名在激进而有争议的政治变法时期举足轻重的高级官员；先前是一个喜好道教的人而且也是保持热心的道家中人，精通于道教实践和理论的玄妙，对于我们目前的目的来说，最重要的是——一个虔诚而又深谙佛法的居士。

我们还知道，这个人生活并在其中留下显著印记的世界，其政治和公共事务的表面之下正在发生深刻的变化。此时，儒家传统的复兴，通过几个世纪以来与佛教的接触得到了丰富和调和；道学或新儒学形而上学和伦理传统得到早期发展，它们后来成为中国主要正统观念；中国社会发生了从贵族秩序到官僚秩序的缓慢而难以察觉的转变，社会流动性成比例地增加，文化教育事业得到发展；中国文化呈现日益增长的"内在性"，抛弃前数百年更具有世界共同色彩的民族精神，形成新的自主精神，恢复了自信心；乌托邦式的复兴和对深远政治改革可能性的普遍信心，都激励了当时的知识分子——所有这些都是中国文明特质发生巨变的迹象。

奇怪的是，与这些划时代变革的征兆交织在一起的，是那个时代许多高级知识分子，尤其是道学信徒，对佛教所怀有的一种根深蒂固的、往往是毫无理由的敌意。在中国的宗教和思想领域，这种敌意可以被看作是对改变中国文化整体基调的深刻而系统的变化的反响。对佛教的一般性责难是众所周知的，它们在儒家辩论的思想武器库中是如此的常见，以至于在该传统信仰的早期文集中难以避开这种责难。韩愈对"佛骨"的抨击和欧阳修《本论》，只是排佛论战中最常被援引的例子而已。

然而，鲜为人所知的是佛教对这一争论的回应。这种无知是很奇怪的，因为佛学著述者在回应他们的宋代批评者时著述丰硕而且雄辩。张商英的《护法论》，是一个特别有趣的反驳，因为它是由一个居士而不是由一个僧人写的，而且是这个居士在政坛和文坛中占有重要地位时撰写的，而当时政坛和文坛对佛教的抨击极为强烈。由此，《护法论》不是来自见识仍然相异而且处于守势的佛教阵营的齐声辩难。张商英公开与对手们论战——可以说是站在对手们的角度上，用他们的习惯用语。毫无疑问，论战对手们中许多人张商英都认识。因此，他对论战对手们批评的回应，在某种程度上，他的"队友"，如宗密（780—841 年）、契嵩（1007—1072 年）等人是无法做到的。

在这种关系上，我们不应该忘记，佛教最可能引起儒家反感的特征之一是它对灵性或超脱世俗体验的偏好。想想朝圣之旅吧。对儒家来说，像朝圣之类的举动可能容易威胁到社会和政治秩序，因为它让人们成批地脱离社会本位并且去冒险，哪怕只是在很短的一段时间内，脱离他们平常生活的家庭、社会和政治职责。实际上，朝圣明显就是一种潜在的矛盾行为或目无官府的行为。而考虑到朝圣经常是体验怪力乱神的场合时，就必定更加感到朝圣的威胁性。我们将会看到，朝圣对张商英来说当然就是这样一个场合，他决定公开在五台山上降临在他身上的异事，他肯定明白，许多人不会相信并且强烈反对他所说的话。因此，张商英的朝圣之旅可能与他坚定地捍卫佛教、反对儒家的批评密切相关，而儒家的批评在他那个时代主流文人圈子里越来越有影响力。

关于五台山

张商英朝圣的目的地，就是地处偏僻的圣地——五台山，位于山西省北部，在北京西南约一百五十英里，太原东北一百英里，大同东南八十英里。它通常被称为"一座山"或"中国的神山之一"，但这个术语可能会引起误会。它并不是一座孤立的山丘，而是由五座略呈圆顶状或平台状的山峰组成的群峰，在小范围的群峰中显得格外高耸；它实际上是更为庞大的太行山脉的北部支脉，这条山脉从西南向东北绵延数十英里，与恒山山脉平行，太行山脉位于恒山的东南方向。如地图 3-1 所示，五座圆形的山峰组成了朝圣地

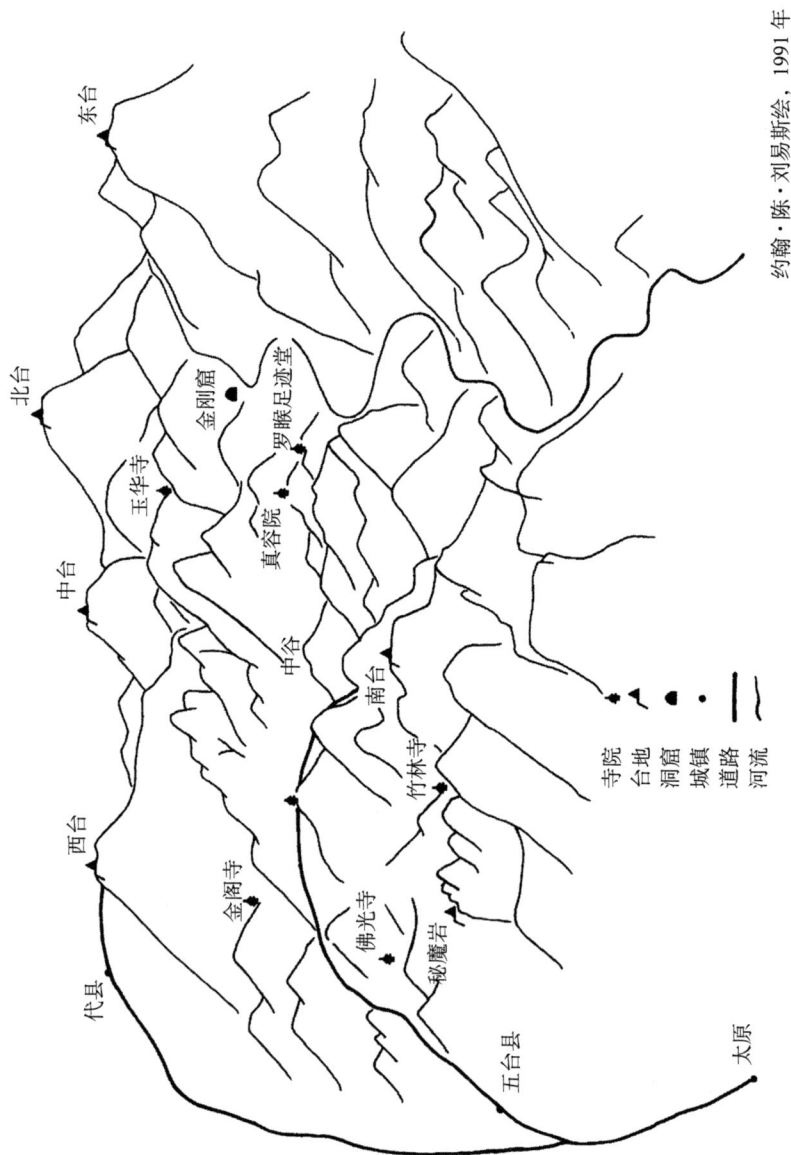

东台

北台

金刚窟

罗睺足迹堂

玉华寺

真容院

中台

中台

西台

南台

金阁寺

竹林寺

代县

佛光寺

秘魔岩

五台县

太原

寺院
台地
洞窟
城镇
道路
河流

约翰·陈·刘易斯绘，1991 年

地图 3-1　五台山

点，包括一个形状不规则的超过一百平方英里的区域。当了解到这五座山峰的最北端和最南端，即北台和南台，相距约 12 英里，东台和中台相距约 8 英里时，便可以对该处范围有大致把握。尽管它们如此命名，但是这些山峰并没有按照罗盘上的方位精确地排列。相反，西部、中部和北部的阶梯状山丘沿一个从西南向东北延伸的对角轴线彼此靠近。东台几乎位于中台的正东，但距离相当远；而南台虽然位于正南方，但它远离所有其他山峰，以至于矗立在虚渺的孤立之处。总的来说，五台的范围大约从东经 113°15′ 延伸到东经 113°45′，从北纬 38°45′ 至北纬 39°45′。

五台山当然不是一座孤峰，而是一群山峰。这五座山峰中最高的是北台，海拔 10033 英尺；最低的是南台，其海拔不低于 8153 英尺。虽然在宋代，它们可能有比较茂密的树木，但现在山坡和山峰上只有相对稀疏的自然植被，其中大部分是高山植物，常绿植物散布在大片贫瘠的土壤和岩石上。然而，在群山之间的山谷中，均有耕地，间有若干小河溪流穿过。这个地区一年四季气候不稳定，尤其以令人生畏的严冬而为人所知。因此，永久居住人口或全年居住的人口一直相对较少。大多数朝圣都局限在相对温和的夏季进行。

无论是充分的感观还是物理性描述都着重指出，五台山过去是现在仍然是一个边缘或极限性的区域。它位于长城以南不远的地方，标志着中国的文明世界和极北之地（现在的蒙古）之间的边界。因此，五台山肯定被视为帝国的精神壁垒。去五台山旅行——尤其是在早期——就是去中国文化的边缘，如果五台山没有完全被"对面"[①]所占领，就怀着虔诚去冒险。这里险峻的地形，再加上狂风肆虐的令人心悸的天气，无疑增强了来自更安全地域、更服从统治的虔诚游客对冒险和神圣的敬畏感。对于那些把它当作永久家园的出家人来说，这些相同的特征一定使该处看起来特别适合苦行，也可能是一个

---

① 此处"对面"（other），意指当时占领燕云十六州的辽国。——译者注

有超验幻象之地或强大的重塑个人之地。

历史并没有清楚地揭示五台山作为圣地的起源。我们知道它在成为佛教活动地之前就有某种宗教意义——它曾被称为"紫府山"。这样一个名字，暗示着神仙的天界，亦暗示其早期与道教的关系。这一事实与其说是让人增长见识，不如说是更吸引人，而且我们确实对五台山在佛教入华之前的具体情况不得其详。只有随着大乘佛教的出现，五台山才完全成为佛教的势力范围。各种传说都认为，早在北魏时期（386—532年）五台山就有了佛教寺院，而五台山最著名的佛教场所据说是在公元5、6世纪建的。

在同一时期，通过一个我们至今还不完全了解的过程，五台山终于被认定为文殊菩萨道场。特别是在1960年艾迪安·拉莫特（Etienne Lamotte）的著作出版后，我们注意到了《华严经》——把文殊作为主角之一的一部经文——里面列出八大方位的八座仙山，每座仙山都居住着一个特定的菩萨。这部经文的中文译本于418—420年和695—699年完成，从一段可能是杜撰的文字中，我们得知，文殊，完美智慧或洞察力（般若）的化身，据说寓居于另外一座类似的山上，在九大佛菩萨中排名第五位。据说这座山位于印度东部或东北部的某个地方，在中国，它被命名为清凉山。《华严经》本身并没有提到这座山是由五座山峰组成的，也没有把它与后来被称为"五台山"的山西北部那五座山峰联系起来。然而，在公元7、8世纪期间，越来越多的其他文献进一步详细说明了"文殊菩萨山"的确切位置和布局，将它具体地定位在中国，并指出它有五座山峰，甚至确认它就是之前的紫府山。

由此，五台山就被认为是法力高超的文殊菩萨的道场和神话中的清凉山，后者的名称一直为人所知。最初，在这座山里祭拜的文殊菩萨似乎是作为救世主出现的，尤其是在佛教进入逐渐衰落期时——人们普遍认为这个衰落期始于6世纪晚期。对文殊菩萨的崇拜在整个唐代依然继续维持，密宗传播到中国，推动并扩大了文殊崇拜，而文殊菩萨在密宗中扮演着重要而复杂的角色。

正如"五台山"不只是一座山一样,它也不止由一座人力建造的大型建筑物组成。据说,早在北齐(550—577年),五台山寺院便多达两百座。在唐代(618—907年),这个数字还有所增加,这些寺院本身的规模和人口也是如此。特别是在8、9世纪,此时被广泛认为是文殊菩萨主要道场的五台山,成了主要的寺院中心和僧俗人员朝圣的主要目的地。这里居住着成千上万名僧人,他们居住在数以百计的寺院中,其中很多寺院都非常宏伟。前来朝圣的不仅有中国的佛教徒,还有来自南亚和中亚地区,以及朝鲜和日本的佛教徒。当然,这种虔诚和捐奉的盛况,在很大程度上是由皇帝的慷慨支持促成的。

唐代以后,五台山尚未出现明显的衰落迹象。尽管有各少数民族的威胁和入侵,五台山在五代、宋、金时期(约10—12世纪)仍然持续兴旺。因此,当张商英在11世纪末到达五台山时,那里仍然是一个非常重要的、即使到了那时也是一个深受崇敬的宗教中心。蒙古人于13世纪初控制了该地区,他们为五台山的新发展创造了条件,藏传佛教在五台山逐渐发展。藏传佛教的影响力在元、明、清时期(约13—19世纪)逐渐增强,这就解释了为什么后来的游客,包括现代游客,都没有忽视所谓的"喇嘛教"在五台山盛行的程度。即使在今天,藏传佛教和汉传佛教在五台山几乎平分秋色,这一点很明显,尤其是高耸于中谷的巨大白塔,它已经成为整个五台山建筑群的主要视觉象征。当代游客来到五台山,如果读过张商英著述,就会把藏传佛教的存在视为当时的五台山和目前的五台山的主要区别。

张商英对五台山朝圣的记载

"续清凉传"这一标题似乎暗示它是两篇标题相似的早期著述的续篇:慧祥写于约667年的《古清凉传》(《大正新修大藏经》第51册,第1092—1100页)和延一写于1060年的《广清凉传》(《大正新修大藏经》第51册,第

1101—1127 页）。在《续清凉传》的结尾，张商英说："以附《清凉传》后。"事实上，至少从 12 世纪晚期开始，它通常作为"五台三传"最后的组成部分和其他两篇著述一起出版和重印。然而，这部张商英回忆录与另外两篇有很大的不同。后者汇集了关于五台山的各种传说，一部分是真实的历史和细致的描述，一部分是作者记忆的传说和从间接渠道采集的神话故事。相比之下，张商英的著述则是对个人访问五台山的连续叙事，是真实的目击者对一系列事件的报告，或多或少是从一个作者或编者的视角叙述的。此外，尽管许多降临在主人公身上的经历的确令人惊叹，但它们都是以一种相当直白的叙事风格来讲述的，很大程度上不像在中国叙述过去的重大事件时常用的庄严的修辞风格。事实上，大部分著述都是对生活经历的细致描述。因此，如果认为《续清凉传》仅是早期关于五台山文章的续篇，或者认为张商英主要是以这些早期文章为背景写出来的，那就大错特错了。[①]

---

① 除了标点本之外，最容易得到的，也是最完整和可靠的《续清凉传》版本是《大正新修大藏经》第 51 册，第 2100 部分，第 1127—1135 页（原文误作"第 1127—1029 页"，谨此更正，下同。——译者注）。《大正新修大藏经》是现代标准中日佛教文献汇编，出版于 1925—1932 年间。该版本《续清凉传》文字是基于《大日本续藏经》。《大日本续藏经》于 1905—1921 年间印于京都。近年来，台湾和香港重印了《大日本续藏经》，题为《卍字续藏经》。《续清凉传》见于《大日本续藏经》第 150 卷，第 492—508 页。这两种《续清凉传》日本版是基于 1884 年刻印的清刻本。清刻本是基于 1462 年明刻本，但又似乎不完全一样。明刻本由大藏书家阮元（1764—1849 年）所拥有。由于该刻本没有收录于《四库全书》，阮元决定将其收录于自己编订的《选印宛委别藏》中，所以此文至今得以保存（《选印宛委别藏》第 150 卷）。1462 年明刻本的来源似乎是一个更早的明刻本（1396），而这个更早的明刻本则基于金代刻本。姚孝锡为金代刻本所撰写的序言（见《金史纪事》第 5 卷，第 3 页），标注时间是 1164 年。这两种刻本都收录了慧祥的《古清凉传》和延一的《广清凉传》。我们可以将该著的版本沿革追溯到此为止。在立足内证的基础上，我们注意到，1088 年张商英是在参访五台山八天之后，应五台山寺院的请求，写下该文的主体部分。我们确切得知，写作时间是 1088 年 9 月 17 日。这篇文章的正文，或许还附有关于五台山的诗词，被装帧起来，作为礼物，赠送给五台山僧人。叙事部分和诗词构成了目前增补版本的第一卷。由于僧人们明确请求张商英撰文，以保护他们寺院的利益，反对官府的剥削，我们可以放心地假设，张商英刚写好这篇文章，他们就开始传播。在接下来的几年里，一些与后来的登五台山活动有关的诗文被补充进去，把张商英与五台山联系的故事延续到 1090 年。后来又增补了其他一些文章——刊后语，后来的朝圣者对比张商英经历而撰写的五台山访游记，等等。所有这些补充的文章，收入到我们现在在上面列出的编校文本的扩展版本，即第二卷中。我们还关注到现存的

至于这部作品的真实性问题，我看不出有什么令人信服的理由去怀疑，至少从某种意义上说，这是出自张商英本人之手。尽管该文中所描述的事情显然不可能发生，尽管我们汉学界长期以来倾向于运用关于 11 世纪中国文人的许多现代性假设来分辨哪些经历是真实的还是虚构的（或曰虚幻的），但我仍然坚持《续清凉传》确系张商英著述这一观点。此外，我们毫无疑问地知道，张商英在该文主旨所述时期内确实去过五台山 ①，我们还可以从其此次登五台山后数年中所写的可靠史料依据，断定张商英确实是《续清凉传》的作者。有些人认为，《续清凉传》的文风粗鄙不雅，达不到像张商英那样的文坛巨子应有的文采标准 ②，但值得注意的是，这种判断似乎只适用于该文本的

两部五台山志——1596 年的《清凉山志》（第 241—251 页）和 1701 年的《清凉山新志》（第 242—260 页）——在关于张商英的条目下，收录这篇重要著述，但大多数后期文章没有补充进去。《续清凉传》明代的方志版本，在很大程度上，只是原文的简写，个别文字有改写之处。然而，《续清凉传》清代方志版本的改动远不止于此。它讲述了同样的故事，但所用的语词往往与其他版本非常不同。由于《清凉山新志》的编纂者似乎不太可能（尽管不是不可能）有其他未知的文本替代版可用，我们由此假设，他们只是决定改写或根据想象来重写原文中比较隐晦或冗长的段落。事实上，在这个经过改写后的版本中的许多段落的措辞往往比原来的版本更容易理解。以后，我遇上无法理解《续清凉传》的原始版本的文字时，会仰仗这些方志版本，但我并不相信这些改写本一定是正确的。举例而言，我就发现方志编纂者们连事实都弄错了。这两种删节和注释版本现在都可以在最近出版的《佛教寺院方志集》（《中国佛寺汇刊》第二辑，第 29 册；第三辑，第 30 册）中方便地找到。在 1725 年刻印的《古今图书集成》中收录了张商英在五台山山川的入口处朝圣的故事（《古今图书集成》第 186 卷），但这一版本只是几乎一字不易地照抄清方志版本。京都大学和江苏省图书馆藏有这一版本的手抄本，但我没有接触到该手抄本，因此我不知道该手抄本的来源，也不知道该手抄本与其他删改本的关系。最后，在大致完成了这篇文章之后，我得知 1989 年 5 月山西人民出版社出版了《清凉三传校注》，其中包括张商英的作品，由陈扬炯和冯巧英用简体字加以注释并标点。但我只能大略浏览一下这个版本。经过粗略的检查，我没有发现任何需要对这篇文章进行重大修改的地方，但是这个新版本显然值得更仔细地研究。

① 不管我们是否可以证明张商英写过《续清凉传》，毫无疑问，他确实在 1088 年登访了五台山。有几个可靠的文献来源，包括张商英的其他作品，甚至苏轼的两首送行诗（《次韵答张天觉二首》——译者注）中的第二首，特别提到了五台山，证实了张商英登五台山之事（《苏轼诗集》，第 1566—1567 页）。张商英此次登访五台山之事至少使他就是《续清凉传》作者这一说法比较可信。

② 吴百益教授在酝酿本书的研讨会期间提出了这些怀疑，他认为《续清凉传》写得很拙劣，可能是某个没受过什么教育的无名文人写的——也许是一个僧人——仅仅是把它归于张商英的名下，以此来提升它的名气而已。尽管我承认，我也觉得《续清凉传》的大部分文字都很拙劣，甚至有些地

某些部分，而不适用于其他部分。最可能的假设是，别人引用了张商英的诗词、信函或纪念文章的片段，汇集或编写成这篇文章。尽管个别文字尚有争议，但还是让我们从内心中和实质上把《续清凉传》当作张商英本人的叙述吧。在评价《续清凉传》前，先让我们听听该文的讲述。①

方隐晦不堪，但也有一些段落文字优美，而且措辞生动。在任何情况下，我都不愿意根据风格特征来评估该文的真实性，在反对该文归属于张商英之笔的传统说法前，我需要更多的不同证据。大家公认该文某些部分的写作风格并不优美，但这或许可以作为其叙述真实性的证据。据我推测，张商英最初写的一篇文章很可能是由不如他善于表达的人重写、总结或扩充的，也许是他把亲笔之作作为礼物送给那些僧人中的某个或多个（见上文）。为了支持这一假设，我注意到，在文章的叙述部分和那些声称实际上引用张商英所写文章的部分之间，在措辞上有一致的区别。后者通常更流畅、更优雅、更深邃。的确，被认为是张商英所写的另一部作品的真实性受到了质疑。著名中国佛教文献学家陈垣，引用一部 13 世纪的文献（《吹剑录外集》第 4 卷，第 2202 页，参见《宋代书录》，第 313 页）指出，《护法论》实际上是由张商英的佛门朋友和慧洪撰写的，他们仅仅是"假张商英之名"而作（陈垣，1962年，第 18—19 页）。但是，安藤智信对这种其他佐证的说法进行了深入研究，发现这种说法是不可能成立的（安藤智信，1963 年）。这可能源于一种残留的偏见，这种偏见表现在他们不肯相信一个本来受人敬仰的文人居然也可能是一个虔诚的佛教徒。无论如何，对《护法论》这个另类作品的怀疑与文学风格问题几乎无关，因为慧洪本人就是优秀的作家，《护法论》一直被认为是典范之作。

　　① 这篇扩充后的《续清凉传》是根据《大正新修大藏经》版本的第七部分（第 1127—1135 页）翻译的。在这一点上，有必要谈一谈翻译《续清凉传》的方法和问题。这是一个特别棘手的文本，频频出现编校错谬和删改过多的现象，有时候这些缺陷混杂在一起。它不能很好地被用于进行字面翻译，至少不能避免使译文看起来不如原文流畅，并且显得笨拙的风险。因此，我选择了一种相对自由的翻译风格，有时接近于意译。我还煞费苦心地找出那些我不能确定自己是否理解准确的段落。我还应该指出，《续清凉传》的作者似乎花费很多精力，试图精确地描述视觉或幻想的现象，或两者都构成了这部作品的核心。该文的一些特点（例如对距离、方向、时间、颜色、名称等细节的注意）表明，该文作者试图避免印象模糊，也许在记忆犹新的情况下，努力做到精确地描述和形象化。然而，这种作家的美德使译者的任务变得更加困难重重。即使在我认为我领会了作者意思的地方，我仍然怀疑我错过了细节和细微差别，还有可能忽视原文预期的感染效果。例如，我所翻译的"azure"（琉璃色）和"purple"（紫色）实际上可能是略有不同的颜色，而且在很大程度上需要把握这些差异才能理解细节。我也不能肯定我已经感觉到各种"雾"（fog）、"霾"（mist）等之间的真正区别。更不用说各种光之间更重要的区别——例如，我不总是确定一盏灯是否是"glow"（现大光）、"blaze"（大火炬）、"radiance"（放大光明）等。最后，我应该指出的是，我没有去过五台山，甚至没有看过一组很好的五台山照片，这些缺憾妨碍了我对这个地方的地理和氛围的感性认识。

续清凉传①

朝奉郎权发遣河东路提点刑狱公事② 张商英述

商英,元祐丁卯(1087年)③二月④,梦游⑤五台山金刚窟⑥。平生耳目所不

---

① 上文所述的清代五台山方志对该文的删改版,是指《续清凉传》的别称《神灯记》,参见《清凉山新志》第5卷,第260页。我没有发现任何其他类似的标题,它可能只是方志编纂者选择的一个名称,但这个标题描述了该文的实际内容中占主导地位的发光现象。

② 河东路是北宋划分的二十四大行政区之一。它包括今天的山西(含五台山)以及其在现代接壤的省份的部分地区。张商英是"朝奉郎"(通常是正六品至正七品官员的荣誉性头衔)。他"权发遣",似乎表明,他当时是一名中等级别的官员,却被分配到一个较低的职位。

③ 引文内的括注为本文作者所加。——译者注

④ 1087年阴历二月相当于公历的3月8日到4月5日。关于这一点,西方的读者可能会回忆起"当四月甘霖/泽润三月的枯萎根须/……人们渴望前来朝圣"(该句语出《坎特伯雷故事集》总序言——译者注)。张商英梦想的实现时机之把握,确实是碰巧。1087年,张商英45岁。他的仕途始于二十多年前,在伟大的改革家王安石的关照下,官运亨通。但王安石变法于1085年被废止,王安石本人也于1086年去世。随后在保守派反扑的最初几年里,张商英有所背运。1085年宋哲宗登基(实际上是宣仁太后执政)之初,他被任命为开封推官。这是对他在宋神宗朝廷中所担任的高级职务(如,检正中书礼房检察御史)的降职。不到两年后他就在地方任职,这可以被视进一步贬谪。因此,他倾向于向朝圣寻求帮助也就不足为奇了——朝圣使他从无法令人满意的世俗生活中解脱出来,给他带来远离世俗生活和进入气象万千的风景的机会。这样他就能把适度的贬嫡变成精神上的冒险或追求。关于这方面,参见迪普龙,1974年。特别需要注意到,迪普龙把朝圣描述为"空间疗法"(第190页)(迪普龙的整篇文章,尽管几乎都是从基督教历史中选取例子,但我仍需推荐该文,因为该文从普遍意义上和现象学的角度,对朝圣进行了非常细致的研究)。

⑤ 在整篇叙述中,张商英以第三人称被提及,并且用了他的名字,而不是他的字或别号。在相当大的程度上,这只是一种礼仪惯例,作者可以用名字来指代自己,或许这在相当大的程度上可能表明,张商英实际上并没有写过这篇文章,虽然我不会持这样的观点,但我还是选择在英译本中遵从以名指代作者本人的惯例。

⑥ 金刚窟是位于东台西边楼观谷的一处看不见的洞穴。据说,来自克什米尔的僧人和翻译家佛陀波利就隐居在这里。676年,佛陀波利来到五台山朝圣,希望能见到文殊菩萨的尊容。据说,当他来到这里后,遇见一位老人。老人告诉他,只有带来《佛顶尊胜陀罗尼经》(《大正新修大藏经》第19册,第967部分)抄本,才能见到文殊菩萨。这部佛经是密宗经文,据说可以在三道恶中解除因果报应。显然,它被认为是使中国的佛教僧俗人员特有的罪孽得到赦免的必要使命。不巧的是,佛陀波利没有带来这篇经文,所以他返回印度去取这篇经文。几年后(683年),他返回中国,直接来到长安。起先,唐高宗把这部佛经的翻译工作分派给其他人,并坚持要把梵文手稿保存在宫内。然而,最

终唐高宗还是把手稿交给了佛陀波利。在一位中国助手的帮助下，佛陀波利亲自将手稿翻译成汉文，并分发给大众（尽管在佛陀波利返回印度收集手稿时，它已经被翻译过两次了）。然后，佛陀波利带着梵文原文回到五台山，再次遇见那位老人。据说这一回，老人示现自己就是文殊菩萨。文殊菩萨把这位朝圣者领进了金刚窟，石窟随即关闭，从此再也没有打开过。在敦煌莫高窟第 61 号洞窟中著名的 10 世纪五台山全景图中，佛陀波利和以老人形象示现的文殊菩萨被一起描绘。

日本朝圣者圆仁（793—863 年）于 840 年来参拜这个洞窟。他报告说，在悬崖上的石窟入口曾经隐藏在一座塔里，里面有一个可以旋转的六角形经文库。除了讲述佛陀波利的事迹外，圆仁还提到了这种信条：据说很久以前，文殊菩萨就在这个封闭的石窟里放满了许多神奇的物品——上古时代的佛陀遗赠的各种各样的超自然乐器，一万三千层的宝塔，内有迦叶佛（前七佛中的第二位）的"全身"，在银纸上用泥金书写的汉字，以及来自四大部洲其他国家的数十亿文字，这故事最早见于 667 年慧祥所作的《古清凉传》。144 年后（984 年），在京都创建了清凉寺的日本僧人奝然（938—1016 年），也来到金刚窟，但他没有进一步叙说这处地方。日本朝圣者中他的后继者，天台宗长老成寻（1011—1081 年），于 1073 年冬来到五台山短暂留住期间，也可能看到了这个洞窟，但是他在游记中没有明确提及此事。但是成寻自述确实见到了延一，即 1060 年《广清凉传》的作者，并且从延一那里得到这部著作的抄本。张商英的这部著述，要到 28 年后才开始创作，所以《续清凉传》被视为对《广清凉传》的续作。

关于佛陀波利、金刚窟，《佛顶尊胜陀罗尼经》，参见佛陀波利翻译的译本（《大正新修大藏经》第 349 页）；《入唐求法巡礼行记》，第 124 页；《古清凉传》，《大正新修大藏经》，第 1095 页；《四库全书总目》，第 717—718 页；《广清凉传》，《大正新修大藏经》，第 1111 页；《清凉山志》，第 55—56 页；师觉月，1938 年，第 2 册，第 512—514 页；小野胜年、日比野丈夫，1942 年，第 26—29 页各处；韦利，1952 年，第 137—138 页；赖肖尔，1955 年 a，第 246—248 页；赖肖尔，1955 年 b，第 195—196 页；拉莫特，1960 年，第 86—88 页；莱辛、韦曼，1968 年，第 115 页；常盘大定、关野贞，1975 年 a，第 1 册，第 94 页；常盘大定、关野贞，1975 年 b，第 1 册，第 84—85 页；马尔尚，1976 年，第 161 页；小林格史，1979 年，第 132 页。关于成寻和奝然，参见詹密罗，1987 年。

关于金刚窟是封闭的洞穴之事，也就是说，它不是一个真正的洞穴，而是一个虚构的洞穴，参见布朗，1981 年，第 87 页："因为古代后期的神殿艺术是一种封闭表面的艺术。表面之后就是神圣之处，要么完全遮掩起来，要么从狭窄的缝隙中隐约可见。表面的不透明性使人们更加认为，即使跨越如此宽广的空间去探究人生，也是不可能的。"也许这就是古代晚期基督教圣地的特点，其他地方的神殿也是如此。还要注意，这里"神圣的地方"与"神圣的经文"的联系。参见肖彭，1975 年。特别要注意他对大乘佛教"图书崇拜"（cult of the book）的讨论，最初似乎是在和"遗物崇拜"（cult of the relic）竞争。前一种祭礼是一种传统，根据传统，某些地方之所以神圣，仅仅是因为有神圣的经文。就像标准的佛教传统长期坚持的那样，终极遗物（舍利）是法身，而不是任何凡胎肉身的一部分。这样的信仰在中国迅速发展，"图书文化"（culture of the book）是最优秀的，这并不奇怪。更多关于遗物和朝圣的研究，请参阅本书第 4 篇文章。

接，想虑所不到，觉而异之。① 时为开封府推官，以告同舍林邵材中，材中戏曰："天觉其帅并间乎？"② 后五月，商英除河东提点刑狱公事。材中曰："前梦已验，勉矣行焉。人生事事预定，何可逃也。"

八月，至部。十一月，即诣金刚窟验，所见者皆与梦合。会天寒，恐冰雪封途，一宿遂出山。③ 明年戊辰夏，五台县有群盗未获，以职事督捕，尽室斋戒来游。④

第一天

六月二十七日壬寅（1088 年 7 月 18 日），至清凉山。⑤ 清凉主僧曰："此

---

① 当然，人们会想知道，如果张商英根本不知道那个金刚窟，那么，他是如何认出他在梦中去过的地方的呢？尽管他不愿承认，但也许他已经读过有关五台山的早期记载。无论如何，毋庸置疑，张商英对去五台山旅行的兴趣可能是受到了一个梦的启发。然而，我们不必对此感到惊异，因为这是文人运用一个中国文学的写作的宝贵传统的事例而已，即利用带有预见性的梦境来写作。我们也不应该惊讶于这个梦集中在洞穴或石窟，因为它们一直是中国最常见的释梦场所之一，特别是在那些受道教影响的文学传统中——我们已经看到，张商英对这种受道教影响的文学很熟悉。

② 在《续清凉传》某些版本中，这段所提及的张商英部属以及所引用的他最初的评语有些混乱。我在一个残缺的版本中发现，是"并州"而不是"并间"。并州是这个地区的古称，它是中国的九个原始省份（九州——译者注）之一，五台山就位于其中。它与现代山西北部和河北西部的部分地区相对应。

③ 至于张商英的办公驻地在什么地方，人们可能以为是在太原，因为太原是张商英所管辖的最大的城市，位于五台山西南约 100 英里。另一种可能是忻州，府治位于忻县，正好处于太原和五台山的道路中间（位于五台山西南约 65 英里）。还有一种可能是代州，它是位于五台山以西 35 英里处的边防城镇，即今代县。事实上，张商英本人告诉我们，他的办公场所在几年后的 1090 年就在那里了。当然，在他担任这一职务几年的任期中，他可能不同时期在所有这些地点处理公务。无论如何，他第一次到就任是在 1087 年的秋天（8 月 31 日至 9 月 29 日），他第一次登访五台山是在 11 月 28 日到 12 月 27 日之间的某个时间，主要就是为了参访金刚窟。

④ 次年（1088 年）夏天，张商英再次登访五台山，部分原因是他奉有镇压该地区的盗匪，或抵御可能发生的辽国入侵的职责，必须把此次登访认定为朝圣。相比之下，这次登访的特点是禁食和禁欲，这就支持了这种定义，因为朝圣经常包括这样的苦行，这乃是人生历程之一。

⑤ 虽然"清凉山"是五台山的代称，这里指的是一个特定的寺院（往往用来指代重要寺院）。这座清凉寺之所以被命名为"清凉寺"，主要是因为据说它是北魏孝文帝（471—499 年在位）在五台山的神圣区域建造的第一座寺院。据说，现在清凉寺的建筑物，可以追溯到 12 世纪金代的重建。清凉寺位于清凉谷内进入五台山寺院群落的主干道附近，坐落于西台和南台之间。参见《广清凉

去金阁寺三里，往岁崔提举尝于此见南台金桥圆光。"[1] 商英默念："崔何人哉？予何人哉？"[2]

　　既抵金阁[3]，日将夕，山林漠然无寸霭。僧正省奇来谒，即三门见之。坐

传》，《大正新修大藏经》第 1114 页；小林格史，1979 年，第 133 页；常盘大定、关野贞，1975 年 a，第 1 册，第 99 页；常盘大定、关野贞，1975 年 b，第 1 册，第 95—96 页。

　　[1]　这座"金桥"有些神秘色彩。我说不清这究竟是一座人建造的真正的桥呢，还是山脊之类的自然构造，抑或是一道金光弧线之类的大气现象，抑或完全就是幻象呢？后两种可能性中的一种似乎最有可能。敦煌的全景壁画图上有一个方框，上面写着"化金桥现处"；在这幅画中，这座桥位于清凉寺的东面。关于金桥最著名的故事也许是关于金阁寺创始人道义的故事（参见本页注释[3]）。延一还称，8 世纪时，另一位居住五台山的名人、净土宗信徒法照看到了一座"巨大的金桥"，并因此建了竹林寺。

　　[2]　崔提举的身份不详。《古今图书集成》（第 186 卷，第 8 页）开始叙述五台山时，有"长史崔"，他在一次未注明日期的登临中台过程中，自述听到了神奇的钟声。但在这个简短的叙述中，崔提举没有看到任何幻象。张商英的观察暗示他和崔提举有很多共同之处，我认为这是指张商英对看到幻象的信心，即使类似他的居士和世俗人员都有可能看到幻象。张商英似乎在暗示，这样的经历并不是僧人或圣人所专有的。反过来说，这个暗示似乎支持了所有文化中对朝圣和圣地的普遍主张，也就是说，这些普遍主张促进了一种团结和平等的条件（社群）的形成，在这种条件下，社会差别和其他各种世俗的地位差别就被消除了。圆仁在几个世纪前观察到了同样的现象："入此山者，自然起得平等之心。山中设斋，不论僧俗、男女、大小，平等供养，不看其尊卑、大小。于彼皆生文殊之想。"（《入唐求法巡礼行记》，第 128 页；赖肖尔，1955 年 a，第 257—258 页）

　　[3]　金阁寺——与京都著名的金阁寺同名。它的历史开始于 736 年，据说当时文殊菩萨给前来五台山朝圣的禅僧道义，示现自己的形象（一位老人），并且让道义看到一座金桥通往座金碧辉煌的楼阁的景象。几年后，道义回到长安向朝廷报告他的经历，同时把他设想的寺院的图纸送回朝廷，希望能得到皇帝的支持，根据他设想的模型，建造一座真正的寺院。766 年，在真言大师、高僧不空（705—774 年）——8 世纪中国文殊崇拜的主要推动者的劝化，以及虔诚的居士王缙宰相，即诗人王维之弟的支持下，唐代宗为这一目的拨款。一年后，一座令人印象深刻的、道义构想的圣殿的真实复制品竣工了。不空被任命为该寺院的第一任方丈（显然是缺席任命，因为他似乎直到 770 年才真正参访五台山）。有唐一代，金阁寺是一座真正宏伟的楼阁，一直到唐朝灭亡，金阁寺成为一个主要的密教中心。第一批到五台山朝圣的日本人之一，不幸的僧人灵仙（804 年来华，825—828 年在五台山中毒而死）在这里居留了一段时间，留下了一块皮肤，上面刻了一尊佛像。圆仁在他的游记中详细描述了金阁寺，发现这个奇怪的遗物到 840 年还在那里放着。现在，尽管安放千手观音的大殿建于明朝，但是这座寺庙的建筑物的修建日期似乎都不早于清朝。关于金阁寺、道义、不空和灵仙的概述，参见《广清凉传》，《大正新修大藏经》，第 1113 页；《入唐求法巡礼行记》，第 126 页；《续高僧传》，第 843—844 页；《四部丛刊》，第 834 页；《旧唐书》卷 118，第 3418 页，"王缙传"；赖肖尔，1955 年 a，第 252 页；赖肖尔，1955 年 b，第 158 页；常盘大定、关野贞，1975 年 a，第 1 册，第 100 页；常盘

未定。南台之侧，有白云绵密，如敷白氍。① 省奇曰："此祥云也，不易得。"
集众僧礼诵，愿早见光相②。商英易公裳③，燃香再拜。一拜未起，已见金桥及
金色相轮，轮内深绀青色。商英犹疑欲落日之射云成色。既而暝黑，山前霞
光，三道直起，则所疑茫然自失矣。

第二天

癸卯（7 月 19 日），至真容院④，止于清辉阁。北台在左，东台在前，直

大定、关野贞，1975 年 b，第 97—102 页；小野胜年、日比野丈夫，第 45—56 页；欧阳瑞，1983 年，
第 14—16、25—38 页；维舍尔，1985 年，第 484—485 页；威斯坦因，1987 年，第 77—89 页。

① 五台山周围的大气中似乎通常都充满了不寻常的云，并且被奇异的光芒所装饰。事实上，
这些都是在山上梦幻体验中最具特色的东西，而且当代游客仍然会叙说这些景象。例如，蒲乐道（John
Blofeld）对他在 20 世纪 30 年代末游览五台山时经历的描述："在（南台边上一座塔的）窗户外的广阔
空地上，清楚地看到，在不到一二百码远的地方，无数的火球庄严地飘过。我们无法判断它们的大小，
因为没有人知道它们离我们有多远，但它们看起来就像婴儿玩耍的毛茸茸的球；又仿佛一条吃得饱饱
的鱼以优雅的姿势在水中漫无目的地前进，但是，如果不知道它们之间的距离，当然就无法确定它们
实际的姿势。没有人知道，它们从哪里来，从西方消失后又去了哪里。毛茸茸的橘黄色火球——真是
恰如其分的神性的表现！"（蒲乐道，1972 年，第 149—150 页）许多现代观察者看到这种奇怪的景象，
可能希望把它们归结于天气现象。也许他们可以这样解释，也许无法解释，但无论如何，我们都应该
注意到，在叙说佛祖、菩萨和他们的天堂的文献中，光芒也扮演着重要的角色，提示了五台山游客的
虔诚。《华严经》是记载五台山奇异现象的重要文献，尤其是白炽、半透明、反射等丰富多彩的现象。
我们这里所看到的，可能是神灵传说与自然的共同作用，通过赋予它们灵性意义来美化不寻常的自然
现象的一个事例。

② "光相"（mark of radiance）这个术语，可能特别指的是大光明（vyāmaprabhā），三十二相
品之一，被认为是为所有佛和准备成佛的人的身体增添光辉。对它的经典描述为一种发光的圆环，延
伸到身体的每一面（如《大智度论》，第 90 页；拉莫特，1966 年，第 277 页）。当然，在大乘佛教中，
这种光影增大到无法用空间尺度来度量的程度，通常被描述为由无数道光芒组成的光辉，从佛陀或菩
萨的身体的每一个毛孔发出，并向四面八方无限远地照射，照得绚丽无比。在这种情况下，众人所追
求的光芒肯定是文殊的光芒。在和定居于五台山的菩萨有关的美术作品中，周身发出光芒是共同的肖
像特征（参见欧阳瑞，1983 年，第 19—24 页）。

③ 我把"公裳"（字面意义上是"public garments"）翻译成"pilgrim's garb"，是基于"公裳"
是指一种特殊的制服和常服这一假设，通常去掉了世俗社会地位和身份的标志，是朝圣者在前往圣地
的路上穿的衣服。

④ 真容院有时也被称作"殿"，后来被称作"大文殊寺"，由法云建于 8 世纪初。法云是热心
向文殊奉献的僧人。传说真容院是文殊菩萨在艺术家安生面前奇迹般出现的地方（可以说是七十二次

对龙山，下枕金界。溪北浴室之后，则文殊所化宅也。[1] 金界之上，则罗睺足迹堂[2]也。知客辩[3]曰："此处亦有圣灯。旧有渐僧请之，飞现栏杆之上。"商英遂稽首敬祷。酉（下午5：00—7：00）后，龙山见黄金宝阶。戌（下午

"静坐"）。安生曾为法云这位高僧塑造泥像。据说，文殊的屡次降临使得这尊泥像与法云形象相似。这座寺院于宋太宗统治时期的977年重建。此后不久，它成为藏书库，用来保藏整个《大藏经》的五部副本中的一部，宋太宗吩咐用金字来刻印该副本。后来，这座寺院在永乐年间（1403—1424年）和康熙年间（1662—1722年）先后重建。这座寺院坐落于临近五台山寺院群落中部的一座山中。这座山早年被称作灵鹫峰，根据古印度的王舍城而命名，释迦牟尼就是在那里多次演讲。如今，在这座山上所建的明、清寺院在清代由藏传佛教僧人管理。直到现在，这座寺院仍然是五台山藏传佛教寺院中最大的一座。如今，这座寺院（也许还有它上面的小山）最广为人知的名字是"菩萨顶"——可以通过108级石阶爬到的菩萨顶，此处是欣赏五台山景色的绝佳地点之一，距离巨大的藏传佛教白塔以北仅仅几百码远。白塔还临近显通寺，它是五台山中谷的主要建筑物之一。参见《广清凉传》，《大正新修大藏经》第1110页；《清凉山志》，第71—72页；常盘大定、关野贞，1975年a，第80—81页；常盘大定、关野贞，1975年b，第1册，第92页。还要注意的是，这座寺院在中国通俗小说中，因为一个值得纪念的事件而特别出名。《水浒传》（第四回）中，不服管教的鲁智深化身为和尚，违反了禁止食荤饮酒的戒规，酒后狂怒，差点把这个地方闹得天翻地覆。

[1] 我无法准确地辨认出龙山、金界、清辉阁、文殊所化宅。然而，我怀疑后两者是在真容院内或附近的较大的附属建筑物。沐浴处或浴室一定就是这样的附属建筑物。

[2] 文殊菩萨显然不是朝圣者前往五台山拜访的唯一一神圣人物。这里提到的罗睺足迹堂的"罗睺"，可能是乔达摩的儿子罗睺罗，但也可能就是恶魔王罗睺，他曾经试图吞下月神（制造月食），后被佛陀降伏。后一个故事经常被提起，中国人也很容易知道。例如，《赞肉身罗睺》把他和五台山绘于敦煌写卷的页面上（第617、4641页）。张商英本人后来提到了"新生罗睺"（第1129页），而这个表述似乎也认为罗睺就是乔达摩的儿子。因此，该证据似乎表明此处所指的"罗睺"可能就是"罗睺罗"。我想，这个脚印本身可能是一个不寻常的岩层，附近建了一座寺院或某种纪念碑，并以此来命名。在五台山还发现了一座以这个名字来命名的寺院，据说它最初被命名为"落佛寺"，离菩萨顶和之前提到的真容殿很近。据说它建于唐代，但现在可以看到的是15世纪的建筑物。参见常盘大定、关野贞，1975年a，第1册，第92页；常盘大定、关野贞，1975年b，第1册，第81—82页。罗睺，这一名字，一直令人感到迷惑，我们可以看到下面这个宣称显然毫无依据，但这个宣称在所有现代旅游指南中都一再出现，称这个地方是以清朝时期的两个藏传佛教僧人命名的，据说是他们重建了这个地方——这两个藏传佛教僧人是罗先生和侯先生！

[3] 我尚不能确定"辩"是何人，也不能确定把他的头衔（知客）翻译成为"guide"（向导）是否正确，但我猜想他可能是某个寺院的服务人员或住持，可能是某个神职人员，但不一定是。我从于君方和其他人那里得知，这个词至今仍在中国主要的佛教朝圣中心使用，它指的是主要职责为带领朝圣者巡礼圣地的僧人。

7：00—9：00）初，北山有大火炬。辩言："圣灯也。"瞻拜之次，又现一灯。良久，东台、龙山、罗睺殿左右，各现一灯。浴室之后，现大光二，如掣电。金界南溪上，现二灯。

亥（夜晚9：00—11：00）后，商英俯视溪上。持灯者，其形人也。因念曰："岂寺僧遣人设一大炬，以见欺耶？"是时，辩已寝。即遣使王班，借职秦愿，排门诘问。[1]辩答曰："山有虫虎。彼处无人行，亦无人居。"商英疑不能决。又睹灯光，忽大忽小，忽赤忽白，忽黄忽碧，忽分忽合，照耀林木，即默省曰："此三昧火也，俗谓之'灯'耳。"乃跪启曰："圣境殊胜，非我见闻。凡夫识界，有所限隔。若非人间灯者，愿至我前。"

如是十请，溪上之灯，忽如红日浴海，腾空而上，放大光明[2]，渐至阁前，其光收敛，如大青[3]喙衔圆火珠。商英遍体森飒，若沃冰雪。即启曰："疑心已断。"言已，复归本处，光满溪上。秦愿等自傍见之，如金色身，曲屈而上。妻孥[4]所见，又异于是，有白领而紫袍者、螺髻而结跏趺者、仗剑者、戴角者。

---

[1] 我认为王班、借职、秦愿都是低级的官吏或仆人，或者说，他们是张商英的随从，但我找不到任何其他关于他们的其他史料。（此处作者误把"借职"当作人名。——译者注）

[2] 张商英提到"三昧火"（*samādhi* flame），并且使用了对"至我前"，在佛教中，这些话带有强烈的冥想内涵，表明熟悉关于幻视体验和冥想中所产生的欣悦之间的关系佛教传说。当然，我认为张商英是认真看待这样的传说的，因为区分真实体验和幻觉体验是不容易的。值得注意的是，如果只是作为一个提醒的话，一个佛教徒在认知假设基础上的经验可能是非常不同于我们自己的经验。因此，张商英的描述可能会使我们提出这样一个问题：他究竟是在谈论极光、圣埃尔摩之火，还是球状闪电，并仅仅将其解释为文殊菩萨的示现呢，还是他已经解释为一种幻觉呢？——这样的问题不会出现在他的大脑中，至少不会以类似的方式出现。然而，这并不是说张商英没有自己的迷惑和怀疑，因为我们注意到，他在叙述中有几处承认他不知道如何理解他所看到的情景。注意，"大正版"在此处的标点符号是错误的。

[3] "Giant basilisk"（巨蛇怪）是我对汉文"大青"的翻译。我认为，"大青"就是"大青蛇"的简写。大青蛇是一种神秘的蓝绿色巨大爬行动物，最早见于《山海经》第17章（《山海经校注》，第422页），据说大青蛇很适合居住在北方的荒野中。

[4] 在这里，"妻孥"指的可能是张商英自己的随行成员，或者可能是他在那里遇见的其他参观真容院的朝圣者。如果是后者的话，那么我们可以假定，尽管张商英的地位很高，但他和他的一小队

老僧曰："此金毛飞师子及天龙八部也。"良久，北山云起，于白云中，现大宝灯。云收之后，复现大白圆相，如明月轮。

第三天

甲辰（7月20日），至东台。五色祥云现，有白圆光从地涌起，如车轮百旋。商英以偈赞曰：

> 云贴西山日出东，一轮明相现云中。
>
> 修行莫道无捞摸①，只恐修行落断空。②

相次，大风，云雾奔蒸，如欲倾崖裂壑。

第四天

主台僧曰："巡检下兵，适持肉烧煮，不可禁，愿来日屏去。"七月乙巳

人并不是单独旅行的，他们可能和相当多的其他也许地位不那么高的朝圣者混杂在一起了。无论如何，提及其他目击者，就使我们想到一种关于朝圣的理想特征——均化效应。在均化效应的作用下，平时在世俗或污浊社会中分隔的人们，至少象征性地融入基于共同宗教目标的流动的、愉悦的群体之中。

① 这句话十分费解，似乎也给后来的编修者带来了困扰。清代方志版中，写作"凭据"而不是"捞摸"。按照这个方志版，我们可以翻译成："In practice, there is no way but to put it to the test（在实践中，除了考验它，没有别的办法）。"

② 张商英这首诗特别耐人寻味。首先，该诗提醒我们，他对佛教的虔诚似乎是非常热烈的，这得益于他对佛教教义渊博和精深的认识。"断空"这个短语被翻译成"nothingness"，我认为这是对"空"这一佛教教义最常见、也是最可怕的误解之一。所有述及空性的佛经也教导说，"空"不要与"断"或纯粹的虚无相混淆。张商英似乎暗示：幻觉体验在于其生动性、奇异性、神秘性以及强烈的直感性——至少对这种体验持以宽容，就可以避开或化解虚无的烦恼，这种烦恼和无为论和唯信仰论的相关弊端一样，似乎总是危及佛教生活。的确，要从虚无的谬误中辨识"空"的真正含义（这种努力就是张商英此处所说的"摸索"之含义）这一认识在张商英的其他佛教论述尤其是与严华宗有关的著述中十分突出。这首诗隐含的意思是，人们可以在像五台山这样的地方寻求幻想的体验，可以避免虚无的谬误和精神上的萎靡不振。这一暗示为我们探讨佛教教规戒律的淡化和虔诚履行佛法的热情之间的关系提供了新思路。

（7月21日），谢巡检兵甲，沉币[1]于北台。晚，休于中台。大风不止，四山昏晦，辩等失色。台侧有古佛殿，商英令扫洒，携家属祈礼。所与俱者，辩、台主二人，指使苍头、虞候二人，茶酒二人。北陟数步，中台之顶已有祥云，五色纷郁。俄而，西北隅开朗，布碧琉璃世界，现万菩萨队仗。宝楼宝殿、宝山宝林、宝幢宝盖、宝台宝座、天王罗汉、师子香象，森罗布护，不可名状。又于真容殿上，见紫芝宝盖，曲柄悠扬，文殊师利菩萨骑师子，复有七八[2]尊者，升降游戏，左右俯仰。[3]

台主戏日："本台行者，十九年未尝见一光一相。愿假福力，呼而视之。"既呼行者，则从兵潜有随至窃窥者矣。

日渐暝，北台山畔，有红炬起。商英问秦愿："此处有何人烧火？"愿以

---

[1] "沉币"这个词令人费解。我把它翻译成"make offerings"仅是凭据猜测而已。它还出现在后来的文献中（《大正新修大藏经》，第 1128 页），与张商英之访西台有关。还需要注意的是，尽管张商英的这次访问可能在某种程度上是作为官方行为开始的，但很明显，在这一点上，它变成了一次朝圣之旅。

[2] "七八"这一短语，我将其翻译成"seven eight"，而不是"seven or eight"，乃是考虑到八位人物在文殊寺和五台山的某些造像传统中的重要性。参见欧阳瑞，1983 年，第 87—91 页。

[3] 张商英在这里似乎在讲述"真正的"神灵显现，这将被证明是他自述所见到的众多五台山幻象中最引人注目的一个。值得注意的，也不可忽视的是，有文殊本尊显灵的这一特殊的神秘幻象，与张商英所提及的其他幻象有着明显的不同。他对它的描述非常精确和详细。它与任何可以想象到的气象现象没有明显的关系；从目击者的角度来看，它显然不需要费力的解释或鉴定；它不是由光、云之类的东西组成的，而是由奇妙的影像组成的。张商英也没有对它表示任何像他对早先见到的一些发光现象的怀疑。在这方面，我突然想到，他在这里描述的形式和影像可能与实际的艺术作品有着某种特殊的联系，甚至可能受到某种程度的启发。1983 年，山西文物保护研究所编了一本小册子（《岩山寺金代壁画》），里面收录了另一座五台山寺院岩山寺壁画的彩色照片。这些壁画是在张商英造访五台山 80 年后，由一位金代画家完成的，尽管这些壁画年代稍晚，但它们可能会给人造成这样的印象——张商英可能在五台山发现了这类艺术作品。这些壁画可以用张商英描述他的想象的语言来描述。此外，我们还应注意到，对精美艺术品的高度写实性甚至神似性进行评论，是宋代文人文化的一种习惯，也是中国艺术批评的一种普遍观点，也就是说，把艺术作品看成是一种幻象。无论如何，暗示这样的幻觉可能是由艺术作品带来的，并不一定会让人质疑它们的真实性，也不意味着它是张商英以某种方式编造出来的东西。关于岩山寺的详细情况，参见《岩山寺金代壁画》；克雷斯基，1980 年；梁庄爱伦，1988—1989 年。

问辩，辩以问台主，台主曰："彼顽崖巨石，且大风鼓山，何火可停？必圣灯也。"瞻礼之次，又现金灯二，隔谷现银灯一，如烂银色。适会沿边安抚郭宗颜遣人驰柬来，商英指灯示之曰："汝见否？"曰："见。"曰："为我谢安抚。方瞻礼圣灯，大风不可秉烛。未及答柬。"于是，再拜敬请："愿现我前。"先西后东，一一如请。末后，西下一灯，于绀碧轮中放大光明而来，东西二灯一时俱至。自北台至中台十里，指顾之间，在百步内，远则光芒，近则收摄，犹如白玉琢大宝碗，内贮火珠，明润一色。拜起之际，复归本所。于时，台上之人，生希有想，殷勤再请，连珠复至。

夜漏将人，寒冻彻骨，拜辞下山，东灯即没，二灯渐暗。商英曰："业已奉辞，瞻仰之心，何时暂释？"发是语已，于一绀轮中，三灯齐现，如东方心宿[1]，绀轮之外，红焰满山。

第五天

是夕，大风达。丙午（7 月 22 日），昏霾亦然。商英抗声曰："昨夜中台所见，殊胜如此。今日当往西台，菩萨岂违我哉？"行至香山，则庆云已罩台顶。沉币已，所见如初，止无琉璃世界耳。遂游玉华寺与寿宁寺，还真容院。郭宗颜及代州通判吴君称[2]、五台知县张之才、都巡检使刘进、保甲司勾当公事阵事，各以职事来集，商英以所见告之。虽人人称叹不已，揆其闻而知之，亦若商英，曰："卿之传闻也。"[3]是夕，清辉阁前，再见金灯，如至之

---

[1]　心宿，中国二十八宿之一，是部分对应于西方黄道带天蝎座的星群。它位于被中国人称为"东宫"的地方，是中国划分天空的五个部分之一。心宿的三颗主要恒星中，最中间和最亮的一颗在西方被称为 Antars（心宿二）。

[2]　代州，山西北部的一个地区，即今代县，在五台山的西北。

[3]　这段简短的对话措辞晦涩难懂。方志提要中相应的一段话概括说，当张商英告诉他们他所看到的东西时，虽然他们都不停地发出惊叹，但"未及亲见也"。可能是张商英在这里对"见"和"闻"这些术语的佛教意义进行了改变：这两者通常被成对使用，表示直接的或经验的知识，以区别于单纯的推理知识。而张商英似乎用"见"来表示直接的经验知识，用"闻"来表示间接的或经传闻而得的知识。

初。遣人白郭、吴等五人，同观浴室后之松上。忽现群灯如连珠，诸君各叩额再拜。顷之光隐，众散。罗睺殿侧，现大白光如流星，唯浴室后之松林，白气朦胧，过夜分乃息。

第六天

丁未（7 月 23 日），郭、吴按东寨，张之才还。比天色亦大昏霾，商英与陈聿及兴善监镇曹谞，晚登梵仙山，曹谞曰："昨夕闻金灯见，窃于公宇后见之。"聿问曰："君所见处所安在？"谞曰："在空中。"聿叩头曰："圣哉！圣哉！聿自高而视之，若在溪上；君自下而视，若在空中。"商英自以累日所求，无不向应，因大言曰："为二君请五色祥云。"即起更衣，再拜默祷。俄而，西南隅天色鲜廓，庆云绌缊，紫气盘绕。商英曰："紫气之下，必有圣贤，请二君虔肃，当见灵迹。"良久，宫殿楼阁，诸菩萨众，化现出没。商英又启言："愿现队仗，使二人者一见。"言讫，歘然布列。二君但嗟叹而已。既暮欲去，眴视之际，失其所在。二君曰："圣哉！圣哉！若假云气而现者，当隐隐沉灭，岂遽然无踪也哉？"其夕，复止清辉阁，念言："翌日且出山，宝灯其为我复现。"抽扃启扉，则金界南溪上，已见大炬，浴室后三灯，东西相贯，起于松梢，合为一灯，光明照耀，苒苒由东麓而南行，泊于林尽溪碛之上，放大白光，非云非雾。良久，光中见两宝灯，一灯南飞，与金界溪上四灯会集，而罗睺足迹殿及龙山之侧，两灯一时同见。

商英即发愿，言："我若于过去世是文殊师利眷属者，愿益见希奇之相。"言讫，两灯挥跃，交舞数四。商英睹是事已，发大誓愿："期尽此形，学无边佛法。所有邪淫、杀生、妄语、倒见及诸恶念，永灭不生。一念若差，愿在在处处，菩萨鉴护。"于是南北两灯，黄光白焰，前昂后卓，腾空至前。尔时中夜，各复本处。是日也，商英先至罗睺足迹殿，见其屋宇摧弊，念欲它日完之。其夜，足迹殿所现灯[①]尤异，即以钱三万，付僧正奇修建。

---

① "光"写成"无"，方志版也是如此。

第七天

戊申（7月24日），至佛光寺[1]，主僧绍同曰："此解脱[2]禅师道场也，碑与龛存。"因阅碑中所载"解脱自解脱，文殊自文殊"之语，喟然叹曰："真丈夫哉！"以偈赞曰：

圣凡路上绝纤痕，解脱文殊各自论。

东土西天无着处，佛光山下一龛存。

日已夕，寺前庆云见，紫润成蕊。问同曰："此寺颇有灵迹否？因何缘现此瑞气？"同曰："闻皇祐（1049—1054年）中尝有圣灯。"商英曰："审有之，必如我请。"问其方，曰："南岭。"昏夜敬请，岭中果见银灯一，岭崦见金灯二，[3]但比之真容院所见，少差耳。

第八天

己酉（7月25日），至秘魔岩。[4]未至之十里，自台有白气一道，直贯岩

---

① 佛光寺，在五台山正南数英里处。张商英来到佛光寺，就意味着他已经离开了五台山，正在向南前往他的官署。关于这座寺院的情况，参见麦伊莲，1977年。

② 解脱（卒于642年，一说卒于650—656年间），是众多与五台山和文殊菩萨相关的僧人当中最为著名的一位。他的生平经历详细记载于慧祥的《古清凉传》（667年）（《大正新修大藏经》第51册，第1095—1096页）和法藏的《华严经传记》（689年）（《大正新修大藏经》第50册，第603页）。来到佛光寺之前，解脱自称曾看到文殊显灵并和文殊对话。据说解脱在那里生活了四十年，在此期间有许多人来拜访他。佛光寺似乎是在他的指导下，专门为接待在前往五台山或从五台山返回来的路上探拜访他的人而建。

③ 此处语义晦涩不明，由于无法翻译它，我只能参考方志版来叙述大意。

④ 秘魔岩，看起来像是佛光寺附近的栅栏或峭壁，很可能是张商英提到的那些隐居僧人居住的洞穴或石窟所在地。或者它可能是位于悬崖正面的一个特殊洞穴，但文章在此处意思不明。至于这一名称的含义，我只能猜测，"魔罗"是佛教神话中的大诱惑者的名字，由此这里可以叫作"隐魔窟"或"隐魔崖"。无论如何，在张商英所处的时代，它已作为常遇（817—888年），又称秘魔和尚，十七年的居处，而在禅宗传说中闻名遐迩。这位马祖道一的徒弟，和张商英一样，在前往五台山的秘魔岩时，自称见到了文殊菩萨的幻象。秘魔和尚在禅宗传说中以其杖击地面的应答方式而出名。当有人

头，岩前见文殊骑师子。既至岩，则天色晦昧，殊失所望。有代州圆果院僧继哲，结庐于山之阳，阅《大藏经》，不下山三年矣。即诣其庐，问以："居山之久，颇有见否？"哲曰："三年前，岩上门开，有褐衣、黄衣、紫衣僧三人，倚门而立，久之复闭。"又崖间有圣灯，哲闻而未之见也，哲乃曰："天色若此，岂贫道住庵无状，致公空来空去乎？[①] 虽然，愿得一篇，以耀岩穴。"遂拂壁写一偈云：

阅尽龙宫[②]五百函，三年不下秘魔岩。

须知别有安身处，脱却如来鹘臭衫。[③]

写偈已出庵，望见岩口有金色祥云，光彩夺目，菩萨乘青毛师子，入于云间。商英曰："今夕大有胜事，必不空来也。"岩崖百仞，嵯峨壁立，率妻挐东向，望崖再拜敬请。逡巡，两金灯现于赤崖间，呼主僧用而视之。夜漏初

求问时，秘魔和尚就杖击地面，传说释杖便会开口。参见《碧岩录》第19条（《大正新修大藏经》第49册，第159—160页）。关于常遇的生平，参见《宋高僧传》第21卷（《大正新修大藏经》第50册，第845页）。值得注意的是，直到1885年，这个地方还在吴德爱的朝圣之路上，近代中国高僧虚云（1840？—1959年）曾驻足于此，他也自称见到了文殊的幻象（《中国禅宗大师虚云自传》，第21页）。

① 清代方志版的编者对这段对话的措辞作了相当大的改动，也许是因为类似后面那首诗一样，它似乎没有实在意义。在后来的版本中，张商英问这位僧人："为什么这个和尚没有被引导去寻求更高明的方法？"那僧人笑着回答说："还有什么更高明的方法可以寻求呢？"

② 在大乘佛教的传说中，所有的佛经都保存在那迦王的宫殿里。那迦是一种像蛇一样的神话动物，住在海里，保护着佛经。或许，"那迦藏经"，按照中国人的理解，便是"龙王藏经"，是对大量神圣的佛教文献的一个诗意的称呼。这个短语的使用表明，这位隐居僧人是特别有学问的、以经文为指导的佛教践行者。由此，这样的治学癖好，有助于解读禅宗隐喻的力量。

③ 这句话使用了典型的禅宗修辞手法，让人想起一句更著名的训诫："逢佛杀佛"。他敦促人们远离这种依附于佛教的怪异的危险，因为这种依附本身就是一种渴望的形式。禅宗的拥护者认为这种渴望比世俗的依附更为隐秘。关于这一禅宗隐喻，参见《公案》第十二则中的圆悟克勤的评唱；《碧岩录》（《大正新修大藏经》第48册，第153页）。后来方志版的编者们显然完全没有理解这些意象的含义，他们对此感到迷惑不解，于是随意地用自己的方式妄改了这些意象。

下，从兵未寝，闻举家欢呼，人人皆仰首见之，喧哗盈庭①。凡七现而隐。虔请累刻，崖面如漆，用曰："圣境独为公现，岂与吏卒共邪？幸少需之。"

第九天

人定，用来白②曰："左右睡矣，可再请也。"商英更衣俯伏，虔于初请。忽于崖左，见等身白光菩萨，立于光中，如是三现。商英得未曾有，即发大誓愿如前，又唱言曰："我若于往昔真是菩萨中眷属者，更乞现殊异之相。"言讫，两大金灯，照耀崖石。商英又唱曰："若菩萨以像季之法③，嘱咐商英护持者，愿愈更示现。"言讫，放两道光如闪电，一大金灯耀于崖前，流至松杪。于是，十等主僧及其徒众确请曰："谨按《华严经》云：'东北方有处，名清凉山。从昔已来，诸菩萨众于中止住。现有菩萨，名文殊师利，与其眷属诸菩萨众一万人俱，常为说法。'即我山中众圣游止，不知过去几千劫矣。自汉明帝、后魏、北齐、隋、唐，至于五代已前，历朝兴建，有侈无陋。我太宗皇帝既平刘氏④，即下有司，蠲放台山寺院租税。厥后四朝，亦罔不先志之承，

---

① 人们肯定会想象在悬崖的底部有一座寺庙，洞穴本身就是其中的一部分。

② 此处，误将"日"写成"白"。

③ 这里所指的是佛陀教义中，逐渐衰落的三个漫长阶段中的第二个阶段，即像法阶段，像法阶段被认为是在释迦牟尼去世后 500 年或 1000 年开始的，并持续了 500 年或 1000 年。这个阶段不像更漫长的末法阶段那么可怕，但也相当败坏，需要特别保护佛法。参见拉莫特，1988 年，第 191—202 页。

④ 我认为此处所提到的"刘氏"就是，具有突厥血统（应为沙陀人——译者注），受辽国的保护的刘氏家族。刘氏在宋朝建立之前在中国北方建立了短暂的后汉政权。这个王朝在成立三年后的 950 年覆灭，但是后汉最后一位统治者的族亲建立了一个延续政权，史称北汉或东汉，继续统治包括五台山在内的山西北部地区，直到 10 世纪 70 年代末才被宋朝征服（参见王赓武，1967 年，第 193—197 页）。然而，张商英的这段叙述造成了一些困惑。陈观胜在研究中国佛教经济史时，发现了这一点，并认为"太宗"是指唐太宗（626—649 年在位），参见陈观胜，1964 年，第 218、271 页；陈观胜，1973 年，第 139 页。这一说法似乎也可以成立，因为唐朝皇帝打败了一个姓刘的人——在突厥汗国的支持下，于 617 年到 622 年割据山西北部的叛军刘武周。可是，陈观胜还是犯了一个错误，这个"太宗"乃是宋太宗无疑。虽然唐代史料有提及唐太宗对五台山的支持，但我没有发现有具体的蠲免税赋的政策。此外，在上述段落中，请愿的僧人特别提到"我太宗皇帝"，所以这个"太宗"肯定就是宋太宗（976—997 年在位）。此外，"厥后四朝"的说法更适合宋朝而不是唐朝，因为在宋太宗

比因边倅议括旷土，故我圣境山林，为土丘[①]所有；开畲斩伐，发露龙神之窟宅。我等寺宇，十残八九；僧众乞丐，散之四方。则我师文殊之教，不久磨灭。今公于我师有大因缘，见是希有之相。公当为文，若记以传，信于天下后世之人[②]，以承菩萨所以付嘱之意。"

商英曰："谨谢大众。艰哉言乎！人之所以为人者，目之于色，耳之于声，鼻之于香，舌之于味，体之于触，意之于法，不出是六者[③]而已。今乃师之书[④]曰：'色而非色也，声而非声也，香而非香也，味而非味也，触而非触也，法而非法也。'离绝乎世间所谓见、闻、觉、知，则终身周旋，不出乎人间世者，不以为妖，则怪矣。且吾止欲自信而已，安能信之天下及后世邪？"[⑤]

已而，郭宗颜、吴君称以书来，言曰："假公之力，获觌盛事。自昔传闻而未之见，今皆验矣。宜有纪述，以信后人。"

商英三思曰："以圣语凡，以寂语喧，以妙语粗，以智语愚，以真语妄，以通语塞，以明语暗，以洪语纤，以畛域不相知，分剂不相及，譬之阿修罗

和当时的宋哲宗之间，实际上有四位皇帝统治过宋朝，而在唐太宗之后，并没有"四朝"，甚至"四个朝代"，这个"太宗"又似乎与帝国对五台山的政策问题有关。最后，也最令人信服的是，清代五台山方志（《清凉山志》，第210页）特意把976年免除五台山赋税的诏书归功于宋太宗。如果进一步研究宋代文献史料，可能会揭示该方志叙述所依据的原始诏书。

① 此处，原文误将"丘"字写成"兵"字。注意，《大正新修大藏经》在这里的标点符号有误。句号应该在"所有"的后面而不是前面。鉴于僧人们的抱怨，张商英在旅途中经常遇到军人也就不足为奇了。

② 我认为，"后世"不是指后代，而是指与张商英同时代的人，他们被认为生活在精神衰落的可悲的时代。回想一下张商英在上文所使用的更为传统的佛教表达，即"像季之法"。

③ 这涉及六根、六界和六识，即佛教所称的十八界，是指基本的佛教认识论原则。根据这些原则，普通知觉所揭示的世界不是真实世界，因为六种模式中的任何一种普通知觉被贪欲所污染，都是非常不完善的知觉工具。在张商英所处的时代，一种相反的观点——对具体世界的经验的信心——在道学的支持下得到了蓬勃的复兴，但这种观点在佛教的标准中被认为是一种非常幼稚的现实主义。

④ 我认为，此处指《华严经》，这是寺院众住持在请愿书中引用的经文。

⑤ 这段文字对于理解作者写作的动机显然至关重要，但有些晦涩，所以我对自己的解读并不完全自信。

王手撼须弥山，而蝼蚁不能举一芥；迦楼罗王七日遍四天下，而蟭螟不能飞寻丈。商英非不愿言，惧言之无益也。"

或曰："若尝知唐之释法照乎？大历（766—779 年）中入化竹林寺①，虑生疑谤，不敢妄传。忽见一神僧曰：'汝所见者，台山境界，何不实记，普示众生，作大利益？'今君欲避疑谤乎？行利益乎？传百而信一，则传千而信十，传万而信百矣。百人信之，一人行之，犹足以破邪宗，扶正法，况百人能行之乎？"

商英曰："善哉喻乎！吾一语涉妄，百千亿劫沦于恶趣。"谨书之，以附《清凉传》后。

张商英对五台山的后续参访

从记载来看，张商英与高僧代表团的会面发生在 1088 年 7 月 26 日，也

---

① 法照是唐代一位有远见的僧人（约卒于 820 年），与后来的净土宗有渊源关系。法照的祖籍似乎是四川，但后来搬到了江西的庐山，庐山是他所敬仰的僧人、几个世纪前的慧远（334—416 年）的故乡。在那里，法照修炼慧远曾经习修过的观想。他自称在一次观想中看到了阿弥陀佛的幻象；还有一次，他看到一位老人在服侍阿弥陀佛，这位老人是另一位净土宗禅师，法名承远（712—802 年），当时住在湖南。法照遂前往湖南（南岳衡山）拜师于承远。据说，当看到阿弥陀佛时，法照学会了用一种特殊的音律来称呼佛陀的名字，这就是他后来为人所知的念佛方法。据说，法照还在观想中看到五台山上的一座大寺院。当他看到这些景象的时候，他所看到的寺院并不存在，但法照认为这些景象意味着他要负责把这座寺院建起来。因此，他在 770 年左右搬到了五台山，于 777—796 年间监督建造了他梦想中的这座寺院，将其命名为竹林寺。它是圆仁在 50 年后的 840 年参拜和描述的寺院之一。它位于南台的西南方向，似乎不在张商英本人的朝圣之路上。法照不愿叙说自己所见到的幻象，以及一个传奇的僧人说服他这么做的故事，见于延一《广清凉传》（《大正新修大藏经》第 51 册，第 1115 页）。这里讲给张商英的寓言似乎只是对延一叙述的一种转述，因此我们有更充分的理由相信，张商英知道延一的著作。关于法照和竹林寺，参见《宋高僧传》（《大正新修大藏经》第 50 册，第 844—845 页）；《广清凉传》（《大正新修大藏经》第 51 册，第 1114—1115 页）；冢本善隆，1933 年，第 171—181 页；赖肖尔，1955 年 a，第 216—217 页；藤原凌雪，1974 年，第 134—140 页；威斯坦因，1987 年，第 73—74 页。

就是他访问五台山的九天之后。该会谈标志此次朝圣之旅的结束，我们可以认为此次朝圣对张商英来说，是关键的一次，也是改变他自己的一次朝圣。此次朝圣结束并不意味着他与这座圣山关系的终结，也不意味着他与该处的告别。《续清凉传》下卷开篇简要叙述了在接下来的两年里，张商英进一步参访了五台山。这段概括性文字称，他在不到两个月的时间内，就完成了《续清凉传》上卷，并呈送给真容院（《大正新修大藏经》第 51 册，第 1130—1131 页）[①]。它在八十个僧人的集会上被诵读，这时，菩萨顶突然出现了四十多道灵光。[②] 为了进一步表达他的感激之情，张商英还委托寺院塑了一尊泥塑文殊像。同年 11 月底，张商英把这尊文殊泥像请到宫署厅堂之中 [③]。为此，他写了一篇动人的信奉宣言，据说这篇宣言的诵读引发了更多奇妙的灵光和祥云景象，在我们的文章中引用了其中的部分内容。次年（1089 年）夏天，他又回到山中寻找新的异象，但他很少提及这些异象。

然而，一年后，即 1090 年的夏天，山西北部遭遇干旱，张商英再次回到五台山，这次是为了求雨。《续清凉传》下卷中说，在这个场合下，张商英请来了一尊"罗睺菩萨"的雕像。[④] 据我们所知，这是张商英最后一次参访五台山，从 7 月 11 日到 7 月 18 日，持续了 8 天。当然，他自述再次成了异象的受益者。我们得知，这一次，不仅仅是他一个人或者只有几个同伴，而是还有成千上万的僧俗人员。这些据说后来出现的异象特别有趣的是，张商英用来描述它们的术语，让人强烈地联想到唐人李通玄注解的《华严经》中关于佛光的理论。我们已经讲过，张商英在 1088 年朝圣后返回太原的路上，发现了李通玄手稿。很明显，此时张商英已经仔细地阅读了这些手稿，因为我们发现，他

---

① 原文为："传既成，遣人以锦囊盛一本，赍疏一通，以八月二十八日，至真容院文殊前表明。"——译者注

② 原文为："僧正省奇集僧众八十余人，读疏讫，菩萨殿内忽现金灯四十余遍。"——译者注

③ 原文为："商英思有以归奉者，即自塑泥像，以十一月出按民兵。"——译者注

④ 原文为："明年夏六月，以并亢旱，诣山祈求雨泽，因安奉罗睺菩萨像。"——译者注

对 1090 年的异象的描述很大程度上依赖于一些我们所联想到的李通玄的表述。因此，张商英和其他人在这个场合看到的奇迹般的灵光，促使张商英在祈祷中向文殊倾诉，他明确地提到了《华严经》，含蓄地提到了李通玄对灵光的评论。例如，他张商英指出，《华严经》经文中提到佛陀身上散发出崇高的光芒，照亮了经文中设定的八大宇宙场景。他把在五台山上看到的光比作佛陀的光芒，称之为"法性本有无相之光"和"诸佛果得圆满之光"。[1]7 月 14 日，他自称再次看到两年前所看到的形如天蝎座的光阵。他借此机会回顾了自己最初的叙述，此时，他把这叙述称为《续传》，并且说该叙述"写于前几年"。7 月 19 日，张商英离开了五台山上的佛光寺和秘魔岩，回到了代州官署。显然，张商英认为自己的祈祷得到了回应，因为他说干旱结束了，而且雨下得很大。

我们听说，回到官府后，张商英立即着手写一份关于自己经历的奏闻，准备送到皇帝那里。他先是总述他那奇妙的经历，并且以文雅的笔调叙述，显然是为了让可能读到这篇奏闻的朝廷中人留下深刻印象。两年前，五台山的僧人第一次向他提出请求，于是他在描述五台山奇迹的基础上，为五台山提出请求：他建议应立即把五台山为支援边防而征用的土地归还寺院。这样一来，五台山寺院近年来受到严重损害的福利才能得到保障，而现在的统治者也可以重申帝国对这个最神圣的地方的尊重和支持，就像早先的皇帝所表达的那样——他们蠲免了五台山寺院的所有税赋。奏闻写道：

---

[1] 从字面上来看，"无相"的意思是"没有特征"，它大致上与更为人熟知的术语"空"同义。在这种情况下，它暗示了终极真理是如此超越于普通认知和体验，以至于它基本上是不可描述的，也就是说，没有任何"特征"或"标记"，我们通常通过这些特征或标记来识别由无知和欲望的反射而出现在我们面前的世俗经验。"诸佛之果，诸佛之果，诸佛之果之丰满"是对同一主张更肯定的表述，强调真理虽"无分界线"，然而，它"充满"着救赎的潜力和拯救的效果，佛法不仅仅是一种"空"，而且是一种真知。这种关于华严主题的论述，在李通玄的作品中比比皆是（参见詹密罗，1983 年）。

臣近以本路亢旱，躬诣五台山文殊像前及五龙池，祈求雨泽。昼夜所接，灵光宝焰，殊形异相，赫奕显耀，莫可名状。是时，四方僧俗千余人，同共瞻睹，欢呼之声，震动山谷。已而，时雨大降，弥复数州。臣之始往，草木萎悴，农夫愁叹。及其归也，木麻莽菽，青绿生动，村落讴歌，指俟大稔。

此盖朝廷有道，众圣垂佑。有司推行诏条，布之于名山异境，其应如响。勘会五台山十寺，旧管四十二庄，太宗皇帝平晋①之后，悉蠲租赋，以示崇奉。比因边臣谩昧朝廷'其地为山荒'，遂摽夺其良田三百余顷，召置弓箭手一百余户。因此，逐寺词讼不息，僧徒分散，寺宇堕摧。臣累见状，乞给还，终未蒙省察。

臣窃以六合之外，盖有不可致诘之事。彼化人者，岂规以土田得失为成与亏？②但昔人施之为福田，后人取之养乡兵，于理疑若未安。欲乞下本路勘会，如臣所见所陈，别无不实，即乞检会累奏，早赐施行。

在这个充满典型官腔官调措辞的正式官方文献中，作者在最后添加了适当的佛教评语。"虽然如是，"他说，好像是要把读者的注意力从世俗的土地所有制问题上转移开，"彼大士以十方三界为一毗卢遮那座体，而商英区区以数百顷田浼之，其志趣狭劣，不亦悲乎！"

《续清凉传》的其他部分，是一部杂集，见于我们使用的《大正新修大藏

① 此处，"晋"是五台山所在的山西北部地区的古称。

② 张商英在此处提到《庄子》的《齐物论》，特别指赵姓吹箫者那一段。"六合之外"，在宇宙的边界之外，"圣人存而不论"。我认为这是张商英说他本人不会讨论或解释，而只是叙说他所看到的超自然现象。同样，皇帝，作为当今的圣人，也应该接受张商英的叙说（承认这种超自然现象的存在），即使它们是无法解释的。在《齐物论》的前面，庄子还暗示，只有缺乏洞察力的人才计较"成"或"亏"。圣贤和皇帝一样，都不应该计较得失。参见《庄子集释》，1967年，第11—13页；葛瑞汉，1981年，第54—57页。

经》。它主要包括后人访问五台山的记述，大部分是受张商英记述的启发，或以回忆张商英的朝圣之旅作为比较。[①] 起初，有些人最初对张商英的陈述持怀疑态度，但当他们亲自去证实张商英的说法时，他们就变成了信仰者。这些后来的故事和回忆录可能被金刻本和明刻本的编辑者添加到基本叙事中，这清楚而充分地表明，在张商英所述及的事情发生后的数个世纪，他的著述仍有影响力，而且确实有可能是由他开启了文人登访圣山的传统。

解释

就像大多数对宗教史有重大意义的文献一样，张商英对他的非凡之旅的描述，可以从几个不同的层面解读。在其中一个层面上，也许是最接近文章含义的层面上，它仅仅是一个奇迹故事，一个旨在激发宗教想象力并唤起虔诚的神奇而神秘的故事。将该文本放在这种体裁中并不是摒弃它，更确切地说，在中国社会只有最精英的阶层的特定活动和学说才广为人知的时代，《续清凉传》对中国大众的宗教信仰和热诚的一瞥就具有价值而且相对罕见。出

① 鉴于整部《续清凉传》的总体重要性，虽然我只翻译了该文的开头部分，但似乎有必要简要介绍全文的其余部分。附录的顺序如下：首先是一系列附传，讲述张商英亲临五台山之后的几十年里，其他访问五台山的学者和官员的经历，而且这些人是读了张商英的文章才这么做的。在这里，我们进一步发现朝圣与文人文化和虔诚的相关性，以及朝圣并不是僧人和皇家捐助人的专属领域。这些附传之后还有另外两篇文章（嘉奖文或训诫文），其前面还有一篇简短的前言，由张商英的两位同僚撰写，一篇标注的时间是1101年，两者都赞扬张商英和五台山。接下来是由其他名士所写的三篇文章，分别作于1101年、1104年和1141年，讲述了后人游历五台山的经历，并特别提到了真容院。最后是三篇刻后记，一篇写于1396年明代初版，另一篇写于1462年明代第二版，第三篇写于1884年清代版。清版刻后记中，引用了《四库全书总目》对"清凉三传"的合编版本的条目，并添加了更为详细的参考书目评论。这些附录中的一些文章，特别是它们如何被收入明清版本的《续清凉传》中的问题，值得单独详细研究。这些文章本身也很有趣。例如，有一篇是朱熹的一个叔父写的（见下面的注释）。但对我们当前的目的来说，同样重要的是，它们可能会对认识张商英叙述的后期共鸣及其仍然晦涩复杂的文本历史有所启示。这样的启发，反过来可能有助于澄清关于《续清凉传》真实性的问题。

于这些目的，该文的意义是普遍性的，关于该文作者和真实性的问题就不那么重要了。

直到最近，关于宋朝的通史，常被写成"*histoire événementielle*"，宋朝文人的历史主要被写成"思想史"。但是张商英的文章和其他一些类似文章，例如，写于大约一百年后的洪迈的《夷坚志》，可以被用来深入到政治事件层次之下的社会和文化结构的底层，并且可以帮助挖掘隐藏在精心构建的思想体系架构之下的基本心态。能以这种方式解读该作品，本身就足以确认它的价值。在读《续清凉传》时，我们可能会想到宋代的中国不是一个实体，这种实体只存在于朱熹心目中或只存在于朝堂政治中。毕竟，正如我们已经看到的，朱熹的叔叔[①]读了张商英著述的书后，被张商英的书所打动，也亲自前往五台山朝圣，当时他即将成名的侄子只有十一岁。我们还看到，张商英自由自在地游走于政界和高山秘境的"更高"之地。就宋代历史以及整个中国历史而言，必须要认识这样一个真实而全面的观点——不仅一些中国人生活于固化的，反映对称宇宙的，总体上合乎情理的官僚模式中，而且还有一些中国人，无论是男是女，都在生活中面对苦难，受到关于超自然力量主宰的自然信仰的鼓舞，而且激励于时空异质感，并有时失望于秩序与感觉阈限的强烈反差。因此，至少在某种程度上，张商英的奇迹故事有助于建立这样一个更全面的研究中国的学术体系。

在同样的解释层面上，但在一个更具体的问题上，张商英的文章可以表明，中国的宗教世界并不总是像通常描述的那样，是一个安定和舒适的领域。即使是当代关于宋代宗教的最好著述，也几乎完全集中关注那些通俗的宗教实践和信仰。在这些实践和信仰中，神灵对崇拜他们的人相当"熟悉"。例

---

① 朱弁（字少章，卒于1144年）是朱熹叔父，南宋时曾出使金国，被扣留于北方数年之久（1127—1143年）。在被扣留期间，朱弁游览了五台山，并写了《台山瑞应记》，标注的写作日期是1141年7月27日。该书被收于《续清凉传》卷2附录中。

如，这类神灵自己只是最近才从凡人的地位上升成为神灵的（而且不是太高）；他们的行为往往是"高度拟人化"的，有时好像他们只是特别危险和暴躁的地方官员或贪婪的商人；他们经常需要"凡人的认可"，他们通常被描述为"散发着凡人的温暖"（芮乐伟，1990 年，第 29—78 页）。在最常见的术语中，与这些神灵的交易几乎不能算作"宗教体验"，它们更像是与官府打交道或在市场上交易。当然，这种跟神的"熟悉"，是中国宗教的重要组成部分，应该改变我们对中国人所谓的"宗教"的理解，但这不是中国宗教的全部。在这些信仰中，也有更高级的神灵，他们是极其强大的灵性存在，他们居住在远远超出凡人领域的地方，在他们面前，人们只能"恐惧和颤抖"。人们只能在有阈限的场所和条件下，在戒惧的山顶或文化的前端跟这些真正超越的神灵建立关系。这种关系不是为了强化已经形成的社会模式和文化价值观，而是深刻的怀疑和敬畏，这种怀疑和敬畏引发对传统思维习惯和生活的质疑或改变。换句话说，张商英的朝圣故事，即使被简单地当作一个奇迹故事来看，也可以提醒人们，在中国的宗教中，怪和异的维度一直是存在着的。

但是，《续清凉传》不仅是一个可以当奇迹故事来阅读的作品，事实上，它还是关于中国制度和经济历史的简略篇章。要这样理解它的话，我们甚至没有必要采用"怀疑的诠释学"，在明显只有宗教意义的字里行间去解读政治动机。《续清凉传》本身明确地告诉我们，五台山的高僧曾要求张商英写下他所看到的一切，这样一来，五台山作为一个神圣之地的名望就会得到提升。高僧们明确地希望，张商英的叙述会促成官府重新考虑他们剥夺五台山寺院土地所有权的政策。① 由此可见，我们所读的《续清凉传》是对僧团的一种虔

---

① 原文为："比因边臣谩昧朝廷，其地为山荒，遂摽夺其良田三百余顷，招置弓箭手一百余户，因此逐寺，词讼不息，僧徒分散，寺宇隳摧。臣累见状，气还给，终未蒙省察。臣窃以六合之外，盖有不可致诘之事。彼化人者岂规以土田得失，为成与亏？但昔人施之为福田，后人取之养乡兵，于理疑未安。欲乞下本路勘会。如臣所见所陈，别无不实，即乞检会，累奏早赐施行。"——译者注

诚的献礼，而且考虑到施主的声望，该文还给五台山带来了数额巨大的官方捐助。

我尚未找到与 11 世纪晚期五台山的经济状况或当时官府对五台山寺庙的政策相关的独立资料来源。张商英所描述的状况当然是可信的，尤其是在那个时期，周边少数民族的军队正在对中原王朝的边境进行猛烈地攻击，包括非常靠近边境的这座圣山。事实上，士兵驻守在该地区，他们的存在很可能会给五台山寺院带来严重的后果，就像那些寺院所指控的那样。我们不知道张商英的叙述，或该叙述所引用的请愿书，是否能对朝廷政策产生某种实际的影响（这个问题很快就变成了学术问题，因为金国军队在短短几十年之内就征服了五台山地区）。然而，我们不需要从《续清凉传》的政治影响中得出任何简单化的结论。例如，我们不需要假设政治宣传——对某些著名宗教机构的经济特权的特殊请求——在某种程度上是《续清凉传》"真实"但"隐秘"的含义。这种宣传显然是编写和传播该著述的一个重要和公认的目的，但它也是一个完全符合经济和政治领域以外的其他动机的目的。有人甚至认为，政治动机和宗教动机是相互关联的，从某种意义上说，要想保护五台山不受官府的掠夺，就必须真诚地相信，这座山就是表现超自然力量的特殊场所。

张商英调转笔头，保护五台山不受经济掠夺，有可能是他更深远决定的一部分或前奏——他更深远的决定是，保护整个佛教界不受类似道学理性主义的排斥，这种排斥在道学对佛法的公开攻击中是明确的。这是张商英后期著述中反复出现的主题，例如，《护法论》称当时大儒狭隘，昧于事理，蔑视神圣，平凡低下。[1] 在张商英的评价中，这些人治理的天下将是瘠苦不堪

---

[1] 此处张商英所批评的大儒就是欧阳修。张商英在《护法论》中称欧阳修是"僻隘丈夫"，"歧人天之正路，瞎人天之正眼，昧因国之真教，浇定慧之淳风……终身不过为一聪明凡夫矣"。——译者注

的。①因此，像五台山这样的地方，智慧是一种可以被开发的资源，用来向这些人证明"世间更不别有至道妙理，止乎如此缘饰些小文章而已"。当他在给朝廷的奏章中引用庄子的话来敦促人们接受"出世之法"时，他心里一定想到了类似的事情。这种以佛教的名义进行的辩论，是基于一种信念，即佛教所持的世界观比中国其他任何一种可用的世界观都更少有狭隘性，而且更为宽松，这很可能是张商英记述所要达到的另一个目的。

然而，《续清凉传》除了被当作中国宗教笃信的特定潮流的文献外，还表征当时宗教与国家的关系状况，或者当作化解人性冷酷的"方剂"。《续清凉传》还有一个潜台词贯穿于它的基本叙事，即在中国文化发展从"中世纪"向"近代"过渡的历史时期，一个吸引人的问题——个人和公共精神，精英和民众宗教之间的关系——事实上，《续清凉传》的文本可以说代表这一过渡的一个特别重要方面。

让我们以本文开头提出的两个问题的形式来阐述这个问题。在许多中国知识分子认为是理性主义和人文主义发展的期间②，何以一个杰出的知识分子，一个有成就的作家，一位著名的官员和禅客，会前往一个因使游客获得超越自然和现实的欣狂体验而出名的地方去朝圣。而且，在一个精英阶层的宗教信仰日益私有化或内化的时代，精英阶层的领袖怎么会如此公开地参与这种宗教活动呢？这些问题不仅是我们面临的问题，而且反映了一个当代学术困惑。这也是张商英自己那个时代经常提出来的问题，甚至是他本人提出来的。事实上，这样的分歧在宋代就已经受到关注——例如：一方面是文人的清静

---

① 原文为："非特儒者为不足贵也，士风如此，则求天下之治亦难矣。"——译者注

② 在这里，我所指的是狄培理 1959 年的经典文章和他的其他著作中对宋代儒学复兴特点的概述。狄培理专注于一个独特的学派，即理学（或称道学），但正如他在早期的研究（狄培理，1953 年）中所说的那样，早期的理学与更普遍的社会和文化变化模式有着错综复杂的联系，从这个意义上说，他所说的理学特征本身也必须被看作是宋代历史的总体特征。这似乎是真的，但我们也应该认识到，北宋历史的这些特点，往往与狄培理尚未讨论的其他特点并不一致。

理性与禅宗去痴迷化、去狂热化倾向，与更具有早期特征的佛教的"来世"观的分歧；另一方面是内修与外化的分歧。

这种分歧在禅宗中是亟须解决的问题，我们必须指出，禅宗在很大程度上指的是张商英自己相信的佛教，同时也支配着整个宋代佛教知识世界。让我们来看看下面这段著名的经文，这段经文出自经典的禅学文献《临济录》，它在宋代尤为著名：

有一般学人，向五台山里求文殊，早错了也。五台无文殊，你欲识文殊么？只你目前用处，始终不异，处处不疑，此个是活文殊。你一念心，无差别光，处处总是真普贤。你一念心，自能解缚，随处解脱，此是观音三昧法。互为主伴，出则一时出，一即三，三即一。如是解得，始好看教。①

当然，即使没有这段话，身为"禅宗信徒"的宋代也不会忽视《临济录》如此有力地表达正派禅宗对朝圣的质疑。此外，在宋代，禅宗与复兴儒学的人文主义是同步发展的，儒学是另一种传统。由于自身的原因，儒学倾向于回避论及超自然和神秘的事物。回想一下，就像当时许多儒家学者经常做的那样，《论语》中那句名言："子不语怪、力、乱、神。"（《论语·述而》）这种节制并非儒学独有的特点，正如临济宗和其他许多禅宗派系的言论所表明的那样，类似的"现世"也是宋代禅宗的重要特征的部分。

然而，临济宗的这句话及其所传达的信息是众所周知的。同样众所周知的是，数百年来，直到今天，许多信仰禅宗的僧俗人员都渴望登访五台山

---

① 这段话是《临济录》前半部分的二十二条对话或禅宗布道中的第十五条的结论（《临济录》，第16页，中文本，第9页）。我非常感谢佐佐木先生等人将《临济录》翻译成英文。临济（810？—866年）是整个以他名号命名的禅宗派系的祖师，临济宗又是北宋晚期占统治地位的禅宗派系。所有和张商英有联系的禅师都属于临济宗。例如，虽然张商英从来没有引用过这段话，但我们可以推测，他在某个时候是知道这些话的。

或在五台山居住。张商英在他的叙事诗《五台山赋》中明确地承认了这一点（《续清凉传》，《大正新修大藏经》第 51 册，第 1129 页）："常人游礼，解脱忘躯；禅客登临，群魔顿息。"因此，我们面临着一个明显的矛盾：去遥远的地方朝圣，希望与超然的存在相遇，这样的念头违反了在日常体验中开悟的禅定道，然而，正是这样的旅程，又被誉为化解精神苦难的"方剂"。据说，精神苦难是禅宗修行所特有的。正如临济最后的评论所指出的，"禅宗朝圣"的表面悖论——伯纳德·佛尔在他的论文中也讨论了这个主题——反映了一个更为人所知的难题：尽管布道的佛教徒宣称他们的传统"不立文字"，但他们仍致力于对经文的深入研究，并撰写了大量圣典和世俗文学。①

在张商英的叙述之后，附有两篇颂的序言，作者讲了一件与此有关的轶事②：

商英，及汾州③西河④宰李杰，同谒无业禅师⑤塔。惜其摧腐，相与修完。既而塔放光。又梦无业从容接引，觉而阅其语，见无业问马祖西来心印。祖云："大德，正闹在，且去。"无业去。祖唤云："大德。"无业回首。祖云："是

---

① 关于佛尔对北宋禅宗的研见，可参见 [法] 伯兰特·佛尔（本书译为伯纳德·佛尔），《正统性的意欲：北宋禅之批判系谱》，蒋海怒译，上海古籍出版社 2010 年版。——译者注

② 《续高僧传》，《大正新修大藏经》第 50 册，第 1132 页。注意，奇怪的是，其他版本《续高僧传》均无此序言，除了《大正新修大藏经》和《续藏经》外，然而，在考据文献时，还有尚待解决的其他问题。

③ 汾州就是现在的汾阳，位于山西中部，位于太原西南，距离太原四十三英里。

④ 李杰（字颖伯）于熙宁年间（1068—1077 年）中进士，后来和张商英一样，被列入元祐党籍中。关于他的生平传记，参见《宋人传记资料索引补编》，第 884 页。西河是汾州地区的别称。

⑤ 亦称大达国师。无业（760—811 年）是一位博学的僧人，精通佛律，马祖道一向他传授禅道。后来，他决定前往中国的几个圣地（如五台山、曹溪），完成一次漫长的禅宗朝圣。然而，他最终的目的地是五台山。他在金阁寺住了一段时间，专心研究全部大藏经。在接连目睹八次陨石坠落后，他认为这是实现了他的誓言，就离开了五台山，移居汾州开元寺，并在那里隐居，度过了二十年的余生。关于他的生平和修行的其他记载，参见《宋高僧传》第 2 册，《大正新修大藏经》第 51 册，第772—773 页。

什么？"商英因此豁然省悟台山所见，及作二颂曰：

> 四入台山礼吉祥，五云深处看荧煌。
>
> 而今不打这鼓笛[①]，为报禅师莫放光。
>
> 是什么？是什么？罗睺殿前灯似火，
>
> 不因马祖唤回。泊被善财[②]觑破，
>
> 毗岚风急九天高，[③] 白鹭眼盲鱼走过。

这段文字有一些我们经常在禅宗文献中发现的那种几乎不可思议的晦涩，我不确定我是否完全理解或准确翻译了。然而我们不能不注意到，在难以把握或隐晦的禅宗比喻中，一个相当直率和坦白的陈述，就是，不知何故，张商英在马祖和无业之间简洁而典型的禅理对话中找到了理解他在五台山上所看到景象的钥匙。

那把钥匙是什么呢？张商英找到了怎样的方法来将禅宗的祛魅精神与五台山的魅力和神奇联系起来？在梦中召唤张商英和被马祖召回的无业是学者、五台山香客和禅僧，而张商英也是学者、五台山香客和禅宗居士。在原来的无业的故事中，马祖粗暴地驳回了无业，然后，就在无业将要离开的时候（无疑是被驱逐了，所以无业心里有些苦恼），马祖叫住了他，让他回过头来，问了他一个尖锐的问题。因此，马祖教导他的弟子，"禅"并不像"西来密传心

---

① 一个神秘的形象。但我们至少可以注意到，"打鼓"这个短语有时是禅宗"真过"或"真正超越"的隐喻，这是一种克服了通常的知识二分法的洞察力——习学谓之闻，绝学谓之邻。参见《碧岩录》，第 44 条（《大正新修大藏经》第 48 册，第 180—188 页）。

② 善财是《华严经》最后一章中的朝圣者，因此善财是所有寻访文殊的人的伟大原型。因为善财和观音的关系，本书于君方所写文章对其进行了讨论。

③ 毗岚风，是一股刮遍宇宙的迅猛大风。佛教徒认为，这股风刮在劫末。九天，可能是道教中的最高天，或者是佛教中认为的一组九个天体，或者是中国古代宇宙观中划分天空的九个区域。

印"那样宏大和具有高深莫测的玄妙。的确，对这种崇高抽象概念的执着，在经常困扰禅修者的"苦恼"思想中，显得尤为突出。相反，马祖解释"禅"直接体验的通悟，当突然被定慧所启发时，这种体验就会产生。也许张商英所遇到的灵异景象，以及他对灵异景象的追求，就相当于无业崇高的"心印"问题。如果是这样的话，那么张商英一开始对它们的理解的困难，可能就相当于无业在马祖的斥责下所感到的苦恼。张商英内心失衡，变得脆弱不堪。他的朝圣之旅使他处于一种心神不宁和怀疑的状态，但也有惊奇和释然。这种反复无常的宗教态度组合的累积效应，可能使他像无业一样，容易得到突破——只有在紧张达到顶峰之后，才可能突然释放或放松精神紧张。故事后面的诗的意象比故事本身的意象更模糊，然而我们仍然可以感觉到一种暗示，那就是他在罗睺殿前的幻觉"回首"和马祖叫无业回头的目的一样，但也许是更令人信服的方式。因此，就像最初的朝圣者善财一样，张商英被带到毗岚风所吹的现实的极端。他似乎进一步指出，无视这种可能的人就像盲目的白鹭那样，无法生存。

我们已经注意到散布于整个叙述中的另类段落并将其加以强调，这表明张商英自述其所见的朝觐的景象和禅理之间的既矛盾又互补的关系。在他访问的第三天，当认为自己看到五色云彩和一团白光后，张商英就诗兴大发，这暗示着强大的幻象体验可以支持一个人坚持禅修，也可以作为对抗虚无主义威胁的证据。也就是说，它可以避免把禅理中所揭示的尘世事物的不实性误认为是完全的虚无，这个错误特别严重，因为它太容易导致无为论、唯信仰论，或完全放弃宗教和道德上的努力。同样，当离开五台山前往佛光寺时，张商英背诵了另一段经文，将解脱禅师比作文殊，并断言两者都超越了世俗的秩序。张商英说，这个世界上没有任何地方可以居住，在佛光寺，已故高僧的遗骸只是一个空壁龛。这也暗示了禅宗趋向于祛魅和去神秘化。诸菩萨和凡间僧人是等同的，因此将前者"降至人间"，或将后者提升，两者都可以说成是解脱。

不过，似乎是为弥补禅宗对世界的非神秘化，张商英立即从清醒的禅宗反思转向更为遥远的圣光幻象。后来，他在登访五台山南部的秘魔岩时，与一位博学的隐居僧人交谈，张商英再次谈到禅可以打破魔咒，并且无情地粉碎对虚幻的虔诚。他甚至用禅宗呵佛骂祖的机辩之法把逃避亲身体验的佛教比作"胡人"穿的肮脏衣服，应当赶快抛弃。就在这时，张商英自述看到"胡人"文殊再一次出现，他没有穿着肮脏的长袍，而是闪闪发光的金色长袍，并且骑着一只青色的狮子！

所有这一切中，都有一种重复的模式，在世俗和神圣之间，在卑微和高大之间，在平淡的日光和超自然的光芒之间，不断地来回移动。我认为，在这种交替中，可以看到一种对朝圣及其狂喜的特殊感受，一种为信仰禅宗的知识分子所特有的感受。知识分子对传统宗教热情特有的怀疑，与朝圣者对传统宗教热情的狂热庆祝合二为一，两者相互激发、维系，相互影响，甚至相互抵消。在本书其他地方，例如在吴百益和杜德桥所写的文章中，我们看到知识分子从怀疑和讽刺的角度看待朝圣。他们对禅宗的主张持有怀疑，即使沉浸于禅宗的欣悦和无拘无束的活力中，也是不情愿的。相比之下，张商英的观点似乎要复杂得多。一方面，张商英在经历了细微的初步怀疑之后，就似乎急切地承认：他对五台山的重要参访是与超常现象的"真正"接触。他公开地表示惊叹，并深受鼓舞。但他也是一名禅宗佛教徒和宋代知识分子。他所信仰的佛教与佛教入华初期僧侣们所信仰的佛教明显有异。例如，张商英信仰的佛教不是两个多世纪前圆仁访问五台山时盛行的那种深奥而神秘的佛教。在禅宗的带领下，中国佛教进入了一种精神清醒的状态，在这种状态下，真正的奇迹更多地表现在诸如"挑水拾柴"之类的日常活动中，而不是通过离开世俗的领域，进入异质的神圣空间和时间来示现的异象和感受。从张商英对禅宗言论的明确引用，可以清楚地看到，他理解并接受禅宗的这些观点。但是，禅宗这种脚踏实地的冷静是有代价的。它已经成为一种对修行者有很高要求的佛教教派，要求他们彻底而无情地弃绝诸魔，并且否定其他佛教派别获取慰藉和支持的方法，如礼仪、通灵、寻求异象之类。这种与众不同的清规戒律会成为磨炼，有时还会令人气馁。并不是所有的禅宗信徒都能遵守临济宗的训诫——不要在奇奇怪怪的地方"寻找文殊"——他们需要奇异和神奇的东西作为精神的养料。然而，为了避免对这种养料上瘾，必须以某种方式分享朝圣和幻景的神奇，同时用尖锐的禅语提醒：无论它们如何有营养，最终仍然是虚幻的。因为真正的解脱最终超越了"世间"与"出世间"之间的区别，而朝圣与幻象只是一种暗示而已。

因此，我们可以从另一个维度来解读张商英的回忆录。如果把它当作个人虔诚的练习，我们可以合理地假设，张商英的五台山朝圣和他的叙述可能是有意的努力，以确立和振兴他的信仰。不管这种效果是否有意为之，至少它似乎已经产生了这种效果。像大多数到过这五座平台状山丘的佛教徒一样，张商英期盼在那里得到伴随超常景象，特别是文殊显灵和某些罕见的光色现象的赐福，这些现象在传说中被认为是代表菩萨在凡间的存在。我们已经看到，这是有充分理由的。长期以来，人们一直认为，朝圣中的异象，就像人们常常把神游和冥想的狂喜联系在一起一样，使佛教教义和象征都变得生动起来，而且使它们变得栩栩如生，这样不仅可以通过理智来理解佛教教义和象征，也可以通过身体、感觉和情感来理解，如今，所有这些都是在亢奋而又带阈限，并远离日常生活的环境下进行。朝圣及其间出现的异象可以回击质疑，尤其可以防止禅宗流于乏味单调的危险。但朝圣和异象无法掩盖这样一个事实：一个禅宗信徒所履行的朝圣必定是否定之旅，终极超越之旅——朝圣超越于圣地和人们自述所遇到的异象。

我认为这是《续清凉传》一个更深层次的、内在的自我批评的寓意。张商英的作品确实是一个奇迹故事，仅凭这一点就值得我们密切关注。然而，作为一个多重意义的文本，在不贬低这一风格的前提下，《续清凉传》也可以说比传奇故事更有寓意。张商英的幻象本身，可以说跟这篇文章的主题一样，比"幻象"这个名词更有深意。不过，或许正是这些丰富的可能意义，使张商英的经历和他的故事真正值得被称为奇迹和幻象。

参考文献

引用文献

俞文豹编《吹剑录外集》，《笔记小说大观》续编 4，台北，1973 年。

晁公武、赵希弁，《郡斋读书志》，《四部丛刊》第 419 册。

杜洁祥，《中国佛寺汇刊》，台北：丹青图书公司，1980 年。

慧祥编《古清凉传》，《大正新修大藏经》第 51 册，第 1091—1100 页。

《清凉山志》，8 卷，1596 年。《中国佛寺志汇刊》第二编，第 29 册。亦可参见简体字本，
　　李裕民点校，山西人民出版社，1989 年，根据 1887 年、1755 年、1596 年刻本点校。

《清凉山新志》，10 卷，全一册，1701 年（多次重刻），《中国佛寺志汇刊》第 3 编，第 30 册。

彭际清编《居士传》，56 卷，1770—1775 年刻印。《续藏经》第 149 册，第 791—833 页。

陈严编《金史纪事》，上海：商务印书馆，1936 年。

朱时思编《居士分灯录》，2 卷，1631 年，《续藏经》第 147 册，第 857—934 页。

杨仲良编《通鉴长编纪事本末》，150 卷，6 册，1253 年，台北：文海出版公司，1973 年印。

王先谦，《庄子集释》，8 卷，1 册，台北：世界书局，1967 年。

雷庵正受，《嘉泰普灯录》，30 卷，1202 年，《续藏经》第 137 册，第 40—438 页。

刘昫，《旧唐书》，北京：中华书局，1974 年。

黎眉，《教外别传》，16 卷，1633 年，《续藏经》第 144 册，第 1—402 页。

瞿汝稷，《指月录》，32 卷，1595 年，《续藏经》第 143 册，第 1—743 页。

Empty Cloud: The Autobiography of the Chinese Zen Master Xu Yun（虚幻之云：中国禅学大师
　　虚云自传），Translated by Charles Luk. Revised and edited by Richard Hunn. Longmead,
　　Shaftesbury, Dorset: Element Books, 1988.

圆仁，《入唐求法巡礼行记》，顾承甫、何泉达点校，上海：上海古籍出版社，1986 年。

心泰，《佛法金汤编》，16 卷，《续藏经》第 148 册，第 833—991 页。

《佛教圣地五台山之旅》，北京：人民美术出版社，1984 年。

张商英，《续清凉传》，《大正新修大藏经》第 51 册，第 1127—1135 页。

道宣，《续高僧传》，30 卷，《大正新修大藏经》第 50 册，第 425—707 页。

《续藏经》，台北：新文丰出版公司，1977 年。原印于《大日本续藏经》，750 卷，京都：
　　藏经书院，1905—1912 年。（注意：本系列著述的引文包括所引著述的原卷次编号，
　　但所给《续藏传》的卷号和页码，而不是日文原版的卷号和页码）

法藏，《华严经传记》，5 卷，《大正新修大藏经》，第 51 册，第 153—173 页。

Journal of the American Oriental Society（美国东方学会学刊）

延一，《广清凉传》，《大正新修大藏经》第 51 册，第 1101—1127 页。

陈梦雷等编纂《古今图书集成》，10044 卷，800 册，上海：中华书局，1934 年。

The Recorded Sayings of Ch'an Master Lin-chi Hui-chao of Chen Prefecture（临济录），鲁思·富勒·佐佐木，英译，京都：藏经书院，1975 年。

《笔记小说大观》，台北：1973 年以来陆续出版。

白乐日（Étienne Balazs）、吴德明（Yves Hervouet）编《宋代书录》（A Sung Bibliography），香港：香港中文大学出版社，1978 年。

袁珂，《山海经校注》，21 卷，1 册，上海：上海古籍出版社，1980 年。

王德毅等编《宋人传记资料索引补编》，第 6 册，台北：鼎文书局，1977 年。

纪昀等编《四库全书总目》，200 卷，2 册，1782 年刻印，北京：中华书局，1965 年。

赞宁，《宋高僧传》，30 卷，《大正新修大藏经》，第 50 册，第 709—900 页。

觉范慧洪，《石门文字禅》，30 卷，2 册，1597 年刻印；广州：天宁寺，1921 年重印；台北：新文丰出版公司，1973 年。

《四部丛刊》，3 编，每编分为四部，收入 3122 册书，上海：商务印书馆，1912—1937 年。（注意：该文献依照卡尔·罗 [Karl Lo] 所编《四部丛刊指南》[A Guide to the "Ssu-pu ts'ung-k'an"，劳伦斯：堪萨斯大学图书馆，1965 年] 的系列、类别和序号引用）

脱脱等撰《宋史》，486 卷，20 册，1243—1345 年刻印，北京：中华书局，1975 年。

柯维祺，《宋史新编》，200 卷，1 册，台北：新文丰出版公司，1974 年。

孔凡礼，《苏轼诗集》，8 册，北京：中华书局，1982 年。

傅增湘，《宋代蜀文辑存》，101 卷，2 册，台北：新文丰出版公司，1974 年。

高楠顺次郎等编《大正新修大藏经》，100 册，东京：大藏出版，1924—1932 年（注意：引用该本文集的作品将提供引用作品的原始卷次编号，后添跟《大正新修大藏经》卷次、页码和分册号，有时还带有行号）。

妙云如来，《大智度论》，《大正新修大藏经》第 25 册，第 57—714 页。

TT 《道藏》，1120 册，128 函，北京：白云观，1445 年、1607 年、1845 年刻印；上海：商务印书馆，1924—1925 年；台北：艺文印书馆，1962 年（注意：引用本系列作品依照施舟人修订的哈佛燕京文献索引序列号；见鲍菊隐，1987 年，第 247—250 页）。

王称，《东都事略》，130 卷，4 册，台北：文海出版公司，1975 年。

普济，《五灯会元》，20 卷，3 册，1252 年刻印。苏渊雷点校，北京：中华书局，1984 年。

阮元，《选印宛委别藏》，150 册，14 函，上海：商务印书馆，1937 年。

山西省文物保护研究所，《岩山寺金代壁画》，北京：文物出版社，1983 年。

杜大珪编《名臣碑传琬琰之集》，103 卷，3 册，1194 年刻印，台北：中文研究资料中心，1986 年。

Miura Isshu（三浦一树）and Ruth Fuller Sasaki（鲁思·富勒·佐佐木）. *Zen Dust: The History of the Koan and Koan Study in Rinzai (Lin-chi) Zen*（禅尘：临济宗公案史及公案研究）. New York: Harcourt, Brace, & World, 1966.

其他文献

阿部肇一，《中国禅宗史研究》，东京：研文出版社，1986 年。

——《中国禅宗与民众信仰演变研究》，《佛教史学研究》第 31 卷第 1 期，1988 年，第 1—24 页。

安藤智信，《关于宋代张商英——以佛教事迹为中心》，《东方学》第 22 卷，第 57—63 页。

Bagchi, Prabodh Chandra（师觉月）. 1927-1938. *Le Canon Bouddhique en Chine: Les traducteurs et lestraductions*（中国佛教藏经：译者与译文）. 2 vols. Paris: Geuthner.

Bauer, Wolfgang（鲍吾刚）. 1976. *China and the Search for Happiness*（中国人的幸福观）. Translated by Michael Shaw. New York: Seabury Press.

Birnbaum, Raoul（欧阳瑞）. 1983. *Studies on the Mysteries of Mañjuśrī*（文殊之谜研究）. Boulder, Colo.: Society for the Study of Chinese Religions.

——1984. "Thoughts on T'ang Buddhist Mountain Traditions and Their Contexts（对唐代佛教山寺传统及其语境的思考）." *Tang Studies* 2 (Winter 1984):5-23.

——1986. "The Manifestation of a Monastery: Shen-ying's Experiences on Mount Wu-t'ai in T'ang Context（寺院的表现形式——唐代文献中的神英五台山体验）." *JAOS* 106.1:119-137.

Blofeld, John（蒲乐道）. 1972. *The Wheel of Life: The Autobiography of a Western Buddhist*（生命之轮：一个西方佛门子弟的自传）. 1959. reprint. London: Century Hutchinson.

Boltz, Judith M（鲍菊隐）. 1987. *A Survey of Taoist Literature, Tenth to Seventeenth Centuries*（十至十七世纪道教文献通论）. Berkeley: Institute of East Asian Studies, University of California.

Brown, Peter（彼得·布朗）. 1981. *The Cult of the Saints: Its Rise and Function in Latin Christianity*（圣徒崇拜：其在拉丁基督教中的兴起和作用）. Chicago: University of Chicago Press.

Ch'en, Kenneth K S（陈观胜）. 1964. *Buddhism in China: A Historical Survey*（佛教在中国：

史学考察）. Princeton: Princeton University Press.

——1973. *The Chinese Transformation of Buddhism*（佛教的中国化）. Princeton, Princeton University Press.

陈垣，《中国佛教史籍概论》，北京：中华书局，1962 年。

郑石平，《中国四大佛山》，上海：上海文化出版社，1985 年。

de Bary, W Theodore（狄培理）. 1953. "A Reappraisal of Neo-Confucianism（对理学的再评价）." In *Studies in Chinese Thought*, edited by Arthur F Wright（芮沃寿主编），81-111. Chicago: University of Chicago Press.

——1959. "Some Common Tendencies in Neo-Confucianism（理学的一些共同倾向）." In *Confucianism in Action*, edited by David Nivison and Arthur F Wright, 25-49. Stanford: Stanford University Press.

Dupront, Alphonse（阿尔方斯·迪普龙）. 1974. "Pèlerinage et lieux sacrés（朝圣和圣地）." In *Mélanges en l'honneur de Fernand Braudel*. Vol. 2: *Methodologie de l'histoire et des sciences humaines*, 189-206. Toulouse: Privat.

Fischer, Emil S（埃米尔·费舍尔）. 1925. *The Sacred Wu Tai Shan: In Connection with Modern Travel from Tai Yuan Fu via Mount Wu Tai to the Mongolian Border*（神圣的五台山：从太原府经五台山到蒙古边境的当代旅行）. Shanghai: Kelly & Walsh.

Fujiwara Ryosetsu（藤原凌雪）. 1974. The Way to Nirvāna: The Concept of the Nembutsu in Shan-tao's Pure Land Buddhism（涅槃之路）. Tokyo: Kyoiku.

Gimello, Robert M（詹密罗）. 1983. "Li T'ung-hsüan and the Practical Dimensions of Huayen（李通玄即华严宗实践维度）." In *Studies in Ch'an and Hua-yen*, edited by Robert M Gimello and Peter N Gregory, 321-389. Honolulu: University of Hawaii Press.

——1987. "Imperial Patronage of Buddhism during the Northern Sung（北宋佛教的庇护）." In *Proceedings of the First International Symposium on Church and State in China*, edited by John E Geddes, 73-85. Taipei: Tamkang University.

Graham, Angus C（葛瑞汉）. 1981. *"Chuang Tzu": The Seven Inner Chapters and Other Writings from the Book "Chuang Tzu*（庄子集释）." London: Allen & Unwin.

Hansen, Valerie Lynn（芮乐伟）. 1990. *Changing Gods in Medieval China, 1127-1276*（变迁之神：南宋时期的民间信仰）. Princeton,Princeton University Press.

日比野丈夫，《论敦煌五台山图》，《佛教艺术》，第 34 卷，1958 年，第 75—86 页。

——《小野胜年博士颂寿纪念东方学论集》，东京：法佑书店，1982 年。

许鼎肇，《宋代蜀人著作存佚录》，成都：巴蜀书社，1986 年，第 287—300 页。

Huang Chi-chiang（黄启强），1986，"Experiment in Syncretism: Ch'i-sung (1007-1072) and Eleventh-Century Chinese Buddhism（融合的尝试——契嵩和十一世纪中国佛学）." Ph.D. diss., University of Arizona.

Jan Yün-hua（冉云华）. 1979. "Li P'ing-shan and His Refutation of Neo-Confucian Criticism of Buddhism（李屏山及其对理学批评的驳斥）." In *Developments in Buddhist Thought: Canadian Contributions to Buddhist Studies,* edited by Roy C Amore, 162-193. Ontario: Canadian Corporation for Studies in Religion, 1979.

镰田茂雄、广濑哲雄，《佛教圣地——五台山日本人三藏法师物语》，东京：放送，1986 年。

Karetzky, Patricia Eichenbaum（帕特里夏·艾肯鲍姆·克雷斯基）. 1980. "The Recently Discovered Chin Dynasty Murals Illustrating the Life of The Buddha at Yen-shang ssu, Shansi.（山西岩山寺新近发现的描绘佛陀生活的金代壁画）" *Artibus Asiae* 42:245-261.

小林格史，《敦煌美术》，东京：大洋书店，1979 年。

久保田量远，《中国儒道佛三教史论》，东京：东方学会，1931 年。

——《中国儒道佛交涉史》，东京：大东书店，1943 年。

Laing, Ellen Johnston（梁庄爱伦）. 1988-1989. "Chin 'Tartar' Dynasty (1115-1234) Material Culture（金"鞑子"王朝物质文化）." *Artibus Asiae* 49:73-126.

Lamotte, Etienne（艾迪安·拉莫特）. 1959. "Prophéties relatives à la disparition de la Bonne Loi（关于消失的预言）." *Presence du Bouddhisme*, edited by Rene de Berval, 657-668. Saigon: France-Asie.

——1960. "Mañjuśri（文殊）." *T'oung Pao* 48:1-96.

——1966. *Letraite de la grande vertu de sagesse de Nagarjuna(Mahāprajnāpāramitasastra)*（龙树菩萨智慧的伟大美德）. Vol. 1, chaps. 1-15. Bibliothèque du Muséon, vol 18. Louvain: Institut Orientaliste.

—— 1988. *History of Indian Buddhism: From the Origins to the Saka Era*（印度佛教史）. Translated by Sara Webb-Boin and Jean Dantinne. Louvain: Institut Orientaliste.

Lessing, Ferdinand D（费迪南德·莱辛），and Alex Wayman（阿克勒斯·韦曼）. 1968. *Mkhas Grub Rje's Fundamentals of Buddhist Tantras*（克珠杰的佛教密宗）. The Hague & Paris: Mouton.

Levering, Miriam Lindsey（罗梅如）. 1978. "Ch'an Enlightenment for Laymen: Ta-hui and the New Religious Culture of the Sung（禅宗的开悟：大慧宗杲和宋代宗教新文化）." Ph.D. diss., Harvard University.

Magnin, Paul（梅弘理）. 1987. "Le pèlerinage dans la tradition bouddhique chinoise（中国佛

教传统中的朝圣）." In *Histoire des pèlerinages non chrétiens: Entre magique et sacré, le chemin des dieux*, edited by Jean Chélini and Henry Branthomme. Paris: Hachette.

Marchand, Ernesta（欧内斯塔·马尔尚）. 1976. "The Panorama of Wu-t'ai shan as an Example of Tenth Century Cartography（五台山全景图——以十世纪地图学为例）." *Oriental Art*. New Series 22.2:158-173.

二桥进，《五台山的寺院》，东京：中山书店，1986 年。

小川贯一，《入唐僧灵仙三藏和五台山》，《中国佛教史学》，第 5 卷，第 3—4 期，1942 年，第 137—144 页。

小野胜年、日比野丈夫，《五台山》，东京：座右法，1942 年。

白焕采，《五台山文物》，太原：山西人民出版社，1958 年。

Rawski, Evelyn S（罗友枝）. 1985. "Problems and Prospects（问题与展望）." In *Popular Culture in Late Imperial China*, edited by David Johnson, Andrew Nathan, and Evelyn S Rawski, 399-417.Berkeley: University of California Press.

Redfield, Robert（罗伯特·雷德斐）. 1956. *Peasant Society and Culture: An Anthropological Approach to Civilization*（农民社会与文化：人类学的文明观）. Chicago: University of Chicago Press.

Reischauer, Edwin O（埃德温·赖肖尔）. 1955a. *Ennin's Diary: The Record of a Pilgrimage to China in Search of the Law*（入唐求尘巡礼行记）. New York: Ronald Press.（本文简称"赖肖尔，1955 年 a"。——译者注）

——1955b. *Ennin's Travels in T'ang China*（唐代恩宁来华之旅）. New York: Ronald Press.（本文简称"赖肖尔，1955 年 b"。——译者注）

Rhie, Marylin M（麦伊莲）. 1977. *The Fo-kuang ssu: Literary Evidences and Buddhist Images*（佛光寺：文学证据与佛教意象）. New York: Garland.

Schmidt-Glintzer, Helwig（施寒微）. 1989. "Zhang Shangying (1043-1122)—An Embarrassing Policy Adviser under the Northern Sung（张商英——一个尴尬的北宋政策顾问）." In *Studies in Sung History: A Festschrift for Dr. James T C Liu,* edited by Kinugawa Tsuyoshi, 521-530. Kyoto:Dobosha.

Schneider, Richard（理查德·施耐德）. 1987. "Un moine indien au Wou-t'ai chan: Relation d'un pèlerinage（五台山的一位印度僧人——朝圣的故事）." *Cahiers d'Extrême-Asie* 3:27-40.

Schopen, Gregory（肖彭）. 1975. "The Phrase '*sa prthivīpradeśas caityabhūto bhavet*' in the *Vajracchedikā*: Notes on the Cult of the Book in Mahayana（金刚经中的"*sa prthivīpradeśas caityabhūto bhavet*"：大乘佛教对书籍的尊崇）." *Indo-Iranian Journal* 17.3:147-181.

常盘大定，《中国的儒释道》，东京：法藏馆，1930 年。

常盘大定、关野贞，《中国文化史迹——解说》，2 卷，1940 年，东京：法藏馆，1975 年。
（本文简称"常盘大定、关野贞，1975 年 a"。——译者注）

——《中国文化史迹》，12 卷，东京：法藏馆，1975 年。（本文简称"常盘大定、关野贞，
1975 年 b"。——译者注）

冢本善隆，《中唐净土宗》，京都：东方文化学院京都研究所，1933 年。

van der Loon, Piet（龙彼得）. 1984. *Taoist Books in the Libraries of the Sung Period: A Critical
Study and Index*（宋代收藏道书考）. London: Ithaca Press.

von Glahn, Richard（万志英）. 1987. *The Country of Streams and Grottoes*（溪流石窟之乡）.
Cambridge: Harvard University Press.

von Verscheur, Charlotte（夏洛特·冯·维舍尔）. 1985. *Les relations officielles du fapon avec
la Chine aux VIIIe et IX' siècles*（八、九世纪联合部队与中国的关系）. Geneva and
Paris: Librairie Droz.

Waley, Arthur（亚瑟·韦利）. 1952. *The Real Tripitaka and Other Pieces*（正版大藏经和其他
文献）. London: Allen & Unwin.

Wang Gungwu（王赓武）. 1967. *The Structure of Power in North China during the Five Dynas-
ties*（五代时期华北地区的权力结构）. 1963. Reprint. Stanford, Stanford University Press.

Weinstein, Stanley（斯坦利·威斯坦因）. 1987. *Buddhism Under the T'ang*（唐代佛教）.
Cambridge: Cambridge University Press.

柳田圣山，《禅林僧宝传——译注》，京都：京都大学事务分科学研究所，1988 年。

Yoke, Ho Peng（何丙郁）. 1985. *Li, Qi and Shu: An Introduction to Science and Civilization in
China*（理、气、数：中国科学文化概论）. Hong Kong: Hong Kong University Press.

4

遗物和肉身：禅宗朝圣之地的制造

伯纳德·佛尔（Bernard Faure）

　　与本书前面几篇文章不同的是，本文主要关注的不是朝圣者的视角。诚然，它强调了朝圣的一个更为严苛，但可能同样重要的条件——神职人员将一个特定地点转变为信仰中心。圣地除了作为各种朝圣者的理想避难所和具体目标外，还常常关系到教派的重要利益。被朝圣削弱或加强的教派背景，相对被忽视了，这也许是"社团意识"（communitas）模式（特纳，1974年）的结果，这种模式仍然统治着当前大部分关于朝圣的学术研究。在此，我以佛教禅宗为例，审视这个教派层面，描述一空间、地点和宗教物品被特定的传统授权或宣示的策略。

　　圣地从来都不是完全特定的，而是不断变化的，不断地被居住者和游客的行为和感知所改变。有两个问题浮现在我的脑海中：当一个像由禅僧组成的社会宗教团体，试图强行推广对该圣地的解读，并否定以往的神圣性，却又想利用该圣地的神力（灵）时，会发生什么呢？而新的解读又如何取代古老的神话赋予这一圣地的力量，而且仍然吸引朝圣者和捐赠呢？我相信，其中一种方式，是推广对遗物的崇拜，更确切地说，是以佛教大师的"肉身"为中心的信仰。为了研究这些问题，我将尝试描述两个禅宗圣地的原型和演变，重点放在唐朝时期，并提供随后几个世纪中的例证。

　　唐初禅宗的出现，可以看作是重新绘制中国神圣空间版图的一次尝试。这似乎是矛盾的，因为禅宗否定中介或"方便"（*upāya*）。就像提倡"顿悟"的禅宗否定通往道谛的哲学概念——这个概念本身就是朝圣的隐喻（见本书导论），禅宗倾向于淡化朝圣的概念。然而，禅宗仍然认识到了云游的价值，即为了寻访大师，从一个寺院行脚到另一个寺院。

　　从理论上讲，真正的阈限是排斥任何对空间的专注。传统的佛教朝圣，在某种程度上暗示了一个特定的路线或目标，提供了一种相对人为造成的临时性聚集，而且仍然是结构化的（在特纳理解的意义上）。禅宗的旅行（行脚、游方、游行）构成了一种（理想化的）"解构"的过程。例如，禅师光仁（837—909 年）的一首诗就很好地表达了这种理想：

> 我路碧空外，白云无处闲。
>
> 世有无根树，黄叶风送还。
>
> 　　　　　　　　　　（《大正新修大藏经》第 51 册，第 340 页）

　　由此可见，行脚强调了过程，"寻求"自身的改造作用。与朝圣相比，作为目的地的圣地被认为是次要的。然而，在实际修行中，被称为"云水"的禅僧漫游很快就像任何朝圣活动一样有了组织，而且"朝圣"和"云水"这两个概念也重叠起来了。和其他佛教圣地一样，禅宗活动中心通常是围绕着舍利和佛塔发展而来。唐朝曾多次颁布谕旨，试图检查游方僧人，强迫他们留在寺院内，与世隔绝（参见谢和耐，1956 年）。宋代，或许更早，禅宗寺院戒规的确立削除了游方苦行的纯朴理想（头陀功德）。

就像传统的朝圣一样，神僧远游既有融合作用，也有潜在的颠覆作用。从长远来看，远游禅僧将一个神圣的地方改头换面，他们的目标不再是崇拜佛的行迹或象征，而是与真实的、活着的（有时是已经圆寂的）佛，也就是禅宗的祖师会面。魅力超凡的禅师吸引了大批弟子。僧侣和俗人聚集在他们周围，就像被称为北宗的创始人神秀（606—706年）的墓志铭所写的那样，"云追龙，风追虎"（柳田圣山，1967年，第498页）。《旧唐书》记载："时王公已下及京都士庶，闻风争来谒见，望尘拜伏，日以万数"（《旧唐书》卷191，第15册，第5110页）。我们还知道，在马祖道一（709—788年）和石头希迁（700—790年）时期，江西洪州的禅宗团体之间的僧人往来是极其重要的。

不走运的是，我们没有任何像日本朝圣者圆仁（794—864年）那样的关于这类游历的日记的史料。虽然朝圣的行录收录了一些著名禅师的语录，如临济义玄（卒于867年），但也仅仅是为高僧之间的"对话"设置一个文学框架，而没有提供任何历史材料（参见佐佐木，1975年，第50—63页）。在后来的很长一段时间里，朝圣者的旅行指南，例如显承如海的《参学知津》（1827年）[1]，提供了对朝圣路线的一般性描述和特定地点的细节情况，但缺少关于游方僧人的信息。最好的资料来源仍然是地方志、碑文和高僧传记汇编。我们还可以从游记中收集到更多的史料，例如徐霞客的《徐霞客游记》（约1640年）和齐周华的《名山藏副本》（约1761年）。以嵩山为例，地方志和碑文记载尤为丰富[2]，一些碑文已经被制度史学家研究过了[3]。但是这些碑文几乎

---

① 我感谢卜正民把《参学知津》的副本借给我。亦参见卜正民，1988年a。

② 例如《嵩书》（1621年，《嵩山少林寺辑志》修订），《说嵩》（1721年）以及《少林寺志》（1748年）；鹫尾顺敬，1932年；常盘大定，1972年（1938年初版）。

③ 这些碑文大部分作于唐代，大致可分为以下几类：

（1）关于特定寺院的历史（如裴漼的《少林寺碑》、王著的《会山寺碑》、李邕的《嵩岳寺碑》等），以及关于获得的捐赠或其他特权（如关于会山寺戒台）。

没有任何关于朝圣的信息——对这些碑文的学术研究往往各自为战，而忽视了这些碑文具有多种功能的性质。以著名的少林寺石碑为例，佛教学者通常关注石碑的一个方面，制度史学家则关注另一个方面（参见柳田圣山，1981年，第317页；崔瑞德，1956年，第131页；砺波护，1986年）。

早期禅宗所获捐赠主要来自皇室对少数高僧的捐赠，并得益于在嵩山和都城发展起来的"都市"宗教崇拜中心。然而，正如日本学者通常认为的那样，禅宗在政治上的成功并没有立即转化为制度上的独立自主。在这个阶段，我们甚至不能说存在自成派系的禅宗，因为实际上有许多相互竞争的佛教团体。然而，从8世纪开始，这些佛教团体都有一种共识，即它们都认识到独特的禅宗世系可以追溯到来自印度的始祖菩提达摩——这是编造出来的虔诚谎言。虽然禅宗于8世纪上半叶在唐朝都城崛起为主要的佛教教派，并演化出所谓的北宗和南宗，但禅宗随后的发展是以地理传播为标志的，从"都市的"（metropolitan）禅宗转变为"地方的"（provincial）禅宗。禅宗的声望越来越依赖于当地社区吸引信徒和捐赠的能力。在禅宗团体的创始人去世以及随后的"领袖魅力常规化"之后，这些禅宗团体迫切需要新的策略来吸引信徒。为了揭示其中的一些策略，我将作为北宗和南宗宗教中心的嵩山和曹溪两者加以对比。

嵩山山脉，毗邻都城洛阳（河南），是少林寺的所在地，相传，禅宗始祖菩提达摩在此禅坐九年之久。南华寺（原宝莲寺），六祖慧能（卒于713年）曾在此传道，他死后，肉身也保存在此。南华寺位于曹溪。这两个地方的禅宗团体的演变可能可以告诉我们常住僧人以及前来朝圣的僧俗人员在形成和改变圣地过程中所扮演的角色。在这一节中，我将主要讨论这个过程的第一阶段，也就是在唐代，这两个宗教中心的建立，以及关于佛教试图占据这两

（2）关于修缮寺院建筑（如五祖堂）。

（3）禅僧的墓志铭，其目的在于确立师徒传承关系并宣称自己的合法性。

个地方的各种传说。我将强调禅宗对这两个宗教中心形成过程的看法，但是也会把这看法放在其他势力试图使用这些场所的背景下——我这样做部分是试探性的，但也是因为我的资料来源的性质。

"征服"嵩山

众所周知，汉朝计划把五岳发展为官方宇宙系统的一部分，嵩山被认定是中岳，就是因为五行的元气集中于此。其他四岳——泰山、恒山、华山以及衡山——相应被定名为东岳、北岳、西岳和南岳。至少早在公元前2世纪，这个系统就在官方祭祀和道教中发挥着重要作用。[1] 例如，根据《汉武帝内传》叙述，神话传说中的西王母已经向汉武帝揭开了五岳的"真相"（沙畹，1910年，第421页；施舟人，1965年）。经历了六个朝代后，这五岳，特别是泰山和嵩山，居于帝国正统性典礼如封禅的中心：皇帝通过封禅，向天地昭告自己统治的成功（参见江潮源，1975年，第64页）。

嵩山由一系列山峰组成，其中两座主峰是太室山（海拔1140米）和少室山（海拔1512米）。嵩山离郑州大约50英里，隶属于登封（这个地名就暗指封禅）。根据汉代神灵祭祀体系，嵩山帝君掌管大地山川，以及牛羊和一切食用谷物的生灵（沙畹，1910年，第419页）。嵩山因在汉武帝在位时期的公元前110年得到认可，故在帝国时代闻名。为了纪念一座山峰回响"万岁"的呼声，这座山峰就被命名为万岁峰。[2]

---

[1]　四大佛教名山——峨眉山（四川）、五台山（山西）、普陀山（浙江）、九华山（安徽），对应佛教的四大元素（西、北、东、南）以及四大菩萨（普贤、文殊、观音和地藏）——符合并加强了这一模式。参见于君方所写本书第5篇文章。

[2]　司马迁对万岁峰的来历有明确记载："三月，遂东幸缑氏，礼登中岳太室。从官在山下若闻有言'万岁'云。问上，上不言；问下，下不言。于是以二百户封太室奉祠，命曰崇高邑。"（《史记·封禅书》——译者注）

676 年的皇家诏令，据说是武则天授意颁布的，宣布将由唐高宗主持嵩山封禅大典。然而，当年，不利的形势导致了封禅大典的延期。679 年，又延期一次。683 年，唐高宗方才恢复封禅的准备工作，但就在仪式即将举行之前，唐高宗去世了（参见沙畹，1910 年，第 195—200 页；魏侯玮，1985 年，第 189 页）。武则天最终于 696 年，以她所建立的大周王朝的名义完成了嵩山封禅典礼。早在 688 年，她就授予嵩山"神岳"的封号，授予嵩山帝君"天中王"的封号。顺利完成封禅大典后，她把嵩山帝君提升为"天中大帝"（沙畹，1910 年，第 200—201 页；富安敦，1976 年，第 234 页）。705 年，中宗复辟后，唐玄宗于 725 年在泰山举行封禅大典。由于嵩山封禅和武则天关系密切，所以嵩山暂时失去了举行国家祭祀的特权。

汉代以来，这座山就是道教的大本营。其地名揭示了众多与道教炼丹术相关神话的联系：玉女洞、玉镜峰、白鹤峰、三鹤峰、玉人峰等。到了唐代，这座山的空间充满了神话传说，充满了"仙气"。《神仙传》记载，一个名叫苏林的人（约 250 年），据称是"中岳真人"，成为另一个传说中的道教大师——周紫阳的师父（波克特，1979 年）。相传，太上老君在嵩山亲自授予寇谦之"天师"的称号（约 448 年）。据说寇谦之把谶语写在石头上并藏在嵩山上（石秀娜，1983 年，第 353 页；富安敦，1976 年，第 248 页），674 年，登封县令发现了寇谦之所写的一条关于武则天崛起的谶语（富安敦，1976 年，第 229、247—251 页）。

随着道教在六朝时期的发展，五岳有时被道教传统视为元始天尊的五指。所有这些山岳都由一系列的洞窟相互连接，这些洞窟被认为是通往道教地下世界的大门，也就是所谓的"洞天"（沙畹将其翻译为"deep celestial place"[①]）。嵩山的洞天，据说有三千里深（参见石泰安，1987 年 a，第 293 页

[①] "deep celestial place" 直译为中文，就是"深邃的天宫"。——译者注

中关于碑文的论述），在三十六洞天中排名第六，然而它不见于5世纪茅山派的"十大洞天"中（沙畹，1919年，第145页）。可能因为依据定义五岳就是洞天，11世纪初，宋仁宗所确定的"二十洞天"也没有包括嵩山。这种除名似乎并未反映道教在嵩山的衰落。唐代及其之后，道教显然继续在五岳以朝廷的名义举行祭祀。

中唐时期，嵩山成为所谓的茅山派道教大师的隐居地。茅山派（亦称上清派），在5、6世纪达到鼎盛阶段。当隋朝于605年定都于洛阳时，茅山派的第十代掌门人王远知（约635年）就已经在嵩山举行祭祀。第十一代掌门人潘师正（约682年或694年）和他的门徒司马承祯（647—735年）也居住于此山。与唐高宗有深交的潘师正，是佛道调和论者，在嵩山创立了独特的上清体系（参见薛爱华，1980年，第46页）。司马承祯师从潘师正于嵩山后，定居于天台山，他使唐玄宗相信，神山真正的主人并不是当地的神灵（更不用说禅师了），而是茅山派掌门人。727年，唐玄宗颁布一道谕旨规定，要在五岳建造上清派的"真神"庙。[①]

唐宋时期，嵩山的隐者还包括文人。其中最为著名的是卢鸿，他和禅僧普寂同时代（参见《旧唐书》卷192，第5119页;《新唐书》卷196，第5603页）。卢鸿以他的博学和书法才华而著称。据我们所知，卢鸿的徒弟多达五百人。卢鸿谢却出仕并退隐于嵩山。开元年间（713—741年），卢鸿经常被唐玄宗邀请进朝，718年，唐玄宗任命司马承祯为国师。卢鸿曾谢却这一任命。卢鸿去世后，唐玄宗赐一万两白银作为葬仪，并且在卢鸿隐居的地方建了卢崖寺（《名山藏副本》，第2页）。《宋高僧传》（988年）提到卢鸿与禅学大师普寂之间存在竞争关系。当卢鸿发现普寂徒弟一行的记忆力超群时，就告诉普寂，普寂没有资格去教这个有前途的青年僧人，他会让这个青年僧人去别的

---

① 关于这一问题，参见司马虚，1981年，第35页。

地方（《大正新修大藏经》第 51 册，第 732 页）。一行后来云游四方，成为密宗大师。

有时候，佛教和其他宗教的关系也会紧张。北魏时期，卫元嵩原先是一个佛教徒，后来转而信奉道教。567 年，他写了诋毁佛教的文章，前往嵩山，向道教大师赵静通学习道法。当卫元嵩接受道教经文后，赵静通让他离开嵩山，因为嵩山即将被驻于此山的佛门所玷污（劳格文，1981 年，第 19 页）。佛道在朝廷上的政治竞争，体现在对信众和圣地的争夺上。然而，有唐一代，很少有这种竞争的迹象，到了宋朝，这种竞争似乎就表面化了。今天，在中国人讲述的故事中，仍然可以听到这种竞争的余音。例如，我们获知，明宪宗时期（1464—1487 年），嵩山所有的僧人和道士向龙王求雨。起先，他们相互开玩笑，但是后来就变成了真正意义上的争论，最后他们去找皇帝裁决（王鸿钧，1988 年，第 143 页）。另外一次，一个禅僧得知道士们使用诡计哄骗易上当受骗的农民向嵩山神灵祈求神谕，他把让信徒知道这些是诡计看作比其他的事更重要（王鸿钧，1988 年，第 147 页）。甚至在他们把持嵩山的鼎盛时期，佛教徒也无法将他们对嵩山的解读强加于人，他们必须找到与其他嵩山居民相处的折中办法。虽然据说嵩山帝君皈依禅宗，但在民间文化、朝廷和道教文化中仍然保持着一定的地位。

相反，尽管在政治权力和合法性上明争暗斗，文人、道士和禅僧在反对他们共同蔑视的当地民间信仰方面，又是天然的盟友（列维，1989 年）。与儒家官员不同，也不同于道士，佛教徒通常试图制服当地的神灵。道教神话倾向于本地化，把山看作是一段需要解读的文字，是一系列封装了神话的时间和空间。大乘佛教则试图抹去当地的记忆，去消除空间的神圣性，把原来的传说说成是虚假或重新编造的传说。然而，这种尝试往往没有奏效。我们不仅看到传说的积淀，而且还看到不同传说之间的张力可以被激发起来。这个地方的"标记"（superscription），就像神话的标记一样，把它们变成了"解释的舞台"（interpretive arenas）（杜赞奇，1988 年）。

在新兴的禅宗立足于嵩山之前，许多高僧曾居住于中岳。最为著名的大概要算西方僧人跋陀（亦称佛陀），北魏时期魏孝文帝（471—499 年在位）为他建造了少林寺。跋陀的徒弟慧光（468—537 年）和僧稠（480—560 年）在当时的佛教界内地位尊崇。道宣在《续高僧传》（667 年）中，将僧稠和菩提达摩进行对比（《大正新修大藏经》第 50 册，第 2060—2596 页），后来的禅宗传说称慧光和另一个高僧图谋毒害菩提达摩这个印度禅僧（参见《传法宝记》，柳田圣山，1971 年，第 360 页）。

第一代禅僧法如（638—689 年）和慧安（圆寂于 709 年）从道信（580—651 年）和弘忍（601—674 年）创办的东山法门移居嵩山，这个传说把菩提达摩和少林寺结合起来了（柳田圣山，1967 年；佛尔，1986 年）。菩提达摩在少林寺附近的一座山洞里"壁观"九年，他的徒弟慧可（487—593 年）彻夜立雪并砍下自己的手臂以明心志的传说，都是在 7 世纪的最后几十年中形成的。[①]

在成为禅宗寺院前，少林寺曾是一个兴盛的译经场和戒律中心，德惠和慧光曾在少林寺作息。隋末，少林寺被叛军摧毁，寺僧自发组织武装并于 621 年向取得胜利的唐王朝效忠。唐高祖李渊（618—626 年在位）[②] 于 624—625 年赐给他们免予纳税的许可。大约在那个时候创造的少林武术很快就追溯到菩提达摩本人。唐高宗在位时期（649—683 年），这座寺院经常得到高宗和武后的恩赐。704 年，少林寺设立了戒坛，作为会山寺戒坛的补充。后来，这座寺院衰败，仅在 1245 年有所复兴。到那个时候，少林寺成为曹洞宗所在地，

[①] 只是在很久以后，随着少林"武僧"的名声越来越大，在诸如《易筋经》和《洗髓经》的道教养生文献中，菩提达摩变成一个武艺高手。参见关口真大，1957 年，第 39 页。关于达摩如何创造他的武术技巧来缓解他"壁观"的疲劳，或慧可如何向达摩展示他的格斗技巧并成为达摩弟子的故事，至今仍然很受欢迎。参见王鸿钧，1988 年，第 10—20 页。

[②] 原文误将李世民（Li Shih-min）当作唐高祖之名。——译者注

但不是所有的少林寺住持都从属这个宗派。清代，少林寺于 1735 年再次得到修复。

随着北宗知名度的上升，嵩山成为吸引来自中国各地僧人的一个极具魅力的地方。正如刘禹锡为持戒僧人智俨所写的碑文："故言禅寂者宗嵩山。北方之人锐以武力，摄武莫若示现，故言神通者宗清凉山。南方之人剽而轻，制轻莫若威仪，故言律藏者宗衡山"（《文苑英华》卷 867，第 4 页，转引自冢本善隆，1976 年，第 546 页）。当然，这一说法只是反映了各寺院专注于佛教某些方面的倾向，而不应被解读为神会攻击北宗后发展起来的宗派主义表现。

最为著名的禅僧是慧安（约 709 年）、元珪（644—716 年）、破灶堕、普寂（658—739 年）及其徒弟，如一行（683—727 年）和法玩（715—790 年）。相传，南岳怀让（677—744 年），第六代传人之一，也曾到嵩山求师于慧安。尽管这个传说值得怀疑，我们确知，慧能的另一个徒弟，净藏（675—746 年），居住并圆寂于嵩山。他的灵塔建于 746 年，是中国现存最古老的砖塔。对北宗和南宗的分裂负有责任的神会（684—758 年），似乎也曾到这里来求学（参见《大正新修大藏经》第 50 册，第 2061 部分，第 763 页）。

众多的佛塔和碑刻印证了唐代少林寺的传说。少林寺以其塔林而闻名，而许多石碑后来移往西安碑林。在少林寺的辖区内有如此众多的塔（超过 240 座），这就使我们产生了一些疑问。它们的存在可能部分是由于纪念师徒关系的重要性——在一个声称不依赖经文的宗派里，大师往往被认为是法律的化身。然而，这些佛塔和石碑具有多重功能：陪葬的佛塔被塔内的遗物变得"有生气"，成为保罗·慕斯（1935 年）所说的"替身"。和高僧本人一样，他的遗物和佛塔也是佛法的化身。在某种程度上，石碑也是如此：虽然它们的纪念功能显然很重要，但它们同时也发挥着通引亡灵的作用，从而赋予、宣称或提升某一个地点的纪念意义。禅僧们还通过创造一种混合的话语来使佛教合法化，在这种话语中，禅宗教义和历史声明与文人所写的散文交织在一起。[①]

特别值得注意的是关于少林寺的唐代皇家碑文、戒坛上的碑文（灵云起草于 715 年）、一些禅僧的墓志铭，如灵云（750 年）和同光（771 年）的墓志铭。元代碑文有禅僧息庵的墓志铭。这些碑文表明，在中唐时期，嵩山的僧人大都转信禅宗（参见马克瑞，1986 年；佛尔，1988 年）。

在嵩山佛教寺院中，最负盛名的当然是少林寺了。少林寺虽然位于少室山北麓，但在整体上，显然是属于嵩山的。与少林寺差不多同等重要的寺院还有：法王寺——据说是中国最古老的寺院之一，7 世纪初，依照隋文帝（581—604 年在位）的诏令，在这里建起了一座 15 层楼高的佛塔，里面安放着佛陀的遗物；会山寺及其戒坛；圣越寺和神秀的十三层佛塔（参见望月信亨，1977 年，第 3 册，第 2880—2881 页；佛尔，1988 年，第 45 页）。来自全国各地的精通禅学的人前来向普寂求学。[②]然而，尽管在嵩山上有众多的禅宗寺院，这座山仍然是道教的重地。如前所述，道教茅山派在 727 年建立了一座供奉上清神灵的道观。道教的这个胜利与密宗大师（和前禅宗大师）一行圆寂发生于同一年，可能意义是重大的。一行这位博学多才的人与唐玄宗关系密切，他在皇帝对北宗的承认和 728 年少林寺得以免税方面发挥了重要作用。

具有讽刺意味的是，一行和北宗高僧在关于他们的传说中获得了一些道教对手的通常特征。他们异乎寻常的受欢迎程度显然与他们的佛学造诣无关，而与所谓的超常能力有关。在民间信仰中，人们认为蛇、虎等野生动物是当地神灵的代表或化身。在这些早期禅僧的传记中，神通就是一个屡屡出现的

---

① 关于这些佛塔碑文和嵩山石刻，参见泽村仙太郎，1925 年和索珀，1962 年。

② 除了前面所提到的高僧外，还有后来成为宫廷天文学家和密宗大师的一行以及法玩（715—790 年），其他著名的北禅宗僧人有同光（700—770 年）、崇珪（756—841 年）、法融（卒于 853 年）和日照（755—862 年）等（参见佛尔，1988 年，第 135—137 页）。

例子。在一个传说故事中，普寂遇到了一个死去的徒弟的复仇鬼魂，化身为巨蛇，普寂用一篇关于因果报应的开示来安抚他——预言他将会以女子形象在邻村重生。[①] 几个结构相似的传说故事也显示了一位北宗高僧将菩萨戒律授予嵩山神灵。这些传说故事说明了对当地的宗教控制权从当地神灵祭祀体系传递到佛教僧团，当然，这是一个以纯粹的佛教观点叙说的事件。

这一主题出现在慧安的传记中（参见《大正新修大藏经》第 50 册，第 2061 部分），后来在元珪的传记有进一步的叙述（《大正新修大藏经》第 50 册，第 2061 部分）。后者对于嵩山神灵的劝归方式尤为重要。这个传说故事说，当嵩山神灵威胁说要杀了元珪，因为元珪不尊重他，这位僧人回答说："吾本不生，汝焉能死？吾视身与空等，视吾与汝等，汝能坏空与汝乎？"最终，在把菩萨戒律授予这个神灵之后，元珪向他解释，真正的神是空的："有法无主是谓无法，无法无主是谓无心；如我解佛，亦无神通也。但能以无心通达一切法尔。"（《大正新修大藏经》第 50 册，第 2061 部分）

另一个例子是，慧安的一个绰号为"破灶堕"的徒弟的轶事，如下所述：

山坞有庙甚灵。殿中唯安一灶。……师一日领侍僧入庙，以杖敲灶三下曰："咄！此灶只是泥瓦合成，圣从何来？灵从何起？恁么烹宰物命。"又打三下，灶乃倾破堕落。须臾，有一人青衣峨冠，设拜师前。师曰："是甚么人？"曰："我本此庙灶神，受久业报。今日蒙师说无生法，得脱此处，生在天中，

---

① 参见《神仙传》（《大正新版大藏经》第 50 册，第 2064—2099 部分）。另一个故事（王鸿钧，1988 年，第 161 页）也广为人所知。这个故事说，嵩岳寺的一个僧人，相信自己如能漂浮起来就能长生不老，最后他的朋友把他从狂热中解救出来。他的朋友是少林寺僧人，发现那个嵩岳寺僧人的所谓悬浮能力是由于一条巨大的蛇在慢慢地吮吸他。这个故事让人想到庐山的"神仙"，他们被认为已经升天，直到一位和尚发现他们实际上被一条巨蟒所吞噬（参见宫川久行，1979 年）。后一段传说揭示了佛教和道教在庐山上的竞争，这表明，在这个流传至今的友情故事背后，少林寺僧人和嵩岳寺僧人之间可能存在着一些竞争。

特来致谢。"师曰："是汝本有之性，非吾强言。"神再礼而没。①

当我们认识到嵩山帝君不仅仅被理解为一个地方性神灵，而且在宇宙系统和帝国等级中占有非常崇高的地位时，就充分地说明了禅宗主张的意义。在武则天授予它"天中大帝"的称号时，北宗的禅僧就（反反复复地）把嵩山帝君拉到佛教中来（参见沙畹，1910 年，第 418 页）。我们必须记住，像元珪这样有魅力的禅宗高僧是慧远（334—416 年），而其他佛教徒至少在原则上（和在他们的高僧传记中）力主僧人不受世俗教条约束，并且拒绝服从传统等级制度（人伦的和精神上的）。北宗高僧们承认只有皇帝才是对话者，并且试图把禅宗世系等同（以及对应）于皇位世系——这一主张与道教上清派一致。

依照推测，在上述所有传说中，当地神灵对佛教的破坏性力量被佛教教化安抚了，换言之，是通过揭示现实中更进一步的谅解而得以安抚，而这种谅解意味着整体性的非本地化视域。从一个地方到一个空间、从一个空间到另一个地方的辩证运动——新地方在禅宗的表述下被重新定义。一种区域的再划分就伴随禅宗的扩张而到来。正如前所述及，嵩山是继承自汉朝的帝国神灵体系的重要组成部分。这一体系后来被当地传统和宗教意义上的道教重新解释、改造、颠覆。然而，基本的前提——空间是复杂的、不稳定的，它并非总是或处处都是相同的——从未受到质疑（参见葛兰言，1968 年）。即使在汉朝的意识形态和神灵观念瓦解之后，对一个性质上有异的空间的感知仍然普遍存在。然而，佛教寺院的建设创造了一个新的领域，一个新的空间——可以被称为"乌托邦"或者说"异托邦"（参见福柯，1986 年）的新空间，这种新空间削弱或取代了旧空间框架。虽然佛教寺院依靠社会生存，但它被认为"代表包括社会在内的整个宇宙"（布恩，1982 年，第 202 页）：佛教寺院

----

① 我总结了这个故事的几个变体。例如，《宋高僧传》，《大正新修大藏经》第 50 册，第 2061 部分。

否定了民间宗教和道教所特有的密集而多元的空间，声称这种新空间属于另一种现实秩序。

这种认识上的转变不仅表现在高僧传记的表述上，而且更直接地表现在教义上。传说故事中，元珪劝归了嵩山帝君，破灶堕则劝归了灶神。元珪和破灶堕分别向嵩山帝君和灶神讲授无生法胜于渐进的"方便法"的"顿悟"，归并其他诸法的终极之法。这种"顿悟"的本质是通过破灶堕砸毁灶台的暴力行为表现出来的。"无生"等同于大乘佛教的"虚空"的概念，因为一切都是空的，所以它被称为"无生"。当所有的现象被剥夺本体的地位时，空间的一切被清空，从而归于一统。最终支配禅宗态度的似乎是视觉/空间的隐喻，甚至"顿悟"——通常指的是时间——实际上也被定义为对空间的"同步"视觉感知（参见石泰安，1987 年 b）。在禅宗思想中，空间被认为是终极的空虚，一切现象都被比作幻觉："空中之花"。禅宗的座右铭"无念"所针对的"心如白纸"，相当于破灶堕"打破圣像"的精神。禅宗的话语创造了一个干净、抽象的空间，可以让人一眼就能心领神会。旧的边界被抹去了，无边的空间意味着无边的主权。

一种看似矛盾的现象是，虽然禅僧们一心想削弱山岳的神圣性，把寺院的抽象空间强加于人，但他们却全神贯注于供奉遗物和树立佛塔，从而创造出新的朝圣中心、新的神圣空间或受当地神灵保佑的地方，并倾向于在适当的时候让别人认同它们。然而，这一现象的根源是文化水平高的僧人圈子，不应（仅仅）解读为更悠久的传统被新的本地崇拜所颠覆。自相矛盾的是，建塔反映了神灵圣地的人性化，同时也反映了禅宗的神圣化。然而，值得注意的是，在禅宗本身的传统中，神话（通常意义上的神灵故事）逐渐被高僧传记所取代，而禅宗信仰也扎根于杰出隐修者的生活之中。表面上的相似性，也就是说，对这些新地方的崇拜经常类似于本地祭拜，可以使神僧们内心中相反之意和根本改变变得隐晦起来。佛塔崇拜虽然与亡灵祭拜相似，但并不相同。

宋代，据传在嵩山发生奇异之事的地方有：菩提达摩"壁观"的山洞（石头上留下了他的身影），禅宗第二代传人慧可斫臂的地方，初祖庵（建于 1125 年），二祖庵①、神秀和普寂的灵塔。北宗衰落后，这里还有纪念慧能的六祖手植柏。看一下旅行家徐霞客在 1623 年游览少林寺时的描述：

从寺西北行，过甘露台，又过初祖庵。北四里，上五乳峰，探初祖洞。

洞深二丈，阔杀之，达摩九年面壁处也。洞门下临寺，面对少室。地无泉，故无栖者。下至初祖庵，庵中供达摩影石。石高不及三尺，白质黑章，俨然胡僧立像。中殿六祖手植柏，大已三人围，碑言自广东置钵中携至者。（《徐霞客游记》卷一，李祁，1974 年，第 140 页）

正如这段文字所暗示的那样，嵩山的著名景点显然已经成为朝圣或观光线路的一部分。具有讽刺意味的是，归因于菩提达摩，解释为"入理"或求悟真谛的"壁观"却被误解为"面壁"之术，而且石壁本身最终成为一个圣地。

然而，禅宗试图创造新的神圣空间、将人群吸引到嵩山的尝试最终相对失败了。②他们并没有阻止作为禅宗据点的嵩山的衰落，部分原因也许是少林寺虽然很受欢迎，但离嵩山的其他寺院相对较远（见地图 4–1）。佛教在嵩山的衰落，伴随着北宗在 8、9 世纪的衰落——那是在神会对他所谓的"法门是

---

① 关于这两位隐居者的叙述，可参见望月信亨（1977 年，第 3 册，第 2807 页），亦可参见《参学知津》，第 13 页，该书增加了三祖庵。

② 重要的是，14 世纪日本僧人德齐参观的"嵩岳八景"不再是佛教奇景，而是反映的文人情趣。八景分别是"轩辕早行""颍水春耕""嵩门待月""箕阴避暑""石淙会饮""玉溪垂钓""少室晴雪""玉溪垂钓"和"卢崖瀑布"。我们得知，"要看到所有这些经典，必须要走至少一百里的路"（王鸿钧，1988 年，第 169 页）。

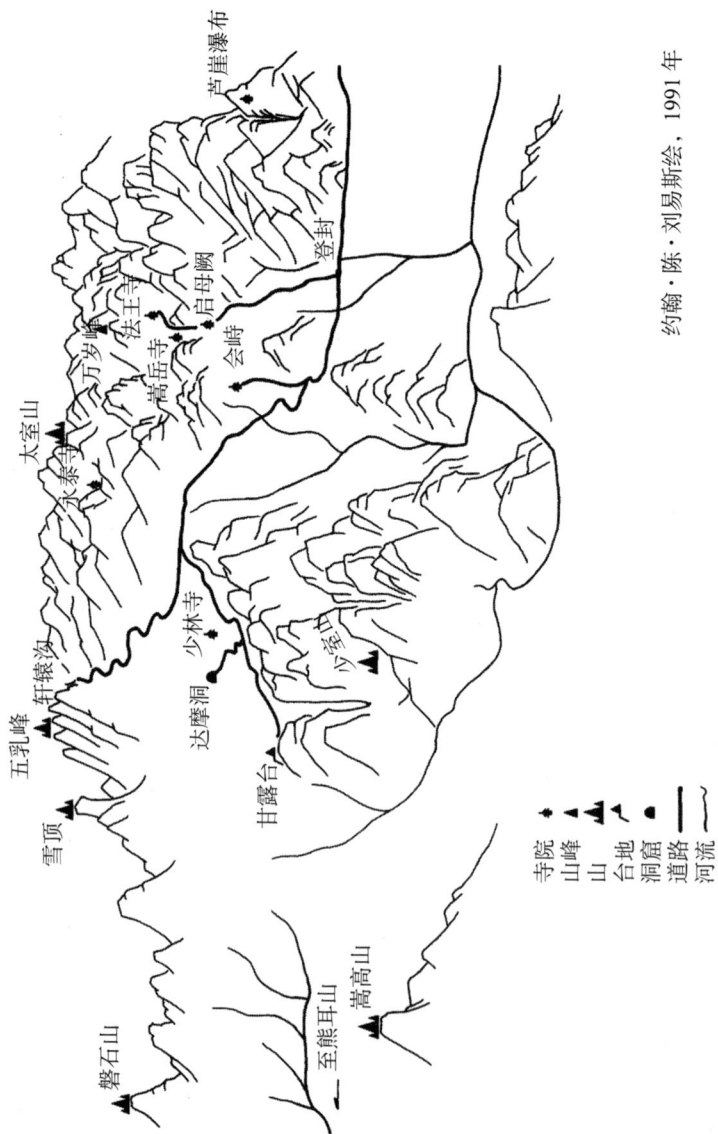

图例：
- 寺院
- 山峰
- 山台地
- 洞窟
- 道路
- 河流

约翰·陈·刘易斯绘，1991 年

地图 4-1 嵩山

渐"和"师门是傍"的禅宗进行抨击之后。虽然北宗后来在当地被曹洞宗所取代——曹洞宗是在唐末出现的禅宗的"五房"之一，但从来没有得到同样的重视——而嵩山似乎已经失去了它对禅宗朝圣者的吸引力。

唯一的例外可能是少林寺，它的名望仍然很高——可能是因为它与武术有关。唐初，少林寺武僧为李世民英勇作战后（参见王鸿钧，1988 年，第 33 页），少林寺僧人就继续出现在政治和军事舞台上。公元 815 年，嵩山的一位名叫元庆的和尚在洛阳皇宫里发动了一场政变。虽然元庆最终在叛乱失败后被处决，但他的勇敢给处决他的执行者留下了深刻的印象（参见戴密微，1957 年，第 364 页）。尤其在 15、16 世纪的明朝时期，少林武僧因抗击肆虐中国沿海的倭寇而闻名。少林武僧的功绩铭刻在人们的心中，激发了无数的故事（参见王鸿钧，1988 年）和戏剧（以及近年来的电影）的创作，而他们的武功也在少林寺的壁画上有所呈现（981—982 年绘制，参见 1913 年沙畹的复制品）。少林派武术因与武当山的"内家拳"抗衡而被称为"外家拳"。武当山传授了一种更内化的拳法，叫"太极拳"，据说是由道长张三丰天师创立的。张三丰于明初去世（见石秀娜，1970 年；劳格文，本书第 7 篇文章）。在清代，少林寺的声望也因最高统治者如康熙皇帝（1661—1722 年在位）和乾隆皇帝（1735—1795 年在位）的驾临而得到提升（参见王鸿钧，1988 年，第 227—237 页）。

从石碑数量上看，从元代到清代少林寺似乎经历了一次复兴。元代，雪庭福裕（1203—1275 年）整修了少林寺，雪庭福裕是著名的曹洞宗住持万松行秀的徒弟。雪庭福裕的事业由他的门徒息庵（天庆义让，1284—1340 年）和无方可纵（1420—1483 年）所继承。一个名叫古源邵元（1295—1364 年）的日本僧人前来少林寺求法，为息庵写下了碑文《息庵禅师道行之碑》，该碑至今存于少林寺附近。① 早在公元 8 世纪，禅宗就传播到著名佛教中心如五台山、天台山、阿育王山周围的乡村及附属地区，而且传播到吐蕃、朝鲜、日本。在后来传播到的国家中，临济宗和曹洞宗在 13 世纪之后蓬勃发展，而嵩山显然仍是一个极为吸引禅僧们的地方。

有关古源邵元和息庵之间友谊的故事和传说一直流传至今。② 古源邵元在中国巡礼佛寺后，在嵩山居住了两年。这位不拘一格的禅宗僧人的旅行路线——由于他的文化背景，他对奇景的兴趣不亚于对禅修的兴趣——可能具有元朝时期日本朝圣者的特点。古源邵元先是登访了雪峰山（在福建）、天台山（在浙江），并在当地向前辈们学习。他走过著名的石桥③ 向五百罗汉像献茶，据说看到神奇的景象。接着，古源邵元又来到天目山（位于浙江杭州附近），向禅宗住持中峰明本（1263—1323 年）致礼。在古源邵元睡梦中，中峰明本向古源邵元讲道。古源邵元继续前行，来到五台山，自述看到了文殊菩萨。他再从五台山，前往荆州（在湖北）的玉泉寺，最后来到少林寺。在少林寺，古源邵元住在二祖庵（《本朝高僧传》第 30 页；常盘大定，1928 年，第 90 页）。

虽然嵩山的名望在日本似乎还能维持，在中国却渐渐消退了。嵩山名望的丧失，不仅是一种禅宗的现象，它也影响到了文人。现存的关于嵩山的诗

---

① 来自日本越前的僧人古源邵元，于 1327 年来华。1347 年返回日本后，他和梦窗疏石（1275—1351 年）在天龙寺修行，后来在东福寺修行（这两所寺院都是京都的临济宗寺院）。他的中国师父和无准师范（1174—1249 年）同属一系。元代以后，曹洞宗的师承关系已经湮没了，少林寺成为曹洞宗的唯一栖息地。虽然息庵是少林寺的主持，但不属于曹洞宗。参见常盘大定，1928 年，第 92 页。

② 参见王鸿钧，1988 年，第 132—137 页。我们得知，息庵为了从即将落下的石头下面救出古源邵元而受伤，不久就去世了。讲述这个故事的人得出结论，这两位僧人的碑文"见证中日佛教僧人之间深厚而持久的友谊"（第 137 页）。王鸿钧记载的另一个故事，讲述了另一位日本僧人德齐（别名鞍部多须那），他的祖父于 1312 年至 1320 年在少林寺学武（第 166—172 页）。

③ 这座只有"纯正"僧人才能穿越的窄桥，显然已经成为对日本朝圣者仪礼的考验。我们统计，从平安时代末期至镰仓时代早期，有成寻、长元、俊芿、荣西和（据说还有）道元，走过这座桥。关于这个传说，参见方闻，1958 年。

词大多是唐人写的，如宋之问、王维、李白、白居易和李华。王维描写道："山压天中半天上"。嵩山被后来的文人旅行家所抛弃："地势平坦，缺乏奇迹"（徐霞客语，见李祁，1974 年，第 137 页）。它的名字"嵩高"引发了以下双关语："五岳之中，唯嵩非高"。齐周华称："华山如立，嵩山如卧"（《名山藏副本》，1987 年，第 6—7 页）。虽然嵩山名望的丧失背后的因果关系是复杂的，但嵩山的衰落很大程度上可能是因为五代时洛阳不再是都城，因而失去了政治和文化上的声望。然而，根据卜正民的说法，在清朝时期，嵩山和华山的受欢迎程度仅次于泰山，少林寺"经营一座名叫十方禅院的厅堂，作为驿站、游方僧人的住所、满足香客需求的馆舍"（《少林寺志·营建》，第 8 页，引自卜正民，1988 年 a，第 16 页），似乎印证明了它的名望。对嵩山的先后看法的差异提醒我们，我们的资料来源，反映的现实情况是有限的，不能完全相信。该记载还表明，作为禅宗之地的嵩山的衰落，可能与嵩山在其他群体中名望的上升同时发生。然而，每天去嵩山朝圣的人数似乎不太可能接近记录中泰山的八九千人。无论如何，这座山在清末已经（如果不是绝对的话）失去了它的吸引力。基督教传教士威廉·盖尔（William Geil）在 1926 年登访了嵩山，两年后，少林寺被大火摧毁。[1] 正如威廉·盖尔所说："的确，这地方虽然有过打扫和装饰，但几乎完全荡然无存。当古老的信仰被取代，将会发生什么呢？是魔鬼比以前更凶，还是天父的好消息？"（盖尔，1926 年，第 181 页）十年后（1936 年），约瑟夫·赫尔斯发表了一篇文章，副标题就是"被遗弃的嵩山"（Sungshan the Deserted）。

作为信仰中心的曹溪的出现

嵩山的佛教寺院向朝圣者提供的主要是"纪念物"（佛塔、碑文）。事实

---

[1] 这里所说的少林寺被火烧，系 1928 年军阀石友三下令纵火烧毁少林寺之事。——译者注

上，这些不仅仅是遗物，因为佛塔往往就是圣物，而遗物不仅仅是象征或纪念不在世的佛陀或高僧，还暗示了他们的精神存在。然而，虽然有多焦点性（多寓意性），嵩山作为圣地仍然不能与曹溪相比。

曹溪（字面意为"曹家的溪水"）严格来说，不像中国的许多圣地，曹溪不是一座山或山脉，虽然曹溪以其周围的群山命名——曹溪山。曹溪原来是位于粤北曲江和韶关以南一个默默无闻的乡间之地，那里只有一座寺院——南华寺。其名称的字面含义，"中国南方的寺院"，表露了雄心。这些雄心实现了：它最终成为国立寺院或天下道场。根据耶稣会士利玛窦（Matteo Ricci，1522—1610 年）的记述，人们成群结队地从中国各地前来朝圣（加拉赫，1953 年，第 222 页）。南华寺之所以受欢迎，是因为位于广东和江西庐山之间便利交通路线上的曹溪僧众，拥有六祖慧能的众多遗物："触物"，如衣钵之类，还有更为珍贵的遗物——慧能本人的肉身。从 8 世纪以来，其肉身就一直是南华寺供奉的圣物。

嵩山菩提达摩莫名其妙地实现了一种道家的"尸解"，留下一座（几乎）空着的坟墓。据说在他棺材里发现的那只草鞋，从来没有被当作少林寺的珍贵遗物——似乎只是因为传说他的坟墓不在嵩山，而是位于不远处的另一座山：河南熊耳山。然而，曹溪宗声称在他们拥有的遗物中有那只草鞋。在少林寺凭空创造的神圣遗迹中，如菩提达摩洞，他的"影石"，慧可立雪和斫臂的地方，可能被视为临时的显灵，无法取代"真正的"遗物。少林寺"六祖柏"，一棵被认为是慧能亲自从曹溪带来的一粒种子发芽成树的传说，可以看作是嵩山僧人将他们的地位与慧能联系起来的尝试。与六祖柏不同的是，菩提达摩并没有在他的洞窟附近找到源泉（意即降龙），而在他的圣地中缺乏这种宇宙和生态元素是另一种不利因素。正如徐霞客所指出的那样："地无泉，故无栖者。"（李祁，1974 年，第 140 页）

舍利在佛教的发展过程中，尤其是在适应东亚国家文化的过程中，起到了至关重要的作用。从广义上来说，遗物指的是佛陀或高僧留下的任何东西：骨灰、骨骸、肉身，还有衣钵，甚至一段文字。严格地说，"舍利"这个词通常指的是圣僧遗体火化后留下的水晶状颗粒。在公元前 6 世纪佛陀涅槃之后，据推测，他的舍利分别在八座佛塔中供奉。据传说，在公元前 3 世纪，印度阿育王收集了这些舍利，并在整个大陆南部神奇地建造了 84000 座佛塔来供奉它们。大多数资料表明（例如，参见《广弘明集》，载《大正新修大藏经》第 52 册，第 2103 部分，第 201 页；亦见许理和，1959 年，第 277—280 页），唐朝之前，中国"发现"了 19 座这样的佛塔，最为著名的是阿育王山（浙江宁波）的长干寺和五台山。据报道，遗物的出现也是对有功行为的回应。例如，744 年，楚金在举行法华三昧典礼后，得到 3070 颗舍利（《佛祖统纪》，《大正新修大藏经》第 49 册，第 2035 部分，第 375 页；舟云华，1966 年，第 61 页）。此外，随着唐代火葬仪式的发展，高僧舍利数量成倍地增加。

佛牙和佛指等主要遗物在中国成为狂热祭拜的对象。819 年，儒生韩愈写下著名的文章，对从凤翔法门寺迎请佛祖指骨舍利到都城及其所引起的集体狂热，予以劝谏。我们从韩愈的文章和其他文献中可以知道，遗物祭拜的一个重要方面是自焚或自残（参见谢和耐，1959 年；舟云华，1965 年）。然而，除了 7 世纪初，僧人大志灼烧了自己的手臂后圆寂于嵩山（《大正新修大藏经》第 50 册，第 2060 部分，第 682 页）这样一个事例之外，没有证据表明，曹溪的肉身或嵩山的遗物是虔诚的祭品，就像在法门寺或阿育王寺（后来成为一所禅宗寺院）圣物前所发生的事情那样：一些禅僧如虚云经常干出自残的事。

赞宁（919—1001 年）在其所著《宋高僧传》中，讨论了遗物和肉身之间的关系：在关于一个名叫丁居士的在家修行的信徒的传记中，其"金骨"揭示了真正的菩萨本性（《宋高僧传》，《大正新修大藏经》第 50 册，第 830 页）。在附加的评论中，赞宁指出，虽然据说佛教圣人会留下一具"骷引"（就像道教神仙那样），但对于佛陀来说，"则全身舍利焉"。

自六祖慧能以来，许多禅师死后将自己或被人变成木乃伊式干尸或肉身。虽然这种现象并不局限于禅宗，但是大多数已知的事例都是在这个教派中发现的。毫不奇怪，创造奇异迹象的僧人如宝志（418—514 年）、万回（约 711 年）和僧迦（约 708 年）据说都是自动坐化成干尸——尽管成功程度各不相同。

第一个有记载的禅僧是四祖道信（约 651 年），他被认为可能是禅宗的真正创始人。道信圆寂后，他的遗体被置于黄梅山（湖北）的佛塔里。次年，据《传法宝纪》称："石户自开，容貌俨如生日。门人遂加漆布，更不敢闭，刊石勒碑，中书令杜正伦（587—658 年）撰文颂德"（柳田圣山，1971 年，第 380 页）。

我们得知，道信的传人弘仁，费了很大的工夫才建起自己的佛塔，也许是想效仿他的师父。然而，在早期的高僧传记中并没有对弘仁肉身的描述。《宋高僧传》简单地提到，他的弟子们把他的"全身"安放在一座佛塔里（《大正新修大藏经》第 50 册，第 755 页）。不必惊讶，后来的一些著作，如《参学知津》，对弘仁和道信"真身"讲述得更为具体（《参学知津》卷 2，第 43—44 页）。无论如何，没有一个慧能前辈的肉身像他的肉身那样吸引了如此多的朝圣者。虽然这些"真身"被奉为四祖和五祖，但并没有阻止这些佛教中心的最终衰落。

慧能肉身的保存，可能对南禅的胜利及其在佛教中正统地位的上升，贡献很大。或许，慧能作为六祖而声名远扬，曹溪作为佛教中心而广受欢迎，可能都与慧能肉身的巨大成功有关。没有这种资产的其他禅宗团体，可能已经试图效仿曹溪宗，制造遗物，包括道寂和弘忍的肉身，但为时已晚。无论如何，即使肉身的存在是使一个佛教宗教中心繁荣的主要条件，历史和文化因素可能也发挥了重要作用。

慧能和两个后来的禅宗大师憨山清德（1546—1623 年）与丹田（生卒年

不详）的肉身，至今依然可以在曹溪南华寺看到。① 慧能的肉身经常得到文学描述，曹溪的地方志也收录了许多关于慧能肉身的诗词（例如，《重修曹溪通志》卷 5，第 516 页；卷 6，第 621 页；卷 7，第 638、653、669、708 页；卷 8，第 781 页）。与憨山同时代的利玛窦做了一个有趣的描述。利玛窦到达中国后不久，于 1589 年访问了这座寺院，根据金尼阁（Nicolas Trigawlt）修改和翻译的利玛窦日记记载：

　　这座壮丽的寺院坐落在一座非常秀丽的山上，周围群山怀抱，并且从山里拥有充裕的水源。该寺院设计优雅，建造精巧。在山间平地上，与这座寺院毗邻的是僧舍，据说那里面住了一千名祭拜偶像的僧侣，他们是这片土地的所有者，这片土地是他们从不虔诚的祖辈继承来的圣俸。这个寺院是由一个名叫"六祖"（Patriarch Lu，即慧能）的人在大约八百年前创建的。他们说，六祖就住在这个地方，因为他异乎寻常的简朴生活方式，从而获得了高洁的名声。……六祖的遗体被供奉在这座宏伟的庙宇里，这座寺院就是为了纪念他而建造的，凡是崇敬六祖名望及一切六祖遗物的人们，从全国各地来到这里朝圣。（加拉赫，1953 年，第 222 页）②

　　这座寺院的富丽堂皇和"偶像"的形象——五百罗汉挤满了大厅，给利玛窦留下了特别深刻的印象。最后，他看到了慧能的肉身。"这座寺庙的僧人们还让利玛窦和随行者们看了六祖的遗体，这具遗体裹在一种只有中国人才

---

　　① 关于这尊肉身的摄影复制品，参见戴密微，1965 年；虚云，1988 年，第 61、76 页。

　　② 此段引文参考了何高济、王遵仲、李申译，何兆武校，《利玛窦中国札记》，北京：中华书局，1983 年，第 236—240 页。但为了对应加拉赫的英译，故译文与何高济等人所译有出入。——译者注

知道制作方法的有光泽的沥青物质里。[①] 许多人说，那不是六祖的遗体，但仍然有人相信，并对其非常崇敬。"（加拉赫，1953 年，第 223 页）但利玛窦拒绝向这具肉身致敬，并以东道主的"偶像崇拜"为理由，谢却继续停留在曹溪的邀请。

几年后，利玛窦的后继者记录了慧能肉身是如何从南华寺被带到邻近的韶州，用以结束长期的干旱的："于是他们放弃了对城隍的期望，临时从乡下带来了一只有名的怪物。它的名字叫六祖。他们抬着它游行，向它鞠躬，向它献祭，但它像城隍一样，对他们的恳求充耳不闻。正是在这种情况下，才有了'六祖老矣'这句话。"（加拉赫，1953 年，第 462 页）当地宗教对慧能肉身的使用得到了更早的文献——《宋高僧传》（988 年）的证实。我们得知，在五代时期，处于南汉（917—971 年）统治下之时，在上元节（正月十五日），六祖的肉身总是被抬到城镇（可能是韶州）去为民众降福（《慧能研究》，1978 年，第 236 页；宇井伯寿，1966 年，第 246 页）。

显然，慧能肉身已经成为一种强大的崇拜对象，不仅对禅僧而言如此，对其他人也是这样。然而，慧能被神化的过程并没有像他同时代的僧伽（卒于 710 年）那样被记载得那么清楚——僧伽肉身也差不多在同一时期被髹漆（参见《佛祖统纪》，《大正新修大藏经》第 49 册，第 2035 部分，第 372 页），宋代苏州奉他为航海保护神。（参见牧田谛亮，1954 年）而慧能被制成干尸的确切情况并没有被记载。慧能的碑铭（参见柳田圣山，1967 年，第 539 页）是最早的文献，简单地告诉我们："至某载月日，忽谓门人曰：'吾将行矣。'俄而异香满室，自虹属地。饭食讫而敷坐，沐浴毕而更衣……某月日，迁神

---

① 在《参学知津》中，两个多世纪后（1827 年），如海还描述了憨山德清的肉身依然有光泽，使他看起来"好像还活着"（《参学知津》第 1 卷，第 53 页）。

于曹溪，安座于某所。"（扬波斯基，1967 年，第 67 页）① 我们仅仅知道，慧能遗体，就像僧伽遗体一样，最终髹漆。

大部分关于慧能的传说见于《曹溪大师别传》(《大日本续藏经》，第 19 册 第 5 卷，第 483a 页），此书在中国失传，被圆仁带到了日本。这段文字，标注的年代是 782 年，是由曹溪慧能舍利塔的守护者行韬（亦有说其名是"令韬"）的门徒编纂的，主要是为了确立以慧能舍利塔为中心的佛教团体的合法性，与编纂经书的佛教团体有明显的不同。这个策略被证明是成功的：曹溪很快成为一个兴旺的僧侣朝圣中心。在公元 845 年的灭佛事件② 之后，至少对笃信禅宗的人来说，曹溪朝圣取代了五台山文殊朝圣。根据铃木哲雄的说法，僧人们会来参拜曹溪的六祖佛塔，而不是去敬拜文殊菩萨（铃木哲雄，1984 年，第 54 页）。③

禅宗记载的大多数自行坐化成肉身的事例可以追溯到唐代或宋初，但这种习俗延续了下去。在最近有记载的坐化成肉身事例中，就有前所述及的憨山德清。1623 年，憨山德清圆寂后不久，他的身体以坐莲姿势被放在一口棺材里，供奉在曹溪的一个纪念堂里。然而，到了 1625 年，他的遗体被迁移到庐山，安放在一座佛塔里。最后，还是于 1643 年被移回曹溪。这时，棺材被打开了。憨山德清的头发和指甲都变长了，而且他看上去"栩栩如生"。后来，憨山德清的遗体被涂上了檀香木粉。憨山德清的肉身被供奉在慧能殿附近的一个大厅里，成为僧俗信徒热烈崇拜的对象——对憨山德清的崇拜发展到了这样一种程度，尽管他的佛教事业有些非正统，但他还是偶尔被称为"七祖"。

---

① 该碑铭题为《六祖能禅师碑铭》(《全唐文》卷327），作者为唐代诗人王维。但该碑铭是否由王维所撰尚有争议。——译者注

② 即唐武宗灭佛事件，史称"会昌法难"。——译者注

③ 早在会昌时代之前，第一个记载的事例，就是石头希迁（700—790 年）一个弟子长髭旷的事例。其他事例包括洞山清禀（生卒年不详）和曹山本寂（840—901 年），据说从"曹溪"演化而来的。云门文偃（864—949 年）亦于 911 年来参拜六祖舍利塔（铃木哲雄，1984 年）。

图 4-1　南华寺图

见《重修曹溪通志》，第 51 页

图 4-2　南华寺僧舍

见《重修曹溪通志》，第 52 页

另一位禅宗大师、明朝的丹田（他的法号暗示着道教的影响）坐化成肉身，供奉于南华寺。根据芄庵为《丹田禅师肉身颂》所作的序言，丹田在三十二岁受戒后，大部分时间都在诵读《金刚般若经》，并于 1614 年在禅修中圆寂（《重修曹溪通志》卷 6，第 626 页）。不巧的是，关于丹田的传记资料没有其他来源。然而，他比憨山德清早九年去世并坐化成肉身，这似乎意义重大，可能影响了憨山德清，让他决心留下一个肉身。

憨山德清对南华寺的重建也有助于其肉身的声望。尽管南华寺在 976 年进行了部分重建，但在 1600 年憨山德清到来时，这座寺院已经变成了废墟。1613 年，南华寺重建。清末，南华寺再次遭到破坏，第二次大规模修复是由虚云在第二次世界大战爆发前进行的。

由于这个神地的结构在漫长的历史过程中已经被改变（有时是不情愿的，因为任何破坏都会带来危险），暂时确定南华寺的祭拜目标或许还有些作用。当然，最重要的祭拜目标是慧能肉身，它被供奉在现在的六祖殿里（见图 4-1）。慧能的衣钵也一直保存在这座两层楼的建筑里，慧能肉身是在明代成化年间（1465—1487 年）从佛塔搬到这里的。该殿于 1980 年翻修，憨山德清和丹田的肉身被分别放置在慧能肉身的两侧，就像两位菩萨在侍奉一尊佛。

六祖殿前是一座宝塔，这是一座七层楼高的建筑，慧能和憨山德清的肉身就多次在这座宝塔里供奉。慧能去世的次年，他的遗体就被移入这座宝塔。元和七年（812 年），已故的慧能得到他身后的"大鉴禅师"封号，这座宝塔被题匾额"元和灵照"。根据《重修曹溪通志》记载，这座宝塔于开宝（968—976 年）初毁于兵燹，但慧能肉身"受到主管僧侣的保护而没有受到任何伤害"（扬波斯基，1967 年，第 87 页）。该塔于宋太宗时期（976—997 年）重建并再次题匾，改为"太平兴国"。这座佛塔最初是木材建造的，1477 年用石材重建，此后在 1516 年、1548 年和 1568 年予以修缮。在重建期间，为了更好地保存慧能肉身，便将慧能肉身移入六祖殿，憨山清德肉身则安放在宝塔中。根据憨山德清《曹溪中兴录》（常盘大定，1982 年，第 79 页）记载，此次慧能肉身迁移是缘于一个梦。慧能在住持梦中出现，请求迁移。直到现在，慧能仍然"守护"自己的陵墓。据虚云自述年谱记载，虚云在趺坐中见到了慧能的幻象，然后在梦中又见到数次。这些显灵的意思，是六祖反复告诉他"时至矣，汝当回去"！在不久之后，广东省当局邀请虚云修复南华寺（虚云，1988 年，第 115 页）。

慧能和憨山德清的遗物不仅是僧众和民间供奉的对象，也是文人创作诗歌的主题。虽然慧能与憨山德清的肉身以及影响较小的丹田肉身已经成为曹溪朝圣者们的祭拜中心，但慧能的衣钵与这些高僧的肉身同等重要，并且被视为"护国法宝"。这些遗物被保存在六祖殿里，就在慧能肉身的后面，看来在瞻仰这些遗物的过程中带有某种仪式的次序。《重修曹溪通志》就收录了几首诗："入溪"、"肉身"（肉祖）、"看衣"、"看钵"、"响鞋"以及"坠腰石"①，显然形成了一个文学主题，特别是文人如赵霖吉（《泉》，《重修曹溪通志》卷 8，第 755 页）和王令所写的诗（《重修曹溪通志》卷 8，第 775 页）②。另一个经常展示的重要遗物是朝圣的锡杖，据说可能就是慧能召唤泉水的那支锡杖（参见苏远鸣，1961 年）。无论如何，关于这些遗物的诗作的存在表明，曹溪不仅是禅僧的朝圣地，也是文人的向往之地。③

---

① 根据碑文记载，"坠腰石"最初是保存在黄梅山（湖北）的五祖弘忍的僧人群体那里的，嘉靖年间（1522—1566 年）被带到曹溪。常盘大定（1972 年）指出几个年代错误，并得出结论，称该碑文是伪造的。

② 憨山德清本人写下一系列这样的诗（参见《重修曹溪通志》卷 5，第 478 页；卷 6，第 621—623 页）。虚云自述年谱也有一些诗叙述虚云到达曹溪，并在交接仪式中穿过数道门登法堂的过程，如"弥勒殿""韦陀像前""五祖殿""六祖殿""憨山师神位""主殿""方丈""法堂"。参见虚云，1988 年，第 116—119 页，并参见本书地图 4-2。

③ 根据禅宗传统，慧能虽然是文盲，但是他和当时许多知名文人有交往，如张说（卒于 730 年）和宋之问（卒于 712 年）（参见《宋高僧传》，《大正新修大藏经》第 50 册，第 2061 部分，第 755 页）。我们得知，张说曾派另一个知名文人武平一（生卒年不详）前往曹溪，向慧能的灵塔献诗。然而，由于这些人都是北禅宗的坚定支持者，使这些故事显得可疑。武平一曾应张说的请求，到嵩山向

在这些文人中，最为著名的或许是苏轼（1036—1101 年），他在流放期间曾来到曹溪，留下了许多关于慧能和南华寺的诗作（《重修曹溪通志》卷 3，第 310；卷 5，第 474、481—483、516 页；卷 6，第 531、637—638 页），尤其是一首题为《见六祖真相》的诗（《重修曹溪通志》卷 7，第 638 页）。曹溪甚至有个叫"苏程庵"的隐居所，苏轼曾在这里和朋友程德儒畅谈（《重修曹溪通志》卷 1，第 113 页）。

另外两个神圣的地方一是铁塔，即降龙塔，位于主殿的左侧；另一个是卓锡泉，位于主殿后方不远处。前者的名字与慧能降龙的传说有关：据传，慧能挑战巨龙，并把它变小，然后把它抓进他的化缘钵中——这是一个广泛流传的民间故事的佛教变体。[①] 据说，这座佛塔里有那条龙的遗骨，但这些遗骨在元朝的动荡时期不知下落了。后者名字指的是另一个相关主题：圣人作为寻找水源的人。传说中，慧能想要濯洗他从五祖那里继承来的衣钵，就把他的禅杖打入地下，使泉水涌了上来。从那时起，每当春天，似乎要干涸的时候，只要把祖师的僧袍——就是被认为具有灵验的布——拿出来，就会使泉水重新涌出。据说，慧能在广东、湖南和江西南部都曾使泉水涌出（参见苏远鸣，1956 年，第 33—35 页）。

这些故事揭示了禅宗对曹溪的征服，就像征服嵩山一样，包含某种符号暴力（symbolic violence）或欺骗。[②] 但在曹溪的例子中，符号暴力或欺骗相

神秀的灵塔献诗。武平一到曹溪的故事或许就是以这一事实为原本而编造的。关于这一问题，参见福岛俊翁，1938 年。其他为慧能写碑文的唐代诗人是王维、刘禹锡和柳宗元，但是他们可能都没有去过曹溪。参见《重修曹溪通志》卷 3，第 330、307 页；卷 5，第 454、473 页。

① 有趣的是，虚云的自述年谱也有类似的传说。据其自述，他于 1934 年来到曹溪后，将佛法传授给一只老虎（虚云，1988 年，第 116 页）和一个树精（虚云，1988 年，第 127 页），而且那三棵宋代种下的雪松居然又发芽了，他认为这显示了慧能佛法的复兴（虚云，1988 年，第 124 页）。

② 另一个有趣的主题是讲述曹溪土地捐赠的故事，法海在《坛经》的简短前言（扬波斯基，1967 年，第 61 页）中说：慧能说服当地地主陈亚仙，给他足够的土地来铺他的坐具，当慧能这样做的时候，坐具盖住了整个曹溪的土地，而陈亚仙必须遵守诺言。（《重修曹溪通志》卷 8 原文为："师至

对较少，表明这个地方产生的阻力要小得多，因为它不像嵩山那样，在地方、官方和道教的象征体系中根深蒂固。据说，只有捐赠土地的陈亚仙的祖坟和祠堂被当作纪念对象（《重修曹溪通志》卷 1，第 88 页）。在某种程度上，对曹溪的"征服"与韩书瑞在本书中研究的对妙峰山的"征服"有相似之处。

一旦被征服，该圣地就需要进行广泛推介。这种对新"地方神灵"的推广常常胜过对教义的关注。除了门徒对他们祖师遗物的合法依恋之外，我们还可以看出激烈的教派冲突。所有的禅宗肉身以前都是一个新的教派或分支的"创始人"肉身：东山宗的道信、南宗的慧能、四川净众宗的无相（684—762 年）、牛头宗的法钦、云门宗的文偃。这并非偶然的现象。这些大师的遗物不仅受到正式膜拜，还被继承人操纵，以展示大师的权力，吸引信徒对特定的寺庙和教派忠诚。具有讽刺意味的是，尽管自行坐化为肉身的禅师在生前不受他人支配而且地位无可争议，去世后却成了备受争议的集体财产。

在任何时候，遗物都是激烈争夺的目标。关于佛陀舍利的划分几乎引发了一场"遗物战争"。然而，慧能的事例是一个典型。就像基督教转移圣徒遗物和"盗窃圣骨"（参见格里，1978 年、1986 年）那样，慧能的遗物也是几次转移的目标，这也许就是"神圣的盗窃"。而《坛经》只提到慧能圆寂于公元713 年 8 月，其神座于 11 世纪被埋藏于曹溪。在慧能圆寂近三个世纪后（1004年）写成的材料中，暗指了关于慧能遗体的争议：

时韶（慧能出生地）、新（慧能谢世地）两郡各修灵塔，道俗莫决所之。两郡刺史共焚香祝云："香烟引处，即师之欲归焉。"时炉香腾涌，直贯曹

曹溪宝林。时从学者数百人，堂宇湫隘不足容，遂谒里人陈亚仙曰：'老僧欲就檀樾乞坐具地，得不？'仙曰：'和尚坐具几许阔？'祖出具示之，亚仙唯否。祖以坐具一展，尽罩曹溪四境。亚仙曰：'和尚法力广大，此地不奉承，但吾高祖坟墓并在此地，他日造塔，幸望存留余，愿尽舍涌为宝坊。'至今塔后一墓完整，题曰：陈亚仙祖墓。"——译者注）

溪。以十一月十三日入塔，寿七十六。时韶州刺史韦璩撰碑。（《景德传灯录》卷5）

刺史在这件事中所扮演的角色表明，官府意图控制正在兴起的对慧能肉身的崇拜。[1]

根据南宗传说，慧能的肉身曾数次受到"盗窃圣骨"的威胁。第一个广为流传的故事，是由慧能的继承人神会传播的。这故事说，北宗大师普寂派人去追杀六祖慧能。据说这一企图失败了（扬波斯基，1967年，第28页；胡适，1970年，第176页；谢和耐，1949年，第94页）。即使是神会编造了这个故事来诋毁北宗，其意义也不是对北宗禅师的道德谴责，而是慧能拒绝为嵩山效力，而留居曹溪，正如传说慧能拒绝留下来接受慧安和神香传唤那样。当地的信徒认为，慧能肉身明确地显示了它的力量，阻止了偷盗。

另一次"盗窃圣骨"（或者可能是相同的变体）据说是722年一个朝鲜人企图进行的。《景德传灯录》记载了慧能本人对这一事件的事实"预测"（假设偷慧能的头颅是"事实"）（参见扬波斯基，1967年，第86页）。中国的文献提供了不同的版本，但都认为这次尝试失败了。然而，根据朝鲜传说，这次盗窃取得了成功，慧能的头颅被带回了朝鲜。慧能自己随后在窃贼梦中出现，告诉窃贼，他想被供奉在松广寺——智异山上的一座寺院里（参见李能和，1955年，第1册，第32页）。这座"陵墓"至今仍在，朝鲜人将其比之于五台山的佛顶骨舍利。1980年，该"陵墓"吸引了一批来自中国台湾的朝圣者。这个故事证明，曹溪的影响范围延伸到了朝鲜。例如，我们知道，一位著名的朝鲜僧人道义（圆寂于825年）——也许不知道或怀疑这个故事——于784年来到南华寺参拜慧能肉身（柳田圣山，1978年，第29页）。12世纪，

---

[1]　关于中国政府对本土宗教的推广与合作，参见华琛，1985年；杜赞奇，1988年；列维，1989年。

知讷（1158—1210 年）以秋吉（曹溪宗）的名义统一了朝鲜的禅宗，表明了曹溪的声望。当然，这个地名"曹溪"也指慧能本人，也可能被解读为暗指慧能在松广寺的遗物。

然而，偷窃慧能头颅的目的显然并不是毁坏肉身，而是将慧能肉身所象征的权力转移到其他佛教团体。遗物显然是获取权力象征和物质利益的无尽源泉，对这一事实的认识创造了"对遗物的欲望"。849 年，另一个朝鲜僧人企图盗窃阿育王山的佛陀遗物（《佛祖统纪》，《大正新修大藏经》第 49 册，第 2035 部分，第 387 页）。至于在中国叙述中，那些偷窃的朝鲜人究竟是恶棍，还是地地道道的文物贩子，就不得而知了。

禅宗的曹溪和庐山，在憨山德清遗骸的归属问题上也有类似的争夺。其情景是一样的。憨山德清去世后，他的弟子们就去占卜。南华寺的僧人们认为神谕赋予他们建造一座"陵墓"来安葬憨山德清的权利。然而，憨山德清的一个门徒在庐山为他建造了一座佛塔，并在广东最高地方官的帮助下，于1625 年成功地将憨山德清遗体迁葬到那里。南华寺的僧人们花了将近 20 年的时间才说服当地官府，将憨山德清遗体归还给曹溪。就在这个时候，憨山德清肉身被人从棺材里起出来并髹漆（许嵩本，1979 年，第 100 页）。这一插曲的另一个暗示是，根据一篇与卓锡泉有关的碑文记载，当他的灵柩被"异人"带到庐山，泉水便干涸了，但是当憨山德清肉身最终回到曹溪时，泉水就复涌了（《重修曹溪通志》卷 4，第 369 页）。

供奉其肉身的憨山堂后来成了一个繁荣的朝圣中心。因此，憨山坐化成肉身提升了他作为禅宗祖师的地位，否则师承关系不明就会阻止他获得这一地位。若没有憨山德清的肉身所提供的吸引力和力量，即使是他修复了南华寺，也不可能使曹溪恢复兴旺景象。

虽然肉身是最引人注目和最有价值的遗物，但它绝不是唯一的。我们已经注意到，当地官府在把慧能和憨山德清的肉身归属到曹溪僧团时所扮演的角色。对祖师其他遗物及朝廷依法赐予封号的争夺，也反映了皇室对慧能的关注。760 年，唐肃宗（756—762 年在位）派使者到曹溪寻求慧能的衣钵，供奉于皇宫里。后来，传说慧能于 765 年出现在唐代宗（762—779 年在位）梦中，请求返还他的衣钵。为了回应这个梦，唐代宗命令大将刘崇景把慧能衣钵还给曹溪，说："朕谓之国宝。卿可于本寺如法安置，专令僧众亲承宗旨者，严加守护，勿令遗。"（扬波斯基，1967 年，第 87 页；《景德传灯录》卷5）《曹溪大师别传》以这个著名的故事作为结尾。根据这本书的记载，当作者行韬被要求带着慧能的僧袍来朝廷时，他谢却邀请而派他的徒弟入朝。行韬圆寂一年后的 759 年，唐肃宗派专人到慧能墓前拈香，"白虹属地"（扬波斯基，1967 年，第 76 页）。这个故事可以被解读为禅宗主张通过仲裁遗物归属来确定王朝授予的合法性。

曹溪宗的主张在其他佛教群体中引起了争议。四川保唐宗称慧能的袈裟已经由武则天赐给五祖的另一位徒弟智诜（603—702 年）。[1] 根据《历代法宝志》记载，这件袈裟随后给了无住（卒于 774 年），无住就是保唐宗的创始人。虽然保唐宗有政治野心，这在它的名号（保卫唐朝）中得到了很好的体现，但这个教派并没有在朝拜者的心目中取代曹溪宗的地位。

鉴于这些对其合法性的威胁，曹溪宗僧众更不愿意失去他们自己保存的慧能遗物，他们最终成功地说服了皇帝——他们有权保管它们。然而，也因为帝国对这些遗物的关注，关于其合法性的论辩持续了很长时间。1032 年，宋仁宗（1022—1063 年在位）不仅要求把慧能衣钵，而且要求把其肉身也请到皇宫里去敬拜（《重修曹溪通志》，第 257 页）。[2] 然而，到清代，似乎就不

---

① 衣钵作为宗教和护国法宝的重要性，可以从慧能接受弘忍传法的时候，其他人首次试图从慧能本人那里偷窃衣钵的举动中看出来。当慧能把他的钵递给他的同道弟子，即那个想要偷衣钵的人时，那个人无法拿起钵。如众所知，护国法宝的重量代表拥有者的德行。关于这一问题，参见石秀娜，1981 年。

② 原文为："仁宗皇帝天圣十年，具安舆迎师真身及衣钵入大内供养。后遣使敕送曹溪。"——译者注

再"转移"这些遗物了。

另一件重要遗物是慧能的法舍利。《坛经》的编纂者声称，拥有经文就是传递合法性的依据，这似乎反映了他们试图瓦解慧能与曹溪之间的关系。正如扬波斯基所指出的："《坛经》……它的坚持是非常具体的：需要一部著述本身，作为传授证明。因此，就这部著述而言，建构《坛经》本身为传授证据是对放弃把袈裟当作一种象征的补偿"（扬波斯基，1967 年，第 113 页；亦可见《重修曹溪通志》，第 162 页）。当曹溪僧团企图援引慧能所决定的停止传授袈裟以阻止慧能感召力流转到别处时，其他僧团就试图通过转移别的象征物来克服这个阻挠。①

在同样的方式下，《妙法莲华经》的作者宣称"法舍利"的优先性，也就是说，佛陀的教导是源于他的法身或宇宙本体的，而不是遗留的佛陀骨肉之躯。也许主要的区别是，《坛经》在小范围内传授。《坛经》的后记表明，编纂者法海去世后，它被传给了广东法性寺（亦称光孝寺）住持。② 然而，就在《坛经》以一种看似与慧能的遗物崇拜对立的方式流传的时候，据说，它的原始文本被曹溪僧人作为一个额外的遗物保存下来，南华寺拥有几块颂扬《坛经》的石碑碑文（尤其是其中一块石碑碑文由苏轼撰写）。这种情况表明，尽管在特定的背景下，各种遗物相互竞争，但是它们却相互增强彼此的象征价值。这些遗物遵循同样的"超越性内在"（transcendent immanence）的逻辑，虽然通过这些遗

---

① 衣钵传授所导致的感召力丧失被视为对僧团非常强烈的威胁。因此，以前无敌的菩提达摩据说在把他的护身符《楞伽经》传给慧可后，就败于他的敌人。根据《曹溪大师别传》（扬波斯基，1967 年，第 73 页）记载，弘忍在慧能带着袈裟和佛法离开黄梅山三天后就圆寂了，而黄梅山也就从佛教历史记载上消失了，它成了道教中心。

② 这座寺院还可以夸耀慧能的另一件重要遗物——他的头发，被放进七层宝塔里供奉起来。此事记载于 676 年刻的碑文中。该碑文里面还提到了 502 年由三藏法师智药所作的关于未来那个肉身菩萨在寺院中供奉预言。这个碑文的真实性受到了质疑（参见扬波斯基，1967 年，第 65 页）。据说，在慧能被埋葬的地方还生长着一棵菩提树。不管怎么说，虽然这个遗物肯定比不上曹溪的遗物，这两座寺院的争斗催生了这个传说。

物而循环的"灵"（power）使得它们当中任何一个都无法宣称自己占有的遗物是唯一合法的，可是各个遗物都在程度不等地通过传播获得了"灵"。

这种内在的逻辑或意识形态表明，除了狭隘的宗派或政治关切之外，它的特点是试图在一个地方和一个群体中实现神圣的可及性（布朗，1981年，第86页），更明显的变化可能体现于寺院的阐述水平上。如前所述，这个过程也是辩证的。一方面，对遗物和肉身的崇拜，在使禅宗得以传播的同时，还暗示了宗教的人性化，这是一种去神话化的方式，往往与当地对神灵体系及人神中介的信仰背道而驰。理想化的人成了人神中介，禅宗高僧的感召力是通过遗物显现出来的。这种演进的特征是人的主导取代对神灵的依附，建立一个新的"神圣地理"，一个新的朝圣网络，锚定在诸如佛塔的神圣地点上。

另一方面，对神圣遗物的操控触发了我们可能称之为"神圣化"的过程：将成为肉身的祖师变成了圣洁的代祷者，并最终成为一位拥有比僧人更多信众的神灵。因此，慧能不再被视为凡人，而是被视为佛陀，而且是比佛教出现前的神灵更尊贵的神灵，但又和他们有许多共同的特点。 慧能圆寂后几个世纪，他在曹溪仍然是一个强大的存在，一个保护者，他永恒的三昧可以影响事件的发展过程。1276年，在蒙古人的统治下，据说士兵用剑剖开慧能肉身，看到他的心脏和肝脏依然保存完好，他们就不敢再亵渎他的遗物了（参见禄是道，1916年，第7册，第257页）。再举个更近的事例，据《虚云自传》的编者称，1943年，日军空袭曹溪，两架飞机在寺院附近相撞。这次事故显然被中国人和日本人视为一个亵渎寺院神圣空间的结果，此后日本轰炸机就避开了该地区 [①]（虚云，1988年，第128页）。因此，拥有遗物不仅是寺院僧团

---

① 此处有误，应为1942年。原文为："自穗城陷，省府迁曲江，军政人员，时来南华，敌侦以为假寺会议也。七月某日，果有显要多人来寺，飞机八架，绕寺不去。师知之，饬令各僧归寮，来客入祖殿内，师独上大殿拈香跌坐。未久，一机俯冲而下，投一巨弹，中于寺外河边树林中，无伤也。机群又复旋绕，后卒于寺西十里马坝地方，两机相撞，机毁人亡。从此敌机不敢来寺，即南北飞亦绕道而行也。"——译者注

在香火旺盛时期吸引僧人或居士（有时僧人和居士共同）捐款的一种手段，也是一种保护自己不受精神或人身攻击的手段。无论如何，因为慧能肉身的存在，南华寺被称为"宝刹""天下第一道场"，也出现与五台山和普陀山一样的奇景（参见于君方所写的本书第 5 篇文章）。在来到曹溪之前，虚云就对遗物产生了浓厚的兴趣，并游历了印度次大陆和中国的佛教圣地，包括五台山和普陀山。例如，虚云数次参拜宁波附近的阿育王寺，向佛陀的遗物致敬，甚至灼烧了他的一个手指（虚云，1988 年，第 41 页）。

遗物不仅仅是吸引朝圣者（或排斥入侵者）的有力物品，正如布朗（1981 年）和格里（1978 年）所指出的那样，基督教教义本身就是变化的。正如我们从那位耶稣会士关于"著名的怪物"——六祖（慧能）的叙述中所知道的那样，肉身居然也能旅行。最后一次禅宗肉身的"迁移"发生于 1944 年，当时为了躲避日本人，虚云将慧能和憨山德清的肉身从曹溪转移并藏匿起来（虚云，1988 年，第 13 页）。自相矛盾的是，慧能和他的五位前辈的舍利也在日本镰仓的所谓菩提宗和曹洞宗中流传。 这种地理上和社会上的流动不仅使"圣物转移"得以发生于不同地方之间，而且得以发生于不同群体之间。比如现代中国宗教中的"分香"（桑高仁，1987 年），使"分割舍利"得以实行——或许是有意而为之——这样做使佛教中心得以增设。另一种辩证在发挥作用——作为朝圣起源的信仰也可以通过将遗物带给信徒，而不是把信徒带到遗物和传播者那里，分散而不是集中朝圣的力量于一个地方或一个群体的手中。

虽然发现辩证的人性化和神圣化是在两个地方进行的，也许可以通过对比嵩山的"人性化"和曹溪的"神圣化"来启发式地描述它们的演变。嵩山和曹溪分别代表了我们可能称之为"历史的"遗址和"精神的"遗址。曹溪的发展主要是由于其遗物的象征地位，也可能是由于该地区省会广州日益增长的重要性，而嵩山作为佛教圣地的黯然失色可能与其遗物的相对缺乏和洛阳的衰落有关。近代时期，嵩山和曹溪的寺院都得到修复，并得到了一定程度的官方承认。僧人与统治者之间合法化的辩证性过程，就其积累效果而言，是我们在研究工作中所看到的各种辩证性过程中最具有单向性的一个。这种过程体现于遗物崇拜、僧人创建圣地；而其他辩证过程——地点与空间、神圣化与人性化、固定性和流动性（灵的集中与传播）——推动了兴衰交替，而这就是嵩山和曹溪历史命运的特征。

参考书目

引用文献

道原编《景德传灯录》，1004 年，《大正新修大藏经》第 51 册，第 2076 部分。

《旧唐书》，北京：中华书局，1975 年。

《重修曹溪通志》，1823 年，《中国佛寺史志汇刊》，第 4—5 册，台北：明文书局，1980 年重印。

董诰（1740—1818）编《全唐文》，台北：文化书局，1965 年。

高楠顺次郎等编《大日本佛教全书》，东京：有精堂，1911—1912 年。

志磐，《佛祖统纪》，1260 年，《大正新修大藏经》第 49 册，第 2035 部分。

《新唐书》，北京：中华书局，1975 年。

赞宁，《宋高僧传》，《大正新修大藏经》第 50 册，第 2061 部分。

高楠顺次郎编《大正新修大藏经》，东京，1924 年。

显诚如海撰，仪润原洪编《参学知津》，杭州，真寂寺，1827 年刻印，哈佛大学出版社，1876 年重印。

《大日本续藏经》，京都：藏书经院，台北：新文丰出版公司，1968—1970 年重印。

其他文献

Boon, James A（詹姆斯·布恩）. 1982. *Other Tribes, Other Scribes*（其他部落，其他经师）. Cambridge: Cambridge University Press.

Brook, Timothy（卜正民）. 1988a. "Knowing the Fords on the Way to Knowledge: Ecclesiastic Pilgrimage Routes in Late-Imperial China（参学知津：晚期中华帝国宗教组织的朝圣之路）." Paper prepared for the Conference on Pilgrims and Sacred Sites in China, Bodega Bay, California, January 1989.（本文简称"卜正民，1988 年 a"。——译者注）

——1988b. *Geographical Sources of Ming-Qing History*（明清历史地理资料）. Ann Arbor: Center for Chinese Studies, University of Michigan.

Brown, Peter（彼得·布朗）. 1981. *The Cult of the Saints: Its Rise and Function in Latin Christianity*（圣徒崇拜：其在拉丁基督教中的兴起和作用）. Chicago: University of Chicago Press.

Chavannes, Edouard（沙畹）. 1909. *Mission archéologique dans la Chine septentrionale*（中国北部考古图录）. Publications de l'Ecole d'Extrême-Orient, vol. 13. Paris: Ernest Leroux.

——1910. *Le T'ai chan: Essai de monographie d'un culte chinois*（泰山志）. Paris: Ernest Leroux.

——1919. "Le Jet des dragons（投龙简）." In *Memoires concernant I'Asie orientale*, 3:53-220. Paris: Academie des Inscriptions et Belles-lettres.

陈祚龙，《嵩岳禅学研究资料小集》，载《中华佛教文化散策初集》，台北：新文丰出版公司，1978 年。

齐周华，《名山藏副本》，1761 年刻印，上海：上海古籍出版社，1987 年。

杜胐编《传法宝纪》，约 712 年，柳田，1971 年。

清圣祖御编《全唐诗》，1705—1706 年，台北：宏业书局，1977 年。

Demiéville, Paul（戴密微）. 1957. *Le bouddhisme et la guerre: Post-scriptum à l'"Histoire des moinesguerriers au Japon"*（佛教与战争：日本僧人史）. de G Renondeau. Reprinted in *Choix d'études bouddhiques (1929-1970)*, 216-299 . Leiden: E . J . Brill, 1973.

——1965. "Momies d'Extrême-Orient（远东木乃伊）." Reprinted in *Choix d'etudes sinologiques (1929-1970)*, 407-432. Leiden: E . J . Brill, 1973.

——1973a. *Choix d'etudes bouddhiques (1929-1970)*（戴密微佛学论文选）. Leiden: E. J. Brill.

——1973b. *Choix d'etudes sinologiques (1929-1970)*（戴密微汉学论文选）. Leiden: E . J . Brill

Doré, Henri, S T（禄是遒），1911-1938. *Recherches sur les superstitions en Chine*（中国民间信仰研究）. Shanghai. English translation: Researches into Chinese Superstitions, translated by M Kennely. Reprinted Taipei: 1966-1967.

Duara, Prasenjit（杜赞奇）. 1988. "Superscribing Symbols: The Myth of Guandi, Chinese God of War（雕刻的符号：中国武圣关帝的神话）." *Journal of Asian Studies* 47, 4:778-795.

驹泽大学禅宗史研究会编《慧能研究》，东京：大修馆书店，1978 年。

Faure, Bernard（伯纳德·佛尔）. 1986. "Bodhidharma as Textual and Religious Paradigm（作为文本和宗教范式的达摩）." *History of Religions* 25, 3:187-198.

——1987. "Space and Place in Chinese Religious Traditions（中国宗教传统中的空间与场所）." *History of Religions* 26, 4:337-356.

——1988. *La volonte d'orthodoxie dans le bouddhisme chinois*（中国佛教中的正统意志）. Paris: Centre Nationale de la Recherche Scientifique.

——1989. *Le bouddhisme Ch'an en mal d'histoire*（佛教在历史上的错误）. Paris: Ecole Française d'Extrême-Orient.

Forte, Antonino（富安敦）. 1976. *Political Propaganda in China at the End of the Seventh Century*（七世纪末中国的政治宣传）. Napoli: Istituto Universitario Orientale.

Foucault, Michel（米歇尔·福柯）. 1986. "Of Other Spaces（异类空间）." *Diacritics* 16, 1:22-27.

福岛俊翁，《论六祖慧能禅师与文人的关系》，载《禅学研究》。

Gallagher, Louis J（刘易斯·加拉赫），trans（译）. 1953. *China in the 16th Century: The Journals of Matthew Ricci, 1583-1610*（16 世纪的中国：利玛窦来华之旅，1583—1610 年）. New York: Random House.

Geary, Patrick（帕特里克·格里）. 1978. *Furta Sacra: Thefts of Relics in the Central Middle Ages*（富尔塔·萨克拉：中世纪中期的圣骨盗窃）. Princeton, Princeton University Press.

——1986. "Sacred Commodities: The Circulation of Medieval Relics（神圣商品：中世纪文物的流通）." In *The Social Life of Things: Commodities in Cultural Perspective,* edited by Arjun Appadurai, 169-191. Cambridge: Cambridge University Press.

Geil, William E（威廉·盖尔）. 1926. *The Sacred Five of China*（中国五岳）. Boston: Houghton Mifflin.

Gernet, Jacques（谢和耐）. 1949. *Entretiens du Maitre de Dhyana Chen-houei du Ho-tsö*（菏泽神会禅师访谈）. Paris: Ecole Française d'Extrême-Orient.

——1956. *Les aspects economiques du bouddhisme dans la societe chinoise du Veau Xe siècle*（中国社会佛教的经济方面）. Paris: Ecole Française d'Extrême-Orient.

——1959. "Les suicides par le feu chez les bouddhistes chinois du V e au Xe siecle（5—10 世纪中国佛教徒的舍身现象）." In *Melanges publies par I'Institut des Hautes Etudes Chinoises*, 2:528—558. Paris: Presses Universitaires de France.

Granet, Marcel（葛兰言）. 1968. *La pensée chinoise*（中国思想）. Paris: Albin Michel.

Hers, Joseph（约瑟夫·赫尔斯）. 1936. "The Sacred Mountains of China: Sung-shan the Deserted（中国的神山：被遗弃的嵩山）." *China Journal* 24, 2:76-82.

师蛮（1626—1710），《本朝高僧传》，《大日本佛教全书》第 63 册，东京：讲谈社。

徐宏祖，《徐霞客游记》，上海：上海古籍出版社，1980 年。

道宣，《续高僧传》，《大正新修大藏经》第 50 册，第 2060 部分。

Hsü Sung-pen（许嵩本）. 1979. *A Buddhist Leader in Ming China: The Life and Thought of*

Han-shan Te-ch'ing, 1546-1623（明代中国佛教领袖：憨山德清的生平与思想，1546—1623）. University Park: Pennsylvania State University Press.

胡适，《神会和尚遗集》，1930 年，台北：胡适纪念馆，1970 年重印。

Jan Yün-hua（冉云华）. 1965. "Buddhist Self-immolation in Medieval China（中世纪中国僧人的自焚现象）." *History of Religions* 4, 2:243-268.

——1966. *A Chronicle of Buddhism in China (580-960 A.D.)*（中国佛教编年史 [580—960年]）: Translations from Monk Ckih-p'an's "Fo-tsu t'ung-chi"（译自志磐《佛祖统纪》）. Santiniketan: Visva-Bharati.

Kiang, Chao Yuan（江潮源）. 1975. *Le voyage dans la Chine ancienne, considere principale-ment sous son aspect magique et religieux*（古代中国之旅，以其神话和宗教为视角）. Translated by Fan Jen. Vientiane: Editions Vithagna.

屈大均，《广东新语》，台北：学生书局，1968 年。

Lagerwey, John（劳格文）. 1981. *Wu-shang pi-yao: Somme taoiste du VI' siecle*（无上秘要：六世纪道教文献总汇）. Paris: Ecole Française d'Extrême-Orient.

Lévi, Jean（让·列维）. 1989. *Les fonctionnaires divins: Politique, despotisme et mystique*（神圣的公务员：政治、专制和神秘）. Paris: Seuil.

Li Chi（李祁 [英译]）. 1974. *The Travel Diaries of Hsu Hsia-k'o*（徐霞客游记）. Hong Kong: Chinese University of Hong Kong.

《历代法宝记》，约 774 年，《大正新修大藏经》第 51 册，第 2075 部分。

McRae, John R（马克瑞）. 1986. *The Northern School and the Formation of Early Ch'an Buddhism*（北宗与早期禅宗的形成）. Honolulu: University of Hawaii Press.

牧田谛亮，《中国佛教世俗化的过程》，载京都大学人文研究院编《人文科学研究所银禧纪念册》，京都：京都大学，1954 年，第 264—286 页。

Miyakawa, Hisayuki（宫川久行）. 1979. "Local Cults around Mount Lu at the Time of Sun En's Rebellion（孙恩起义时庐山周围的地方邪教）." In Welch and Seidel, 83-101.

望月信亨，《佛教大辞典》，10 卷，1932—1936 年，台北：地平线出版公司，1977 年重印。

Mus, Paul（保罗·慕斯）. 1935. *Barabudur: Esquisse d'une histoire du bouddhisme fonde'e sur la critique archéologique des textes*（佛教历史纲要——以考古学为基础）. 2 vols. Hanoi: Imprimerie d'Extrême-Orient. Reprint. New York: Arno Press, 1978.

永井政之，《曹洞禅者与嵩山少林寺》，《宗教学研究》第 18 辑，1976 年，第 151—156 页。

Porkert, Manfred（曼福瑞德·波克特）. 1979. *Biographīe d'un taoiste légendaire: Tcheou Tseu-yang*（传说中的道人：紫阳真人）. Paris: College de France.

Powell, William（威廉·鲍威尔）. 1989. "A Pilgrim's Landscape Text of Chiu Hua Shan（九华山朝圣景观文献）." Paper prepared for the Conference on Pilgrims and Sacred Sites in China. Bodega Bay, Calif. January 1989.

Prip-Møller, Johannes（约翰内斯·普林 - 穆勒）. 1937. Chinese Buddhist Monasteries（中国佛教寺院）. Copenhagen: Gads Forlag.

Reischauer, Edwin O（埃德温·赖肖尔）. 1955. *Ennin's Diary: The Record of a Pilgrimage to China in Search of the Law*（入唐求法巡礼行记）. New York: Ronald Press.

Sangren, P Steven（桑高仁）. 1987. *History and Magical Power in a Chinese Community*（一个中国社区的历史和魔力）. Stanford, Stanford University Press.

Sasaki, Ruth Fuller（鲁思·富勒·佐佐木）, trans（译）. 1975. *The Recorded Sayings of Ch'an Master Lin-chi Hui-chao of Chen Prefecture*（临济录）. Kyoto: Institute for Zen Studies.

泽村仙太郎，《少林寺灵塔》，《东亚学报》1925 年第 12 期，第 265—272 页。

Schafer, Edward H（薛爱华）. 1980. *Mao Shan in T'ang Times*（唐代的茅山）. Boulder, Colo.: Society for the Study of Chinese Religions.

Schipper, Kristofer（施舟人）. 1965. *L'empereur Wou des Han dans la legende taoïste*（道教神话中的汉武帝）. Paris: Ecole Française d'Extrême-Orient.

Seidel, Anna（石秀娜）. 1970. "A Taoist Immortal of the Ming Dynasty, Chang San-feng（明代道长张三丰）." In *Self and Society in Ming Thought*, edited by W T de Bary, 483-531. New York: Columbia University Press.

——1981. "*Kokuhō*: Note à propos du terme 'tresor national' en Chine et au Japon（国宝：关于 "tresor national" 的汉译或日译）." *Bulletin de I'Ecole Française d'Extrême-Orient* 69:229-261.

——1983. "Imperial Treasures and Taoist Sacraments: Taoist Roots in the Apocrypha（帝王宝物与道教圣礼：茶道里的道家之根）." In *Tantric and Taoist Studies in Honour of R A Stein*, edited by Michel Strickmann, 2:291-371. Brussels: Institut Beige des Hautes Etudes Chinoises.

关口真大，《达摩大师研究》，1957 年，东京：春秋社，1969 年重印。

《神仙传》，《大正新修大藏经》第 50 册，第 2064 部分。

椎名宏雄，《北禅宗在嵩山的发展》，《秋岳研究》第 10 辑，1968 年，第 173—185 页。

景日昣，《说嵩》，1721 年，载沈云龙主编《中国名山胜迹志丛刊》第 21 册，4 卷，台北，1971 年。

《曹溪大师别传》，《大日本续藏经》第 19 册，第 5 部分。

Soper, Alexander C（亚历山大·索珀）. 1962. "Two Stelae and a Pagoda on the Central Peak, Mt. Sung（中岳嵩山塔中的两篇碑文）." *Archives of the Chinese Art Society of America* 16:41-48.

Soymié, Michel（苏远鸣）. 1956. "Le Lo-feou shan: Etude de géographie religieuse（罗浮山宗教地理研究）." *Bulletin de I'Ecole Française d'Extrême- Orient* 48:1—132.

——1961. "Sources et sourciers en Chine（中国资料来源）." Bulletin de Maison Franco-Japonaise 7,1:1-56.

Stein, Rolf A（石泰安）. 1987a. *Le monde en petit: Jardins en miniature et habitations dans la pensee religieuse d'Extrême-Orient*（缩微世界：小型花园和远东宗教建筑中的住宅）. Paris: Flammarion.（本文简称"石泰安，1987 年 a"。——译者注）

——1987b. "Sudden Illumination and Simultaneous Comprehension: Remarks on Chinese and Tibetan Terminology（顿悟与同解：汉藏术语述评）." In Sudden and Gradual: Approaches to Enlightenment in Chinese Thought, edited by Peter N Gregory, 41-65. Honolulu: University of Hawaii Press.（本文简称"石泰安，1987 年 b"。——译者注）

Strickmann, Michel（司马虚）. 1977. "The Mao Shan Revelations: Taoism and the Aristocracy（茅山启示录：道教与贵族）." *T'oung Pao* 63, 1:1-64.

—— 1981. *Le taoïsme du Mao chan: Chronique d'une révélation*（茅山道教）. Paris: Presses Universitaires de France.

——1989. "Building the Sacred Mountain at Mao-shan（茅山的圣山营造）." Paper prepared for the Conference on Pilgrims and Sacred Sites in China. Bodega Bay, Calif. January，1989.

《嵩山少林寺辑志》，2 卷，载杜洁祥主编《中国佛寺史志汇刊》，台北：明文书局，1980 年。

铃木哲雄，《唐五代的禅宗：湖南江西篇》，东京：大东，1984 年。

——《唐五代禅宗史》，东京：山喜房佛书林，1985 年。

《唐会要》，961 年，台北：世界书局，1974 年印。

常盘大定，《日本僧人邵元所撰嵩山少林寺碑》，《东洋学报》，第 17 卷第 2 期，1928 年，第 86—110 页。

——《中国佛教史迹踏查记》，1938 年，东京：龙吟社，1972 年重印。

砺波护，《嵩岳少林寺碑考》，载川胜义雄主编《中国贵族制社会研究》，京都：京都大学人文研究院，1986 年。

冢本善隆，《中国净土宗研究》，东京：大东出版社，1976 年。

Turner, Victor（维克多·特纳）. 1974. *Dramas, Fields, and Metaphors: Symbolic Action in*

Human Society（戏剧、田野和隐喻：人类社会中的象征行为）. Ithaca, Cornell University Press.

Twitchett, Denis C（崔瑞德）. 1956. "Monastic Estates in T'ang China（唐代寺院）." *Asia Major* (n.s.) 5, 2:125-145.

宇井伯寿，《第二禅宗史研究》，1941 年；东京：岩波书店，1966 年重印。

Wang Hongjun（王鸿钧）. 1988. *Tales of the Shaolin Monastery*（少林寺碑文）. Translated by C J Lonsdale. Hong Kong: Joint Publishing Company.

鹫尾顺敬，《菩提达摩嵩山史迹大观》，东京，1932 年。

Watson, James L（华琛）. 1985. "Standardizing the Gods: The Promotion of T'ien Hou (Empress of Heaven) along the South China Coast（神明的标准化：华南沿海天后的推广，960—1960）." In *Popular Culture in Late Imperial China,* edited by David Johnson, Andrew Nathan, and Evelyn Rawski, 292-324. Berkeley: University of California Press.

Wechsler, Howard J（魏侯玮）. 1985. *Offerings of Jade and Silk: Ritual and Symbol in the Legitimation of the T'ang Dynasty*（玉帛供品：唐朝合法化的仪式与象征）. New Haven, Yale University Press.

Welch, Holmes（尉迟酣）, and Anna Seidel（石秀娜）, eds. 1979. *Facets of Taoism: Essays in Chinese Religion*（中国宗教文献——道教）. New Haven, Yale University Press.

Wen Fong（方闻）. 1958. *The Lohans and a Bridge to Heaven*（罗汉与通天之桥）. Washington, D.C.: Smithsonian Institution.

Xu Yun (Hsu-yun)（虚云）. 1988. *Empty Cloud: The Autobiography of the Chinese Zen Master Xu Yun*（虚幻之云：中国禅宗大师虚云自传）. Translated by Charles Luk Longmead, Shaftesbury, Dorset: Element Books.

Yampolsky, Philip B（菲利普·扬波斯基）. 1967. *The Platform Sutra of the Sixth Patriarch*（六祖坛经）. New York: Columbia University Press.

柳田圣山，《初期禅宗史书研究》，京都：法藏馆，1967 年。

——《初期禅史 I：楞伽师资记、传法宝纪》，东京：筑摩书屋，1971 年。

——《新续灯史谱系》，《叙一》，《禅学研究》第 59 辑，1978 年，第 1—39 页。

——《达摩》，东京：讲谈社，1981 年。

李能和，《朝鲜佛教通史》，2 卷，1918 年，东京：国书刊行会，1955 年再版。

宗密（780—841），《圆觉经大疏钞》，载《大日本续藏经》。

《云门山志》，杜洁祥主编《中国佛寺史志汇刊》第 6 册，台北：明文书局，1980 年。

Zürcher, Erik（许理和）. 1959. *The Buddhist Conquest of China: The Spread and Adaptation of*

Buddhism in Early Medieval China（佛教征服中国：佛教在中国中古早期的传播与适应）. 2 vols. Leiden: E . J . Brill.

5

普陀山：朝圣与中国洛迦之创造

于君方（Chün-fang Yü）

　　佛教中国的神圣地理是以大慈大悲的菩萨示现为人之地为标志的。虔诚的朝圣者希望通过这些圣山之旅得到福佑，如果他们幸运的话，还能看到神灵的示现。这些名山被称为"三大道场"或是"四大名山"。"三大道场"即山西五台山的文殊道场、四川峨眉山的普贤道场、浙江普陀山的观音道场。这三位菩萨传统上被称为"三大士"，是在整个亚洲佛教中享有尊崇的极乐世界的菩萨。四大名山除了以上三个地方外，还有第四个——安徽九华山，即地藏菩萨道场。这两种表述的使用都出现得相当晚。据我所知，这两种表述是在宋代（960—1279 年）之后才使用的。一位 14 世纪初的宁波方志作者使用了"三大道场"一词。但到了明朝（1368—1644 年）末年，这两个名称才被普陀山地方志（《普陀山志》）的作者所使用。1698 年版山志的编纂者裘琏对"四"这个数字给出了解释："地、水、火、风为四大结聚。九华地也、峨眉火也、五台风也、普陀水也。"裘琏接着评论道："然池洲地介江表，蜀晋稍远，亦在内地，计程可到，独洛迦孤悬海外，可谓远且险矣。然历朝来，上自帝后妃主、王侯宰官，下逮善信男妇，缁流羽衣，远近累累，无不函经捧香，顿颡茧足，梯山航海，云合电奔，来朝大士，方之二峨、五台、九华，迨有加焉。"（《增修南海普陀山志》，1698 年，卷 2，第 4 页；佐伯富，1961 年，第 372、373 页）

普陀山成为全国性以及国际性的观音朝拜中心，是一个迟缓的过程：始于 10 世纪，16 世纪逐渐兴旺，并且在 18 世纪后才达到顶峰。相比之下，其他"名山"，特别是五台山和峨眉山，在唐代（618—907 年）就已经闻名天下了。与此同时，观音朝拜也开始流行起来。正是因为流行观音朝拜，大陆上兴建起许多观音朝拜中心。尽管文殊和普贤的其他地方朝拜中心，都不如五台山和峨眉山那样有感召力，但普陀山的情况却大不相同：因为普陀山最终成为最重要的观音朝圣地，所以它在后期才能与其他宏伟的朝圣中心相提并论。

普陀山能够取代大陆的宗教中心，是因为它宣称自己是"洛迦"，也就是《华严经》提到的观音菩萨居住的岛屿。《华严经》也为五台山和峨眉山成为圣地提供了经典依据。由般若在公元 795—810 年间翻译的四十卷本《华严经》尤为重要，它描述了善财童子朝圣求道的历程。在《华严经》中，观音是作为善财童子参拜的第二十八位"善知识"而出现的：在一片茂密的丛林中，观音坐在洛迦山的金刚宝座上，向善财宣讲佛法。洛迦山也是最重要的密宗经书之一《千手千眼观世音菩萨大悲心陀罗尼经》的翻译之地，该经是由伽梵达摩在约公元 700 年翻译的。这部佛经讲述了众菩萨在普陀洛迦山观世音殿堂上的集会，其他菩萨聚集在释迦牟尼佛周边，观音向他们显示无所不能的救生陀罗尼。

当这座岛屿与这些有影响力的经文联系在一起时，中国普陀洛迦的构建者也把由陆地朝圣中心发展而来的观音神话和图像元素结合起来，把这类朝圣中心以及与这类朝圣中心有关的地方传说的出现归功于观音的神迹。我认为，只有当观音与某些地方联系在一起，且人们开始前往这些地方朝圣时，观音朝拜才真正在中国扎根。菩萨在中国所受到的广泛文化融合，为观音朝圣地的急剧增多提供了另一个理由。在所有至尊的佛教神灵中，唯有观音经历了性别变化，并因此成功地完全成为中国人（石泰安，1986 年）。由于她在中国深受欢迎，崇拜她的许多宗教中心出现在不同地方。神迹把观音牢牢地固定在这些地点上，并在此过程中为观音提供了本土生活的故事和造像。①

因此，神迹和朝圣地在中国的观音朝拜中起着重要作用，它们为观音的通俗化和中国化做出了贡献。神迹故事、当地传说、文学和艺术是朝圣者了解朝圣地点信息的媒介。它们创造了潜在朝圣者的期望并且有可能影响朝圣者在朝圣期间的体验。朝圣者，无论僧俗，都是把当地传说传播到全国其他地区的代理人，山志的编撰者也对这些传说进行了精心搜集和保存。正如我将在下面讨论的，这是使每一地点合法化的有力依据。

同一神灵的不同朝圣中心之间的关系值得进行仔细的研究。我们可以谈论中国的地方性、区域性、全国性甚至国际性的朝圣地点吗？它们总是为了声望和特权而相互竞争吗？还是有些人会利用时间更久、更成熟的圣地的更大名望来确认他们新认可的"灵验"呢？观音朝拜及众多的观音朝圣地为我们的研究提供了理想的范例。虽然本文集中讨论了普陀山成为中国普陀洛迦的机制和过程，但我还是会透过大陆上其他朝圣地点来研究这些发展。正如

---

① 本文为有关观音崇拜的著作（《观音——菩萨中国化的演变》，中译本由商务印书馆 2012 年出版。——译者注）中的一部分，在此提出的问题，我在该书中进行了更深入地探讨。1986—1987 年，我在中国从事研究工作，在杭州住了 6 个月，采访了上天竺寺和普陀寺的朝圣者。在书中，我讨论了观音神话，它们是通过女性朝圣者的歌曲和奇迹讲述观音的，读者也可以在我的观音朝圣录像带（1989 年）和其他出版物中找到相关资料。我非常感谢美国学术团体协会、中美学术交流委员会（the Committee on Scholarly Communication with the People's Republic of China）以及罗格斯大学研究委员会对我开展观音研究的支持。

伯纳德·佛尔在本书文章中所指出的，研究朝拜中心的形成和衰落可以为我们提供研究中国宗教社会历史所亟须的史料。

为观音朝拜而建的朝圣地

大多数讲述观音朝圣地起源的神话包含了两个基本主题：或是传说观音亲自示现并为众生创造神迹，或是该地因拥有观音显灵的造像而闻名——造像或是自然形成的（自作），或是由观音（他／她）自己所造的。[1] 因此，关于朝圣地创立的神话，反映了当时对超自然现象的主导认识。有时这两个主题都被用于同一朝圣地的创始神话中。首先我将对大陆上的三个朝圣地进行简单的论述，每个朝圣地都代表了一个主题。接下来，我将研究普陀山的案例：最初是因为在普陀山会有可能看到观音示现，从而吸引了朝圣者，并在一定程度上接连持续了数个世纪。

因为妙善的传说及其与香山寺朝圣中心的关系，使得中世纪首个的观音朝拜中心的创建广为人知，已经引起了学术界的广泛关注（石泰安，1986 年；杜德桥，1978 年、1982 年；塚本善隆，1955 年）。

香山寺位于嵩山以南 200 里的一座山上，距河南汝州宝丰县东南数里处。紧邻寺院的是大悲塔，内有千手千眼观音像，"大悲"一词就是特指这种造像。在唐代，随着密宗的传入，这种类型的造像变得非常流行（小林太一郎，1953 年；索柏，1960 年）。《画品》的作者李荐（1059—1109 年）把这种造像描述为"乃大悲化身自作"。他将此尊像与所见到的其他大悲观音像相对比：一尊是由唐大中年间（847—859 年）名画家范琼所作的一幅不到一英尺长，有三十六臂的观音画像。另一尊位于襄阳东津天仙寺，也是"大悲化身

---

[1] 这种奇迹般形成造像的参考资料，可以在权威文集如《法苑珠林》和《太平广记》中找到。类似的现象在印度教和天主教中也有记载。

自作"。天仙寺为尼姑庵。唐武德年间（618—626 年），尼姑们希望在主殿壁上绘制大悲观音像，为此她们去寻请一位技艺精湛的画家。一对夫妇带着一名少女前来祝祷，绘制这幅大悲观音像的这位少女被认为是观音的化身（杜德桥，1978 年，第 16 页；石泰安，1986 年，第 46 页；塚本善隆，1955 年，第 269 页）。

然而，香山寺的案例是独一无二的，因为观音不仅在此造像，而且化身为人住在这里。杜德桥的说法非常具有说服力：这种崇拜始于公元 1100 年当地官员和该寺院住持的共同推动。我们将会看到，这种模式也经常出现在其他朝圣中心的创建过程中。蒋之奇（1031—1104 年）曾短暂在汝州担任过知府并于 1100 年初与香山寺住持见过面。住持送给蒋之奇一本题为《香山大悲菩萨传》的书，该书收录了据说是著名的道宣法师（596—667 年）与天人问答中的精妙之语。这本书是一位以朝圣者身份到达香山寺的神秘僧人带给住持的，讲述了观音是如何以妙善的形象出现的：妙善是妙庄王的第三个女儿。妙善信奉佛教，拒绝出嫁。当父亲生病时，妙善用她的手眼医治父亲的疾病。她以千手千眼的形象出现在父母面前，后又恢复了原来的样子，最后去世。每年农历二月，其佛塔所在地方（连同她绘制的画像？）吸引人来朝拜。蒋之奇根据别人告诉他的故事撰写了有关妙善 / 观音的故事，著名书法家蔡京为石碑书丹。到 12 世纪早期，香山寺显然已经成为一个兴旺的朝圣中心。

蒋之奇并未在汝州久留。在到任不及三年后，于 1102 年 11 月至 1103 年 10 月转任杭州知府。如杜德桥所论，蒋之奇极有可能把这个故事从河南带到了杭州。在上天竺寺，那里曾矗立着一座断成两截的石碑，上书"重刻大悲传"（该石碑的上半截已毁，而且没有留下拓片）。该石碑立于 1104 年，重述了观音作为妙善公主的故事（杜德桥，1982 年，第 591—593 页）。虽然上天竺寺在蒋之奇到来之前的一个多世纪就已经成为重要的观音朝拜中心，但这个故事在杭州可能并不为人所知。然而，一旦这故事传到杭州，就与上天竺寺建立了紧密的联系，因为《香山宝卷》详载的妙善故事版本广为流传，而《香山宝卷》据说就是上天竺寺僧人普明所撰。这个故事深植于上天竺寺，或许正是因为这个故事使得该寺供奉的观音被认为是女性。1138 年，随着开封被金国占领，杭州成为南宋都城，香山寺就衰败了。后来，位于杭州的上天竺寺无可争辩地成为全国性的观音朝拜中心，直到几百年后，普陀山才作为一个重要的竞争者出现。

南五台山

印光（1861—1940 年），一位净土祖师和观音的重要信奉者，在 20 世纪 30 年代资助修订了新版《普陀山志》。他在序中写道：

菩萨大慈大悲，普为法界众生特怙，由兹举国人民，各皆信奉，故有家家观世音之常谈。其应化道场，固非一处，如陕西南五台山、大香山，浙江天竺山等。其感应昭著，香火胦虿，唯南海普陀山，最为第一。（《普陀洛迦新志》，1924 年，第 16 页）

南五台山，又名五峰山，位于终南山的南侧，离西安南部约 50 里。在同一序言中，印光增补了一篇有关南五台山创始的记述，利用的资料源于一位元代僧人 1271 年所立石碑的碑文记载：

昔隋时仁寿（601—604 年）中，此山有毒龙焉。以业通力，变形为羽人，携丹药货于长安，诈称仙术，以欺愚俗。谓此药之灵，服者立升于天。呜呼！无知之民，轻信此语，凡服此药而升天者，不知其几何，又安知堕彼羽人之穴，以充口腹耳。而一方之民，尚迷而不悟。唯我大士，以悲愿力，现比丘身，结草为庵，止于峰顶。以妙智力，伏彼妖通，以清净风，除其热恼，慈念所及，毒气潜消，龙获清凉，安居岩穴。民被其德，各保其生，昔之怪异，不复见矣。

由此，灵贶达于朝廷，以其于国有功，于民有惠，建寺峰顶，而酬酢之。大士以慈风法雨，普济含灵，慧日净辉，破诸冥暗。于是搢绅向慕，素俗钦风，割爱网以归真，弃簪缨而入道。大士尝居磐石，山猿野兽，驯绕座隅，百鸟聚林，寂然而止，如听法音，久而方散。呜呼！建寺之明年，六月十九日，大士忽示无常，恬然入灭。异香满室，愁雾蔽空，鸟兽哀鸣，山林变色。于是寺众闻于朝廷，中使降香，奉敕赗赠，以崇冥福。

荼毗之际，天地晦冥，斯须之闲，化为银界。忽闻空中箫鼓响，山岳摇，瑞云奔飞，异香馥郁。忽于东峰之上，现金桥，桥上列诸天众，各竖幢幡，及雨金华，纷纷而不至于地。最后于南台上，百宝灿烂，广莫能知，冲天无际，影中隐隐现自在端严之相。慈容伟丽，缨络铢衣，天风飘飘，焕然对目。尔时缁白之众，千百余人，咸睹真仪，悲喜交集，莫不涕泣瞻依，称名致敬，始知观音大士示迹也。清气异香，经于累月。

左仆射高公，具奏其事，皇上览表，嘉叹久之。收骨起塔，御书牌额，锡号为观音台寺，拔赐山林田土，方广百里，每岁时降御香，度僧设供，大崇法化。

至唐大历六年（771年），改号为南五台山圣寿寺焉。五代之世，兵火连绵，诸台殿宇，并遭焚毁，虽有残僧坏屋，尚与木石共处矣。至宋太平兴国三年夏（978年），前后六次，现五色圆相祥云等瑞。主僧怀伟，具申府尹，被奏天廷，敕赐金额，为五台山圆光之寺。由是增修宝殿，绘塑真仪，烟霞与金碧争辉，铎韵共松风演妙。诸台屋宇，上下一新，嗣续住持，香火不绝，慈辉所烛，石孕祥云，法雨所沾，水成甘露。台南数百步，有石泉焉，注之方池，色味甘洁，能除热恼，能润焦枯，舒之则沙界滂沱，卷之则石池澄湛。

或时亢旱，迎请者相继于道途，感应如期，州郡已彰于简牍。怀生蒙祐，草木沾恩，自昔迄今，声华不泯。噫！大圣以悲愿力，福被一方，而一方之民，亦不忘于慈祐。每遇清明之月，及夏季忌辰，不远百里，陟险登危，皆以净心踵足而至者，何啻百千万耶。扶老携幼，阗溢道路，相继月余，各以香花音乐，缯盖幢幡，资生之具，持以供养。于是头面顶礼，致敬致恭，睹相瞻仪，旋绕赞叹，莫不洗罪蒙福，殄障沾恩，岂徒为奔走跋涉而已哉！（《普陀洛迦新志》，1924 年，第 18—20 页）

引用以上大段文字，是因为南五台山的情况可以作为建立观音朝圣中心的典型范例。它始于观音的显灵以及其为社会创造的神迹。观音化身为神游僧人，这是《六朝古逸观世音感应记》（第 222—589 页）中记载的菩萨的一种普通装扮（牧田谛亮，1970 年）。[1] 此地最初极有可能是道教场所，而佛教徒的接管是由传说中那个伪装的神仙（实际上是条食人龙）所暗示的。这种竞争使我们联想到发生在庐山上的类似情况（见佛尔所写的本书第 4 篇文章）。此外，南五台山的发展得到了皇家的认可和资助，而且南五台山僧人的劝募也使南五台山持续兴旺。新的神迹使南五台山复兴。最后，南五台山是由朝

---

[1] 对该圣地的朝拜一直持续至今。1986 年 9 月，我拜访了陕西省佛教协会理事长许立功和秘书明达。他们都是陕西人，对于当地传说非常熟悉，称观音为"降龙观音"。根据他们的说法，观音是一位老媪，而非僧人。以前有一座寺庙（名为圣寿寺）坐落在山脚下，寺内的壁画描绘了观音救世的行为。该寺庙附近有一个山洞，入口处供奉着观音的"肉身"（该寺庙和塑像都在"文革"中被毁）。

从山脚到山顶平台的圆光寺，沿路有 72 座小寺，称为"汤房庙"。每座小寺都与某个村子保持联系。每年五月二十五日到六月十九日，举办朝圣的"大观音庙会"，来自这些特定村庄的香会以汤和水供养这些寺庙，为膳食自理的香客提供住宿。这与韩书瑞在有关妙峰山文章中所讨论的由香会维持的茶棚情形非常相似（本书第 8 篇文章）。明达参加了 1948 年的朝圣活动。他回忆道：那里到处挤满了人。香客们随着乐队而来。他们总是演奏相同的旋律，但歌词不同，最后一句总是以"人人念佛"结尾。山谷里有茅棚，是苦行僧修行的地方。许立功告诉我，早在 20 世纪 80 年代初，即便那些小寺庙已经所剩无几，但香客还是会陆陆续续返回南五台山朝圣，僧人们也开始致力于这两座大寺庙的重建。

圣者的热情维持着的，他们当中许多人经常到此参拜。

杭州上天竺寺

上天竺寺的盛名与观音神奇般"宛然天成"的塑像联系在一起。公元939 年，上天竺寺在僧人道翊的主持下经历了一次大复兴，道翊发现了这尊塑像（《咸淳临安志》卷 80，第 6—13 页；《西湖游览志》，第 11 页）。那一年，道翊从终南山而来。终南山是一座名山，位于上文提到的南五台山以北，又是道仙经常提到的超凡之地，一个讲述妙善公主之事的僧人也提到了终南山。这个传说故事讲到，有一天晚上，当道翊正在冥思时，忽见溪中一道亮光。当他往水里看时，发现了一块数尺长的奇木，异香袭人，肤理神色与凡木迥殊。道翊请当地的工匠孔氏打造观音像。孔氏把木头剖开，内有观音像"宛然天成"，冠服俱美，慈颜婉好。孔氏欲用其他的塑像替换这尊观音像，但是观音在梦中告诫道翊不要受骗。当欺骗被揭露时，孔氏不得不交出那尊观音自作的雕像。几年后，在乾祐年间（948—950 年），道翊梦到"白衣人"前来相告，翌日将有一位名叫从勋的僧人自洛阳来，随身带有古佛舍利，当求之。当从勋到达时，看到了观音像，非常感动，提出要将此圣物置于观音顶冠中（《杭州上天竺讲寺志》，1980 年，第 26 册，第 29、86、227 页）。

《杭州上天竺讲寺志》没有描述观音最初出现的形貌，但其很可能是以女性白衣观音的形象出现的。当我们研究另一组有关寺院建立的传说时，这一假设变得清晰起来。这些神话是以吴越国开国国主钱镠（852—932 年）为中心的。传说，钱镠登上王位之前，梦见一位妇人，向他许诺，如果他心怀慈悲，必定会护佑他及后代子孙。她还告诉钱镠，"二十年后当觅我于天竺山中"。当钱镠成为国主后，梦到了同一位妇人。这次，她向钱镠索要一个栖身之所，作为回报，她同意做他王国的守护神。后来钱镠四处访求，在天竺山发现了唯一的白衣观音像。为此，他修建了上天竺看经庵，这是上天竺山早期的名称（《杭州上天竺讲寺志》第 26 册，第 31 页）。从这个描述看，坐落在天竺山的造像似乎是女性白衣观音。在万历年间（1573—1620 年）看到这尊观音像的一位朝圣者描述其为坐相，高二尺四寸，善财、龙女分别侍立左右（《杭州上天竺讲寺志》第 26 册，228 页）。

白衣观音是唐朝末年出现的数种观音女性形象之一，自 10 世纪开始广泛流行（于君方，1990 年 a，第 256—271 页）。观音寺庙的绘画、雕像、神话故事和创始神话始于北宋时期（960—1127 年），普陀山观音朝圣地在同一时期逐渐形成，上述这些都证明观音女性形象流行的事实。[1] 因为受到虔诚信徒的爱戴，以及禅僧和文人画家的歌颂，许多白衣观音的绘画得以保存下来（图 5-1）。起初，在宋代，白衣观音画在风格上更类似于早期的水月观音。白衣观音画和水月观音画都描绘了独坐的观音，环绕以瀑布、大海、竹子和其他表现自然的东西。然而，这两者之间有一些主要的区别：水月观音，可能穿白色或五颜六色的长袍，总是坐在满月下或凝视着水中月亮的倒影；白衣观音，总是披着白色斗篷，经常被描绘于没有月亮的情景中。明朝时期，在普陀山因观音道场而闻名全国之后，白衣观音造像开始与洛迦观音造像逐渐融合在一起。

上天竺寺的观音因其在避免天灾方面的令名和向朝圣者托梦等神迹而渐为人知。据当地知府所载的灵验神迹，宋仁宗于 1062 年赐匾给"天竺灵感观音院"，并把它重新划归为一座禅宗寺院。苏轼（苏东坡，1037—1101 年）和辩才禅师（圆寂于 1091 年）之间的友谊，在文人和官员中提升了上天竺的名气。禅师和士大夫普遍认可观音，这对观音崇拜大有益处，上天竺寺也成为观音崇拜的中心。在杭州成为南宋（1127—1279 年）都城后，这座寺院经

① 欲了解诸如杭州寺庙由于白衣观音造像而发展的更多事例，参见《延祐四明志》卷 16，第 15 页。

图 5-1　白衣观音（《大士轴》）

柯九思（1290—1343 年）作，天如惟则禅师书跋尾，台北"故宫博物院"藏

常得到皇帝的亲临和青睐。宋孝宗（1162—1189 年在位）赞观音为"天竺广大灵感大士"。在后来的朝代，皇帝们继续护持。寺志记载了传说中的一些神迹：观音在 998 年、1000 年、1135 年、1374 年、1455 年、1477 年、1503 年、1539 年、1542 年、1545 年和 1626 年成功降下甘霖；在 1065 年、1580 年、1608 年，三次使杭州百姓免于洪灾；并把杭州百姓从 1016 年的蝗灾及 1588 年的瘟疫中拯救出来。当 998 年连续 5 个月没有降雨时，给事中迎观音像至城里的梵天寺，与众官员一起祈雨。这为后来的祈求观音显神迹设定了模式：所有官员迎观音像入城，向菩萨祈愿（《杭州上天竺讲寺志》，1980 年，第 26 册，第 33—40 页）。

在明朝，二月十九被称为观音的诞日，这是对所有朝圣者而言最重要的一天。他们来自远近各地，事先斋戒，然后于庆典前一日进入寺院。"不啻亿万众殿宇不能容，皆露坐达旦，名曰宿山"（《杭州上天竺讲寺志》，1980 年，第 26 册，第 41 页）。[1]

一年一度到来的庞大人群创造了西湖香市（亦被称为天竺香市）。朝圣的经济方面本身就是值得研究的课题。正如政治护持会影响朝圣地点的命运，作为朝圣副产品的经济活动很可能是决定一个朝圣地点寿命的因素之一。我们幸而拥有一些有关上天竺寺朝圣香市的见闻纪实。明朝作家张岱是位狂热的旅行家，吴百益在本书的文章中对其到泰山的朝圣之旅已经进行了描述，张岱如此描述 17 世纪的香市：

西湖香市，起于花朝，尽于端午。山东进香普陀者日至，嘉湖进香天竺

---

[1] 显然，这个传统一直延续至今。1987 年春天，从 2 月中旬到 5 月初，我观察和采访了前往杭州"朝春香"的香客。我在为"中国朝圣者和圣地"研讨会（1989 年 1 月 2 日至 7 日，加利福尼亚博德加湾）准备的论文中记录了到上天竺寺的朝圣者团体和朝圣者的活动。对我而言，最有趣的发现是，女香客熟知妙善公主的故事，她们唱着妙善公主万岁的歌曲，歌名叫《观音经》。我记录了大约 20 首歌，并在研究会论文《神迹、朝圣和观音崇拜》（参见于君方，1989 年）中转载了几首。

者日至。至则与湖之人市焉，故曰"香市"。然进香之人市于三天竺，市于岳王坟，市于湖心亭，市于陆宣公祠，无不市，而独凑集于昭庆寺，昭庆两廊故无日不市者。三代八朝之骨董，蛮夷闽貊之珍异，皆集焉。至香市，则殿中边甬道上下，池左右，山门内外，有屋则摊，无屋则厂，厂外又棚，棚外又摊，节节寸寸。凡胭脂簪珥、牙尺剪刀，以至经典、木鱼、伢儿嬉具之类，无不集。（《杭州府志·风俗物产》单行本，1924 年，卷 2①，第 14—15 页）

19 世纪上半叶范祖述的文章，讲述了一个类似的故事。据他记载，香客主要来自江苏苏州地区和浙江的杭州、嘉兴、湖州三府，但也有来自山东、安徽、福建、广东和广西的朝圣者。朝圣者到杭州有两条路线：北上经大运河，在松木场上岸；南下经长江，在钱塘江边上岸。范祖述估计每天到达的人数有数万。在所有出售的商品中，蜡烛、熏香、念珠和用锡箔纸装饰的冥币销量领先，这些商品主要产于杭州和绍兴。

据范祖述所载，绍兴的朝圣者有向上天竺寺供奉重达数十斤的大蜡烛的习俗。每根蜡烛"用架装住，两人杠抬，余人和以锣鼓，到庙将大烛燃点即熄，带回以作照蚕之用"。还有其他的供品。例如，香客"又以黄布、白布或数匹或数十匹不等，扯长间段，牵曳而行，名为舍幡"。其实均送与和尚。香分为檀香、线香二种：檀香数百斤，线香千百十股，略为烧点，余则亦送与和尚。故上天竺之香布极多，至于"点残蜡烛，仓中散放，不知其几千万斤"。所以上天竺和尚、吴山道士"各房头均有嫡派子孙相传薙度，外人不得而与焉"。"城外赶香市者，不过十分之一，而城中各行生意，夏、秋、冬三季敌不过春香一市之多。"（《杭州府志·风俗物产》单行本，1924 年，卷 2，第 15 页）

---

① 此处有误，应为卷 3。引文英译与原文有明显出处。此次回译，照录原文。——译者注

没有必要做进一步叙述了。所有的资料显示，上天竺寺是南宋时期观音崇拜的国家朝圣中心。虽然在清朝（1644—1911 年），朝圣者继续到此参拜上天竺寺，但其最终被普陀山超越，普陀山成功成为这一时期唯一真正的观音道场。这是如何发生的，将是本文其余部分所要讨论的内容。

我们将对作为洛迦的普陀山的创造过程和机制进行研究。在这个层面上，岛上的神话和意识形态的建设符合经文提供的模式，从而使得景观改形易貌。特定的地点被挑选出来，并被认定为神秘而灵验的地方。"潮音洞"就是这些地点中最重要的一处，传说中观音出现在那里并示现于朝圣者。随着时间的推移，其他地点加入进来：磐陀石和紫竹林都是传说观音示现说法之处；当侍从观音的龙女、善财和鹦哥开始出现在朝圣者自述所见到的幻象中后，毗邻潮音洞的龙女洞、善财礁和鹦哥石也成为朝圣者期盼可以与观音接触的地点。

在另一个层面上，我们将要研究普陀山是如何自然形成的，也就是经历建立、摧毁，然后重建的周期。每次普陀山从废墟中崛起，新寺院就会在新住持下修建起来，新的灵验之地就会被发现并广泛宣传。例如，梵音洞，位于北寺附近，在 16 世纪后期的重建过程中，观音在此示现于朝圣者面前的传说，使之成为广为人知的地方，这增加了北寺的声望。随着知名度的提高，更多的朝圣者来到这个洞窟，而不是更早和更有名的潮音洞。该地实体建筑物的兴建与重建告诉我们很多朝圣者与这座岛屿之间的互动关系，其中包括所有寺院的开山祖师和岛屿之间的互动关系。

普陀山

虽然"普陀山"的字面是"山"，但它实际上是舟山群岛众多小岛之一。该岛形状狭长，南北长 13.8 公里，东西长 5.6 公里，陆地面积总计 77.3 平方

北

慧济寺　佛顶山

北寺

杨枝庵

梵音洞

千步沙

东　海

梅岑峰
梅福庵
南寺

潮音洞
金刚宝石
善财龙女洞
鹦鹉石　　善财石
不肯去观音院
紫竹林

洛迦

桃花山

山峰
洞窟
寺院

道路
岛
沙滩

约翰·陈·刘易斯绘，1991 年

地图 5-1　普陀山

公里（地图 5-1）。宁波位于普陀山正西 70 英里处。普陀的发展与宁波作为国家级和国际级贸易中心的出现密切相关。隋唐时期，两个变化促成了这些新发展。大运河的修建将陆路贸易的主要路线延伸到了东海岸。通过连接南方的生产和北方的消费，也刺激了长江下游三角洲的经济发展。与此同时，由于指南针发明后航海技术的改进，连接长江三角洲与中国沿海、东亚和印度洋港口的海上贸易变得活跃起来。宁波从这两个变化中获益。通过水路连接杭州，宁波实际上成为大运河的南部终点站。杭州湾的浅滩和涌潮，使得来自中国东南部的远洋帆船不得不把它们的货物运到宁波，用更小些的船只把货物运往杭州湾和其他内陆港口。出于同样的原因，来自长江下游地区的产品必须用船运到宁波进行海外贸易。鉴于其重要的地理位置，负责监督沿海贸易和管理朝鲜和日本海运岁贡的机构——市舶司，自 992 年到 1523 年几乎一直设在宁波。到了南宋，航运业蓬勃发展，国际和国内市场都得到了发展。这些因素极大地刺激了宁波及其附近地区的发展，包括普陀在内。在交易的商品中，香经常被提及，而且宁波的工匠以制作佛具而驰名（斯波义信，1977 年，第 392—410 页）。

这座岛屿虽小，却位居要地，成为当时中国南北方以及中国和日本之间的海上要冲。唐朝初年，日本船只经北线抵达中国，经朝鲜半岛抵达山东。但到了唐代中叶以后，新罗统一了朝鲜三国，日本船只开始航行南线，经由冲绳到达宁波和越州（今绍兴①）。如果他们顶着东北风沿这条南线航行，需要五天五夜才能到达沈家门（一座靠近普陀的港口），在那里，他们必须等待中国海关的检查。在返回日本时，他们也在普陀等待良好的航行天气。因此，在明清时期，当普陀成为全国观音朝圣地时，也成为一个重要的国际海上贸易港口（徐明德，1987 年，第 135—137 页）。

---

① 原文误作"扬州"。——译者注

普陀岛多山，许多低矮山丘和天然岩层星罗棋布。为了凸显此岛多山的特性，普陀山志的作者煞费苦心地把各类自然景观的高地进行了分类。最近版本的普陀山方志（1924 年）列出以下几类：十六山、十八峰、十五岩以及三十石（《普陀洛迦新志》，1924 年，第 81—103 页）。

唐代，此岛在成为佛教圣地之前，似乎享有道教避世天堂之美誉。岛上最有名的山峰梅岑峰，是岛屿南部的最高峰。其名取自公元前 1 世纪末生活在岛上的人物梅福。据记载，汉成帝统治时期，梅福曾在岛上避难，并在附近的山上炼丹。晚明高僧如迥为纪念他而建造了梅福庵。事实上，在被称为普陀之前，在宋以前的史料中整个岛被称为"梅岑"。除梅福外，其他道教名人也与此岛有关。秦朝（前 221—前 206 年）末年，安期生为避乱世，逃离大陆，到岛上炼丹。据说他有一次醉酒，泼墨于岩石之上，画出桃花盛开之景。这个传说就是"桃花山"之名的由来，它位于南寺的西南面。据传，如果细看，桃花轮廓仍依稀可辨。"葛洪井"是以一位著名道士葛洪（253—333? 年）命名的。[①]

该方志的编纂者承认这座岛屿与道教的关系。他们不仅接受了这座岛在佛教出现之前的历史，而且似乎还乐于利用这一声誉。如同传说中的蓬莱仙岛和方丈仙岛，普陀岛也被视为圣地；但不同的是，蓬莱仙岛和方丈仙岛渺不可闻，而一般人却可以到普陀旅行。最早编纂普陀山志（1361 年）的盛熙明表达了这一观点：

蓬莱方丈，在弱水中，非飞仙莫能到。昔秦皇汉武，穷年远讨，劳神苦体，卒如捕风追影，终不得其涯涘。今小白华山，距四明不远，为圣贤托迹之地，石林水府，神光瑞像，虽在惊涛骇浪之间，航海乘风，刻日可至。（《补

[①] 1705 年的山志提到了这三个地方，但早期的山志只提到了梅福。1924 年的山志对葛洪的传说持怀疑态度（《普陀洛迦新志》，1924 年，第 525 页）。

陀洛迦山传》，《大正新修大藏经》，第 2101 部分，第 1136 页）

然而，佛教对这座岛屿的"接管"（如果确实可以使用这个词的话）显然是和平的，没有任何证据表明与先前存在的宗教权威——道教有过斗争。因此，困难不在于如何战胜或取代早期的信仰，而是在于如何使新的主张名正言顺。在 11 世纪和 12 世纪，普陀和洛迦之间的等同性已经被一些受过教育的人，包括僧侣和文人，视为理所应当，这种融合导致了对普陀山的合法性认定。例如，在 1165—1173 年间撰写《草庵记》的南湖道隐即是如此。《佛祖统纪》引述了其中的一段文字：

乃迎至补陀山，山在大海中，去鄞城（今宁波）东南水道六百里，即《华严》所谓南海岸孤绝处，有山名补怛洛迦，观音菩萨住其中也。即《大悲经》所谓补陀洛迦山观世音宫殿，是为对释迦佛说大悲心印之所。其山有潮音洞，海潮吞吐，昼夜砰訇。洞前石桥，瞻礼者至此恳祷，或见大士宴坐，或见善财俯仰将迎，或但见碧玉净瓶，或唯见频伽飞舞。去洞六七里有大兰若，是为海东诸国朝觐，商贾往来，致敬投诚，莫不获济。（《佛祖统记》卷 42，《大正新修大藏经》，第 2035 部分，第 388 页）

在有关这座岛的大多数早期记载中，潮音洞都被挑选出来加以强调，因为这是观音在朝圣者面前示现之处；此段文字还特别提到了商人和使臣，正是他们使得该岛被建为朝圣地，并一直是普陀山的主要捐助人。

从宋代开始，才有到访普陀山的重要官员、文人骚客开始撰文记述。上岛朝圣的游人留下了大量的诗词歌赋，这些都被收录于山志之中。

宋代政治改革家王安石（1021—1186 年）、元代著名画家赵孟頫（1254—1322 年）、明代新儒学思想家陈献章（1428—1500 年），他们只不过是对岛屿印象进行记载的众多作家中三个有名的例子而已。

尽管他们的著述无疑提高了该岛的名气（也因此被山志的作者小心翼翼地保存着），但大多数诗歌都是关于自然景观的，以程式化的描述记载了他们对岛上景色的概略印象。最常见的是赞颂岛上的十景或十二景的系列诗赋。这样的文学写作遵循的是一种既定惯例，很少揭示作者的内心感受。王安石的《游洛迦山》就是其中典型的例子：

> 山势欲压海，禅扃向此开；
>
> 鱼龙腥不到，日月影先来。
>
> 树色秋擎出，钟声浪答回；
>
> 何期乘吏役，暂此拂尘埃。
>
> （《重修普陀山志》，1607 年，卷 5，第 389 页）

虽然僧人、商人、使臣和官员自宋代开始来到普陀，甚至其中有些人撰文歌咏，但直到 1361 年普陀才有了第一部史志。其作者盛熙明是来自喀什的移民后裔。[①]盛熙明游历各地，对观音尤其感兴趣。他熟知大陆上的一些著名观音朝拜中心，包括南五台山和上天竺寺，但起初对普陀山就是珞迦山的说法也持怀疑态度，直到一个奇异梦境使他完全改变了态度。随后，盛熙明撰写了一段有关该岛的简短历史，为普陀与洛迦的等同性提供了经文依据和创始神话依据。盛熙明是该岛的八位山志作者中的第一位。这八部山志共同构成了将这个岛屿转变成洛迦山最有说服力的一种方法，也成为传播这种等同性的强大媒介。尽管这些山志的撰写历史跨越了 600 年左右，但它们逐渐累积形成了一套完整的传统。后来的作者参照、引用前人的著述。当然，每位作者都会略去某

---

① 盛熙明先祖是龟兹畏兀尔人，至正年间移居江西南昌。——译者注

些旧材料并增添新材料——因为这个岛历经变迁，并演变成全国性和国际性的朝圣中心。鉴于这些山志是本文最有用的原始资料之一，所以我将先讨论它们的一般特色和内容。[①]

山志和中国洛迦的创建

正如卜正民在最近的一项研究中所言，山志属于与地形、制度有关的方志，在明清时期大量出现。

这类著作起自宋代，当时用"志"一词泛指地方志，虽然直到 16 世纪，才普遍出现与地形和制度有关的方志。……在 16 世纪，地形志和制度志的编纂成为常态，在嘉靖和万历年间稳步增长，并在 17 世纪的最初数十年里有了显著的增长。第二个更大规模之巅峰是在 17 世纪末。在 18 世纪中叶及 19 世纪初再次出现小幅增加的情形，然而最显著的高点出现在那 19 世纪的最后几十年。（卜正民，1988 年，第 52 页）

虽然普陀山志的编纂大体上遵循着同样的模式，但是某些具体年代恰巧与岛中心的兴建和重建的周期吻合。

普陀山志是由朝圣者撰写的朝圣纪实文学。在编纂者中，我们发现有地方官员、海军将领和文人墨客，他们要么是为自己的利益，要么是应住持之请而作。除了第一位作者盛熙明外，其余的作者都曾以朝圣者身份前往过普陀山。这一点需要强调，因为它强烈彰显了朝圣者与圣地之间的互动关系。圣地吸引了朝圣者，反过来朝圣者又促进了圣地的发展，从而吸引了更多的朝圣者。山

---

① 山志是研究五台山、泰山、黄山、武当山的重要资料来源，詹密罗、吴百益、杜德桥、高居翰、劳格文等在各自撰写的论文中分别对山志进行了论述。

志的作者，透过印刷文字，可以获得广泛的读者（主要是僧人和精英分子）。"普通"的朝圣者，即使不识字，也可以通过口耳相传的方式，重复他们听到的故事或在那里"亲眼目睹"的神迹，以提升此地的名声。如同大多数这类作品，普陀山志也收录了有关该岛地形的描述、寺院的历史、皇室捐助和重要捐款的记录、历任住持和其他重要寺僧的传记、动植物以及进香香客所撰写的诗词歌赋。然而，这些内容并没有做到不掺杂个人的情感，完全客观地就事论事。相反，可以说，书中有种几近坦诚的格调。如同本文前所述及的《六朝古逸观世音感应记》，始于六朝的观音形象在明代广受欢迎，普陀山志可视为一种见证性文献。因为其目的不仅是提供信息，而且还包括说服，所以山志中包括了大量观音创造的奇迹，无论是有关这个岛的建造还是后来几度的盛衰更迭和复兴。大自然也被奇迹般地改变了，例如，山志告诉我们岛上没有老虎。虽然偶尔会有一两艘从陆地漂洋过海后靠岸的船，但它们也从未久留。另一方面，蛇的数量也很多，但不会伤人。（《重修南海普陀山志》，1832 年，卷 12，第 4—5 页）

普陀山志包含了另一类宝贵的资料，进一步提供了朝圣者努力美化景观和创造圣地的证据：由朝圣者留下的碑文记载了他们自认为目睹观音示现的亲身经历——观音为了他们的利益或为他们所知道的其他人的利益而显灵的神奇事迹。由于岛上的建筑物在过去的一千年中屡遭战争和海盗的破坏，所有原来刻有这些证言的石碑都已被毁或至少受损严重。保存在山志中的抄本提供了可能是唯一的宗教文献线索。就这一点而言，普陀山志肯定与卜正民的观察结果不合。卜正民的观点是："寺志，虽然在某种程度上是为信徒准备的读物，但这种作品并不是宗教信仰的刊物。"（卜正民，1988 年，第 55 页）

山志记载了普陀山作为中国普陀洛迦山的出现、建立和发展的悠久历史。最初这些历史经纂修者公之于众，然后又加以宣扬。事实上，当盛熙明在1361 年撰写第一部有关此岛的山志时，就不得不克服自己对"普陀"是否是普陀洛迦山的疑虑。毫无疑问，对盛熙明和其他任何其人而言，困难之处在于神话般的宏伟仙岛家园与遥远而荒凉的普陀山所代表的平凡无奇的现实之间的落差。

盛熙明记述道，当他前往五台山朝圣时，从一位藏传佛教法师那儿聆获了"番"本《补陀落伽山行程记》中有关洛迦山的描述。随后，盛熙明简要地归纳了他所能记起的书中内容。奇妙的旅程必须从印度（天竺）开始。首先，前往一个叫葛刺挼迦罗国的地方，"有灵塔，当昼夜绕道叩礼。自有告以道里方所。中间历罗刹鬼国，诱以声色饮食，慎勿犯之，及种种魔碍之所，但勇往毋退。复遇宝池，获饮甘露，身力增倍，备践胜境，亦莫贪恋，一心径往，渐近圣地，当有马首金刚，远来迎导。至于下岩，圣多罗尊，摄受慰喻。然后诣岩中，紫竹栴檀森橚交荫，流泉清洁，纤草如菌，菩萨充满。观自在菩萨常住其中，天龙围绕。行者至此，蒙宣妙法，即得开悟。凡有所求，依愿圆满，此其大略，不能具录"①。

这个故事给盛熙明留下深刻印象，他感觉洛迦山绝非平常人等轻易可达之地。后来他来到宁波，朋友屡次邀他前往普陀山朝圣，但他怀疑此岛不是洛迦，所以未能成行。一天晚上，盛熙明梦见有人对他说：

经不云乎？菩萨善应诸方所，盖众生信心之所向，即菩萨应身之所在，犹

---

① 这类到洛迦山的游记在印度和中国西藏是众所周知的。图齐（Tucci）提了两个藏传佛教故事：一个是丹珠尔里的《陀洛迦山行程记》，一般认为是观世音菩萨本人所写；另一个出现较晚，由多罗那他（生于 1575 年）著，讲述了寂铠到洛迦的旅行。盛熙明提到的那本书可能就是《陀洛迦山行程记》。另一方面，它可能成书更早，因为"玄奘已经知道洛迦之旅，也就是在我们所说的《陀洛迦山行程记》——几个世纪之前，一位作家就写了这本书；事实上，这相当晚了，洛迦山因为受到湿婆神男性形象的影响已经十分清晰了。在这个故事中，玄奘知道洛迦山在秣刺耶山的东边，人们必须沿着一条蜿蜒狭窄的小路越过悬崖和峡谷到达顶峰。山顶有湖，从那里流出一条河，围山绕流二十圈。许多信徒试图到达那个地方，但罕有成功的。住在山脚下虔诚敬拜之人，自述偶尔会目睹菩萨圣容——他有时会示现为涂灰外道，有时则是摩醯首罗（大自在天）"（图齐，1958 年，第 409—500 页）。

掘井见泉，然泉无不在，况此洞，神变自在，灵迹夙著，非可以凡情度量也。

既觉而叹曰：嗟！夫诸佛住处，名常寂光，遍周沙界，本绝思议，何往而非菩萨之境界哉！断无疑矣。既集成传，附以天竺雾灵事迹，并以旧闻。（《补陀洛迦山传》，1361 年，《大正新修大藏经》，第 2101 部分，第 1138—1139 页）

盛熙明还提到了上天竺寺，讲述了那里发生的神迹。1360 年，"杭城荐罹兵燹，西山祠宇尽毁，圣像不知所在，众共追慕。丞相太尉开府康里公，出金旁求，乃于草莽中得之。遂卜日，斋戒徒跣，率僚佐士庶，自北关恭迎圣像，安奉于今丞相公所建，清平山之西天寺中。时圣像上，大放光明，照耀云汉，分为三道，其一，远属东方，若向补陀山者，其一，属上天竺寺，其一，径属今西天寺"。这个故事的主要目的当然是在普陀山和上天竺寺这两个重要的观音朝拜中心之间建立联系。[1] 值得注意的是，盛熙明选择在这个神迹传说发生一年后撰写了一本有关普陀山的书，并用这个故事把普陀山和上天竺寺联系起来，而上天竺寺可能是中国内陆最有名的观音朝拜中心。[2]

在明末的万历年间，也就是普陀山的主要复兴时期，又有人编纂了两部

---

[1]　然而，到了明末，普陀山的名气盖过了上天竺寺。但上天竺寺的弘扬者认为它可以取代普陀山。虽然上天竺寺与普陀山情景大致相同，但"至上天竺者，可以不至普陀，而圆谓小可。该大至普陀者，必至天竺，而偏谓远而不可忽近，圆偏互举而事无不同也"（《杭州上天竺讲寺志》，1980 年，第 66 页）。

[2]　区域性观音朝拜地并没有成为全国性的圣地，这一点在盛熙明顺带提及的第三个朝圣地的故事中得到了证实：在北京附近的雾灵山供奉着白衣观音。盛熙明叙述，信徒每年有到此希望目睹观音示现、进行朝圣的习俗；而菩萨有时现白衣之像，但鲜见面目；夜有"天灯"，如星星或火把隐闪烁着。"洞有泉水，起落应潮。传云：潜通大海也。"这可能暗示着它们与普陀的另一种联系（《补陀洛迦山传》，1361 年，《大正新修大藏经》，第 2101 部分，第 1138 页）。若无盛熙明的记载，雾灵山至今无人知晓。一定还有其他类似的地方待我们去发掘。类似的区域性朝圣中心的激增，以及可能存在的竞争将是非常有趣的研究课题。在历史的夹缝中，哪个圣地幸存下来，哪个圣地消失了，这将是个有趣的故事。山志无疑构成了一种可以保护某个圣地不会被人遗忘的强大机制。

山志。第一部是由定海巡抚侯继高于 1589 年编撰的，比盛熙明的山志晚了大约 230 年。虽然署名侯继高，但它实际上是由诗人兼剧作家的佛教徒屠隆（1542—1605 年；《明代名人传》，第 1324—1327 页）所作。该书共计六卷，前两卷为圣谕、地图、参考经文、感应故事及寺院历史，后四卷专门收录有关该岛的艺文。第二部山志格式类似，但以"重修"为名，是 1607 年由东海外使周应宾辑。如此之快编辑出这部山志的理由是"前志重在山，要以显佛灵；今志重在寺，要以尊君贶"（《重修普陀山志》，1607 年，第 5—6 页）。张随，内宫十二监的太监，想借此赞颂皇家捐助的南寺的重建落成。

我们应对过去几个世纪普陀的命运进行简要的叙述，并且有必要就万历皇帝对该岛感兴趣的原因进行更深入的研究。如果说普陀山在海上的战略位置在早期对其曾是有利的，但在明代却给其安全带来威胁。1387 年，在信国公汤和（1326—1395 年；《明代名人传》，第 1248—1251 页）的建议下，明太祖下令将所有岛民转移到大陆上，以加强沿海防御，抵御倭寇。观音像也被运至宁波的一座寺庙。明世宗年间（1521—1566 年），沿海地区再次遭受倭寇侵扰，与倭寇勾结的汉奸在王直的率领下，完全摧毁了普陀，岛上 300 多座寺院化为废墟。在 16 世纪上半叶这段漫长的黑暗时期里，唯有一座寺院仍然屹立不倒，一僧一役留守寺院，使香火绵延不绝。直到 1557 年王直被捕，情况才有所改善。

侯继高在 1589 年《山志》的序言中，将抓获王直的功劳归功于观音的帮助。明万历十四年（1586 年）七月初七，在北京李太后的宫里，喻义祥瑞的莲花朵朵盛开，象征着和平与繁荣的回归。两天后，也就是七月初九，宫中又盛开了其他不寻常的莲花。万历皇帝闻讯大悦，命宦官邀百官赏莲吟诗。李太后两次派宦官前往普陀山，携带密宗胎藏曼荼罗莲花部主神观音菩萨像、42 函新印制的《大藏经》增补本，以及 637 函其他佛经——这些佛经都是同年早些时候皇室斥资刊印的。此次朝圣是为了感谢观音之恩，并祈求菩萨能继续护佑大明王朝。

皇宫中奇迹般出现的稀世莲花与皇帝对普陀的捐助，二者之间的联系是明确而直接的。莲花被视为是观音的祥瑞之象，或许也是"九莲菩萨"崇拜的宗教基础，这种崇拜受到万历皇帝和李太后的大力弘扬，因而刻有仿照这位菩萨造像的石碑得以幸存。①

万历皇帝与其母是佛教和民间宗教的主要捐助者（李世瑜、韩书瑞，1988 年，第 142 页），在接下来的三十年里，万历皇帝和李太后继续大力护佑普陀山。1599 年，普陀山先后两次获得两套御赐《大藏经》。在御赐的经书中包含了 42 函《续藏经》——也是在他们赞助下刊印的——居首位的是一部明代赞颂观音的伪经，其名为《大明仁孝皇后梦感佛说第一希有大功德经》。该经文的起源不同寻常，据说是由永乐帝的徐皇后（1362—1407 年）梦中得到观音启示录制而成的。②

---

① 李世瑜和韩书瑞在他们的论文《保明寺：中国明清时期的宗教与皇权》中探讨过李太后和这位神秘的九莲菩萨之间的关系（李世瑜、韩书瑞，1988 年，第 160—161 页）。

北京法源寺的中国佛教图书文物馆长周绍良进一步介绍了李太后为弘扬这种崇拜所做的努力。在他的收藏中，有一篇据说是菩萨在梦中向太后口述的经文，我很感激他让我复印了一份。周绍良还告诉我，至少还幸存有三块石碑。第一块名为"九莲菩萨碑"，刻于 1587 年，最初是在北京郊区八里庄的延寿寺的一座佛塔里发现的。第二块名为"拜观音童子碑"，刻于 1589 年，原来在圣安寺，现在坐落于法源寺的院子里。第三块石碑名为"九莲观音像"，刻于 1592 年，最初位于广化寺（也在北京）。这些雕刻在构图和制作方面都十分相似。碑文清楚明示，九莲菩萨就是观音。石碑展示了白衣观音悠闲地坐在宝莲台上，看向下面的池塘，那里有九朵盛开的巨大的莲花。在她身后，大量的竹子填补了背景，一只白色的鹦鹉栖息在树枝上。在她的右边，一个插着柳枝的花瓶放在莲花座上。在左下角，男孩朝拜者善财（1592 年石碑的右下角显示了站立的善财和龙女）双手合拢在祭拜她。正如我们在后文所见，除池塘里的莲花外，她拥有所有南海观音造像的特征。1587 年，万历皇帝亲自为其母撰写了一份祝词：据说由于王母娘娘的仁慈和怜悯，上天感动送下瑞莲。为了纪念这一瑞事，并为子孙后代存留此祥瑞之事，特将观音像刻于石上。

② 在 1403 年版的序言中，徐皇后解释了这部佛经的起源：观音接待了徐皇后，带着她前往西天，口授佛经的经文；观音鼓励她念经，这样的吟诵可以保佑信徒免受一切烦恼和痛苦。如同《法华经》的"普门"那一章，这部经文将救人于各种危险：九世先灵咸获超度，若无嗣续生智慧男子，会阻止人不堕无间地狱。我将在《剑桥中国史》第八卷"明代佛教"（即将出版）中讨论这部佛经。

本土佛经赞颂观音在中国有着悠久历史。这一传统似乎在明朝经历了一次重大的复兴。或许是受到徐皇后的启发，万历皇帝及其母后也撰写并分发了一部有关观音显灵的《九莲菩萨经》。因未收录于《大藏经》，所以也未能广为人知。现存的佛经是 1616 年万历皇帝下令刊印的《佛说大慈至圣九莲菩萨化身度世真经》[①]。对祥瑞莲花的宣扬、石碑的镌刻和新佛经的印制，促进了"九莲菩萨"的崇拜，还有万历皇帝与其母后对普陀山的大力支持，都可视为一个宏伟计划的组成部分。其动机与宗教信仰和自我夸大的欲望密不可分。

在转而谈论清代编纂的四本普陀山志之前，我想先谈谈侯继高 1587 年春前往普陀旅行的故事。次年，也就是他编纂山志的前一年，他将此行记录了下来。这篇游记的坦诚笔调与詹密罗在本书第 3 篇文章中讨论的张商英的笔调相似。它与文人所写的其他游记截然不同，文人通常对朝圣地采取超然甚至讽刺的态度（将在下文进行讨论，另参见吴百益所写的本书第 2 篇文章）。可能就是鉴于此种原因，山志的编纂者没有把这类游记收录其中。

侯继高一开始就把普陀山定为观音传法之地。自唐朝起，人们就争相前往普陀山朝拜菩萨。侯继高本人家族世代久住海边，自小就听过长辈谈论这座圣岛，并发自内心地崇拜它。但直到 1587 年春，被任命为浙江都指挥的侯继高，才终于有机会朝圣普陀山，从而得偿凤愿。他将岛上胜景进行了归类，

---

① 该经副本为北京周绍良私人收藏。另一部赞美同一神灵的经文，是同一时期写成的，但是从道家的观点来写的，其名为《太上老君说自在天仙九莲至圣应化度世真经》。保存在北京法源寺中国佛教图书文物馆的这份复本所标注的年代也是 1616 年，它的背面有与佛经相同的皇家祝词。

这部来历可疑的经文以佛陀与观音的对话开始，观音为自己的无知和恶行给人类带来的苦难而悲伤，向佛陀求援。佛陀预言了九莲菩萨的出现，将给世界带来和平幸福。佛陀用与西天极乐世界相同的语言描述了这个菩萨统治的王国。佛经结尾敦促人们勤于诵读佛经，尤其是这里显示的密语。虽然没有详细说明，但经文暗示了观音和九莲菩萨之间的密切关系，而九莲菩萨就是李太后和她的儿子万历皇帝。关于奇特的名字"九莲"和在观音石碑上出现的大莲花，佛经给出了一个合理的解释："九莲菩萨，心生莲华，性见莲华，眼睹莲华，耳听莲华，鼻闻莲华，口吐莲华，首出莲华，身坐莲华，足踏莲华。"（《佛说大慈至圣九莲菩萨化身度世真经》，第 13 页）

特别提到了潮音洞和善财洞这两处在山志中被认为的观音在虔诚祈祷的朝圣者面前示现之地。深悉《法华经》的他写道："余愧武人，未离'火宅'，不敢妄觊。"侯继高提到了两位重要住持的法号——真松和大智，二人分别复兴了宝陀（是南寺的旧称）和建立了海潮庵（北寺的旧称）。接着他又谈到对收集观音像的偏好。他先是得到唐代著名画家吴道子所绘的一幅观音画像，后是阎立本的画作。在侯继高看来，吴道子所绘观音"质素而雅"，阎立本所绘观音则是"庄严而丽"。他将这两幅画镌于石碑，传于后人（《补陀洛迦山志》，1589 年，卷 3，第 5—11 页）。虽然这些画作没有保存下来，但阎立本所画观音的石碑显然是 1608 年由宁绍参将刘炳文所立的另一座石碑画像之原稿。刘炳文为表达谢意而将该石碑捐献给杨枝庵，杨枝庵是刘炳文在求子嗣的祈祷得到回应后而修建的（《普陀洛迦新志》，1924 年，第 572 页）。俗称的"杨柳观音"，是普陀山存留至今的少数珍宝之一，被复制成纪念品提供给现在的朝圣者。

对观音画像和塑像的兴趣，以及保存和传播它们的努力，是把观音和普陀山联系起来的重要机制。如后文所论，传说显灵的观音造像首先引起了人们对这座岛屿的关注，关于这里的观音奇迹景象的传说吸引了朝圣者，最终出现的等同于洛迦的普陀山被新观音肖像具体象征化。

清代编纂的四部山志都以《南海普陀山志》为名，因为到那时，普陀和洛迦之间的等同性已经得到认可。在明末清初，普陀山再次遭受海盗、南明政权的抵抗力量和"红夷"（荷兰商人）的破坏，他们都把此岛视为一个理想的据点。官府实施了作为一种防御措施的"海上禁令"，并在 1671 年再次把人口迁移到内陆。1684 年，清廷统一了台湾和澎湖；五年之后，康熙皇帝同意定海总兵官黄大来提出的复兴普陀山的奏请。[①] 翌年，黄大来的继任者蓝理

① 普陀山山志将此事件归因于观音的介入。据山志记载，康熙皇帝在浙江巡游，观音化身老媪与皇帝相谈，然后突然消失。当黄大来挺身护驾时，皇帝先是询问他的职务，以及舟山群岛的情况。

请极有才干的潮音和尚为南寺住持。1699 年，康熙皇帝赐帑护持，并为寺庙
御赐新名——普济寺。一百年后，来自峨眉山的僧人性统成为住持，在法雨
寺或北寺的废墟中发现了一块大智真融墓残碑，该残碑上书大智真融的预言，
"即待百年后再来重兴耳"。性统把这一切视为吉兆，派弟子明益到福建去募
化木料。大将军施世骠遣战舰运送一千余根木料到普陀重建法雨寺（《普陀洛
迦新志》，1924 年，第 375—377 页）。普陀山在雍正和乾隆时期继续得到皇帝
的庇护，盛名日隆。慧济寺俗称佛顶寺，是全岛第三大寺院，始建于 1793 年
（乾隆五十八年）。普陀山的名望达到巅峰。

当普陀山不得不与大陆上的朝圣中心进行竞争，并努力建立其洛迦的等
同性时，岛上只有一座大寺院——普济寺。在明末，尤其是清初，第二座大
寺院日趋重要。普济寺成为著名的南寺，后起的法雨寺被称为北寺。当普陀
山发展到一定程度，并获得公众认可为普陀洛迦时，这两座大寺院之间的竞
争开始显现。清代四部山志的编撰反映出这种竞争。前两部都是 15 卷，分别
是康熙时期的 1698 年和 1705 年编撰的；后两部同为 20 卷，一部是乾隆时期
的 1739 年编撰的，另一部是道光年间的 1832 年编撰的，即 19 世纪五六十年
代太平天国运动爆发前 20 年。1698 年版山志是在两位曾为重建普陀而奔走的
镇守定海地方总兵官和一位虔诚的佛教徒、礼部侍郎高士奇的请求下编撰的。
这本方志由两座寺庙共同赞助，由法雨寺立刻刊行，普济寺住持在 1705 年赞
助了第二版的修订。1739 年版山志是应法雨寺住持的要求，由翰林院学士编

黄大来借机向皇帝详细报告了普陀的概况，使得皇帝赐千金建造寺院。山志还记载了 1690 年新任地
方长官蓝理在潮音洞前与提鱼篓老媪相遇的故事。黄大来和蓝理皆有助于普陀山的重建，心怀感激的
僧人为二人建"生祠"奉祀（《普陀洛迦新志》，1924 年，第 190—191、462—466 页）。康熙年间，人
们开始制作观音提着鱼篓、有善财和龙女陪伴的瓷像，即"鱼篓观音"。在清代"宝卷"和通俗文学中，
观音常被描述为"老母"，与诸教派所崇敬的慈祥而不朽的母亲相对应。事实上，人们把观音视为女神
的化身。反过来，一些教派的女性创始人被认为是观音的化身（李世瑜、韩书瑞，1988 年，第 180 页）。
观音与其他女神的关系，以及观音与女信徒之间的关系是复杂的，值得进一步研究。

撰的。每部山志都有自己侧重的立场，着重强调为之捐助的寺院。[①] 与此同时，由于这两座寺院的竞争，两者彼此也相互监督。在此过程中，对其中任何一方不利的山志内容皆遭到删除。例如，1589 年版山志中有篇对南寺住持有偏见且人云亦云地描述的文章，从所有清代版本中被删除了。[②]

山志保存了有关普陀山变成洛迦山的经过的宝贵资料，这些山志制定了使这一主张合法化的重要机制，山志也是使该岛扬名的有影响力的媒介，吸引了更多的朝圣者前来朝圣。许多人物出现在山志中：皇帝和皇后，官员和作家，僧侣和苦行者，普通的善男信女，但最突出的还是观音——因为观音的神奇示现传说，使得普陀岛第一次登上了历史舞台。在下文，让我们看看成功地把普陀转变成洛迦的几个关键因素：普陀山的创建神话、朝圣者对观音的许愿、朝圣者自述对观音神迹的见证，以及当地僧人和苦行者的弘扬。

起源神话和中国洛迦的创建

所有普陀山志中都包含有"灵异"的篇章。这些神话是由朝圣者口耳相传下来的，或是在更早的时候就被收集到感应录中的。正是因为这些原因，

---

① 最近的山志是 1924 年由地方学堂教员王亨彦编撰的。这项计划是由定海县长和在普陀生活了 30 多年的中国近代最杰出高僧之一——印光法师共同赞助的。王亨彦使用的资料在以前的方志中有所记载，他也进行了现场调查（采访）。在对资料的取舍上，可见其明智的判断，他对两位住持采取了公正的态度。为了有别于以前的山志，王亨彦的山志被称为《普陀洛迦新志》。

② 这与 1590 年发生的事件有关：据说，法雨寺住持大智曾帮助过一位地方官，此人曾责罚普陀僧人，并因此遭到神明的惩处。1698 年山志提到此事，既没有赞扬大智，但也没归咎于真表（《增修南海普陀山志》，1698 年，卷 10，第 10 页）。这篇文章的原作者屠隆，远没有这么明智。他用了六页的篇幅，在《普陀山灵感记》中记载了这个故事。普陀山有两位住持，即大智和真表。在屠隆的笔下，大智是严格执行戒律和宗教苦行的典范，降心忍辱，为四方僧俗所仰慕。而真表则性骄汰鸷悍，不持僧律，饮酒啖肉，经常借小过错责打小沙弥，往往至重伤。在后来的山志上发现了这位方丈的另外一面：据说他为人诚实坦率。"性刚直，有戒行，敬礼十方贤衲，结庵五十三处，以故名僧皆归之。当大智至山，创建业林，得到真表赞扬之力多。"（《重修南海普陀山志》，1832 年，卷 15，第 6—7 页；《普陀洛迦新志》，1924 年，第 353 页）

即使平日没有机会接触到山志的普通朝圣者，也可能会知晓这些故事。普陀山的创建神话总是出现在普陀山志的这一部分中。如同许多在此发现的神迹一样，他们都与观音示现有关。在此意义上，提升普陀山声望的人会赞同米尔恰·伊利亚德的观点，他说，"每个圣域都有一个圣物，这种圣物的闯入会从周遭的环境中分离出来一个领域，并使其在性质上有所不同"（伊利亚德，1959 年，第 26 页）。此外，提升普陀山名望的人也会与伊利亚德一样，强调是观音自己向朝圣者展示他 / 她和这个岛屿，而不是朝圣者在岛上发现神明后将它建成一个朝圣圣地。但是，也许采用这种两分法就会忽略情况的复杂性。没有人能武断地宣称这个地方本身是灵验的，或者这种灵验是外部强加的，检验这两种主张的相互关系或许更为有效。

普陀的创始神话，包含了观音的显灵或神奇之象，如同我们在上天竺所看到的。有人认为，普陀山的创建可以溯及唐文宗（826—840 年在位）。虽然这个故事更多与观音在中国的传播有关，但这个故事却与该岛特殊的命运联系在一起。在这个传说故事中，因为唐文宗喜食蛤蜊，所以东南沿海的渔民不得不把蛤蜊作为贡品，这成为沉重的负担。一天，晚膳供应了一只大蛤蜊，用刀不能打开。唐文宗敲了敲贝壳，蛤蜊自己就张开了，贝壳里面有观音梵像。唐文宗非常吃惊，把这只贝壳放在一个饰金的檀香盒里。然后，他请惟正禅师进宫，寻求解释。

禅师曰："物无虚应。乃启陛下信心以节用爱人耳。经（法华）云：'应以菩萨身得度者，即现菩萨身而为说法。'"帝曰："朕见菩萨身矣，未闻说法。"曰："陛下信否？"帝曰："焉敢不信。"师曰："如此陛下闻其说法竟。"帝大悦悟，永戒食蛤。

据说，从那时起，唐文宗就罢贡蛤蜊，诏天下寺院各立观音像。1739 年

版山志道："则洛迦（普陀）所从来矣。"（卷5，第1页）[①]

其他两则有关的创始传说指出，9世纪下半叶，普陀开始与观音联系在一起。这两个故事都与番僧有关，前者可能是印度和尚，后者则是日本和尚。考虑到有必要确认普陀是神话中的洛迦，山志对强调该岛"与外国的关系"的特殊兴趣可能并非偶然：如果普陀确为经文中赫赫有名的洛迦，那么这个事实不仅要得到中国人的承认，也要得到外国信徒的承认。1361年版山志写道："宣宗大中元年（847年），有梵僧来潮音洞。前燔十指，指尽亲见大士说法。授以七色宝石。灵感遂启，始诛茅居焉。"这位没有留下名字的和尚，显然是作为朝圣者来到普陀山（特别是潮音洞）的。至于朝圣者希望见到观音示现的这个洞穴的盛名是如何以及何时为人所知的，则不清楚。然而，这个僧人朝圣者必定知道这座岛是一处圣地，因为他的行为——燃指——清楚地表明他是带着决心和期望而来的。

第二个神迹故事发生在另一个外国人——日本僧人慧锷[②]身上。在这个传说故事中，慧锷从五台山请得观音像，将还本国，但船靠近普陀时，被卡在覆满睡莲的海面。慧锷祷曰："使我国众生无缘见佛，当从所向建立精蓝。"不久，舟行止于潮音洞下。居民张氏目睹斯异。讴舍所居，筑庵奉之，呼为"不肯去观音院"。后来所有的普陀山志都把公元916年定为这一奇迹故事的发生时间。[③]慧锷船困之海域后来被称为"莲花洋"，位于此岛的西部。

---

① 这则故事载于《佛祖统记》卷42（《大正新修大藏经》，第2035部分，第385页），发生于开成元年（836年），并未直接提及普陀山。据记载，这位禅师来自佛、道皆尊奉为圣山的终南山，其位置靠近南五台山。这个故事的结尾是该禅师返回了终南山。更早的普陀山志提及这个故事，但没有将这个故事作为普陀开山之始（《补陀洛迦山志》，1589年，卷3，第20页）。

② 慧锷，又作"慧谔"。——译者注

③ 然而，《佛祖统记》载此事发生在858年，而《宝庆四明志》则为859年，后者对这尊圣像的历史给出了更多的细节。在宁波开元寺山门处的碑文中，我们读到这尊圣像始建于740年，毁于会昌年间。在大中（847—859年）早期，应刺史之请，得到允许在另一座寺庙的旧址上重建。在开元寺的宝藏中，有"不肯去观音像"。山志作者随后解释了这尊佛像的来源。859年，日本国僧惠谔诣五

　　据说这尊来自五台山的观音像并没有留在普陀山，而是被带回大陆，由宁波开元寺住持安置于其寺中。普陀山志的编纂者虽然承认这一事实，但反驳说后来被奉为圣物的圣像也同样不可思议。山志记载，旧观音像离开普陀山后不久，一位游僧来到普陀山。他得到一块嘉木，闭门刻像。"弥月像成，而游僧不知所在。"13世纪早期，这尊观音像偶然失去一指，普陀山僧人十分懊丧。后来在洞穴前的水中发现有样东西浮在上面，仔细一看，原来就是遗失的观音像手指。据说这就是现今众人供奉的菩萨（《普陀洛迦新志》，1924年，第177页）。

　　许多世纪以来，普陀山不仅作为普陀洛迦，而且作为观音示现于朝圣者之地的名气，使其日益受到欢迎。传说观音曾多次在潮音洞内示现。相关的灵验纪闻促使皇家护持该岛。这些灵验纪闻还激励着历代朝圣者前往普陀，希望获见观音显灵。

观音示现

　　最早有记载的观音示现故事并非朝圣者"寻求示现"的刻意结果，更确切地说，是传说观音在人们生死攸关的情况下显灵，拯救人们免于葬身汪洋。普陀山志的所有版本都以精英读者为对象，而在"灵异"章节的头几段中叙述了下列事迹。

台山敬礼。"至中台，精舍见观音貌像端雅喜生颜色，乃就恳求愿迎归其国，寺众从之。谔即肩舁至此，以之登舟，而像重不可举，率同行贾客尽力舁之乃克胜。及过昌国之梅岑山，涛怒风飞，舟人俱甚。谔夜梦一胡僧谓之曰：'汝但安吾此山，必令便风相送。'谔泣而告众以梦，咸惊异相，与诛茅缚室，敬置其像而去，因呼为'不肯去观音'。其后开元僧道载复梦观音，欲归此寺，乃创建殿宇迎而奉之。邦人祈祷辄应，亦号'瑞应观音'。太平兴国（976—984年）中重饰旧殿，目曰'五台观音院'以其来自五台故也"（《宝庆四明志》卷11，10页）。佐伯富认为公元916年是不可靠的，惠锷这位历史人物，据记载于公元839年到达中国，那么他在华居留达77年，这令人难以置信（佐伯富，1961年，第383—384页）。

传说在 1080 年，王舜封出使朝鲜三国，从杭州出发，行至普陀山时，忽遇狂风暴雨。一只巨龟顶在船下，使其动弹不得，情势极其危险。王舜封大骇，跪于潮音洞前向观音祈祷。王舜封忽见"金色晃耀，现满月相，珠璎粲然，出自岩洞"，随即巨龟消失，船只得以前行。完成使命的王舜封回朝上奏，皇帝听闻，始赐寺额，曰"观音宝陀"，它就是后来众所周知的南寺。这是普陀首次获得帝国认可。皇家护持还在继续：寺院获得土地和粮食，每年还获准一个剃度受戒的额度。根据山志记载，每有船夫遇到风波或寇盗，只要望山归命，风波或寇盗就立即消散了。

另一则感应故事也验证了相同的事实。传说在崇宁年间（1102—1106 年），刘达和吴栻出使高丽。回程至普陀附近的岛屿时，经四昼夜，月黑云翳，海面溟濛，无法分辨航向。船夫大为惊慌，便遥向普陀叩拜。不久，海面铺满神光，如同白昼。招宝山历历可见，才得以在（宁波）登岸（《补陀洛迦山传》，1361 年，《大正新修大藏经》第 2101 部分，第 1137 页）。

士绅们对普陀山的兴趣日益增长，很可能与这一时期的著名僧人开始将普陀山建成禅宗中心有关。1131 年，四川人、著名禅师真歇清了在到五台山朝圣之后从大陆来到普陀岛上。他引用《华严经》中的一句话，称自己住的小屋是"海岸孤绝处"。他吸引了许多禅林英秀。地方官上奏朝廷，将普陀山由原来的律宗中心改为禅宗中心。当时岛上有大约七百余家人以打鱼为生，相传，他们一听到佛法之音，立刻改行（或离岛和搬到他处）。真歇清了是普陀岛上公认的第一位曹洞禅师。后来，他回到大陆上，成为浙江几处名寺的住持，如阿育王寺和天台山的国清寺。1137 年，另一位禅师自得慧晖（卒于 1183 年）来到普陀山。在此之前，自得慧晖曾担任杭州著名的净慈寺的住持。由于他的布法活动，普陀山据说与宁波曹洞宗讲法中心天童寺齐名。随着普陀山与内地重要的佛教社区产生联系，它开始吸引更多的朝圣者，包括僧侣和居士。促成这种现象的重要因素之一，无疑是普陀山作为观音示现于虔诚朝圣者之地的声誉。

早期记载用四射的光芒来象征观音的救赎之恩，而 12 世纪的资料则详述了朝圣者自述遇见菩萨之事。这些人之所以被称为真正的朝圣者，是因为他们虽然受过教育，但仍专程前往普陀山，只是希望亲见观音示现。此时，"观音显灵"的消息肯定已经传到大陆上，因为这些朝圣者一上岛就知道往哪里去了——他们无一例外地都去了潮音洞，这是他们祈求观音示现的首选之地。他们不是普通的朝圣者，而是有名望和地位的人。此外，他们还把自己的经历记载下来，向同一阶层的人们宣传普陀山。绅士官员们对于普陀山的创建功不可没。在绍兴年间（1131—1162 年）早期，第一位不加掩饰以朝圣者身份去该岛朝圣的官员是给事中黄龟年。

黄龟年朝圣普陀，以及为纪念其自认为亲眼见到的观音示现而作的《宝陀山观音赞》，收录于 1169 年的《四明方志》（宁波）以及其后的《普陀志》（《乾道四明图经》卷 7，第 2 页；卷 11，第 26 页）[1]。"赞""颂"和"偈"是佛教徒偏好的歌颂他们崇拜对象的文学体裁，它们比散文更短小精炼，也更个人化和情绪化。在颂词中，黄龟年描述了自己是如何怀着敬畏和恐惧的心情，与同伴们一起在洞前祈祷：他们诵念观音的名号和密语。先是出现一道明光，接着观音突然出现洞顶的岩石上——其全身散发着紫金色，呈如意坐。[2]黄龟年的感激之情油然而生，双膝跪地，发誓从那时起，将专修佛经，不再杀生，改食素。黄龟年进一步强调，这不是他个人的幻觉，在场的每一个人，无论老幼，都认为自己目睹了相同的神迹。

1148 年，在黄龟年前往普陀山朝圣后不久，另一位绅士以朝圣者的身份

---

① 此处，作者将"卷 11"误作"卷 9"。——译者注

② 紫金色造像出自《观世音三昧经》中的观音造像模式。此经于六朝时期撰于中土，是当时观音崇拜的文献依据之一。正如牧田谛亮所指出的那样，这一时期有关观音示现的许多神迹传说都是这样描述观音的（牧田谛亮，1970 年，第 111—155 页）。

前往普陀，留下了他的所见所闻。史浩（1106—1194 年），宁波人，显赫而强大的史氏家族的后裔和进士。[1] 在 1148 年的三月，身为盐监的史浩与朋友一道前往普陀。当他们第一次来到潮音洞时，寂无所睹，于是燃香烹茶，待到茶叶浮出杯子——他们认为这预示着神迹之事情即将发生。回到寺庙后，他们把此事说与讲授《华严经》故事的住持澜公。吃过午饭，他们再次返回山洞。四下看了看，只见乱石累累，兴致了了，打算回转。此时有僧指着山洞说，岩顶有个小洞，可以向下俯瞰。于是他们攀缘而上，瞻顾之际，忽见瑞相，金色照耀。二人都自述亲见观音的样貌，眉目清晰。史浩显然认为自己看到的是一个女性的样貌，形容其双齿"洁白如玉"。他们满心欢喜和感恩，敬拜菩萨，随后乘船返回甬东（宁波）。史浩担心此事随时间流逝而被遗忘，故撰文记述并请人将书刻于洞壁之上。[2]

与詹密罗所讨论的张商英朝圣五台山一事（本书第 3 篇文章）相类似，史浩的经历是在寺中僧人的示意下促成和塑造的。与张商英一样，史浩也为后人留下了见闻笔记。然而，在史浩的态度中却没有丝毫的矛盾，这样的矛盾突出表现于晚明文人当中，正如杜德桥和吴百益在本书所写文章中描述的那样。是什么导致了对朝圣的不同态度？人们可能会说，拥有某种神秘感和敬畏感的宋朝人也许生活得更为惬意，但我不认为生活在明末的人已经失去这种态度。我想答案可能就在他们表达的方式上。张商英和史浩都是在为其他或潜在的信徒而撰述。山志收录了他们的文章，毕竟这是一种与小说和游

---

[1] 史浩曾任不同官职：1157 年，开始担任官学的教职；1165 年，任尚书仆射和太师。他是著名儒家学者和佛教徒张九成（1092—1159 年）的朋友，张九成是大慧宗杲（1089—1163 年）禅师的追随者。史浩也提携过陆九渊（1139—1193 年）、叶适（1150—1223 年）、朱熹（1130—1200 年）。因此，据记载，他与普陀山的修建关系密切（戴仁柱，1986 年，第 53—75 页）。

[2] 宝庆年间（1225—1227 年）编修的《宝庆四明志》，记载了史浩的朝圣之旅（卷 20，第 9—10 页）。另一部元代编纂的地方志《昌国州图志》，再次提到了这个故事，并且增附史浩所作碑文（卷 6，第 7—8 页）。当然，也载于普陀志中。

记截然不同的体裁。山志的读者比较有限，但同时又比较明确。我猜想，如果我们梳理更多的宗教著述，可能会发现其他表达宗教情感的作品也同样坦率和诚实。

或许正是由于史浩的宣扬，使得潮音洞声名日隆。1209 年，禅师佛照的法嗣德韶和尚成为住持。鉴于朝圣者很难在潮音洞里朝拜观音，于是德韶在岩石间修建了一座桥，这样朝圣者就可以站在桥上面对着潮音洞进行朝拜。这项工程耗时六年。完工之际，南宋的宁宗皇帝亲笔御书一块题为"大士桥"的匾额，还令种植 10 万株松树。与此同时，德韶早在 1210 年就开始修建大殿。史浩的儿子史弥远身为丞相，以父亲为榜样，信奉观音。史弥远为这个工程捐献钱财，修建了殿堂、寮房以及廊阁，并提供香灯和法器。宁宗听闻此事，也给予资助，赏赐金襕衣、银钵、玛瑙数珠和松鹿锦幡。当时，寺院有田 567 亩，山林地 1607 亩（《补陀洛迦山传》，1361 年，《大正新修大藏经》第 2101 部分，第 1137—1338 页）。

造像、文学和中国洛迦之创造

山志、神迹故事和文人香客的见闻，都有助于普陀山顺理成章地成为圣地。在向全社会宣扬普陀圣地的吸引力方面，其他媒介也发挥了重要作用。艺术和文学是传播这一新信息的两种强有力的手段。记忆之上叠加了想象。幻想建立于现实之上。在艺术和小说中，普陀洛迦可能与海洋中的真实岛屿没有什么关系。无论如何。如同香格里拉的神话刺激和塑造了西方人想象中的西藏，同样，在艺术和文学中把普陀描绘成普陀洛迦也激发了中国朝圣者对神圣领域的渴望（毕晓普，1989 年）。这些媒介把朝圣者吸引到岛上，还告诉他们去哪里看以及看什么。

观音造像的变化深受朝圣者如何看待这位菩萨的影响。从 12 世纪开始，观音如同她在上天竺寺①的示相传说一样，越来越多地以"白衣大士相"出现在普陀的朝圣者自述的示现故事里。但有一个区别：普陀的观音，首先是由朝圣者善财童子陪侍，后来则是由善财童子和龙女两位陪侍。随着观音侍从的出现，潮音洞附近的另一个洞穴被称为善财洞，也开始吸引朝圣者的到来（一些山志把它命名为龙女洞，并将附近的一块岩石命名为善财礁）。例如，传说在1266年，患有眼疾的范太尉，遣子于善财洞下祝祷。当范太尉用儿子汲取的泉水洗眼睛时，眼疾立刻康复了。太尉再次遣子前来致谢时，观音在潮音洞左边显灵，"淡烟披拂，犹隔碧纱"。他随后前往善财洞，善财童子忽然出现，接着菩萨也出现了，此时的菩萨"缟衣缥带，珠璎交错"。

另一个传说中，1276年，元朝丞相伯颜攻下江南，部帅哈剌歹亲自到潮音洞拜谒，但"杳无所见"，于是张弓向洞中射了一箭后返回船上。当哈剌歹即将登船时，只见莲花满洋，十分惊异的哈剌歹后悔自己的行为，于是再次返回洞前参拜，不久便看见白衣大士在善财童子的陪伴下缓步而过。于是，哈剌歹施财造像（无疑是根据他自述所见），并在潮音洞上建造了一座大殿。1328年4月，御史中丞曹立，承奉皇上旨意，到此供养奉献，在潮音洞前祝祷观音示现。忽然看见"白衣瑞相，璎珞被体"。接着前往善财洞，看见一位童子"螺髻素服，合掌如生"。（《补陀洛迦山传》，1361年；《大正新修大藏经》，第2101部分，第1137页）

有时见闻会直接提到当时的艺术。例如，1355年10月，天台刘仁本监督漕运返回至普陀时，认为自己在潮音洞前看见的大士像，"与人间画帧者无异"（《重修南海普陀山志》，1739年，卷5，第4页）。但是是什么样的画呢？

---

① 在历代方志"灵异"类的记载中，只有一处提到观音呈"如意坐"（《普陀洛迦新志》，1924年，第177页）。采用此种造像创作的观音像，对于在各大博物馆参观的现代游客来说或许是最熟悉的形象，因为许多珍品都是自宋代流存留至今的。这种观音造像在当时甚为流行，但很少有朝拜者表示见过观音以这种形象示现，这不免让人感到奇怪。

图 5-2 南海观音

赵奕，标注年代为 1313 年。台北"故宫博物院"藏

图 5-3　南海观音

《观音经卷》卷首木版画，1445 年。北京法源寺中国佛教图书文物馆藏

是宋代以来画家笔下的白衣观音吗？朝圣者在其幻想中所看到的观音形象，与宗教和世俗艺术中描写的观音是紧密相连的。由于观音与善财、龙女一起示现的传说出现得越来越频繁，所以南海观音的新造像（见图5–2、图5–3）从明代开始就与普陀山联系在一起。

观音在中国小说《西游记》中被称为"南海观音"。据推测，作者吴承恩可能去过普陀山，因为他在《西游记》中对这个岛至少做了九处详细描述。[①]观音在《西游记》中是个慈悲和全能的救世主。这里，观音的性别十分明确：既然是洛迦观音，所以她是来自普陀山的美丽女神。

> 理圆四德，智满金身。缨络垂珠翠，香环结宝明，乌云巧叠盘龙警，绣带轻飘彩凤翎。碧玉纽，素罗袍，祥光笼罩；锦城裙，金落索，瑞气遮迎。眉如小月，眼似双星。玉面天生喜，朱唇一点红。净瓶甘露年年盛，斜插垂杨岁岁青。……故镇太山，居南海。……她是洛伽山上慈悲主，潮音洞里活观音。（余国藩，1977年，第185页）

在这首关于观音的赞颂中，作者把观音与金光、白衣、柳枝、净瓶、南海、洛迦山、潮音洞等联系在一起。这并非吴承恩原创，因为到明末，整个社会都是这样看待观音的。画家们依据这些称号创造了一个新的南海观音像，同样的几乎固定的一组短语也被用在朝圣者对观音的描述中。不同媒介对观音的相似描写，很可能是相互影响的结果。一旦这种形象被建立起来，不同媒介的相互强化无疑有助于这种形象得到普遍接受。

南海观音显然是一个综合而成的形象，融合了经本土改造的和不同来源的佛像元素。16世纪，普陀这座岛在遭受长时间忽视之后，在万历皇帝和他

---

① 参见《西游记》第17、22、26、42、57和58回。亦参见龚烈沸、王道兴（第50页）。

母亲的庇护下，南海观音形象的出现与普陀山的复兴同时发生了。当普陀山在 17、18 世纪享有来自清代康熙、雍正和乾隆皇帝的连续护佑时，这种形象从观音的其他形象中脱颖而出，是有可能发生的。在重建圣地的过程中，在当地官员和能干的住持密切合作下，出现大量"宝卷"形式的新文献，它们被用来解释和宣传这种新造像。这些经文把普陀认定为"香山"，因此把观音与妙善公主联系在一起。观音的侍从，善财和龙女，也都经过了全面的汉化。这些经文并没有提及这些侍从在佛经中的出处，却赋予他们以中国人的生平事迹。从文体风格上看，南海观音已经变得与上天竺寺主要崇拜的神灵——白衣观音相类似。普陀成为洛迦之时，通过吸收与大陆上这两个朝圣地点相关的观音神话和造像，取代了香山寺和杭州（于君方，1990 年 a，第 233—239 页）。

诸如"宝卷"[①] 这类通俗读物，不仅向普通的朝圣者讲述了与普陀有关的观音故事，更重要的是，它们还是一种为在岛上修建寺庙筹集捐款的有效手段。《普陀宝卷》是 19 世纪后期的一部著名宝卷，它认为南海观音在普陀的重建中功不可没。通过对倡捐者提供合乎预期的奖赏和回报，该宝卷明确教示布施供养普陀山僧人的功德，理由是那里的僧人或许就是观音的化身。虽然现存的《普陀宝卷》版本年代较晚，但它们可能是基于口头传统，或是基于更早的书面版本（现已遗失），其年代可以追溯到普陀山密集重建寺庙的两段时期。

《普陀宝卷》记载的故事发生在宋真宗（997—1022 年在位）时期，也是普陀山创建之时。传说观音化身为穷和尚，由另外两位和尚陪同（由善财和龙女化身），前往一户王姓人家募化，以建造观音殿。王姓老夫妇是虔诚的佛教徒，把自己的家产分给了两个儿子有金和有银，而夫妻二人则专心虔诚礼佛。

---

① 近二十年来，有关"宝卷"的研究甚多。这些通俗文献对帝制中国晚期社会的宗教和社会现实有着深刻的见解。参见欧大年、佐伯富和泽田瑞穗的著作。

不久，这对老夫妇去世。有金牢记父亲的教诲，他喜做善事，信奉佛教。而有银正好相反。有银的妻子贪婪，憎恨和尚，性好杀生。受妻子的影响，有银只对利用他人致富感兴趣。当观音前来募化时，有金同意承担整个建筑工程的费用，这遭到了弟弟的嘲笑。建造这座寺庙的全部费用为十万两银。为了实现这个承诺，有金不得不典当珠宝、粮食、土地和房子，才凑到99600两，他只好把13岁的儿子和10岁的女儿各卖200两，以弥补短缺。有金和他的妻子因此陷入困顿，只得靠卖竹维生。但最后，有金女儿被选为新皇后，儿子中进士，新帝迎请有金夫妇入宫，一家团聚。他们劝人皈依佛教，往生后去西方极乐世界。皇帝敕令建造了一座禅寺供奉檀木制成的有金造像，以供人朝拜（第46页）。

有金之弟有银夫妇命运则大不相同。虽然有银在现世中作恶多端，但前世曾造善业，所以观音仍决定救度于他。观音假扮成有银，趁有银外出，伺机住进了他的房子。观音命令仆人不让任何人进来。当真正的有银回来时，被赶了出来，不得不在土地庙过夜。有银告上衙门，但地方官判定其家中之人是真正的有银，并重责他四十大板（第36页）。有银想起了兄长的虔诚，于是转心奉佛。他决定前往普陀朝圣。观音差善财化作樵夫，指引有银前往普陀。有银一路遭受了许多考验和磨难。观音在交代有银妻子吃斋念佛后，自己化身为老妪，帮助有银前往普陀山朝圣（第48页）。与此同时，有银的妻子也改变了主意，决定前往普陀朝圣。她变卖所有家产上路。在船上她经历了一段危险的旅程，其间一直在祈祷。到达岛上后，她遇到了她的丈夫有银，有银准备与她断绝关系。伤心欲绝的她跳海自尽，被化身为渔夫的龙女救起。醒来后，她发现躺在自家的床上，这才意识到是观音安排了一切，于是从此虔诚信奉观音。有银则留在普陀山，出家为僧（第53页）。

由此，我们看到普陀山及其弘扬者是相互依存的。普陀的名声激励着人们为它写作。与此同时，小说、戏剧、游记、方志和通俗读物也有助于巩固该岛新获的名声。这个岛和它的朝圣者之间也存在着类似的关系，朝圣者中许多人是目不识丁的普通人。据记载，南海观音的灵验传说吸引了许多人来到这座岛。由于这些朝圣者自述在此不断找到新的灵验之地，使得该岛声誉大增。

普通朝圣者和洛迦之创造

几个世纪以来，许多普通的朝圣者（我们应该算上普通的僧人和尼姑）前往普陀山朝圣。由于没有受过教育，他们无法把自身的经历记载下来，或者把所见的观音示现情形绘成画作。但是，他们对中国洛迦的创造所做的贡献，与那些口齿伶俐的朝圣者相比，并不逊色。他们成群结队前往普陀山朝圣，这种存在使得受到住持和精英们影响的那种"普陀即洛迦"的意识转变得到确认。他们还通过捐献金钱参与岛上的实体建设。我们可以在受过更多教育的同时代者所留传下来的普陀山游记记载中，看到这些虔诚、沉默、谦恭的朝圣者的身影。

与其他朝圣者一样，他们也聚集在潮音洞周围——据说观音示现于此，这里一直是岛上最受欢迎的地方。直到 17 世纪，梵音洞成为一个相当具有实力的竞争者。侯继高的山志描述了潮音洞在明末誉塞天下的情形：每年春天，四方僧人抬着金银铸成的观音像来到岛上。为了迎请观音，会把这些神像投入潮音洞前的水中，作为供品献给观音。他们还会奉献寺院的大殿所需锦幡或由金或青铜铸造的钟和鼎。也有僧人不远千里而来，沿途朝拜，叩首流血，甚至有朝圣者舍身投入江潭以求超脱。更有朝圣者焚臂、灼指、参礼，以求观音示现（《补陀洛迦山志》，1589 年，卷 3，第 27 页）。

两位晚明作家留下了他们到普陀的旅行／朝圣的记载，证实了山志作者对朝圣者宗教热情的描述。第一篇是朱国桢（卒于 1632 年）的《普陀游记》。

他写道，除了两大寺外，遍布全岛的庵堂约有五百余所。虽然此岛风气秀美，但普通人只能望洋却步；即使是大陆的士民，也罕有上岛的。"番僧"以朝南海为神往之事，他们认为朝圣者如果能走过潮音洞前的窄石桥，便意味着功德无量。朱国桢这样描述：

横亘可十丈，脊阔亦二三尺，际北有绝壁，有小观音庙在焉。余坐上方广寺，亲见二十余僧，踏脊于平地，其一行数步，微震慑，凝立。少选卒渡，众皆目之，口喃喃不可辨。问之山僧，曰："几不得转人身也。"（朱国桢，卷2，第242—243页）

似乎除了希望见到观音示现外，朝圣者还试图通过在洞前石桥上行走这一冒险的行为来预测自己来生转世的机会。朱国桢还提供了一些有关朝圣者对普陀经济贡献的资料：

普陀一无所产，岁用米七八千石，自外洋来者。两地皆载米以施，出自妇女者居多。自闽、广东者皆杂货，恰够岁用。（朱国桢，卷2，第242—243页）

张岱以独特的笔调，描述了他前往普陀的旅行。1638年2月19日，他前去普陀参加观音诞日的庆祝活动。[1] 正如杭州上天竺寺的朝圣者，普陀的朝

---

① 这篇游记题为《海志》。张岱对香船的描述足以吓跑任何朝圣者："下香船是现世地狱。香船两橹，上坐善男子，下坐信女人，大蓬捆缚，密不通气，而中藏不盥不漱、遗溲遗溺之人数百辈。及为之通嗜欲、言语、饮食、水火之事，皆香头为之。香头者何？某寺和尚也。"（第213页）尽管张岱的态度很挑剔，但他显然注意到了朝圣者的礼仪。"计海上往来，持斋一月余矣。舟至定海，小僩市黄鱼食新，余下箸即呕。"（第212页）海上航行一定很不舒服，颇为骇人。1737年，另一位文人所乘之船的装备要比当年张岱好得多，但他挖苦道，"人如簸米"，上下颠簸，一路呕吐（齐周华，1987年，第152页）。我很感激吴百益提供的张岱到普陀旅行的故事。

圣者也"宿山"守夜，其盛况空前：

> 至大殿，香烟可作五里雾，男女千人鳞次坐。自佛座下，至殿庑内外，无立足地。是夜多比邱、比邱尼，燃顶燃臂燃指，俗家闺秀亦有效之者。燕炙酷烈，惟朗诵经文，以不楚不痛不皱眉为信心，为功德。余谓菩萨慈悲，看人炮烙，以为供养，谁谓大士作如是观？殿中訇轰之声，动摇山谷。是夕，寺僧亦无有睡者，百炬齐烧，对佛危坐，睡眼婆婆。有见佛动者，有见佛放大光明者，各举以为异，竟夜方散。（《琅嬛文集》，第 208 页）

张岱来到潮音洞，注意到附近的善财礁和龙女洞。[①] 当张岱寻问看守僧人是否见过山志中记载的潮音洞大士示现的种种奇异景观时，僧人答道："向时菩萨住此，因万历年间龙风大，吹倒石梁，遂移去梵音洞住矣。"当着僧人面，张岱强忍大笑，匆匆作礼告别（《琅嬛文集》，第 209 页）。这个故事与梵音洞出现的时间相吻合，这是北寺建立后寻求观音异象的新地方。

虽然张岱对传说中的神迹持怀疑态度，并公开批评他在岛上所看到的轻信和狂热的朝圣者，但他依然认为自己是个朝圣者。对于粗俗的朝圣者，张岱似乎并不认同，他并不针对朝圣本身。这种矛盾的态度也出现在张岱的泰山之旅中（见本书吴百益所写文章）。在这里，张岱毫不掩饰地表现出对没有受过教育的朝圣者的优越感。虽然两手空空未带任何东西上岛，但他认为写文撰述此岛和进行宗教祭祀并无二样，事实上，可能还更有价值：

> 张子曰：补陀以佛著，亦以佛勿尽著也。……微佛则熟航海者，无佛则无人矣。虽然，以佛来者，见佛则去。三步一揖，五步一拜，合掌据地，高

---

① 到 17 世纪，随着南海观音新造像的出现，为了使两位侍从对称，最初的善财洞被称为龙女洞，附近的一块岩石被称为善财礁——也就是传说中善财童子首次上岛朝拜观音之处。

叫佛号而已。至补陀而能称说补陀者，百不得一焉。……余至海上，身无长物足以供佛，犹能称说山水，是以山水作佛事也。余曰：自今以往，山人文士，欲供佛而力不能办钱米者，皆得以笔墨从事，盖自张子岱始。（《琅嬛文集》，第205页）

像张岱这样的文人作家，虽然对普通朝拜者的庸俗信仰和行为不屑一顾，但又深受他们的吸引。与现代民族志学者一样，他对于记载观察到和发现的事物非常感兴趣。例如，张岱告诉我们：

村中夫妇说朝海，便菩萨与俱，偶失足一蹶，谓是菩萨推之；蹶而仆，又谓是菩萨掖之也。至舟中，失篙失揖，纤芥失错，必举以为菩萨祸福之验，故菩萨之应也如响。（《琅嬛文集》，第213页）

后来，一位作家在1822年到普陀旅行时，记载了朝圣者所遵守的类似禁忌：

海舟多禁忌。一谓后舱槛上是神佛所坐，众人或在槛凭依，或来往跨过，皆不忌，而不得坐其上。一大小便与倾涤溺器，后艄有一定处所，不得随便。一桅樯下，眼不得窥视。一众人坐舱板上，不得抱膝，谓要遭风水。一凡坐，不得令两足空悬，谓要延宕时日。一饭毕，不得架箸碗上，谓要空拦时日，犯之均遭舟子恚怒。（郑光祖，卷3，第38页）

通过梳理山志记载的神迹故事，我们也可以对广大普通朝圣者的参与和奉献精神有所了解。从表面上来看，所有的故事都是有关观音对朝圣者的虔诚的有效感应。同时，尽管这些故事属于轶事趣闻，但还是提供了一些有关朝圣者的简单有趣的信息：借助他们的信仰和奉献，朝圣的传统得以维系。

我从大量的资料中挑选了几个例子。所有这些都发生在 16 世纪和 17 世纪，这是普陀山复兴的主要时期之一。第一个传说故事讲述的是一位来自杭州的普陀山僧人天然的母亲，她每日吃斋奉佛，时常募化金钱捐献给佛陀。一日，天然母亲募化得一尊颈部由金铸成的菩萨像，便转给其子天然。天然看见佛像的金颈，便动了私心，让工匠刮剥其颈部的金子。结果工匠当场暴毙。过了一阵子，天然母亲从大陆来到普陀山，天然提前得知母亲来普陀山的消息，高声责骂："吾冤家害我者至矣。"见到母亲，天然出手重捆母亲的脸，然后取刀自刎，又绕着山跑了数圈，高声喊："汝辈莫我若，若我地狱在眼前矣。"话落气绝而亡。山志记载这个传说故事发生于 1586 年（万历十四年）（《重修普陀山志》，1607 年，第 155—156 页）。这是一个有关虔诚母亲不遗余力进行募化的故事，也是一个贪婪僧人将朝圣者的供品中饱私囊的警示故事，最重要的是，这更是经久不衰的一个观音示现故事。

其他故事提供了一些关于朝圣者的地理分布和职业多样性的信息。例如，一个传说故事中，一位来自安徽的店主拟至普陀山进香。为了这一行动，他吃斋三年，还搬到离普陀更近的昆山（江苏）①。某年元旦，他终于准备出发，就在这时，有人冲到码头，告之他的商店隔壁失火，催促他返回去，但这位店主不愿放弃这次旅行，说即使商店被烧为平地，也不会回去，因为他已经为这趟朝圣等了太久。结果当他从普陀山返回的时候，发现周围的房子都被烧毁了，而他的商店却完好无损。

还有两则有关商人的传说故事，故事的主角一位是江西布商，另一位是广东洋商。我们不知道这两则传说故事发生在何时，有可能是在明末。江西布商因为生意，顺道到普陀山进香，看到了一座天王像已经颓圮。他想起民

---

① 原文误作"浙江"，此次翻译直接改正。——译者注

间有传闻，名寺佛像上的泥掺在药中可以治病，于是便从佛像上取走少许的泥土。返回船上，江西布商感到神昏头痛。忽然看见天将而至，怒目圆睁叱喝道："何得割我胫肉？"江西布商大为恐慌，为自己的行为感到后悔，央求同行僧人把像泥送还回去，并立愿为天王重塑新像。广东洋商的故事则略有不同。广东洋商从东洋返回，忽然梦到一巨人请求他运送一根大骨，广东洋商被吓醒。当时正值夜半，忽然刮起一阵怪风，眼见船要沉海，船上众人呼号不止。狂风忽然转向，船得以继续行驶，黎明时分安全到达普陀山。这位广东洋商幸免于难，大喜。入寺礼佛，看见一天王像，腿部脱落于像前，天王像的样貌正是前日梦中所见巨人。广东洋商惊叹不已，于是捐钱铸新塑像（《增修南海普陀山志》，1698 年，卷 10，第 12 页）。

我引用的最后一个传说故事发生在 1898 年春天。来自台州黄岩县三甲的民船，装载乘客数十人，赴普陀山进香。在他们返航的途中，船只航行了数百里，忽然被浓雾笼罩，暴雨骤降，无法继续前行，船主问朝圣者是否在普陀做了不洁之事，船中有一老妇人，急忙打开包袱，把一片黄瓦抛入海中。顷刻之间，云雾渐渐散开，船又可以向前行驶。有人究问老妇为何有如此行为，老妇回答说从未见过这样的瓦片，只是喜欢黄瓦光滑，想夏天当枕纳凉，并非有意窃取。然而，就是这样一件微不足道的小事也没有被忽视。这群朝圣者再次为观音的灵验惊叹（《普陀洛迦新志》，1924 年，第 200 页）。

苦行者、住持和中国洛迦之创造

潮音洞的盛名吸引了不少苦行僧和精进的修行者，他们原本作为朝圣者来到这里，后来选择留下来。在 1607 年的山志里，记载了这样两位人物。释真一撰写的《二大士传》，描述了他遇到的一男一女两位苦行者。在释真一看来，二人都是观音的化身。这位女苦行者于 1605 年 6 月来到普陀，四个月后，男苦行者结束九华山之行也来到此地。两人面目黧黑，头发蓬乱，各自住在潮音洞南面山顶上的两个茅草屋里。茅草屋高不及三尺，上漏下湿。他们整日坐于其中，只饮水，吃蔬菜。如果有人给米给钱，他们也不推辞；若有游僧前来，他们则将米钱散与游僧。他们经常数日粒米不进，也不会生病。普通人以为他们是乞丐，那是因为不知也。一天夜里，释真一偕居士前往拜访，他们默然对坐许久，这两位苦行者也不惊讶，彼此也不说话。当释真一开始与之谈话，男苦行者但笑而不言，"妇人则随叩随答，不作道理，会而吐词等，刀锯莫可犯其锋。问其姓名，则曰：'有甚姓名？'问其年纪，则曰：'有甚年纪？'问其何许人，则曰：'有何方所问？'问其曾住何山，则曰：'住终南焉。'久问其见何道理，则曰：'眼见大海，耳闻风声、雨声、潮声、鸟声。'问其作何工夫，则曰：'有时想起观世音，便念几声。余则唯坐坐中，亦无甚做工夫'"。释真一对其言词直接印象深刻，"似觉其胸中无一物"。次年春二月，正值香客朝山旺季，许多人前来谒洞，这两位苦行者却离开了（《重修普陀山志》，1607 年，卷 3，第 268—270 页）。

像这样的苦行者或许会给这座岛屿增加一种神秘和神圣的气氛，但主要还是依靠有才干高僧的大力宣传，才使其古老的名望恢复生机，并在普陀山创造出新的显灵之地。法雨寺的开山住持大智真融（1523—1592 年），其活动可以视为僧人在创造洛迦过程中起到重要作用的一个典范。[①] 大智真融是位勇敢的朝圣者，曾耗时多年朝拜五台山、峨眉山和九华山。1580 年，他到达普陀山，于潮音洞和梵音洞前祈祷，祈求观音垂示瑞兆。一晚，他见到一根竹竿随潮水而来，停在南寺左边一处被称为"千步沙"的沙滩上。他以此为

---

① 大智真融是湖北麻城人，15 岁时剃度受戒。1547 年，到南京牛头山。翌年，在北京受具足戒之后，前往五台山，在那里住了五年。1558 年，前往峨眉山朝圣，并在山顶一住就是 12 年，不曾离开。1574 年，他到四川北部的金华山（距峨眉山约 80 里）朝圣。有许多朝圣者往于这两个朝圣地，由于沿途没有可供中途休息的地方，使得旅程艰辛异常。大智真融帮助朝圣者建造了金莲寺。

征兆，建造了一间小屋，取名为"海潮庵"（是北寺的前身）。不久，许多信徒开始捐钱，这使他有机会能扩大这座原本简朴的寺庙。当时禅法式微，但大智真融坚持严守清规，与明末其他三位众所周知的大师云栖袾宏（1535—1615年）、紫柏真可（1543—1603年）和憨山德清（1546—1623年）齐名（《补陀洛迦山志》，1589年，卷3，第27—32页）。

上述有关大智真融的传记是由一位自称"古娄发僧羼提居士"的真人所撰。他以朝圣者的身份到达普陀山，寻访大智真融。两人相谈结束后，大智真融赠给此人一份资料，其中记录了过去六十年间自己的修行和宗教活动。大智真融之所以选择此人为他撰写传记，是因为他前一天晚做了个梦。大智真融说，在梦里，观音告诉他："有发僧来，与汝有缘。"当大智真融看到这位作者时，立刻意识到他就是那个被预言的人。大智真融是一位孜孜不倦的朝圣者，也是一位精力充沛的寺庙建造者，但他也毫不掩饰地推广了普陀山和他自己。与许多同代人一样，大智真融对普陀山的宣扬是依靠灵异实现的。引用观音托梦使得请人为自己作传的要求合理化即是一例子。如前所示，另一个例子是大智真融的预言，即法雨寺在他身后百年会复兴。他把这个预言刻在石碑上。1691年，性统重新发现了这块石碑，为1692年恢复法雨寺提供了所需要的动力，那年恰好也是大智真融圆寂后的一百年（《增修南海普陀山志》，1698年，卷12，第55—57页）。

大智真融是有能力把普陀山建成一个伟大朝圣地的众多僧人中的一位。和其他人一样，他自己就是朝圣者。大智真融与朝圣者以及官员的关系特点可能也出现于其他住持与朝圣者、官员的关系上。普陀山的复兴总是在朝圣者、官员和住持的共同努力下促成的。随着北寺的建立，梵音洞也声名远扬。1626年，一位来自波罗奈（后译为"贝拿勒斯"）的印度朝圣者来到梵音洞，深感四周地形殊胜，于是献上了释迦牟尼舍利，并在洞顶建佛塔安奉。[1]

1705 年的山志将潮音、梵音二洞称为"普陀双目"（卷 2，第 13 页）。跟潮音洞一样，梵音洞也吸引了狂热的朝圣者，他们有时会选择宗教式自杀来显示对观音的虔诚。知府缪燧对这种行为深感不安，提笔撰写了一篇情词恳切的《舍身戒》，并把它刻在梵音洞旁的石碑上（卷 12，第 35—38 页）。这条禁令成效不佳。费佩德（Robert F. Fitch）在 1922 年至 1928 年间曾六次前往普陀山，他这样描述梵音洞：

即使是在近代，朝圣者也会纵身而下，自杀——他们不仅希望能迅速了结尘世的苦难，而且还希冀能立地成佛，重生于西方极乐世界。因此，现在严禁此种行为。从前就有把坐在篮子中的僧人放到下面，把尸首收集起来火化的习俗。（费佩德，1929 年，第 70—71 页）

费佩德对潮音洞印象深刻。涨潮时，当风向海岸吹时，海浪就会猛烈地涌进洞里。作者曾看到，在洞内末端有一个向上的小出口，在台风来临时，海水像间歇泉一样从此处喷涌而出，有二十多尺高（费佩德，1929 年，第 50—51 页）。[2]

---

[1] 1705 年的山志有两篇佛塔碑文（卷 1，第 44—47、47—48 页）。圣物"外显相状因人而异，品行劣者只见一黑色物体，品行高者见白色物，中等善根者看见红色舍利，而圣者见佛妙好身相"（庄士敦，1976 年，第 315 页）。

[2] 庄士敦对潮音洞的印象远不及此，他对观音示现提出了一个合理的解释："潮音洞真是令人失望，它只不过是海边岩石上一个垂直的裂缝，若不是与圣迹有关，根本不会引起特别的注意。有时，潮水会带着响亮的轰鸣声和奔腾的浪花冲进岩壁。一位编修史书的僧人说，海浪猛烈地拍打在岩壁上，如同野兽飞散出去的鬃毛。如果挑剔的西方探寻者硬要对观音示现给出一套平淡无奇的理论，那么他或许会发现这样一个事实：在某些时候，当大气和潮汐条件适宜时，一束阳光从屋顶上俗称'天窗'的缺口射进洞里，打在飞溅的泡沫上。洞穴里似乎充满了微颤的薄雾，无信仰的人只能看到阳光下的浪花，但对虔诚的信徒来说，这是一块发光的面纱。透过它，虔诚的祈祷者可以看到'大慈大悲的菩萨'。"（第 299 页）

这两个洞窟虽互为竞争者，但对朝圣者的吸引力并未有丝毫减少。相反，观音示现两洞的传闻更增强其灵验性，也使得它们成为朝圣者必访之地。南寺和北寺之间的关系与此类似。两者之间虽然有对峙之势，但实际上却提高了彼此的声誉。随着该岛日益发展，岛上所有圣地都有助于营造朝圣地的神圣气氛。同时，个别地方也因整座岛而形成了自己的吸引力。

自清代起，两大寺院共同管理岛上其他较小寺院和茅棚（僧人们独自打坐的简单居所）。1924 年《普陀洛迦新志》列出的 88 座小庵和 128 个茅棚，分归南寺、北寺院管辖（77 个茅棚归前者管辖，51 个归后者）。在世纪之交，传教士、外国游客和中国朝圣者也引用了类似的史料。[①] 于是由朝圣者，尤其是那些来自北方省份的朝圣者，演变出一种制度，即被公平地分配到两座寺院参拜。1739 年的山志可以窥见这种制度是如何运作的：

香客到山，凡属北直、山西、陕西、山东、河南，自扬子江以北者，皆称北客。此惟前后两寺均接，前代已然……又前后寺接待香客，亦有规定，俱载碑碣：每船至，立簿登记，挨次循环。凡北客到山，两人以下，不在轮例。三人以上，不论多寡，谓之一船依序轮接，多寡前后，不得简择取舍。其或香客中有旧交熟识，至化主来者，则通情越例，照数补偿。（《重修南海普陀山志》，1739 年，卷 10，第 13 页）

---

① 郭施拉为劝僧人们皈依基督教，在 19 世纪 30 年代访问游普陀。他记载了岛上有 2 座大寺院和 60 座小寺院，大约有 2000 名僧人住在岛上（郭施拉，1968 年，第 443 页）。柏石曼于 1908 年拜访普陀，当时那儿有 70 多座小寺庙和 100 多座茅棚，岛上大约有 1500 名僧人，2 座大的寺院各有两百到三百名僧人（柏石曼，1911 年，第 11 页）。1915 年，一位中国僧人前往普陀朝圣，发现除了 3 座大的寺庙外，还有 80 多座小寺庙和 100 多座茅棚。小的寺庙可以容纳 30—40 个僧人（通常是 10—20 个），一座茅棚可以容纳几个人，完全没有任何问题。从理论上讲，这些寺庙可以容纳一万到两万名僧人。但是，除了在朝圣季节的第二和第六个月，会有 6000—7000 名僧人在普陀停留，平日里大约只有 2000 名僧人住在岛上。他评论说，在普陀，观音和其他神明像的数量比和尚更多。（心梵，1915 年，第 17 页）

结论

普陀向中国洛迦的转变历时数百年。许多来自不同社会阶层的人对这一努力有所贡献，许多不同类型的媒介被用来支持和宣扬这种主张。所有这一切都与朝圣紧密相连。朝圣活动使得这座海中孤岛被中国人和外国朝圣者认定为观音的圣地。

明末的佛教领袖们对过分强调朝圣并非总是乐见。佛尔讨论了禅宗的趋势是"证悟空性"（见本书第 4 篇文章）。事实上，从"空性"开明的角度来看，洛迦无处可寻，又无处不在。云栖祩宏批评朝圣者凭借一股子狂热，冒着生命危险在海上远航。他辩才无碍道：

> 夫经称菩萨无刹不现身，则不须远涉他方；而大慈大悲者，菩萨之所以为菩萨也，但能存菩萨慈悲之心，学菩萨慈悲之行，是不出户庭而时时常觐普陀山，不面金容而刻刻亲承观自在矣！（《云栖法汇》，卷 4，第 48 页）

在真正的禅宗里，为了防止人们产生执着，云栖祩宏解构了洛迦的神话，否认了观音只能示现普陀的说法，但也正是由于在他的那个时代朝圣普陀的盛行，才激发了他对此的批判。虽然不只是在普陀能找到传说中的观音，但许多人，特别是朝圣者，相信观音无时无刻不在那里——这能抚慰人心。为了把观音固定在普陀上，需要不断地努力来建造这个岛（无论是在实质上还是象征意义上）。因此，有必要反复强调经文中的洛迦和普陀山之间的关系。正如 1698 年山志中的"缘起"所载：

> 普陀为观自在菩萨道场。见之佛经者，彰彰如是。震旦僻绝之地，赖有

龙宫秘笈、西域梵典，得以显著于世。乃知十方圆明，莫非佛所显化，安得谓梵宫金地，只在祇园舍卫间也。试观今日之普陀，与佛经所说有以异乎？今日之道场与大菩萨围绕说法时，有以异乎？有谓胜会不常，法筵难再。不无今昔之殊圣。凡之别然，则现前之花果树林，泉流池沼，独非圆明境界乎？佛印元禅师曰："满目青山一任看。"程明道先生于言下脱然有省。今之游山者，须著眼看取，而凡夫著相，或有疑之者。菩萨所坐，皆金刚宝石，何此山石其粗怪，不知水石草木，皆是众生妄想结成。佛之妙明心地，故所见皆是金宝。又当以《华严》《楞严》《涅槃》等经，次第阅过，然后知名山道场，实为佛所住处。（《增修南海普陀山志》，1698 年，卷 4，第 2—3 页）

建设与解构、开创与衰落、兴建与重建，这些都是普陀山所经历的循环周期。在这些不断变化的命运中，朝圣者总是参与其中。我们在普陀山看到的，是中国人如何在自己的土地上创造佛教圣地的一个实例。

参考文献

引用文献

张津等辑《乾道四明图经》，12 卷，1169 年。

Dictionary of Ming Biography, 1368-1644（明 代 名 人 传，1368—1644）. Edited by L Car-rington Goodrich（富路特）and Chaoying Fang（房兆楹）. 2 vols. New York: Columbia University Press, 1976.

志磐，《佛祖统记》，约 1260 年，《大正新修大藏经》第 49 册，第 2035 部分。

《杭州府志·风俗物产》单行本，8 卷，1924 年。

潜说友，《咸淳临安志》，1268 年。

田汝成辑撰《西湖游览志》，24 卷，1526 年。

《普陀山志》，有 8 个版本：

(1) 盛熙明辑《补陀洛迦山传》，1 卷，1361 年，《大正新修大藏经》，第 2101 部分。

(2) 侯继高辑《补陀洛迦山志》，6 卷，1589 年，东京：内阁文库。

(3) 周应宾辑《重修普陀山志》，6 卷，1607 年，《中国佛寺史志汇刊》，第 1 辑，第 9 册，台北：明文书局，1980 年。

(4) 裘琏辑《增修南海普陀山志》，15 卷，1698 年。

(5) 朱瑾、陈璿辑《增修南海普陀山志》，15 卷，1705 年。

(6) 许琰辑《重修南海普陀山志》，20 卷，1739 年。

(7) 秦耀曾辑《重修南海普陀山志》，20 卷，1832 年，载沈云龙编《中国名山胜迹志丛刊》，第 6 辑，卷 50—53，台北：文海出版公司，1982 年。

(8) 王亨彦辑《普陀洛迦新志》，12 卷，1924 年，《中国佛寺史志汇刊》第 1 辑，第 10 册，台北：明文书局，1980 年。

释广宾辑《杭州上天竺讲寺志》，15 卷，《中国佛寺史志汇刊》第 1 辑，第 26 册，台北：明文书局，1980 年。

其他文献

Bishop, Peter（彼得·毕晓普）. 1989. *The Myth of Shangri-La：Tibet, Travel Writing, and the Western Creation of Sacred Landscape*（香格里拉的神话：西藏、游记和神圣景观的创造）. Berkeley：University of California Press.

Boerschmann, Ernst（恩斯特·柏石曼）. 1911. *Die Baukunst und religidses Kultur der Chinesen*（中国的建筑和宗教文化之一：普陀山）. Vol. 1, *P'u T'o Shan*. Berlin.

Brook, Timothy（卜正民）. 1988. *Geographical Sources of Ming-Qing History*（明清历史地理资料）. Ann Arbor：Center for Chinese Studies, University of Michigan.

冯福京等编《昌国州图志》, 7 卷, 1297—1307 年。

张岱,《海志》,《琅嬛文集》, 载沈启元编《近代散文抄》, 香港：天虹出版社, 1957 年。

郑光祖,《一斑录杂述》, 载《舟车所至》, 1845 年。

齐周华,《游南海普陀山志》, 载《名山藏副本》, 上海：上海古籍出版社, 1987 年。

Davis, Richard L（戴仁柱）. 1986. *Court and Family in Sung China*, 960-1279：*Bureaucratic Success and Kinship Fortunes for the Shih of Ming-chou*（丞相世家：南宋四明史氏家族研究）. Durham, N.C.：Duke University Press.（该书中译本为刘广丰、惠冬译, 北京：中华书局：2014 年。——译者注）

Dudbridge, Glen（杜德桥）. 1982. "Miao-shan on Stone（石头上的茅山）." Harvard Journal of Asiatic Studies 42, 2（December）：589-614.

——1978. *The Legend of Miao-shan*（茅山传说）. Oxford Oriental Monographs, no. 1. London：Ithaca Press.

Eliade, Mircea（米尔恰·伊利亚德）. 1959. *The Sacred and the Profane*（神圣和亵渎：宗教的本质）. New York：Harper & Row.

Fitch, Robert F（费佩德）. 1929. *Pootoo Itineraries, Describing the Chief Places of Interest with a Special Trip to Lo-chia Shan*（普陀山旅行指南）. Shanghai：Kelly & Walsh.

Gätzlaff, Karl（郭施拉）. 1834. *Journal of Three Voyages along the Coast of China in 1831, 1832, 1833*（中国沿海三次航行记——1831、1832 和 1833 年）. London. Taipei reprint, 1968.

朱国桢[①],《普陀游记》, 载《中国古代游记选》下册, 北京：中国旅游出版社, 1985 年。

心梵,《普陀礼佛归来的感想》,《海潮音》第 11 号, 卷 9, 1915 年, 第 17—24 页。

徐明德,《论十四至十七世纪宁波港在中日经济文化交流史上的重要地位》,《当代世界通

---

① 原文误作"Hsieh Kuo-chen 谢国桢", 此次翻译予以改正, 正文同改。——译者注

讯》，第 3 期，1987 年，第 120—141 页。

Johnston, Reginald Fleming（庄士敦）. 1976. *Buddhist China*（大地众生成佛）. London：John Murray, 1913. Reprint.San Francisco：Chinese Materials Center.

小林太一郎，《唐代大悲观音》，《佛教美术》，第 20 期，1953 年，第 3—27 页。

龚烈沸、王道兴，《海天佛国普陀山》，浙江：舟山地区文联，未注年代。

Li, Shiyu（李世瑜）, and *Susan Naquin*（韩书瑞）. 1988. "The Baoming Temple：Religion and the Throne in Ming and Qing China（保明寺：中国明清时期的宗教与皇权）." *Harvard Journal of Asiatic Studies* 48, 1（June）：131-188.

牧田谛亮，《六朝古逸观世音感应记研究》，京都：平乐寺书店，1970 年。

Overmyer, Daniel L（欧大年）. 1976. *Folk Buddhist Religion：Dissenting Sects in Late Traditional China*（中国民间宗教教派研究）. Cambridge：Harvard University Press.（该书中译本为严耀中译，上海：上海古籍出版社，1993 年。——译者注）

——1978. "Boatmen and Buddhas（船夫和佛陀）." *History of Religions* 17, 3-4：284-302.

罗濬等编《宝庆四明志》，21 卷，1225—1227 年。

《普陀宝卷》，1894 年辑，北京吴晓玲私人收藏。苏城玛瑙经房藏版。

佐伯富，《关于近代中国的观音信仰》，载《塚本博士颂寿纪念佛教史学论集》，京都，1961 年，第 372—389 页。

泽田瑞穗，《增补宝卷研究》，东京：国书刊行会，1975 年。

Shek, Richard（石汉椿）. 1980. "Religion and Society in Late Ming（明末的宗教与社会）." Ph.D. dissertation, University of California at Berkeley.

Shiba, Yoshinobu（斯波义信）. 1977. "Ningpo and Its Hinterland（宁波及其腹地）." *In The City in Late Imperial China*, edited by G William Skinner, 391-439. Stanford：Stanford University Press.

Soper, Alexander C（索柏）. 1960. "A Vacation Glimpse of the T'ang Temples of Ch'ang'an（唐代长安寺庙假期掠影），" *Artibus Asiae* 23：15-40.

Stein, Rolf A（石泰安）. 1986. "Avalokites'vara Kuan-yin：exemple de transformation d'un deusen déesse（观音：转为女神的例子）." *Cahiers d'Extrême-Asie*, no. 2：17-77.

塚本善隆，《近代中国大众女神观音信仰》，载《山崎博士还历纪念印度学佛教学论丛》，京都，1955 年，第 262—280 页。

Tucci, G（图齐）. *Minor Buddhist Texts*（小部佛典）. 1958. Part 2. Rome：Instituto Italiano per il Medio ed Estremo Oriente.

袁桷编撰《延祐四明志》，1320 年。

Yu, Anthony C.（余国藩）, trans（译）, and ed. 1977-1983. *Journey to the West*（西游记）. 4 vols. Chicago：University of Chicago Press.

Yü, Chün-fang（于君方）. 1989. "Miracles, Pilgrimage and the Cult of Kuan-yin（神迹、朝圣和观音崇拜）." Paper delivered at the Conference on Pilgrims and Sacred Sites in China, Bodega Bay,Calif., January 1989.

——1990a. "Images of Kuan-yin in Folk Literature（民间文学中的观音形象）." *Chinese Studies* 8, 1（June）：221-285.（本文简称"于君方，1990 年 a"。——译者注）

——1990b. "Feminine Images of Kuan-yin in Post-T'ang China（唐代之后观音的女性形象）." *Journal of Chinese Religions*, no. 18（Fall 1990）：61-89.

——. Forthcoming（1998）. "Buddhism in the Ming（明代佛教）." In *Cambridge History of China*. Vol. 8,Ming, edited by F. W. Mote. Cambridge：Cambridge University Press.

云栖袾宏，《竹窗三笔》，载《云栖法汇》，《莲池大师全集》，4 卷，台湾，1973 年。

6

作为朝圣图像的黄山绘画

高居翰（James Cahill）

　　如今，在中国处处可以看到关于黄山的绘画。坐落于安徽南部的黄山，山石突兀、山势险峻，遍植松树而且云雾缭绕。对中国山水画家而言，登临黄山几乎是必行之举，他们中的大多数画家都为黄山作过画，有些画家甚至把毕生奉献给了黄山。黄山在早期绘画中是一个为人熟知的题材，但范围较小而且出现得比较晚：近代以前留存下来的黄山绘画大多是明末清初的，即在 17 世纪和 18 世纪初，绘者也大多是安徽地区的或者是在那儿生活过一段时间的画家。

　　对黄山绘画的研究主要有以下几个方面：风格研究（高居翰，1982 年 a、1982 年 b；高居翰，1981 年；徐文治，1975 年；赖特，1984 年；等等）；用实际地点表示位置的形胜图研究（古原宏伸，1971 年；高居翰，1981 年，第

　　* 感谢加利福尼亚大学伯克利分校中国研究中心和研究委员会在我发表这篇论文时所给予的支持。我还要感谢周绍明对初稿所提出的宝贵建议。

四章；宫崎法子，1985 年；河野惠子，1986 年）；尝试确定个别画家何时何
地作画的传记和年代研究（古原宏伸，1971 年；张子宁，1987 年）；该地区
的宗教和政治意义的研究（周绍明，1989 年）。在此，我们将首先关注用作游
记或导游的绘画的特点，然后是画在记录或激发人们到黄山朝圣方面的作用。
为了配合本书的主题，我们将尝试回答这些问题：这些绘画展现了什么样的
朝圣，它们对于朝圣又起到了什么样的作用？

我们首先来明确这些要思考的问题。黄山绘画在中国历史和中国绘画史
上出现得比较晚，但在此之前，已有长期的相关发展。早期在黄山创建的佛
教寺院，以及后期它们所起的作用；宋末及之后的黄山游记；描绘黄山以外
特定地方的画作或对黄山以外特定地方旅行的记载；最后包括对圣山的描述。
但我们不会把讨论仅仅局限在这些方面。

作为圣山的黄山

我们尚未在黄山的早期历史中找到有关旅行的记载，但我们知道，早在
公元 8 世纪，佛教寺院就已经在那里修建了。道教在黄山存在的年代要更久
远，而且很难与后来的传说分离开来。根据自公元 4 世纪以来的文献记载，
传说中的黄帝为了寻找长生不老药，在统治后期来到黄山，圆满地完成了自
己的探索，确定七十二峰作为神仙或贤人的居所（周绍明，1989 年，第 153
页）。对于这些记载，我们要探讨的是，早期的作家似乎总是意识到他们攀登
的是一座圣山，并在黄山山顶上表达他们的神圣感。但早在宋朝末期，现存
最早的黄山游记表明，从对黄山的认知中，可以看出世俗化的倾向。周绍明
注意到，"在 13 世纪之前，当黄山开始成为周边地区尤其是徽州文人关注之
地时，佛教和道教在山上的地位开始下降了"（第 146 页）。尽管这些记载尚
不太明确，但如同我们可以看到的那样，可以从游记内容的变化加以考察，

而且也可以从黄山绘画表现的变化中加以考察。

从后来描述黄山的文学作品中可以看到，黄山更像是一座世俗的山，而非圣山，或者只是在某种特殊意义之上才被有组织的宗教认为是神圣的山，这是我们下面将要讨论的问题。在此方面，黄山与本书其他文章所论述的圣山的不同之处在于，其他圣山是宗教朝拜的中心，专注于某位特定的神灵。可以肯定的是，黄山的世俗景象无疑受到了文人特有关注的影响。黄山和其他地方一样，文人是我们文献的主要来源。在中国绘画史上也有类似的情况：学习这门学科的学生都很清楚，我们仰赖的记述受到文人偏见的影响，甚至可以说遭到删改。我们可以假设，在徽州文人主导黄山之旅的几个世纪后，虔诚的佛教徒仍继续参拜黄山的寺院，或者进行有目的的旅行，我们可以恰当地称其为朝圣。但是，根据已知资料，这些佛教游人似乎并没有撰写游记，也没有绘制或委托绘制图画，所以作为本文所关注的历史背景，他们只能占据一个模糊、假想的部分。

1679 年的《黄山志定本》，有关黄山佛教寺院的资料包含在一个题为"建置志"的简短章节中，并附有一些有关道教的宫观和众多亭台楼阁、私人别墅、休憩亭子和桥梁的内容。此章之前，有篇关于黄山风景的长文，主要记述了黄山的大小山峰，然后是与黄山有关的其他名人、游记以及黄山所激发创作的诗歌和其他文学作品。这些重要的文字支持了周绍明的见解：至少在后来的数百年中，黄山寺院与其说是朝圣的目的地，不如说是怀有其他动机并非以宗教动机为主的朝圣停歇地。从游记中，我们知道它们是旅馆、餐馆和旅游咨询处。① 然而，由于这些庙宇同时出现在文人记述和我们将要探讨的绘画中，所以把最重要寺院简单胪列于此（地图 6-1）。

---

① 不过，请注意，根据卜正民的说法，这是一种更普遍的现象，并不仅限于黄山："尽管他们的名字与宗教组织有关，然而，宫观方志的作者基本上都是世俗的。除了僧侣和虔诚居士的传记外，涉及具体宗教问题的内容很少包括在内"（卜正民，1988 年，第 54—55 页），尽管其中三分之一是由僧人编纂的（第 62—63 页）。于君方则有不同意见（见本书中的文章）。

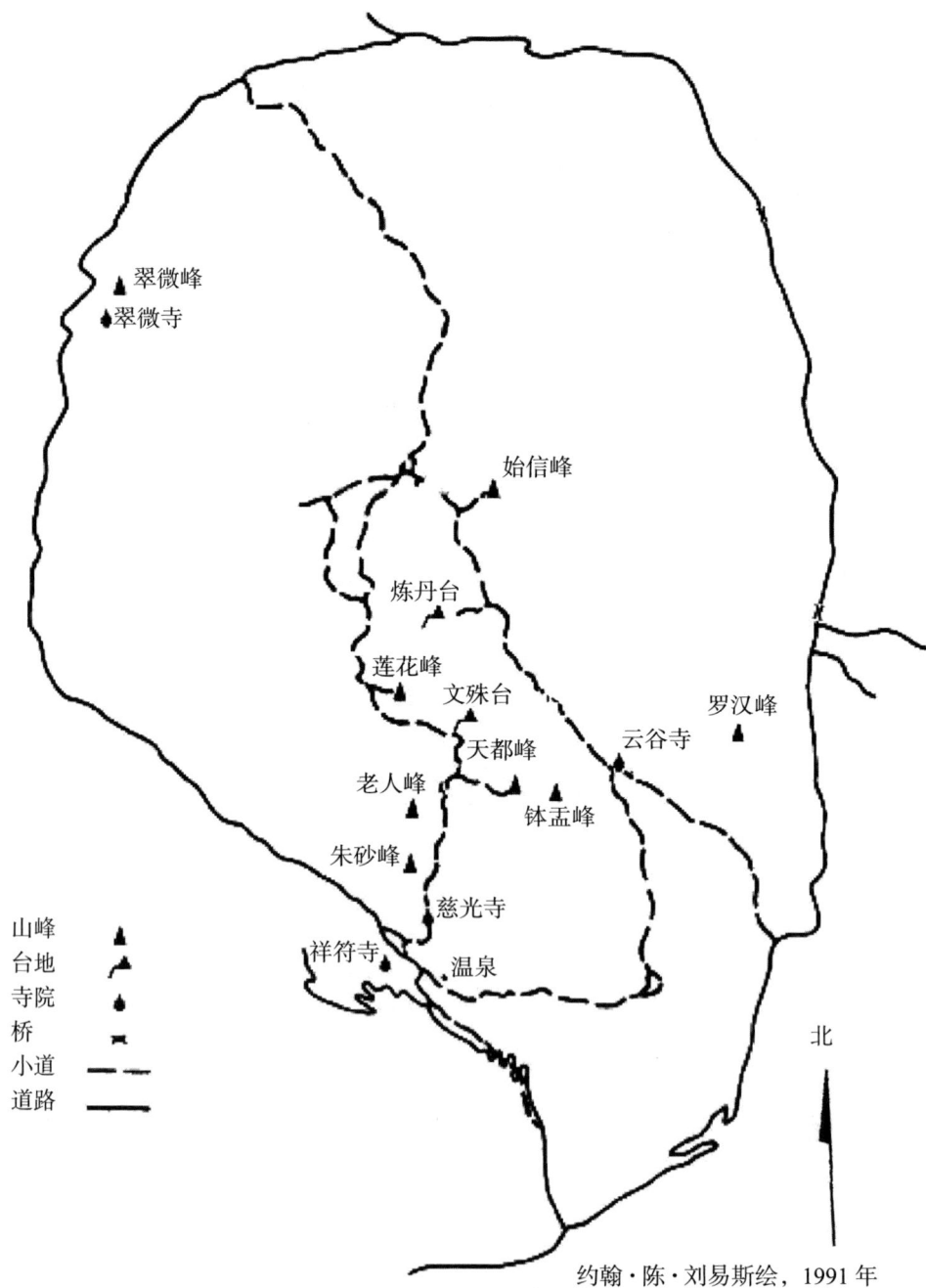

翠微峰

翠微寺

始信峰

炼丹台

莲花峰

文殊台

罗汉峰

天都峰

云谷寺

老人峰

钵盂峰

朱砂峰

慈光寺

祥符寺

温泉

山峰
台地
寺院
桥
小道
道路

北

约翰·陈·刘易斯绘，1991 年

地图 6-1　黄山

祥符寺：建于唐开元（713—741 年）年间，是黄山最古老的寺院。原名灵泉院，于宋大中祥符（1008—1016 年）年间更名。在 1340 年汪泽民（见下文）和其他人的游记中曾提到这座寺院。该寺坐落在山脚下，温泉附近，是黄山登山者标准的出发地点和客栈。

慈光寺：原名朱砂庵，位于朱砂峰脚下，在通往山顶的道路上。由普门大师重建，万历皇帝（1572—1620 年在位）重新命名。慈光寺主要出现在 17、18 世纪的黄山绘画中，是真正登山者出发攀登山顶的基地。

文殊院：建在文殊台上，是欣赏黄山高峰最佳之地。天都峰就在其对面，莲花峰在其右边。该寺院是后来修建的，由普门大师于 17 世纪初创建。明末旅行家徐霞客写道，"不到文殊院，不见黄山面"，且这两句话至今仍在被重复。玉屏楼保存至今，这是登山者（至少是外国人）可以过夜的两处地方之一。

翠微寺：位于翠微峰下。据说这座寺院是公元 882 年由来自印度的麻衣僧到达黄山时修建的。那里有一口名井，井水从未漫出或干涸过。汪泽民在游记中也提到过这座寺院。

云谷寺：原名掷钵禅院，现在的名字出自明代。位于罗汉峰和钵盂峰之间，是那些向东或从山"背"面而不是从前面上山的人们休歇的中点（现在是索道出发站）。云谷寺又被称为"丞相院"，因为来自徽州的宋朝丞相程元凤曾在此求学。

有关黄山道教的传说收录于一部作者佚名的宋代《黄山图经》中，其原件附有一组（印刷的）绘画，已遗失并被别的画作替代，现存的版本是基于明末清初画家的一组作品。《黄山图经》提供了从道教风水方面对黄山的解读——一座座山峰，总共 36 座；枚举了山洞和泉水、炼丹或采草药的地方、所看到的龙、实施的神奇治疗。其中提到了几处道观的遗址，有两处被后来的佛教寺院所取代。《黄山图经》最后列出了从黄山向四面八方奔流而出的河流，这幅壮观的景象将会在下文所述及的钱谦益游记中重现。至少是在文献记载方面，《黄山图经》有关黄山道教的说法是最早的。如我们所见，其道教元素是在接下来几个世纪的游记中被发现的，特别是在明代，其中一些是借助绘画表达的。黄帝和神仙的故事继续成为清代黄山文化的重要组成部分。但在之后数百年里，很少有证据表明这里有道教活动。

黄山之游的文字记载

现存的黄山游记为数甚多，大多出自明末以后。[①] 近年来出版了一本很有趣的选集（李一氓，1983 年），以下内容主要来自这本最近选集中的记述。李一氓在他的序言中指出，黄山在圣山中成名的时间较晚，只是从 16 世纪晚期到 17 世纪早期才有了相对便利的旅宿条件。在此之前，登山者在山上没有住宿的地方，他们必须自备所有的食物、水和卧具。虽有几座更早修建的寺庙，但它们建于明末，而不是明代之前。

尽管我们必须考虑游记体裁本身的限制和惯例，但从 13 世纪到 18 世纪，一系列的游记记载了旅行者自己所经历的深刻变化，当然，也记载了他们对黄山的感受。[②] 早期的登山者大多来自附近的安徽和江西。吴龙翰是徽州府歙县的历史学家。1268 年，吴龙翰和两个朋友一道登上山顶，留下了一段简短的描述：在山上停留了三天，没有遇见任何人。他们吹着笛子，喝着酒，如

---

① 最重要的藏本是 1679 年《黄山志定本》，由闵麟嗣辑。四卷本的游记收于 1935 年的《黄山丛刊》，由苏宗仁辑，并予补充，补充的主要是后期的散文，它是迄今为止最完整的藏本。

② 吴百益在更大的背景下对"游记"的约定俗成和世俗化的评论，注意到作者记载了一次登名山的旅程"往往要求游记作者多才多艺，并且和他印象深刻的前人游记进行比较。对地点和景色的反映，往往更多的是说教，而非内省"。他将"通行的游记主题"定义为"游览那些在早期记载中备受赞颂的名胜古迹，对前人观察的确认、质疑或补充"（参见本书第 2 篇文章，第 75、78 页）。吴百益假定存在某种"文化差异"，将写下这些记述的人与朝圣者分隔开来，并指出前者似乎完全没有意识到后者的存在。

同神仙一样远离尘世。下山前，向最宏伟的山峰——天都峰敬酒，宣称"无忘此山"。元代士大夫汪泽民在 1340 年一篇较长的游记中，详细描述了如何到达黄山，以及三十六峰的壮丽景色。在一座寺院里，僧人告诉汪泽民，登上天都峰的人都是采草药的，要花三天时间。对汪泽民而言，黄山是神仙之所，也是传说中的黄帝所到之处。

在《黄山志定本》（卷 4）中发现了两篇 16 世纪早期的游记。1519 年的游记中，潘旦讲述了如何与弟弟、儿子以及三位朋友在冬天冒雪来到黄山的故事：泡完温泉后，他们爬上一个可以看到三十六峰的高度，被眼前的景象惊呆了，"不知人世复在何处"。因为无法前行，他们回到祥符寺，温酒饮之。次日清晨，雪停了，他们眺望着难以形容的广阔无垠的景色。1532 年，另一位游人王玄锡和他的朋友们踏上了这段旅程。他们也泡了温泉，停歇于祥符寺，登高远望那些高峰，拜访了住在黄山的人，收集了有关黄山的诗歌。无论是在这篇还是之前的任何一篇游记中，都没有发现存在任何既定的游览路线或参观景点的顺序，也许他们还没有足够多的机会。

来自歙县的医生江瓘在一篇游记中记述了 1548 年和两位同伴的旅行。此时，虽然爬山仍然困难重重，但可以在石阶、木梯处得到稍微放松，也可以在建筑的台阶上稍事休息。江瓘不以为奇地叙述可以在那里采草药，还写到了刻在悬崖上的铭文，诗人李白曾到过的地方，传说中的神仙，因其形状像老虎或醉汉而得名的岩石——所有这些构成了自然景观的文化覆盖。

早在几个世纪以前，三十六峰和其他自然景观的命名就已经开始为自然形态赋予象征性意义，现在可以看到，三十六峰周围民间传说的逐渐积累推动了这一进程。获得信息和对已命名地方的认可，在某种程度上似乎取代了对原始自然的第一手观察。江瓘的记述开始具有旅行日记的特点，并且顺着路线记述被命名的地方。

明末著名的诗人和评论家袁中道（1570—1623 年）的短文也是如此，它如同一篇充满诗意的游记。其他晚明游记也具有同样的特点：虽然路线各不相同，但是旅行者看到的和记述的往往是相同的景象，同时继续被其魅力所折服。徽州吴廷简所作的一篇特别完整的游记，记载了他们沿着某条既定的路线，停驻于祥符寺，在温泉中沐浴，并爬上了文殊台等。吴廷简记载了悬崖上的铭文，这些铭文似乎越来越多。① 僧人劝他不要尝试攀登天都峰，从低一些的山峰如炼丹台（或称朱砂台）看天都峰和其他的山峰就好了。炼丹台曾是黄帝炼丹之处。从炼丹台可以清楚地看到黄山诸峰，它们排列得非常奇妙，"吴道子、顾虎头（分别是 8 世纪和 5 世纪的伟大画家）不能几其万一"。吴廷简坐在松树下饮酒，"不复知有人间世矣"。

明末著名的旅行家徐霞客（1587—1641 年）曾于 1616 年（在游览过白岳峰后）和 1618 年两次登上黄山。第二次登黄山时，他登上了莲花峰，而天都峰仍难以攀登。当一个又一个的奇景出现在眼前时，他详细地记载了感受到的惊奇和兴奋。总而言之，徐霞客的记述相当就事论事，提到诸如在何处吃饭和睡觉，以及经历的寒冷和疲劳等俗事。如其所言，徐霞客对风景的反应似乎相当传统："争奇竞秀，若为天都拥卫者。"只有在第二次游黄山，登上莲花峰顶，俯瞰众峰时，徐霞客才猛然发现"鲜映层发，令人狂叫欲舞"（李祁，1974 年，第 82 页）。正是在读到徐霞客游记中的这种时刻，人们才能体会到他这么多年来坚持不懈，不顾寻找偏远地方的艰辛和危险。徐霞客对这些地方的神圣性不太感兴趣，他的反应往往是视觉和美学上的："四面岩壁环耸，遇朝阳霁色"（第 82—83 页）。

钱谦益（1582—1664 年）的黄山游记稍后将在另文介绍。后来的作家随笔，如刘大櫆（1698—1779 年）的或袁枚对 1783 年攀登黄山的描述，呈现出

---

① 黄山附近的白岳山遭到"文人涂鸦"的破坏，这是袁宏道（1568—1610）强烈抱怨的主题（参见李祁，1974 年，第 62 页）。稍晚些时候，张岱也对泰山上的涂鸦发出了同样的抱怨（见吴百益所写的本书第 2 篇文章）。

更为格式化的特征，记载（规定？）从一个指定地点到下一个指定地点的固定路线，只需要记载这些地点的名称而已，描述似乎不再是必要的。寺院提供住宿，僧人们就在那为登山者提供路线的建议。

在这些后期对黄山的记述中，人们对黄山壮丽景色或宗教敬畏的第一感觉不如早期记述那么强烈了。提到这一点并不是要贬低个别登山者的实际体验，他们很可能和宋代的朝拜者或今天任何一位敏感的黄山攀登者的实际体验一样，沉浸在超越自我的感受中。但是，据悉，这种典型体验的结构及其一系列感觉和联想，似乎已经变得有些约定俗成了。此外，黄山游记的变化似乎证实了周绍明的观察，即黄山在宋代之后变得越来越世俗化。周绍明认为，在明代，黄山有文学团体，甚至还有系列讲座（周绍明，1989 年，第147 页；亦参见高居翰，1981 年，第 4—46 页）。周绍明引用了 17 世纪中期一位僧人的看法，"其能哀悼山上僧人的离世，能代替世俗文人的出现"。我们将在后面讨论这些变化是如何在黄山绘画中得到反映的。

形胜画之类型

在广泛的中国山水画研究专题中，形胜画作为一个专题范畴的研究方才起步。我尝试对资料进行初步的概述（高居翰，1982 年 a，第一章；高居翰，1982 年 c），肯那斯（Kenneth Ganza）正在对其进行更全面的处理。[①] 为了方便起见，我们使用"形胜学"（topographical）这个术语来指代对特定地点的表述，也指表现到达某个特定地方旅行的阶段绘画。这两种类型可以进行单独探讨——肯那斯更倾向于这样做——但是这种区别对我们当前的目标来说

---

① 肯那斯论文《作为旅行者的艺术家：14—17 世纪中国山水画主题中的旅行主题的起源与发展》，是为印第安纳大学艺术学院的博士学位而作。他发表了一篇文章（肯那斯，1986 年）并且为 1988 年 2 月休斯敦举办的大学艺术协会年会的"中国绘画流派"专题研究会递交了另一篇文章（肯那斯，1988 年）。

并不重要。因此，形胜画与其他山水画的关系类似于肖像画与人物画的关系，当然，不同之处在于，我们仍然可以将形胜画与真实的地点进行对比，而我们却不能将人物肖像与真实的人物进行对比，除非有其他表现形式。但事实上，差别并不像看上去的那么明显，因为在中国的实践中，形胜画和肖像画通常都遵循图式而不是表象，这使我们能够更容易区分不同程度的图式化，而不是去判断一件作品是否系某个特定人物或某个特定地方的真实形象。一系列的形胜画和肖像画是明末《三才图会》（1607 年）中收录的标准示意图，"图"这个词实际上就意味着这样一个示意图。因而中国的形胜画通常更像是地图而不是绘画。对任何形胜画研究的重要主题，都必定成为对所涉及地方的程式化再现研究，这种程式化再现，我们可以从雕版印刷的地方史志或导游图书中找到。而且，我们还研究个人画作是如何遵循或背离程式化的。

我们不会按时间顺序撰写形胜画的发展概况——该计划由于现存材料的零散而受到严重影响——与之相反，我们将考虑几种类型，根据目的或假设目的进行定义，并提供示例。有关山水画创作的简单假设可能是画家去某个地方，观察它，画个草图，然后根据观察和素描创作绘画，作为所见的视觉记录。但是那些以这种方式呈现自己的画作只代表了一种类型，而且这种类型罕见。

一种组织山水画类型的有用方法是把它们按比例排列，从更具示意性和功能性到更具形象化和描述性。在此过程中，我们假设类型之间存在巨大的概念差异，这些不同之处在一定程度上决定了这些画作的特点。

最接近于程式化标准的顶点的类型是作为旅游指南的图画式地图，或只是为了帮助理解地形的布局、显著特征和地标的地图。弗利尔美术馆的两幅长卷（注册号：11.168、16.539 号），既可能是出自伟大的早期大画家之手（分别是 10 世纪的巨然和 11 世纪的李公麟），也可能是 13 世纪真正匿名的作品，这两幅长卷都再现了长江上游的景色，可以作为早期形胜画实例（高居翰，1982 年 c，图 4、图 5）。这两幅长卷的画面上都用手写文字标示着山脉、城镇等。这两幅长卷必定代表了一类更大的功能性地图——这些地图大多没有被保存下来。这两幅长卷能够幸存下来大概是由于它们的珍贵性，珍贵性使这两幅长卷具有珍宝的地位，而这种地位是该类型的其他画作所不具有的。在最近的学术研究中，这两幅长卷极少受到关注，原因在于它们的属性不再被接受，而且形式的重复使它们作为绘画而言显得了无生趣。风格的变化和绘画材料的区别与它们的目的无关。再举一个例子，一幅可能是 7 世纪绘制的黄河实景图，在其他方面更类似地图（高居翰，1982 年 b，图 112）。

另一幅形胜画可能是明代早期的绘画，现存于弗利尔美术馆（注册号：11.209 号），引导观众完整地游览了杭州西湖之滨，用简单的意象枚举密布在岸边的庙宇、别墅、墙壁、船只等。这种绘画与那种仿佛以视觉记录的方式呈现风景的画作有着显著的区别，它如同画家所看到的视觉记录，可以通过把这幅西湖画卷和另一幅南宋画院画师李嵩的手卷（高居翰，1982 年 a，图 1.34）进行对比加以说明：如同实际的用光体验，使得其中的远景模糊，细节不清。对于第一类形胜画没有恰当的描述，它们也不记录特定的旅程。许多这类实景类地图仍然保存于中国或其他国家的档案馆和历史博物馆里，并未受到关注（至少有被艺术史学家注意到），也没有出版。

第二类是绘画或系列绘画，通常以手卷或图册的形式，标明并描绘一座城市或地区的著名景点。这类绘画通常附有文字，要么是在手卷上题字，要么是文字与图册上的绘画交替出现。1344 年吴镇（1280—1354 年）的《嘉禾八景图》手卷（高居翰，1976 年，图 28），在题款中指明，如果"潇湘"（著名的宋代诗画），能看到"八景"，为何他的家乡嘉禾（嘉兴）看不到呢？①

---

① 吴镇题款原文是："胜景者，独'潇湘八景'得其名，广其传。唯洞庭秋月、潇湘夜雨，余六景皆出于潇湘之接境，信乎其真为八景者矣？嘉禾，吾乡也，岂独无可揽可采之景欤？闲阅图经，得胜景八，亦足梯潇湘之趣，笔而成之图，拾俚语倚钱唐潘阆仙酒泉子曲子寓题云。至正四年岁甲申冬十一月阳生日，书于豫林旧隐，梅花道人镇顿首。"——译者注

随后又有许多其他的八景系列——其他城市和地区，受到当地自豪感的鼓舞，将其场景布置成旅游景点，由当地画家将这些景点绘制成画。①15世纪早期，当永乐皇帝正在计划迁都北京的计划时（1421年落实迁都计划），一群翰林院学士还有画家王绂于1409年和1413年曾两次前往北京。1414年，学士们创作了一系列有关该地区八景的冗长诗词，王绂为诗词创作了绘画。②目前尚不清楚这一活动是否奉永乐皇帝之命，但无论如何，诗词和绘画的创作具有特定的政治目的——那就是使得这座适于作为帝国首都的城市笼罩于文化氛围之中，处于诗歌典故和样式化图景的封闭结构中，并拥有一条固定参观和郊游的路线。永乐皇帝可能还希望通过文化来淡化搬迁中赤裸裸的政治和军事目的。王绂是著名元朝文人画师的传人，选择他可以促成这个目标。如果描绘得当，那提供有用信息的绘画也许有益于战略规划，那么其他画家也会得到邀请。

明代中末期的吴门画派（或称苏州画派）画家，以沈周和文徵明的追随者为主，使这类形胜画的数量大增，许多得以保存下来。它们大多具有示意图的特征，有些几乎与我们第一种类型的形胜画一样。画家们孜孜不倦地记录着虎丘、石湖、天池石崖的特征。有时，如沈周手卷《吴中名胜图册》（高

---

① 参照有关"景"（如卜正民提出的）或"景观"的一系列有趣的讨论："景色是对已知景观的既定的和明确的看法，而不是艺术家自己选择和定义的观点。作为传统，它提供了精确的术语，既有视觉上的，也有情感上的，在此范围内，风景可以被翻译成绘画或诗歌，而留给艺术家一个狭窄的自由范围，通过有限的变化来表达自己"（1988年，第59页）。卜正民有关"景"的定义与我在本文后面对"黄山风景画"的处理是一致的。

② 有关这幅手卷的研究，参见史树青，《王绂北京八景图研究》，《文物》1981年第5期，第78—85页；朱利亚·玛丽·怀特（Julia Marie White），《中国明初形胜画：王绂八景图》（Topographical Painting in Early Ming China: Eight Scenes of Peking by Wang Fu），硕士论文（University of California, Berkeley, 1983）；李嘉琳（Kanthlyn Liscomb），《北京八景：文人艺术中的政治》(The Eight Views of Beijing: Politics in Literati Art), *Artibus Asiae* 44, 1/2 (1988-1989): 127-152。李嘉琳令人信服地论证了现存中国历史博物馆（今国家博物馆——译者注）的画卷不是真迹，但该画作的真实性不是我们所关心的问题。

居翰，1978 年，图 41）或后来画家的图册，欣赏者被画作引领着参观该地区的景点，虽然（在这幅手卷中）景点密集，但却是按照人们可能从一个地方移动到另一个地方的顺序排列着。这类绘画可能被来到苏州的游客、商人或其他人购买，带回家作为纪念或送给计划旅行的朋友。由于我们（据我所知）没有碑文的证据来确定这些画作的用途或确定这些画作的资助人，所以只能对这些事情进行推测，但我们将会在讨论 17 世纪的事例时再回过头来对其进行讨论，因为那时会有更多的证据。

另一种不太常见但真正具有描述性的形胜画，向欣赏者提供此地详细的视觉信息，并使欣赏者产生"它到底是什么样子"的感觉。这些都是中国绘画史上偶尔出现的例外情况。在讨论明末吴门画派（高居翰，1982 年 a，第一章）画家张宏的作品时，我提出了一些可以说明这类山水画为何未能更普遍或更受欣赏的理由。由于中国传统的绘画没有单一"写实"或"真实"的表现方式，所以这类山水画的表现形式是多种多样的。宋代中期"界画"的杰作——《清明上河图》（参见翁万戈、杨伯达，1982 年，照片 87、照片 88），假设它代表的是（正如大多数学者所认为的那样）北宋末年的开封城，就属于这一类作品，而且前所述及的李嵩的《西湖图卷》手卷也属于这一类型。一个提供了大量的清晰细节，另一个则仅是难以分辨的图景，暗示局部被遮掩的丰富观察，但两者都可以使欣赏者有种亲临实景感：这些画作示意，如果你在现场，你就会看到这种感觉。

唐寅（1470—1524 年），为曾在苏州任职的官员创作了一幅告别的绘画，相当具体地描绘了这座城市的金阊门和其外面杂乱的居住环境，我们可以推测这位官员是位怀旧者（高居翰，1978 年，图 1.91）。张宏，在一幅 1650 年的勾曲山绘画中（勾曲山是重要的道山茅山的另一个名称，高居翰，1982 年 a，图 1.2、图 1.1、图 1.10、图 1.12），以一种直接的方式记录了本人从与他同住的赞助人家里的窗户向外看到的景致，而不是像其他苏州画家那样，根据一座山及其庙宇的简图作画。[1] 如同其他这类山水画，唐寅和张宏的画作是游戏性的，既不遵循传统，也不创造传统。

画家们以旅行记录的形式呈现的画作，记录了真正的发现之旅，属于上述类型的一个子群，尤其与我们目前的研究有关。下面将要讨论的陆治 1554 年图册《白岳纪游图》，就属于这种类型。在这些画作中，无论是在题款上还是仅凭其形式的说服力，画家向我们保证，如果不去和亲眼看看那个地方，就画不出这幅画来。张宏曾在图册《越中十景图》最后一页题款中说明了这一点。他写道："以渡舆所闻，或半参差，归出纨素，以写如所见也。"他最后写道："殆任耳不如任目与。"——这种奇怪的非中国化观点，或许在欧洲对中国绘画有明显影响的语境下才能得到最好的理解吧（高居翰，1982 年 a，图 1.14—1.19）。张宏于 1634 年创作的有关南京近郊栖霞山的另一幅绘画，就源于他的当地之旅。他和朋友冒雨参观，低头看着山腰上的石刻佛像，一回来他就把所看到的画了下来（高居翰，1982 年 a，第 11 页，图 1.7）。几十年后，在 1651—1653 年，以孝道著称的黄向坚耗时一年半徒步到年迈父亲所在的云南偏远地区——其父在清朝入主中原后留在了那里。在接下来的几年里，黄向坚用手卷和图册描绘了旅程（高居翰，1982 年 a，图 1.30；肯那斯，1988 年）。黄向坚是一位缺乏独特风格的画家，以诚挚质朴的画风描绘了崎岖不平的山区地势，其目的是向欣赏者展示他在解救父母时所忍受的艰辛。

然而，在所有现存的中国旅游绘画作品中，元末明初画家王履的《华山图册》最有资格被称为朝圣绘画系列画作。王履是一名医生，1322 年生于昆山。1383 年秋，王履前往陕西，爬上道教五大神山之一的华山。在归途中，王履创作了一本表现山上景致的四十幅画的图册，另外还创作了一系列的散文和诗歌，共计 26 页。该图册是王履作为画家唯一记录并保存下来的作品，

---

① 有关茅山和道教实践早期历史的研究，参见薛爱华，《唐代的茅山》。

现在由故宫博物院和上海博物馆收藏。^①王履前往陕西登上华山的最初动机似乎是为了寻访当地的医生，在山上采集草药，但这次经历改变了他的生活和艺术风格。王履感到有种冲动，要把他所看到景色的壮观表现出来，这种冲动促使他采用了一种更具代表性的绘画方式，这种绘画方式是根据南宋院派大师夏圭和马远的风格而创造的。王履所处那个时代的流行绘画风格是非专业学者的风格，强调的是高雅的笔法和依照古代大师的风格。在王履看来，要达到描绘华山壮丽景色的目的，依靠这些笔法是远远不够的，尽管对处于和王履一样的地位的人来说，这些笔法往往被认为是"适宜"的。在王履的随笔中，明确地否定了文人的绘画方法，尽管王履在其早期画作中遵循这一方法。王履写道："古之人之名世，果得于暗中摸索耶？"当被问及谁是他的老师时，王履回答说："吾师心，心师目，目师华山。"

王履的华山"朝圣"之旅，似乎更多的是受到其专业（医学）而不是宗教动机的鼓舞，他在华山的经历对其艺术比对宗教生活的影响更大。他很清楚华山作为道教之山的神圣性，但在其作品中，也表达了对道教和神仙思想的某些怀疑。如果他的登高完全被视为一次精神朝圣，那它必定是在寻求一种精神上的造诣，这种造诣是通过与大自然的崇高感的接触而获得的，这与有组织的宗教无关。对崇高的体验是中国诗人和画家对山（包括圣山）的风景的反应的一个因素，这点将在后面讨论。

---

① 有关这本图册的概述及其两部摹本，参见高居翰，1978年，图1和图2以及第5—7页。对于该图册及其历史研究最好的是：单国霖，《王履和〈华山图册〉》，《美术丛刊》1978年第1期，第17—21页。"中国画家图书"系列中，由薛永年执笔的有关王履及其画册的一卷正在印刷。在此感谢伊丽莎白·韦兰德（Elizabeth Weiland），她正在哥伦比亚大学撰写有关该图册的博士论文，使我得以看到薛永年的文章。

元明时期的白岳山和黄山绘画

如我们所见，在中国的圣山中，黄山作为朝圣之地，在为游客提供便利设施方面，以及享有盛名的时间相对较晚。早期的登山者（明代大部分时间里）必须自备食水，宿于户外，而且大多也没有小路和台阶可供攀登（李一泯，1983 年，序言）。16 世纪的记载提到，登山者住在山脚下的祥符寺，僧侣们为他们提供酒水。16 世纪末，僧人普门获得了当地和皇家的支持，在黄山上修建寺庙，为登山者修建便于攀爬的小道（周绍明，1989 年，第 147 页）。根据钱谦益（《黄山志定本》，卷 7，第 41 页）的说法，直到 1614 年，普门才建成了让人们更容易攀登天都峰的石凿台阶。

早期登黄山者大多是徽州及附近地区的文人，从明末开始，才有来自更远地方的登山者。如果我们问，除去有关这座山的知识传播和其可访问性的增强外，在这段时期里，何种原因吸引了如此之多游客远道而来？答案是明确的，即旅行人数的显著增加，尤其是皖南与以长江三角洲城市为主的其他地区之间商业旅行人数的增加，是因为皖南和其他地区构成了徽商的贸易网络。安徽东南部的徽州地区，也被称为新安，以歙县和休宁为主要城镇，从明朝中叶开始，就是商业活动中心，并最终控制了整个江南地区的商业，成为中国最富庶的地方。徽商在整个江南地区都拥有市场网络，他们提供商品，从中获取利润，积累了前所未有的财富。伴随着江南地区的商业往来，学者和画家们也活跃起来。从 16 世纪晚期到 17 世纪，很多人多次往返参观——来自休宁并在松江停留过的詹景凤和丁云鹏，结识了董其昌和他的圈子里的人；来自松江的董其昌和朋友陈继儒拜访了徽州的大家族，欣赏了他们收藏的艺术品，享受了他们的盛情款待；程嘉燧经常往返于嘉定和在休宁的家。[1]

---

[1]　有关晚明时期松江与皖南画派的密切关系，参见高居翰，1981 年，介绍。有关董其昌与徽州收藏家的关系，参见周绍明，1989 年，第 152 页。

白岳山是安徽南部休宁西北方向的一系列山峰，无论是作为登山之地还是作为绘画主题的流行，似乎都早于黄山。可以把它当作我们当前的研究目标，和对黄山进行研究的前奏。黄山游记的某些作者在对二者进行比较时，总是贬低白岳山。徐霞客简单描述 1616 年 3 月登上白岳山时的情形，之后又撰写了一篇更长的有关登黄山的记载。明末的黄汝亭也撰写过游记，称："世人不到此境，每以白岳与黄山并称，余谓黄山神秀绝伦。"黄汝亭观察到，白岳峰，魁梧垒叠，而黄山则好像出奇无穷，片片如削。他总结道，白岳之于黄山就像以明妃夷光而比洛神姑射哉。钱谦益的文章引用了一位朋友来信，谈到了有关这个话题："白岳奇峭，犹画家小景耳。□崎幽石，尽为恶俗黄冠所涂点。黄山奇峰拔地，高者几千丈，庳亦数百丈，上无所附，足无所迤，石色苍润"（李一珉，1983 年，第 40 页）。

现存最早的《白岳图》，也许是传世最早的真正的旅游画卷——也就是说，在绘画和题款中，都记录了画家曾到过此地旅行。此外，该画可能是我们所遇到的唯一可识别的"朝圣之画"，画家在该画的题跋中明确写道："为记白岳朝圣而作"。更具说服力的是，这位画家（或传说中的画家）本身就是位有名的道士。这幅画的署名是半传奇人物、元代道士冷谦，创作时间为 1343 年（见图 6-1）。作品的真实性如同冷谦这个人物，是个问题——冷谦在至正时期（1341—1368）的年龄超过了 100 岁，而且还作为宫廷乐师生活在洪武皇帝（1368—1398 年在位）时期——但是，按照风格，我们不应把这幅画轻易归入其后期画作，可以在既不必完全肯定它，也不必否定其创作日期和作者的情况下，把它视为其早期画作来对待。[①]

根据题款，冷谦和著名的政治家刘基（1311—1375 年）一起旅行，刘基还在画上题了词。二人"订朝"白岳，"泛舰憩流"，刘基写道："七天星月

[①] 关于冷谦，参见富路特、房兆楹的《明代名人传》，第 802—804 页。绘画现存于台北"故宫博物院"，肯那斯对其有研究（肯那斯，1986 年、1988 年）。

矣。"到达那儿之后，他们"谒圣像"——大概是在白岳的宫观里——敬畏地凝视着群山。远处高耸的山峰是当地人所称的"黄山"，他们受到鼓舞继续前行，计一日行程，"远见怪松奇石，巍峨峭壁，飞温泉丹，……猿吟鸟语，留我心身，遏我神思。援萝及巅"……刘基道："误入仙山也。""吟咏不已。于是强余模写，余亦勉涂"（肯那斯，1986 年，第 9—10 页）。

在这段文字中，我们终于找到一幅真正的朝圣之画的标志：画家宣称他与朋友正在前往山上朝圣；对寺院的神像表示尊敬；遇到超自然的景象，觉得自己进入了仙境；这位画家的朋友要求他"模写"风景作为记录（《白岳图》大概是送给刘基的礼物，因为冷谦在题款的结尾写上了他的名字，这是题款中常见的模式）。该题款与早期的黄山游记有明显的相关性。冷谦的游记就是早期黄山游记之一，因为他和刘基确实到过那座更宏伟的山。那么，《白岳图》应该向我们揭示了成功的朝圣之旅绘画所应有的特征：它传递了精神升华的体验，也许会激励其他人效仿其所呈现的榜样。如果冷谦（或者说《白岳图》的创作者）是更优秀的画家，那么这种笔法毫无疑问地为欣赏者做到了这一点，而且直到今天也是如此。

由此而言，《白岳图》作为业余爱好者的作品足以令人信服了，该画创作者想通过绘画向我们传达其所看到的奇异性和多样性。也许在一篇游记中，对不同资料的章节式呈现是有效的，但在一幅画中，这种表达意图却与形式的统一性相悖——冷谦的绘画与其说是引人注目，不如说是怪异。他似乎想用一篇简练的构图来描绘白岳之旅——过河到达山脚下树丛中的寺庙（？），登上白岳山，远处是黄山（大概是画面右上角的山峰，部分隐藏在云雾里）。随之而来的比例问题对这位绘画大师构成了挑战，但他解决了这个问题。左上角主要的山体代表了白岳山本身，这是通过与 18 世纪早期的一幅山水画的对比而得出的结论①：基部的建筑物，向上穿过松林的小路，有棱角的、头重脚轻的峭壁，环绕的云彩，全部相互对应着。艺术史学家还会补充说，冷谦有种自由的气息，直接"勉涂"，运用已确定的构图类型。所有这些我们还可以在身为道士的同时代画家方从义（高居翰，1976 年，图 1.59）绘于 1365 年的知名（或更好的）作品，或是元代早期一幅由杰出的前辈政治家和画家高克恭于 1309 年创作的（图 1.19）绘画作品中看到。在所有这些绘画的构图中，前景被一条河分割开来，这条河从岸边流过，河岸两边长满了树；在雾霭中，可以看到树丛、树木和中间地带的竹林，山峰高耸入云。这对于表现旅途各段的构图而言，并非十分适合，正如冷谦画作中所流露出来的庞杂性那样：挂轴的形式通常更不适于这一目的，而后来的旅行绘画则更倾向于手卷和图册的形式。

1554 年，陆治（1496—1576 年）创作了一本图册，描绘在白岳山旅行时所看到的景色，这部十六页的画册现藏于京都藤井裕林美术馆（尤哈斯，1979 年，第 100—105、341—348 页，图 1.21a-n）。在陆治绘画和文学风格的范围内，这些画作和他的题词似乎都有确定的意图，但他没有给出为何要去旅行的提示。在最后一页，陆治写到，他看到许多宋代作家在白岳山的悬崖上题的字，说明那时前往白岳山的旅行者肯定已经很多了。几十年后的 1573 年，来自嘉兴的画家宋旭，晚年在松江以职业画家的身份生活，受雇于安徽人吴用和（或叫季和），创作了一幅描绘游览白岳山沿途风景的手卷，关于吴用（可能是一位商人）和画家本人在吴越（江西和浙江）的旅行。宋旭在题款中写道，受邀创作这幅画，因为曾经亲自到过那儿，所以对白岳山的外观有粗略的记忆。该手卷末尾的创作者署名（仅从文学记载中得知）②使人联想

①　参见《白岳凝烟》，刊后语，1714 年，摹本，"中国版画丛刊"系列（上海，1960 年），第 36 页。这本书中的其他画页描绘了山上的著名景点，其中大多数的名字让人想到了道教组织。

②　金瑷，《十百斋书画录》，18 世纪末，第 8 卷，第 3 页。

到他们在新安（皖南）的旅行。他们当中的一位画家程正揆，题了两次款——一次是在 1666 年，表达了对这幅属于其亲戚的画作的喜爱；另一次题词是在 1669 年，也就是在他亲自到过白岳山和黄山之后，才意识到宋旭所描绘的景色是真实的。这组题款为我们了解这幅画作的创作经过，以及欣赏者有何感想提供了线索。

在明末山水画家李流芳（1575—1629 年）的作品中，可以找到有关这些绘画起源的另一条线索。李流芳的家乡在安徽歙县，但本人住在江苏嘉定（今属上海）。李流芳写道，1614 年其兄给了他一本空白的图册（素册），上书"了游西湖，徘徊于六桥两山之间，我不能游而又失子，庶得子画，以代我游"[①]（注中没有此引文，此引文载于卷 12，第 10 页——编者注）。至于该图册上是否有李流芳的画作，是否有白岳山和黄山的绘画，都没有记载。

其他到过白岳山的晚明画家有项圣谟（1597—1658 年），他于 1623 年前往白岳山，现存大英博物馆的一幅绘画记录了他游白岳山（李铸晋，1976 年，第 534—535 页，图 1）。然而，这幅绘画及长长的题款，虽然充满了文人绘画的传统情调，但很难作为项圣谟有可能根本没有去过白岳山却作画或写下题款的第一手证据。项圣谟题为"秋林读书图"的画作，遵循了与这一古老主题相关的构图类型，对于白岳山上面气势磅礴部分的参照有所减少。长长的题款重申了隐居的传统价值，使用了如牧童和水牛这样惯用的图景。

在冷谦 1343 年的画作之后，有关白岳山的这些画作中，没有一幅突出了那里的寺院，也没有任何迹象表明参拜寺院是此行的主要目的——后来的旅行者似乎主要是受到风景的吸引。但所有的画作都有旅行绘画的特点：冷谦和项圣谟描绘白岳山的手法是通过描绘远处的山脉，陆治的图册和宋旭的手卷（根据题款的记载判断）则描绘了旅途的各个阶段。相比之下，黄山绘画，

---

① 李流芳，《檀园集》，第 10 卷，第 16 页，引自高居翰，1981 年，第 43 页，由简·德博沃斯（Jane DeBevoise）和张珠玉（Scarlett Jang）所写的论文。

无论其形式如何，都集中在山峰本身，而对道路的关注则相对较少。唯一的例外是石涛的《黄山八景》图册，在该图册前两幅画中，画家正在上山的路上，第三幅则表现了登山前在温泉中沐浴的情景（爱华慈，1967 年，图 1A—C，第 73 页）。

与典型的黄山图册相同，《黄山八景》接着继续按顺序描绘了著名景点——通常情况下，人们的体验过程是绕着这些山走一圈，而不是直接上山。那么，它就属于前面提到的三种形胜图的第二种，描绘某个地区系列著名地点的绘画形式。这是文人欣赏地形的一种良好的形式，在黄山绘画中的运用，使这种方式进一步与"文人征服"的这座山联系起来。

那么，黄山的民间文化是以何种形式表现出来的呢？黄山和其他中国圣山可能有祭礼绘图，但它们似乎没有幸存下来，或者至少没有得到出版。我们可以假设，某些简单、功能性的地图，比如其他地方的地图，也可能是黄山的地图，被保存在省级图书馆里，或许没有被关注，也没有出版，究其原因，在于这些地图对高雅文化的爱好者而言缺乏吸引力。我们还可以推测，创作这样的图画式地图，或许与今天在这些地方出售的那些印制不精的地图一样，对前往本书其他文章所论述的真正宗教朝圣地的人们来说，这种图景式地图或许还有用，不过对我来说，没有用。威廉·鲍威尔为我们研讨会议撰写的论文，探讨了这种示意图对圣山的意义（鲍威尔，1989 年）。鲍威尔论文的主题是佛教圣山九华山，它被认为是救世主——地藏菩萨的道场，邻近黄山，它是兴旺的朝圣地，一直延续至今。但是据我所知，九华山不像黄山和其他以朝圣地而闻名的山——普陀山（除了被简单设定为观音画的场景外）、五台山或妙峰山那样，在绘画中具有激发游览欲望的表现形式。于君方、劳格文和韩书瑞在本书分别探讨了普陀山、五台山和妙峰山。相比之下，大量高水平绘画以黄山和庐山为主题，这两座山在其早期历史中都是佛教 / 道教的神山，后来又受到文人的偏爱。[1] 黄山和庐山与神灵朝拜并无关联，相反，它们都成为丰富的诗歌和散文、著名游客和旅居者的遗迹和记忆、历史和文学知识的核心主题。

除去这些具有假设性且毫无疑问过于简单化的内容——朝圣山的示意图，以及"高雅文化"之山的文人画作之外，还有一个中间领域。我们从方志、当地的历史以及其他与这些地方有关的汇编中发现了木版绘画。黄山版画包括三种形式：画有主峰峰群的单幅远景图，由按序排列的绘画构成的连续的全景图，分别刻印的著名景点的特写画面的系列版画。

单幅黄山版画是最早出现的刻印类型。前所列举的 1462 年、1607 年，1633 年和 1648 年黄山版画，它们之间的差异反映了人们对这座山不断变化的看法。[2]1462 年版画以某种与早期黄山游记基本一致的手法描绘了黄山：前景有建筑物和桥梁；再往上是祥符寺；在那之外，只有陡峭且貌似难以到达的山峰，有几座山峰上面有洞窟。这就是对黄山作为道教的一种超自然存在的想象。1607 年的这幅版画，可以在《三才图会》的"地理"部分找到（第7 篇文章），它将黄山描绘成更加难以接近的地方，根本没有建筑物，前面只有一排尖峰和松树，还有几条小路。这是一幅简练的绘画，可能基于某些模式，甚至早于 1462 年的刻版。相比之下，《三才图会》中《黄山图》之前的《白岳山图》，其画面中的寺院建筑物分布在较平缓、较易登临的山坡上，这种图景和九华山绘画一样。由此，我们可以得出这样的结论：这种图景更适

---

① 傅立萃（Li-tsui Flora Fu）在其硕士学位论文《庐山风景画》（"Landscapes of Mount Lu", University of California, Berkeley, 1989）中对该山的绘画进行了研究。她追溯了庐山形象在后来的中国绘画表现形式中"私有化"的过程，以及后来的艺术家运用丰富的"文化符号化"的方式。

② 1462 年的版画收录于东京内阁文库一本稀见本里，参见周绍明，1989 年，图 63。有关 1607 年和 1633 年的绘画，参见高居翰，1981 年，图 3 和图 4。1648 年版画为在萧云从绘制的《太平山水图》系列中的一幅，参见高居翰，1982 年 c，图 19。周绍明有关黄山木版绘画的讨论（周绍明，1989 年，第 150—151 页）利用的是我所接触不到的资料。

图 6-1 《白岳图》，挂轴，纸本墨水

冷谦（活跃于 14 世纪 40—50 年代？），1343 年。台北"故宫博物院"藏

图 6-2 《天都晓日图》，挂轴，纸本墨彩

丁云鹏（1547—约 1621 年），1614 年。克利夫兰艺术博物馆藏，安德鲁、
玛莎·霍尔登·詹宁斯基金会（65.28）

图 6-3 《黄山图》，手卷，丝本淡墨
佚名，16 世纪。波士顿美术博物馆藏（08.87）

图 6-4 系图 6-3《黄山图》手卷的另一部分

图 6-5 《慈光寺和文殊院》，取自《黄山图景》的木刻印刷，清代早期

天都峰在莲花峰的右上角，两峰之间是文殊台，朱砂峰在画面中部

图 6-6 《莲花峰、天都峰和文殊台》，《黄山图册》中的一页

梅清（1623—1697 年），1693 年。上海博物馆藏

图 6-7 《光明顶》,《黄山图册》中的一页,绢本水墨
弘仁（1610—1664 年）。清远斋藏，伯克利

图 6-8 《炼丹台》

弘仁，系图 6-7 同本图册中的另一页

图 6-9 《莲花峰》，出自《黄山八景图》，纸本水墨
郑旼（1633—1683 年），1681 年。私人收藏，埃德蒙顿

图 6-10 《莲花峰》，出自《黄山八景》图册中的一页，纸本水墨淡彩
石涛（1642—1707 年）。泉屋博古馆藏，京都

图 6-11 《黄山图》手卷的一部分，纸质水墨淡彩
石涛，1699 年。泉屋博古馆藏，京都

合于描绘朝圣地。后期的单幅黄山版画大概反映了黄山的渐进式开放：这一时期的单幅黄山版画，画面上建筑物和道路被放大，山峰的规模则相对缩小。在这些后续的刻印黄山版画中可以看到哪些内容能成为标准配置：画面中间是慈光寺（取代了在 1492 年的黄山版画中占据这一位置的祥符寺，如果祥福寺当时尚存的话，就可以在画面的底部看到它），天都峰在右边，莲花峰在左边。在清初系列绘画《黄山图景》中的一幅画重复了这个布局（参见图 6-5），并且，收录在 1679 年《黄山志定本》中的一幅画作，再次呈现了这种布局。在黄山的许多绘画中，这两座极为雄伟的山峰往往都是对称的，文殊台位于两峰之间。在后来的黄山绘画中，这是最可直接识别的黄山布局。

系列绘画形成连续全景的例子可以在《黄山图经》系列的前半部分看到——《黄山图经》后半部分代表了单独的场景——并在整个《黄山志定本》系列中占有一席之地。在关于黄山的绘画作品中，这种形式就不那么常见了，比如，那幅画家佚名的 16 世纪手卷（参见图 6-3、图 6-4）和石涛 1699 年手卷（参见图 6-11），可能是这种形式仅有的重要实例。这种组合编排特定地点的刻印版画呈现于《黄山图经》（收于《安徽丛书》）和 18 世纪著名僧人画家雪庄构设的系列画（收于《黄山丛刊》）中，两者都与所述画册中的单页绘画在平面图构局上一致，例如弘仁的图册（图 6-7、图 6-8）。前一组版画其实很可能是根据图册的画页绘制的，在题款中可以确认画页创作者有知名和不太知名的画家，他们当中有弘仁、梅清、郑重以及江注。

中国木制版画印刷史上的一个大趋势可以在上面有关黄山版画的简短综述中看到：早期的作品出自佚名或者二流画家的，从明末到清初，越来越多知名画家参与设计版画，质量水平明显有所提高。但随着版画艺术情趣的增加，黄山版画的功能价值降低了，直到失去作为绘画式地图的用途，如同文人绘画，成为审美沉思的对象。最终，版画也成为黄山文人文化的一部分。

16 世纪以前，黄山套色绘画作品就已经绝迹了（除非我们在图 6-1 中加

入了冷谦的《白岳图》，其以黄山为远景），大多数明代作品只在诸如上述的
文字记载中才为人所知。最早有记载的黄山设色绘画代表作是一幅壁画，由
徽州知府于 1154 年委托绘制（周绍明，1989 年，第 153 页）。据记载，1497
年为一对富有的徽州夫妇六十大寿创作了一组黄山图，由王承绘制，配以知
名徽州文人程敏政（1445—1499 年后）的诗作。① 程敏政明确指出，创作这
些绘画和诗歌的目的是祝福这对夫妇长命百岁。大概黄山的道教团体也用这
种构图方式作画来向这对夫妇祝寿。这些画作显然没有保存下来。

　　我所知现存最早的黄山设色绘画是一幅长长的佚名绢本手卷，现藏于波
士顿美术博物馆，伪造了徐贲的签名还错标了时间——1376 年（应为约 1378
年）。若按照风格来确定年代，可以把这幅画作的创作时间定于 16 世纪上半
叶。这幅画作似乎出自某位已故的浙派大师之手，或许是蒋嵩的一位追随者。
它基本上呈现了在《三才图会》中提到过的并与 1462 年版画相同的黄山图景：
前景中有寺院和其他建筑物，有几个游人的身影；陡峭的山峰向上耸立，有
些山峰超出了画面的上限，看起来不可攀及，尽管有些人物和建筑物的一部
分出现在山顶上。这种强烈的超自然感是由峭壁引起的，这些峭壁别致地以
人物或动物的形象出现，有些山峰被洞窟掏空，有个山洞里面或外面似乎有
寺庙。山峰和其他地方的名称用红字写在旁边或上面，这是形胜图常见的特
征，但其目的似乎并不是成为真正的形胜图。该画卷的构图是这样的：在展
开画卷的过程中，山峰一个接一个地出现，与宋代《黄山图经》"山连山"的
记载相一致。原创画作或附有文字的绘画必须具有相同的特征。这是与画作
的道教绘画构图特征相一致的一种形式，这种构图突出单体山峰的形象，而
非诸峰之间的空间关系或过渡。也就是说，这幅画作似乎比形胜图更具标志
性，更像是一系列神灵的影像。早在普门大师"开山"之前，这三种黄山早

---

① 周绍明，1989 年，第 154 页，资料来自程敏政的《篁墩先生文集》。

期绘画表现形式和关于黄山的最早文字记载的类似性，都证实了我们的判断，即在黄山绘画成为世俗文人的绘画题材之前，都保留原来道教黄山绘画的构图。

1614 年，丁云鹏（1547—约 1621 年）为某位官员的生日绘制了一幅巨大的《天都晓日图》挂轴（参见图 6-2；亦参见《八代遗珍》，第 203 号），该画作画面远处的黄山，以莲花峰和天都峰为主，出现在该画画面的顶部，瀑布和小溪从画面下部的斜坡上流下来。丁云鹏对黄山吉兆的理解就像我们在后面所引用钱谦益的一段话那样：出自"天都峰"的河流"皆自汤泉而出，其为流恶也亦远矣"。厚厚的云层遮掩了中间的地面，水从下面涌出，如同一条洪水泛滥的河流，在茂盛的松树和其他树木下流淌。两个士人在岸边凝望着云朵。诗中强调了这一场景的政治含义，用人们熟悉的比喻来赞扬这位官员，说他爱民，如同给他们带来雨水的云彩。如同 1497 年那幅为徽州富户夫妇祝寿所作的黄山图那样，画面中的黄山形象具有道教山水的象征意义，在此处却被用于相当世俗的目的。

据 1679 年的《黄山志定本》记载，丁云鹏还绘制了一系列黄山形胜图，可能是本图册，但似乎并未保存下来。来自歙县的明末画家的雪庄（约 1565—1630 年），绘制了黄山的场景，据我所知，仅存于《黄山图经》单幅木版素描画中。但这些都是零散的例子，黄山绘画的繁盛时代无疑是在清初。

清初黄山之绘画表现

清初画过黄山图的大师有弘仁、梅清、戴本孝、萧云从、弘仁的侄子江注、郑旼和其他安徽画家，以及从其他地方到黄山旅行的画家，特别是 1659—1660 年在那儿停留一年多（张子宁，1987 年）的知名画家髡残，还有从 1666 年至 1680 年住在安徽宣城，1667 年登上黄山，并于 1668—1669 年再次登上黄山，绘制了许多风景画的石涛。本文的附录部分胪列了这些画家描绘黄山的部分现存画作。

值得注意的是，在这些画作中，图册占了绝大多数，而挂轴形式的画作往往是成套或系列的一部分。这一系列典型黄山绘画的含义将在后面进行讨论。

首先，我们另构体系，在这一体系中，黄山的绘画表现和（在绘画表现中的）黄山之行就必定得以理解了。在这一点上，我并没有试图去定义这类作画或游山的真正意义和动机。关于这一时期的黄山画作和黄山游，我们可以考虑三种可能与之相关的意义：政治、宗教和崇高的追求。

周绍明在一篇论文中概述了黄山的政治关联（周绍明，1989 年）。在清初的几十年里，黄山是明朝忠贞分子的避难所和聚集地。抗清英雄黄道周于 1646 年在徽州被清军俘虏，他以黄山为喻，写诗抒发临刑前的忠义情怀。在 17 世纪五六十年代，抗清军队就隐蔽在那里，为明朝末代皇帝举行的抗清祭礼就发生在黄山的一座寺院里（周绍明，1989 年，第 159—160 页）。天都峰作为政治权力的象征出现在丁云鹏 1614 年为某位官员的生日而作的画作中（图 6-2）。对黄山作为抗清重地的回忆，必然在清初的黄山游客的脑海中引起共鸣，而且还使他们想到黄山的道教和其他宗教组织。但据我所知，没有任何文字或其他证据能鼓励我们从画作中解读出政治含义。[1]

清初黄山绘画中宗教内容的问题，最好以同样慎重和迂回的方式进行探讨：我们既不能否认它的存在，也不能强调其在绘画含义中起主导作用。我们知道，在其早期历史中，黄山曾是一座圣山，是一个远离世俗世界的地方，在那里人们可以更接近神的境界。早期旅行的记录者对黄山的描述，是感觉自己犹如神仙，似乎失去了与世俗世界的所有联系。而且，正如我们所注意

---

① 安徽画家的其他画作可能包含效忠或其他政治信息，例如，在我的《清初绘画》（未完）第二章中对萧云从画册中册页的讨论。但是，黄山形象并不具有政治意义。

到的，在上面提到的 1497 年画作的例子中，某些道教的含义可能使黄山绘画成了祝寿贺礼的依据。但是，正如我们前面所提到的，明末清初，黄山的这些宗教联系已经被削弱了，并在很大程度上被文学和世俗的关注所取代。

一个因素是黄山成为旅游景区比较晚，还有另一个因素就是佛教和道教形胜图的繁盛时期早已过去许久了。对一座山的超脱体验如何一度被理解为对佛法的深悟，这要从一篇大约公元 400 年的题为《登石门记》的简略文字说明中寻找答案。卜寿珊（Susan Bush）在其有关早期山水画家宗炳的论文中翻译了《登石门记》。宗炳是一篇有关山水画重要文章的作者，也是庐山僧人慧远所领导的佛教居士团体中的一员。《登石门记》讲述了一群信徒是如何登上庐山山顶的石门，经历了一种后来用佛光来解释的集体升华。卜寿珊在其论文最后一部分的结语中写道："这些不期而得的感知激起了一种忘我的喜悦，然后被信徒群体视为正确反应。日落时分，从高处俯瞰，可以看到浩瀚的宇宙，这反过来又激发了对佛陀永恒和久远的思考。"这个信徒群体写了一首诗来记下他们的感受。

现存该时期的画作没有一幅可以证明如何以绘画形式表达这种体验，即使有涉及佛教，亦是隐晦不明的，所以我们只能参考宗炳的《登石门记》。在幸存的画作中，最能表达通过攀登遥远险峻的山峰来超脱世俗境界的理想画作，毋庸置疑是北宋时期以及 10、11 世纪后期的，如燕文贵、范宽和郭熙等大师的作品。这些大师画作的秉性、创作的环境以及后来作家们对他们画作的欣赏都表明，其画作作为视觉隐喻所表达的精神追求是普遍存在的，而非佛道所专有。对世俗领域的体验通常在画作的下部表现为一个村庄，渔民的茅草屋，驴子驮着的旅行者。道路通向山谷的寺庙建筑或山顶的洞穴，登山者，有时戴着佛教朝圣者的宽帽，经常不紧不慢地走向山顶。这些无人涉足的山峰高高耸立，可解读为象征着超越有组织的宗教的精神造诣。这种模式经常出现——事实上，这一时期的画作画面上每个主要景观都有一些不同的变化——我们可以从中获得对北宋山水画含义的基本认识。但是在南宋、元、明时期山水画中，这种模式并没有流传下来，除了袅袅余音和拙劣的仿作外。后期山水画所追求的效果与意义，与那些不朽的山水画传统截然相反，后期山水画牺牲了大部分用来给观者传达雄伟壮丽的山水以及其所激发的超自然感觉的能力。

某些有个人主义（individualist）风格的清初绘画大师，特别是那些在安徽和南京附近谋生的人——画家如弘仁、髡残、龚贤和石涛——自明末起，就开始复兴北宋山水风格，以他们不同的方式，重拾长久以来在山水画中缺失的一些特质：令人敬畏的空间、高度及体积，身临其境的感觉——宋代艺术评论家认为，上乘的山水画可以引起欣赏者的这些感觉。但具有这些特质的绘画在晚清是非常罕见的。因此，我们不能说，在山水意象中传达的某种对黄山风景的宗教体验超出了清初绘画的表现能力，但我们也不能指望所有或大部分画作都能传达这种体验。认识到山水画本质发生深刻变化的游记作者们肯定会说风景是任何画家之技无法把握的。值得注意的是，这些游记作者是用前代大画家而不是与自己同时代并且有机会把握风景的画家举例来说明这一点："顾恺之与吴道子尚不得万分之一"（他们可能会补充说，更别说我们当代的艺术家了）。

如果我们把宗教的概念扩展到佛教和道教、神仙和炼金术之外，并且包括崇高的准宗教体验，（那么这会）有助于识别和定义宗教内容的问题，由此也解决了将清代早期的黄山图视为朝圣图的问题。"崇高"（sublime）这一概念在西方美学讨论中早已确立，在中国的艺术或文学作品中却没有与之完全等同的概念，但是，在中国的诗歌和绘画中，对自然做出近似崇高感的表达是很常见的。[①] 自然界的崇高，与美丽或漂亮截然不同，它包含了浩瀚、令人

---

① 参见黄健圆，《中国崇高中的负—正辩证法》，载周应雄主编《中国文学研究》，香港：中文大学出版社，1986 年，第 119—158 页。

敬畏、难以理解的东西，在极端情况下，崇高还能激发出恐惧和迷惘的负面情绪。

对崇高的感悟可以被宗教感知所吸收，正如前所述及的攀登者登上了庐山的石门，但我们不必依从那些把中国人对自然的所有反应都解读成某种宗教性质的作家，而去排除诗歌形式中各种崇高而世俗的情感，包括西方所说的浪漫主义。从崇高而世俗的情感出发，更适合把黄山视为文人文化中心、诗社和躲避俗事的自我天地。无论我们如何理解，黄山游记的作者们经常以卓异的措辞记录他们对这座山的反应，这与欧洲人对大自然崇高的表达是一致的：他们觉得自己已经脱离了现实世界，景色难以言表，即使是最伟大的画家也无法描绘出它们的伟大的万分之一，等等。

钱谦益的文章尤其丰富了这种表达方式。他于 1642 年开始攀登黄山，前一年他与诗人兼画家程嘉燧联手登黄山以失败告终。程嘉燧可能是住在嘉定的休宁人，被钱谦益激起了初登黄山的欲望。另一位朋友写信给钱谦益，提到黄山的美景无与伦比，任何描述都不足以形容它，超越了他所能想象的一切。钱谦益并没有失望。他开始赞美这座山的壮美。他认为，黄山的河水从四面八方奔流而出。都城的建造者会把都城安置在适当的地方，可以使所有的邪恶被从中心（宫殿）流出的河流带走。黄山就是如此，以天都峰为中心，水流冲走了所有有害的东西。① 钱谦益告诉同伴，天都峰的确是神之所在。在文殊台，"阴沉窅窱，非复人世"；在老人峰，"天宇恢廓，云物在下，恍恍然又度一世矣"。他似乎已经抛下自身的肉体，以纯洁的精神游走，想在与庄周"梦蝶"的呼应中，感受自己身处现实还是幻觉，山峰是根植于大地还是想象

---

① 此处原文为："古之建都者，规方千里以为甸服，必有大川巨浸以流其恶。黄山之水，奔注交属，分流于诸郡者，皆自汤泉而出，其为流恶也亦远矣。"——译者注

之中。① 他来到像天堂一样的地方。如何摆脱对是否能够重返现实世界的烦恼呢？② 与其他人相比，在黄山登山者对攀登黄山感到倦怠的后期，钱谦益所传达的内容更多。虽然他的文章可以部分归功于其高超的写作技巧，但是我们还是可以认为钱谦益的这篇《游黄山记》是某种真实超越和崇高体验的记载。

通过钱谦益的游记，可以了解到这是他在中国山水画鼎盛时期的作品。人们寻找黄山绘画作品，来匹配黄山文学作品中所传达的那种振奋感和强烈的体验。但是，除了少数例外（特别是石涛和髡残的某些画作），人们的寻找是徒劳的。正如我们提到的，中国画对大自然的崇高表现大多出现得比较早——在宋代山水画中、在王履的《华山图册》和其他一些明代图册中，清代绘画则少一些。清代早期画家，虽然拒绝追随同时代那些在其绘画中加入仿照古代大师风格的正统院体派画家，但仍倾向于采用其他的传统模式；因此，他们的画作很难被理解为是对自然有着深刻且直接反应的产物。或者，如果他们做出回应，那也是通过操纵风格和形式，以复杂的方式创造表达结构，以某种方式间接地表达他们的回应。例如，弘仁用绝句描述了使其震撼的福建武夷山九曲江的景色（他因清兵入侵而逃离那里，那里也是他出家之地）："造物何钟九曲溪，巉峰腴壁阘玻璃。道人笔载蓬窗底，双目瞠瞠未敢题。"但是，在这幅画作中，并没有多少与这首绝句相随的崇高之处（高居翰，1982 年 a，图 5.24）。弘仁的画作取法倪瓒风格的质朴、睿智、悦目，是通过抽象化布局的空间模糊来造成视觉上的苍茫感，而非通过对武夷山令画家敬畏的方面的任何栩栩如生的描写，亦非通过任何写实的笔法来表现武夷山的壮观。弘仁的黄山图（参见图 6-7、图 6-8）具有相同的性质。梅清有时试图

---

① 此处原文为："安知吾身在此，而市朝陵谷，堆尘聚块者，不已窅然若丧欤？又安知吾所坐之处，所游之地，非幻化为之，如所谓五山之根无所连著省，而吾亦将冯空而虚欤？"——译者注

② 此处原文为："恐留之而不能反。吾之与此山，所以游而乐，乐焉而不敢以久留也。"——译者注

以艺术的形式来隐喻黄山的壮美，但远不及弘仁成功。在很大程度上，梅清的风格来源相较于目标太过狭窄，最终，梅清画作变得更富于幻想、更怪异，而不是令人敬畏（参见图 6-6）。

在探讨清代早期黄山绘画可能具有朝圣特色时，我们不断地遇到一个无法回避的问题：激发登黄山的因素——政治动机、宗教动机或通过崇高感体验来寻求超脱，没有显现或隐含于绘画的创作中。它们仍是前往和攀登黄山的良好动机，但无法证实它们是描绘这座山的理由或构成绘画的主要内容。除了题款证据之外，大多数画作都带有示意图的特征，而没有对登黄山动机的任何解释。如果我们把这些画作与地点甚至是它们彼此之间进行比较，就会发现，画家们很少在意黄山风景绘画的视觉说服和共鸣。从一幅画到另一幅画所重复的内容（参见图 6-5、图 6-6）不是地点的"真实外观"（在任何情况下，"真实外观"永远无法作为固定的理想构图），而是一种图式，提供风景素材相对位置的配置，山峰的形状特征（通常是夸张的），等等。对画家而言，山峰和地点的命名、历史、传说和诗歌的点滴，比视觉上的真实更为重要，画家会改变形式来强调这些强加的属性：让莲花峰看起来更像一簇莲花花瓣，而不是山峰；或随着鸣弦泉一缕缕落水——与其说像瀑布，不如说更像琵琶；或者一位画家（石涛）会在虎头石上画上胡须和鼻子，来强调与假想的老虎的相似之处。

在处理这些场景时，黄山的描绘者遵循了这一时期中国绘画的既定做法（参见高居翰，1982 年 a，第一章、第二章），只有在画家和绘画作品或多或少有些另类的情况下才会出现例外。这种图解是如何形成以及何时形成是无法详考的问题。就如同符号学系统中的符号（事实上这些图解确实是符号）产生并被社会所接受，而没有人在意它们出现的时刻或方式；如同图像系统中的宗教造像所呈现的正确姿态，而没有人会问宗教造像为何要用这种姿态来表现神灵或地点。尽管如此，即使承认我们所能看到的绘画和版画只不过是那些作品的一小部分，我们仍然可以在广义上追溯代表特定地方的标准构图的形成过程。

然而，我们注意到，这种标准构图的形成类似于命名的过程，更符合我们现在的目的：命名就是了解和掌握某个既定事物或地点的形态，去获得某种关于它们的社会知识，形成共识。如前所述，汉语中的"图"字，表示已确立的图像和木刻印刷的图像的集合，无论小型图册如《图绘宗彝》（1607年）或大型百科全书式图册《三才图会》（1607年），都像是共享视觉语言的词汇表。"图"这个汉语词的首要性决定了图像是不能单独存在的，它必须与所描绘事物的名称（或理解，如果名称没有以书面形式出现的话）和某些有关信息结合在一起，通常是在附着的题款中。在山水画中，这三者的结合构成了有关这个地点充足的信息簇：其物理结构以示意图的形式呈现；它的名称，以及它所应引起的一些文化共鸣，以诗歌、文学、传奇或典故的形式展现。在黄山这样的地方中，围绕一系列指定地点的视觉和书面信息的创造，强化了原本叠加在自然地形上的文化结构（如前所述，我们可以跟踪游记的连续记述）。这些信息在一个社会团体中得到传播和接受，反过来，又组织前往该地游客们的活动和体验。然后，事实上，目睹实景只不过是证实了图景的本质特征而已，也就是说，除非像张宏那样特立独行的人（就中国而言），游客回来后就抱怨看景不如听景。对大多数旅行者而言，用自己的眼睛和心灵去体验某个已被展示和被告知的事物，是前往某些旅游胜地旅行的主要目标。这些示意图用来构建期望，这些期望可以在实际旅行中得到满足——这些示意图就成为文化朝圣的图景式地图。

此外，在我们思考游记时，应该注意到，以此种方式来描述这些画作的功能，并不是说旅行者的真实感知和感觉一定会局限于这些画作所传达的内容。我们并没有把攀登黄山的体验简单化，相反，我们认为画家们大多是这样做的，即通过淡化深邃的精神追求——净化心灵，与来世的沟通，对世俗的崇高式超脱——来达到对文人文化的自如而舒宜的超脱。但是我们不应该期许中国画家会留下具有深远影响的传统。自 14 世纪文人画或非院体画开始主导中国画坛以来，宋代绘画大师们所获得的写实和唤起共鸣的效果被贬低为画家和观众品味低下的象征，笔法和古典风格，雅致和克制，才是高雅的画家和真正的鉴赏家的关心所在。早期绘画所传达的激情、强烈和多样的人类体验被驯服且适应了文人的品位。龚贤和石涛这样的画家，他们不愿受这些条框的束缚，以放弃在他们那个时代被广泛接受和获得成功的回报为代价来赢得独立。在很大程度上，文人风格的约束性被认为具有赋予描绘对象以高雅文化联想的积极价值。王绂的绘画做到了这一点——在《京师八景》系列图中，使北京更适应帝国首都的定位；吴门派文人名家画作是为了表现苏州的风景和社会习俗；此时，徽派大师和其他画家对黄山不同文人风格的描绘，同样有助于确定这座山是文人和仿效文人进行文化朝圣的合适目的地。

如果我们接受这些画作的特征——通常不应该把它们理解为画家某地视觉体验的第一手记录——由此可见，画家可以根据既定的构图来描绘他从未去过的地方。事实上，我们知道很多这样的例子。根据题识，可以知道萧云从从未到过黄山，却绘制了一本六十页的山水图册（藏于故宫博物院，伪造的印章使其被误认为是弘仁所作；参见高居翰，1985 年），这本图册中的一些画页被弘仁的侄子江注摹绘到同系列的另一本图册中——在 18 世纪早期，安徽画家刊行了一本包括萧云从、弘仁、石涛等人作品的图册。① 梅清的黄山图，

---

① 这本图册由黄锜制作，我是通过 1984 年在歙县美术馆展出的 20 世纪大师黄宾虹的一本摹本了解到的。后来，我在北京的故宫博物院看到这本图册的署名是江注，图册似乎不止一本。这些图册之间复杂的关系问题，必须由能够接触到它们的人通过仔细的比较和研究来解决。显而易见的是，这些作品是另一本图册的摹本，而且这些图册的画家身份也很模糊。类似的摹本似乎在苏州（吴门）画派的图册和代表该地区风景的手卷中也能找到，这些作品的作者是沈周、陆治、钱谷以及其他人，但这种资料也需要详细的研究进行澄清。在这两种情况下，我们可能可以假定，该画册是在该地区著名大师设计之后，在本地进行大批量制作，以满足游客和其他人的需求。

有些是根据石涛的画页创作的，有些地方是他自己从未到过的。18 世纪僧人画家雪庄的黄山图系列（《黄山丛刊》的木版刻印，影印，第一章）作序称赞其画是根据当地的真实经验，"不像萧（晨）郑（旼）'早期的黄山图'，它们是通过想象绘制的"。张大千的最后一幅画作是对庐山风景的宏大再现，庐山是张大千从未去过的地方。石涛作于 1701—1702 年的一本著名图册，画了一系列以其赞助人黄砚旅的游记为基础的场景，题诗描述了画家本人可能从未去过的地方。在另一幅成于 1697 年，描绘福建闽江的画作中，画家把他可能从未去过的地方风景介绍给另一位即将前往那里旅游的赞助人。[①] 这种情形还有更多其他的例子。

另一方面，与没有登过山的画家相比，登过山的画家更具明显的优势。在之前提到的例子中，宋旭受托绘制一幅描绘白岳山之旅的手卷，就是因为他曾游过白岳山。有的画家可能会到山里写生，以便把那座山的景色添加进自己的题材库里，也许还可以证明自己有资格为任何需要画作的人绘制关于那座山的绘画。17 世纪 60 年代初，安徽著名山水画大师戴本孝在其开始画家生涯时，游历名山大川，大概就是这个目的。另一位安徽画家——郑旼，在 1681 年为曾向他索要过一幅绘画的、名叫楚珍的资助者创作了一本有关黄山八景的图册（见图 6-9）。在随附的题款中，郑旼写道，虽然他从未远游，但还是在 1670 年和 1673 年两次登上黄山——这种朝圣是必要。郑旼以玩笑的口吻证实自己歙县（徽州）当地人的身份，而我们则假设其为徽州画家。郑旼认为那幅送给楚珍的黄山图目的是使楚珍"未到黄山乃于图绘以启其兴"。郑旼写道，将来某日，如果楚珍摆脱了世俗的羁绊，如他郑旼已经做过的那样，便能够以这本图册为指南，爬上黄山。

---

① 有关 1702 年为黄研旅而作的专辑，参见至乐楼，第 21 号。有关 1697 年福建闽江的画作，现收藏于克利夫兰艺术博物馆，参见《八珍遗代——纳尔逊·阿特金斯博物馆和克利夫兰艺术博物馆藏中国古画》，展览目录，1980 年，第 239 号。

我们前文提到过，石涛于 1667 年首次登上黄山，并且凭借记忆接连描绘了黄山风光，而且我们从草图推测石涛在其余生的绘画创作中继续描绘黄山风光。石涛的《黄山八景》（图册现由住友氏收藏）（见图 6–10；还有高居翰，1982 年 a，图 6.14 和图 6.15）的绘画和题识中，以直接的第一手素材令人信服地呈现了黄山的真实形象，以至于日本学者曾一度认为，石涛是在 17 世纪 60 年代末登上顶峰（古原宏伸，1971 年）。此时，在了解石涛画作风格的基础上，我们可以追溯到 17 世纪 80 年代，即石涛离开安徽定居南京后，把石涛的黄山绘画看作是对体验的非凡再创作。石涛的另一幅标注日期为 1699 年的杰作《黄山图》也是如此，也是由住友氏收藏（见图 6–11）。此画是为刚从那里游罢归来的僧人朋友而作。1700 年，石涛在一幅描绘黄山山峰的手卷题款中写道："昔游黄山登始信峰观东澥门一带，昨与苏易门先生论黄澥诸峰之奇想象写此。三十年前面目，笔游神往易翁叫绝，索此纸以为他日游山导引云。"[1]

石涛的做法是把自己亲临的地方的景色和当地重视思乡情调的画派风格结合起来，为来自那些地方的资助人，或是为他在那里认识的人，或是将要去那里的人作画。[2] 在 17 世纪 90 年代早期，石涛为前往浙江旅游的朋友创作了一幅手卷，描绘了"余杭看山"的情形（《余杭看山图》，上海博物馆藏）。后来在 1693 年的题款中写道，朋友把手卷带回来，说那里的景色和画面别无二致。[3] 撇开"忠实于自然"这一难以处理的问题不谈，我们可以看出，即使在运用固定模式之要素作画时，石涛也坚持用直接体验的素材，以至于他的回忆和想象都使我们认为他所画的山水是真实的，这就是石涛才华所露的

---

[1] 略改自乔迅 1988 年翻译的乔纳森·斯科特·海《石涛的后期作品（1697—1707）：专题地图》，1988 年，第 286 页。这幅画被香港何耀光收藏。参见至乐楼，20 号。

[2] 文以诚在《秦淮往事：石涛与南京（金陵）画派》中讨论了石涛的习惯，《亚洲艺术档案》第 31 期（1977—1978 年），第 6—31 页。

[3] 原文为："修亭先生携此卷游余杭归来云：与大涤不异。"——译者注

一角。

石涛及其他画家的例子中都呈现出一种模式，使我们对这些绘画的朝圣方面有了更进一步的理解。画家为那些计划前往某名胜之地旅行的人创作这些绘画，让他提前熟悉和识别那里的著名景点，并告之相关的情况。或者，这些绘画为旅行归来的人而作，为其保存旅游记忆，或者让其在向友人叙述旅游经历时展示山水景象。这些与其说是当下直接的体验，不如说是预期或回忆。就画家而言，他也许知道也许不知道这些地方的第一手资料。在这两种情况下，他都倾向于依赖既定的图式意象，用自己独特的风格描绘出不同的画面。这些绘画和题款强化了黄山知名景点周边的文化格局和联想，实际上起到了文化朝圣指南的作用。

对这一作用有重要意义的是画面的连续性特征，这种特征典型地表现为系列画面——图册的画页、手卷的局部、一组挂轴。我们在讨论山水画的类型时注意到，系列的绘画可能代表在某个地方的旅程阶段，以及旅行者在途中的所见。陆治的图册《白岳纪游图》和宋旭同题材手卷（仅从文学记载中得知）大概都属于这类。相反，大多数系列黄山画作并不是供准备前往黄山旅游的人欣赏的，而是给到黄山周围、绕行黄山某驻足地的人欣赏的。这种旅行没有特定目的地，其感受是渐进式的，如同佛教徒绕着佛龛或善财童子寻求顿悟的朝圣之旅。事实上，人们对黄山的了解也是渐近式的，一点一点地积累起来的：令人叹为观止的远景使人们在持续前行的过程中保持着兴奋，直到登上更高处，在更高处的视觉体验更使人联想到地名及与之相关联的地方。高阶秀尔发现亚洲朝圣绘画与西方朝圣绘画存在基本区别：亚洲朝圣绘画画面上的圣地按照一列或环状分布，西方朝圣绘画画面上则画着目的地或沿途的景色。在高阶秀尔看来，绘卷更适于亚洲朝圣绘画，正如在画架上创作的绘画更适合于西方朝圣绘画那样。[1]在中国,手卷和图册都适于以图画的形式进行类比,即通过游览某地的各个部分来积累对该地全面了解的经验。手卷强调空间和时间的连续性,而图册则是系列的瞬间、不连续的观察。作为结构化空间的中国园林,也经常被采用这些样式进行描绘。其作用是让观者动起来,不允许一个人拥有单一"正确"的制高点——作为理解整体的要素,某个人必须经历时间的流逝,甚至身体的运动(滚动手卷、翻动画册)。

从这个特殊的意义出发,如果这些画作是朝圣画,那么谁是朝圣者呢?也就是说,这些画作是为谁创作的呢?答案只能来自对画作中某些题款的详细研究,以确定接受者,这样的研究还没有做过。周绍明认为弘仁晚年的主要赞助者是歙县的吴氏家族,吴氏家族在黄山拥有大片土地,其财富和权力主要来自科举和经商,经商获得的财富主要是通过扬州盐业专卖,也通过当铺和其他商业投资(周绍明,1989年,第161页及以下)。近来有关安徽画家赞助人的两项研究得出了相似且并不意外的结论:士绅、士大夫和商人构成了画家的顾客群体。[2]这个地区画家流派的兴盛以及对其他地方画家的吸引必然与该地区的经济繁荣密切相关,如同16世纪苏州、18世纪扬州、19世纪上海成为绘画的中心一样。在明清更替的前后几十年里,徽州地区也是如此——培养本地画家,吸引外来画家。同理,黄山在登山者和购画者中出名,肯定是由于徽州一带的旅行,特别是商旅之行的兴盛——从徽州一带到黄山的短途旅行是轻松有吸引力的支线旅游。张瀚(1511—1593年)的《商贾纪》描述了16世纪晚期的情景:"五方辐辏,万国灌输(长江中下游)……休、歙尤夥,故贾人几遍天下。良贾近市利数倍"(卜正民,1981年a,第197页)。

---

[1] 高阶秀尔,《绘之旅,旅之绘》,《日本美学》第1卷第1期,第102—109页。他关注的是《西行物语》和其他镰仓时代的画卷。

[2] 季盛国(音译),《16世纪末17世纪初的艺术赞助人徽州商人》;欧特林,《万历年间安徽画家的赞助》,在美国学术团体协会研讨会上提交的论文《画家和赞助人:中国绘画的社会和经济方面》,1980年11月,即将发表。

黄山成为文人文化朝圣的目的地，无疑增加了其对商人的吸引力——他们急于效仿高雅文化的做法。就如同今天生活在物欲横流时代的西方人仍不懈追求启蒙，清初人在痛苦中会产生对逃避、超越、净化的渴望，而黄山就代表了这些渴望。

从 16 世纪开始，随之而来的一个现象是路线类图书和旅游指南的刊行，有些还配有图画，卜正民曾对此做过研究（卜正民，1981 年 b、1981 年 c 和 1988 年）。它们多数是由那些拥有必要文学修养的商人撰写的，主要是为旅行的商人而准备的。它们列出了旅行者在特定路线上的必经之地，还提到了沿途知名的景点和寺庙，尽管在大多数情况下，它们的关注点（如卜正民所言）是"如何穿越风景，而不是如何欣赏它"（卜正民，1981 年 b，第 42 页）。除了能起到实际的向导作用外，它们还能给旅行者带来某些宽慰的预感，至少能让他们知道将会遇到地方的名字和顺序。

无疑这是许多绘画作品创作动机的重要组成部分，它们与路线类图书有着本质而深刻的区别。当李流芳的兄长索要"以代我游"画作时，当宋旭为某位即将踏上旅程的顾客绘制一幅旅行场景手卷时，当郑旼表达其愿望，希望图册《黄山八景图》能够激励赞助人以画册为向导登山时，当石涛的朋友索要一幅黄山画作作为将来黄山旅游的指南时，或者当另一个人要求石涛绘制一幅余杭山水的绘画，然后在看到画作后说景致和画作别无二致的时候，所有这一切都证明了人们对这些画作的理解，这些画作得以具有某种类似导游手册的功能。另外，这些画作还可以帮助游客回忆去过的地方，如同石涛1699 年的黄山手卷。画作表现的旅行既可以是想象中的，也可以是回忆中的。在这两种情况下，与其说这些绘画记录了某个真实事件，不如说是唤起或加强了对这座山的文化想象或回忆，使之在欣赏者的脑海中形成某种联想和熟悉感。它们帮助构建的想象是观众将会有的，或已经有的，或想象拥有的经验。

结论

本文最后采用了文中所描述的某种短途旅行形式，同样到达若隐若现的目的地，从行程本身所获得的任何价值，可能都是一种累积的、二手的启迪。我们首先要问，在何种意义上，可以把攀登黄山的经历恰当地称为朝圣，是因为我们可以从文字和图画中重建它吗？如果黄山绘画是朝圣画，那又是何种意义上的朝圣画呢？对于第一个问题，我们只能回答：从这个意义上说，我们自己在日常生活中可能会受到实际事务压力的驱使，怀着追寻无拘无束的想象中的精神超脱，逃离物欲，在自然中得到崇高感，重获有失去之虞的文化价值的动机，而前往特定的名胜古迹或灵感之地"朝圣"。宗教的，或政治的，或诗歌和文学的冲动，可能是这种朝圣动机的因素，但这些都不是它所必需的。对于第二个问题，又是一个有限制的答案：如果我们把黄山绘画理解为融入了上述复杂的想法和动机——因为黄山绘画与攀登黄山的实践有关，可以作为攀登的"导游"（尽管没有任何实际意义）——在这种有限的意义上，我们可以称黄山绘画为朝圣绘画。也许在中国历史的晚期，或者说是艺术史上，没有比这些解释更模糊的答案了——有明确动机的行动和表达都是对遥远的过去的神化。

附录：清初黄山绘画部分目录

弘仁

《黄山图册》，绢本水墨，清远斋藏两册页，伯克利（参见图 6-7、图 6-8）；其他册页未
　　知。

《黄海松石图》，挂轴，1660 年，上海博物馆。（高居翰，1981 年，图 5）

《披云峰》，1663 年。（高居翰，1981 年，图 5，25）

《始信峰》，1663 年，广州美术馆藏。（见《艺苑掇英》，第 25 辑，第 19 页）

萧云从

《黄山五十景图册》，故宫博物院藏，北京。上有弘仁的伪造印章，所以该图册往往被认为
　　出自弘仁之手。（见高居翰，1985 年）

江注

《黄山画集》，故宫博物院藏，北京。有些册页摹制了上面萧云从画册的部分作品，两者之
　　间的关系需要进一步研究。

梅清

1672 年至 1695 年间的一系列黄山图册（参见图 6-6）。以挂轴的形式表现的两个系列的黄
　　山风景，一个是绢本，一个是纸本。前五幅和后四幅参加 1984—1985 年冬季安徽画
　　派画展。故宫博物院藏，北京。

《黄山十景屏风画》，广州美术馆藏。（见《艺苑掇英》，第 16 辑，第 12—13 页）现存的梅
　　清黄山图中有许多又高又窄的卷轴画，其中一些可能原本就是这类屏风上的面板。

郑旼

《黄山八景图》（参见图 6-9），1674 年，私人收藏，埃德蒙顿。（参见苏士比拍卖目录，纽
　　约，1985 年 6 月 3 日，44 号）一些悬挂的黄山山峰和景色的卷轴。故宫博物院收藏
　　了几幅郑旼画作。

戴本孝
《兰花峰》，万诺蒂（Vannotti）收藏，卢加诺（Lugano）。（参见高居翰，1967年，15号）
《文殊院》。（参见高居翰，1981年，54号）

孙逸
《朱砂峰》，1657年。（参见高居翰，1981年，18号）

石涛
《黄山图册二十一开》，故宫博物院藏，北京。未出版。它将（1992年）被列入董其昌的作
    品展览计划。董其昌是他的同时代人，也是受其影响的画家，展览定于1992年4月
    在纳尔逊·阿特金斯博物馆开幕。我没有看过石涛的原版画册。册页上没有签名或盖
    章，但是应该有一些附带的文档说明。从照片上看，这是一幅早期作品。这幅画是他
    在安徽逗留期间完成的，可能是他在17世纪60年代末登黄山后不久的作品。无论如
    何，它是下列更知名作品的重要前身。
《黄山八景》图册，住友氏收藏（参见图6-10；亦参见高居翰，1982年a，图6.14和图
    6.15，以及古原宏伸，1971年）。
《黄山图》手卷，1699年，住友氏收藏（参见图6-11；亦参见高居翰，1982年a，图6.30，
    以及宫崎法子，1985年）。
《黄山图》手卷，1700年，何宽吴收藏，香港。（参见至乐楼，20号）

髡残
一些挂轴上有提到黄山的题字，可能代表黄山风景。（张子宁，1987年）

参考书目

Brook, Timothy（卜正民）. 1981a. "The Merchant Network in 16th-Century China: A Discussion and Translation of Zhang Han's 'On Merchants'（16 世纪中国的商人网络：张瀚"商人论"的讨论与翻译）." *Journal of the Economic and Social History of the Orient* 24, 2 (May 1981): 165-214.（本文简称"卜正民，1981 年 a"。——译者注）

——1981b. "Guides for Vexed Travelers: Route Books in the Ming and Qing（彷徨旅客的指南：明清时代的旅行图书）." *Ch'ing-shih wen-t'i* 4, 5 (June 1981): 32-76.（本文简称"卜正民，1981 年 b。"——译者注）

——1981c. "Guide for Vexed Travelers: A Supplement（《彷徨旅客的指南》一补）." *Ch'ing-shih wen-t'i* 4, 6 (December 1981): 130-140.（本文简称"卜正民，1981 年 c"。——译者注）

——1988. *Geographical Sources of Ming-Qing History*（明清历史地理资料）. Ann Arbor: Center for Chinese Studies, University of Michigan.

Bush, Susan（卜寿珊）. 1983. "Tsung Ping's Essay on Painting Landscape and the 'Landscape Buddhism' of Mount Lu（宗炳论山水画与庐山"山水佛学"）." In Theories of the Arts in China, edited by Susan Bush and Christian Murck, 132-164. Princeton: Princeton University Press.

Cahill, James（高居翰）. 1967. *Fantastics and Eccentrics in Chinese Painting*（中国绘画的奇想与怪癖）. New York: Asia Society.

——1976. *Hills Beyond a River: Chinese Painting of the Yuan Dynasty, 1279-1368*（隔江山色：元代绘画 [1279—1368]）. New York: Weatherhill.（该书中译本为宋伟航译，北京：生活·读书·新知三联书店，2009 年。——译者注）

——1978. *Parting at the Shore: Chinese Painting of the Early and Middle Ming Dynasty, 1368-1580*（江岸送别：明代初期与中期绘画 [1368—1580]）. New York: Weatherhill.（该书中译本为夏春梅等译，北京：生活·读书·新知三联书店，2009 年。——译者注）

——1982a. *The Compelling Image: Nature and Style in Seventeenth-Century Chinese Painting*（气势撼人：十七世纪中国绘画中的自然与风格）. Cambridge: Harvard University Press.（本文简称"高居翰，1982 年 a"。）（该书中译本为李佩桦等译，北京：生活·读书·新知三联书店，2009 年。——译者注）

——1982b. *The Distant Mountains: Chinese Painting of the Late Ming Dynasty, 1570-1644*（山

外山：晚明绘画 [1570—1644]）. New York: Weatherhill.（本文简称"高居翰，1982 年 b"。该书中译本为王嘉骥译，北京：生活·读书·新知三联书店，2009 年。——译者注）

——1982c. "Late Ming Albums and European Printed Books（晚明画册和欧洲印刷书籍）." In *The Illustrated Book: Essays in Honor of Lessing J Rosenwald*, edited by Sandra Hindman, 150-171. Washington, D.C.: Library of Congress.（本文简称"高居翰，1982 年 c"。——译者注）

——《论弘仁〈黄山图册〉的归属》，载《朵云》，第 9 辑，1985 年，第 108—124 页。

——ed. 1981. *Shadows of Mt Huang: Chinese Painting and Printing of the Anhui School*（黄山之影：新安画派绘画及版画）. Berkeley: University Art Museum.

张子宁，《髡残的黄山之旅》，安徽画派座谈会论文，合肥，1984 年，收入《论黄山诸画派文集》，上海，1987 年印，第 359—371 页。

Chaves, Jonathan（齐皎瀚）. 1988. "The Yellow Mountain Poems of Ch'ienCh'ien-i (1582-1664): Poetry as yu-chi（钱谦益的黄山诗歌：黄山游记）." *Harvard Journal of Asiatic Studies* 48, 2 (December 1988):465-492.

《至乐楼藏明遗民书画》，香港，1975 年。

Edwards, Richard（爱华慈）. 1967. *The Painting of Tao-chi*（道济画作）. Catalog of an exhibition（展览目录）. Ann Arbor:Museum of Art, University of Michigan.

Eight Dynasties of Chinese Painting: The Collections of the Nelson Gallery-Atkins Museum,Kansas City, and The Cleveland Museum of Art. 1980（八代遗珍——纳尔逊·阿特金斯博物馆与克利夫兰艺术博物馆藏中国古画）. Catalog of an exhibition（展览目录）. Cleveland,Ohio: Cleveland Museum of Art.

Ganza, Kenneth（肯那斯）. 1986. "A Landscape by Leng Ch'ien and the Emergence of Travel as a Theme in Fourteenth-Century Chinese Painting（冷谦山水画——14 世纪以旅行为主题的中国绘画）." *National Palace Museum Bulletin*21, 3 (July/August 1986): 1-17.

——1987. *Journeys of the Spirit: Landscape Portraits of Places in China*（神游：中国各地的风景画）. Catalog of an exhibition（展览目录）. Memphis.

——1988. "Travel as a Genre: Defining Theme in Chinese 'Topographical' Landscape Painting（旅行风俗画：定义中国"地形"山水画的主题）." Unpublished paper, revised from paper presented at session on Genres in Chinese Painting, College Art Association annual meeting, Houston.

Hay, Jonathan Scott（乔纳森·斯科特·海）. 1988. "Shih-t'ao's Late Work (1697-1707): A Thematic

Map（石涛的后期作品 ［1697—1707］：专题地图）." Ph.D. dissertation, Yale University.

Hsu, Wen-chin（徐文治）. 1975. *Tao-chi and Huang-shan.* Master's thesis（道济和黄山）. University of California, Berkeley.

［宋］佚名《黄山图经》，载《安徽丛书》系列 5，上海，1935 年。亦可参见《黄山丛书》。

《艺苑掇英》，上海：上海人民美术出版社，1978 年。

古原宏伸，《石涛和黄山八胜画册》，住友氏收藏，田中一绪编，东京，1971 年。

河野惠子，《黄山图卷（石涛）》，京都：泉屋发行馆，1986 年。

Li Chi（李祁［英译］）. 1974. *The Travel Diaries of Hsu Hsia-k'o*（徐霞客游记）. Hong Kong: Chinese University of Hong Kong.

李铸晋，《项圣谟之招隐诗画》，载《至乐楼藏明遗书画研讨会论文集》，香港：香港中文大学，中国研究所，1976 年，第 531—560 页。

李一氓，《明清人游黄山记钞》，合肥，1983 年。（应为"合肥：安徽人民出版社，1983年"。——译者注）

McDermott, Joseph（周绍明）. 1989. "The Making of a Chinese Mountain, Huangshan:Politics and Wealth in Chinese Art（中国黄山的形成：中国艺术中的政治与财富）." *Asian Cultural Studies* (Tokyo) 17 (March).

闵麟嗣（1628—1704）编《黄山志定本》，前言，1679 年，载《安徽丛书》，系列 5，上海，1935 年。

宫崎法子，《石涛与黄山图卷》，《泉屋博物馆纪要》1985 年第 2 期，第 37—71 页。

Powell, William（威廉·鲍威尔）. 1989. "A Pilgrim's Landscape Text of Chiu Hua Shan（九华山朝圣景观文献）." Paper prepared for the Conference on Pilgrims and Sacred Sites in China. Bodega Bay, Calif. January.

苏宗仁编《黄山丛刊》，8 册，北京，1935 年。（此处应为"北平"。——译者注）

汪士鈜（约 1662—1721 年）编《黄山志续集》，载《安徽丛书》，系列 5，上海，1935 年。

Weng, Wan-go（翁万戈）, and Yang Boda（杨伯达）. 1980. *The Palace Museum: Treasures of the Forbidden City*（故宫博物院：藏品选）. New York: Abrams.

Wright, Suzanne（苏珊娜·赖特）. 1984. "Scenes of Huangshan（黄山风景）." Master's thesis. University of California, Berkeley.

Yuhas, Louise（路易斯·尤哈斯）. 1979. "The Landscape Art of Lu Chih (1496-1576)（陆治山水画艺术）." Ph.D. dissertation, University of Michigan.

7

武当山的朝圣之旅

劳格文（John Lagerwey）

　　武当山位于湖北西北部汉江以南的山脉。1412 年，明成祖（1402—1424 年在位）下令在武当山进行大规模建设，在短短六年内，三十万丁夫在这些山岭上建起 7 座大型庙宇、为数众多的小庙，以及凿刻 60 多公里长的青石步道和台阶，用来供奉真武（地图 7–1）。1424 年，即明成祖死前不久，第四十四代天师张宇清在明成祖的命令下亲自从全国各地挑选了大约 400 名道士担任宫观的住持。最后，为了庆祝整个工程的竣工，人们举行七日祭天仪式。[①]

　　这场竣工庆典极具皇家规格的原因是相当明白的——明成祖认为真武成

[①] 参见任子垣，1983 年，第 51 页及以下各页，第 511 页及以下各页；《皇明恩命实录》卷 4，第 2—4、8—9 页；《明史》卷 187，第 25 册，第 7603 页。武当山道士人数以王概的数字为基准（1744 年，卷 3，第 9—22 页；间野潜龙，1979 年，第 403 页，注 9），凌云翼关于武当山道士的人数的记载略少，参见《大岳太和山志》。到 1490 年，住在武当山上的道士数量明显增加了一倍，达到约 800 人（《明史》卷 185，第 16 册，第 4903 页）；到 1580 年，武当山道士和信徒人数达到了 10000 人（顾文壁，1989 年，第 72 页）；1950 年下降到 230 人（史新民，1987 年，第 2 页）。

净乐宫

冲虚庵

玉虚宫

遇真宫

进山门

元和宫

蟹夹子河

水磨河

磨针井

关帝庙

老君堂

五龙宫

剑河

太子坡

太常观

黑虎庙

紫霄宫

南岩

飞升台

一天门

朝天宫

二天门

顶峰

三天门

金殿

朝圣门

太和宫

北

山峰
山坡
台地
门
卉院
宫观
河流
小道
道路

约翰·陈·刘易斯绘，1991 年

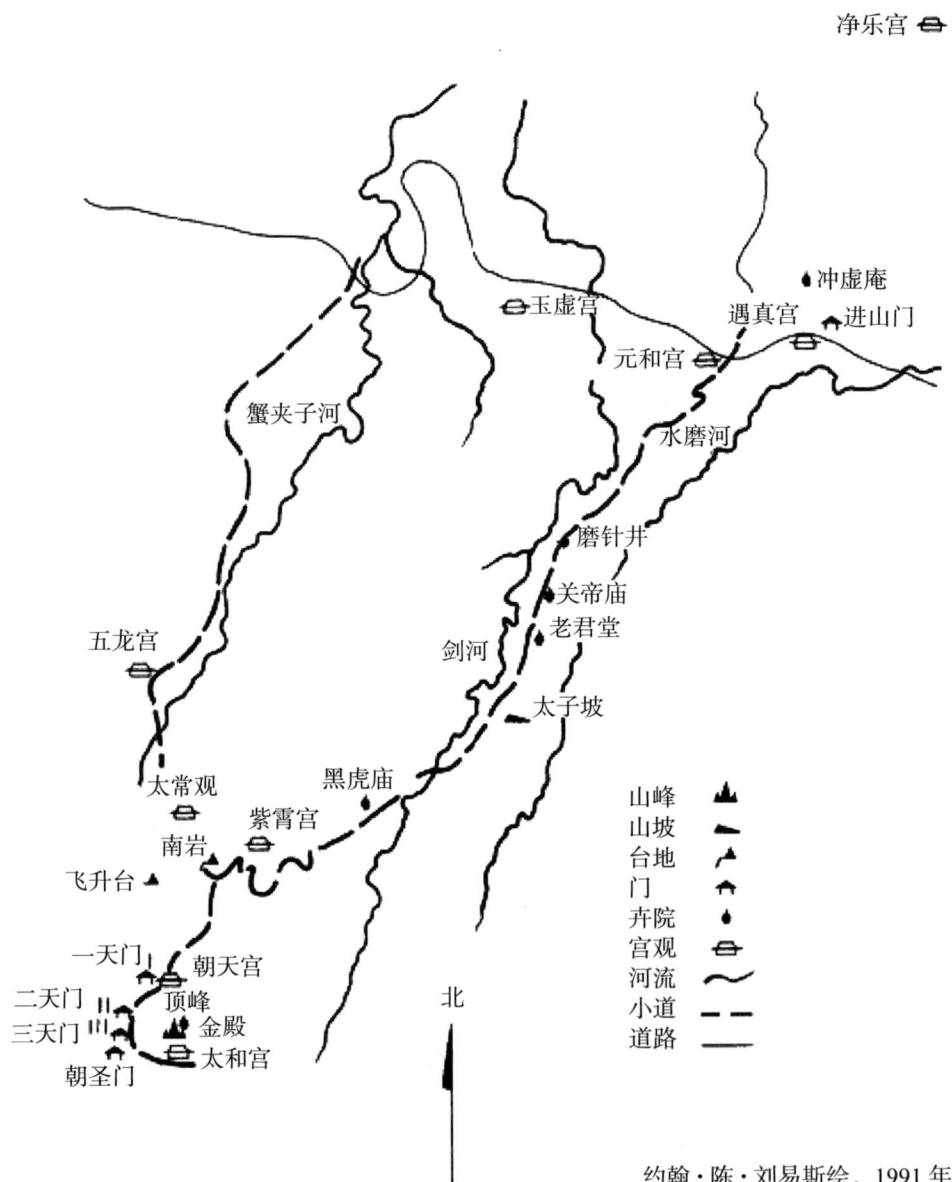

地图 7-1　武当山

功帮助自己夺取了皇位——由此产生这样的结果：朝圣者开始从四面八方涌向这座山，真武成为少数几位真正享受"国家"祭拜的对象之一，包括社会各个阶层——从最卑微的屠夫到皇帝。[1] 当然，这一切并非一夜之间发生的，因此，我们在开始对武当山朝圣之旅进行讨论的时候，最好先快速回顾一下明成祖之前的武当山及其神明的历史。

真武崇拜的肇端

真武原称"玄武"，其字面含义为"黑色武士"。就其本身而言，玄武早在战国时期就已经家喻户晓了：在东汉墓的石刻中，玄武被描绘成北方"四灵"之一（鲁德福、闻誉，1951 年，插图 74）。8 世纪早期（可能更早），在道教仪式中，这四种动物扮演着重要的角色，它们守护着大祭司和圣地的纯净（劳格文，1987 年，第 94 页）。玄武的这一职能也可以用来解释为什么唐长安都城的北门被称为玄武门（黄兆汉，1988 年 b，第 134 页）。

根据《玄天上帝启圣录》[2]（显然是现存有关玄武最古老传说的书）记载，

---

[1] 黄兆汉（1988 年 b，第 149 页）引用的资料表明，屠夫和猪肉贩共同是真武的崇拜者。

关于武当山兴建宫观的原因，已经进行了充分的探讨，特别是皇帝在徒劳地寻找张三丰的过程中所扮演的角色，参见石秀娜（1970 年，第 492—496 页），沈雅礼（1987 年，第 23—27 页）和间野潜龙（1979 年，第 341—345 页）的研究。特别值得注意的是真武的塑像是仿照成祖而制的，成祖很可能认为自己是神的化身——这是传说呢，还是事实呢？直到目前，忽略了一个事实：明成祖之后历代明朝皇帝都通过向真武献祭来昭告自己对皇位的继承（王概，1744 年，卷 3，第 36—37 页）。在1989 年 9 月前往武当山时，我发现在山顶附近的灵官殿里保存了明朝六位皇帝登基的敕文。六座石碑中有两座难以辨认，剩下的四座石碑用套话叙述朝廷派官员致祭真武之事。

简单地说，这意味着，明朝的天子们相信，他们拥有的天命要归功于真武。正如我们所要看到的，真武被称为"上帝"，真武所在的山被称为"太岳"，意思是"第一山"。

[2] 现存的《武当福地总真集》（《道藏》第 958 册）可能是元末或明初版，因为其所载之注释提到 1291 年由刘道明编，1301 年吕师顺作序的《玄天上帝启圣录》（《道藏》第 962 册）。然而，从内容本身来看，我们读到的是 1055 年（卷 6，第 2 页）仁宗皇帝下令编纂的第一本合集以及重印版，毫无疑问，这是董素皇 1184 年（卷 1，第 21 页）原版的收藏。参见第 314 页注释③。

有一种只崇拜玄武而不崇拜其他三种神兽的祭祀，至少可以追溯到 7 世纪。[①]
然而，同一系列文集非常清楚地表明，是宋太祖（960—976 年在位）首次给
予该信仰官方地位（卷 2，第 11b—12、14 页；卷 3，第 10、19 页）。更多的
官方资料表明，宋真宗（997—1022 年在位）为了回应在 1017 年奇迹般出现
的蛇龟，在都城开封修建了一座供奉玄武的庙。1018 年，这座庙旁边突然涌
出泉水，该泉水传说有治病的功效。大殿被重新赐名为"祥源观"（梁天锡，
1978 年，第 55 页）。为避宋圣祖赵玄朗名讳，"玄武"改为"真武"。真武还
获得了其在帝国的第一个封号。[②]

据《玄天上帝启圣录》记载的传说故事，1056 年，仁宗皇帝（1022—
1063 年在位）的病被真武治愈。这次神奇的治疗使真武本传首次得到编纂，
董素皇[③]1184 年辑本的基本资料就来源于此。如果与疫魔斗法的威力是形成
真武崇拜的重要原因之一，那么《玄天上帝启圣录》毫不怀疑，皇家对真武
的感恩之情主要归功于真武协助其对抗同样邪恶的"番人"（参见贺登崧，
1952 年）。事实上，真武是如此灵验，以至于在天禧年间（1017—1021 年），
西部少数民族也决定崇拜他。他们遣使，承诺以和平来交换真武圣像以及如

---

① 文中有三处提到隋朝一位真武的信徒（卷 1，第 23 页；卷 3，第 8 页；卷 6，第 9 页）。它
还提到武当山紫霄宫（参见卷 1，第 20 页）旧时的一种道教祭祀仪式，但误置于贞观年间（627—649
年）；然而，开篇讲述的是武则天统治时期真武转世的传说故事，并且明确声明这种崇拜可以追溯到
那个时代（参见卷 2，第 1—2 页；卷 3，第 22 页；卷 5，第 12—14 页；卷 6，第 4—6 页）。

② 王概（1744 年，卷 3，第 31—33 页）记载了 1018 年、1202 年、1257 年和 1304 年连续的
御赐封号。关于后者，也见《玄天上帝启圣灵异录》（卷 2，第 1—2 页。对比卷 3，第 22 页；卷 5，
第 12—14 页；卷 6，第 4—6 页。载《道藏》第 961 册）。

③ 除了本页注释①中引用的参考文献外，《玄天上帝启圣录》只有一篇宋朝之前的文章标注年
代（904 年）（卷 3，第 20 页），而另一篇唐朝文章未标注年代（卷 7，第 7 页）。其他标注年代的故事
都发生在宋代前四位皇帝统治时期，而这些故事最晚发生在嘉祐年间（1056—1063 年）（卷 5，第 11
页）。那个发生于 1055—1057 年，并引发首次编纂《玄天上帝启圣录》的事件频频被述及（卷 2，第
9 页，第 12 页；卷 3，第 14 页；卷 5，第 5 页）。《玄天上帝启圣录》以一首赞美诗结束，这首诗在其
他地方被认为是仁宗所作（《玄天上帝百字圣号》，载《道藏》第 1482 册），但在这里只是称"帝"（卷
8，第 24 页）。因此，可以肯定地说，《玄天上帝启圣录》基本上反映了 11 世纪中期的信仰状况。

何对真武进行祭拜的指示。宋朝的大臣接受了这一提议，命翰林院复制官方的真武圣像，但没有画上真武的"先锋将"——蛇龟（《玄天上帝启圣录》卷2，第13—14页）。

总之，我们可以注意到，《玄天上帝启圣录》中大部分故事发生在北部和西部边境地区，尽管如此，这种崇拜似乎已经在整个帝国蔓延开来：真武奇迹般介入的故事出现在各处，从山东①（卷2，第17页）到广西（卷3，第19页），从四川（卷2，第2页）到福建（卷4，第20页）。现在让我们把注意力从对武当山神明的崇拜转到这座山本身。明朝时期，这座山被称为"太岳"，这意味着它被视为比传统的五岳更尊贵的山。但在明代以前的中国，武当山的地位是怎么样的呢？

《玄天上帝启圣录》所描述的大多数宗教活动都发生在北宋的都城开封。《玄天上帝启圣录》还提到了把皇帝有关真武的题识送往全国各地的情况，包括武当山（卷2，第22页），但没有任何地方提到皇帝对这座山的投入。尽管如此，在整个宋朝，被称为"投龙简"的道教仪式②很有可能也是在那里进行的，因为武当山被杜光庭（850—933年）称为七十二"福洞"之一③，刘道明在13世纪末撰文称："五龙宫之四维，中一井在拜殿内，即历代投简之所④"（刘道明，1301年，卷2，第9页）。

道教占据武当山的历史和宗教祭拜一样久远。各种关于武当山的著作都

---

① 这个故事讲述了祭祀在华北东部的传播。

② 关于这个仪式，参见沙畹。这种仪式，至少可以追溯到5世纪，包括就地向中国各个圣地的神灵报告（见本页注释③）在道教斋戒表演所获得的朝代功德和／或在都城的祭品。报告的内容写在玉简上，然后和"金龙"一起"投"进洞穴或河流。金龙是传递玉简信息给神明的使者。

③ 《洞天福地岳渎名山记》，第9页（《道藏》第599册）。杜光庭将武当山划归均州，但与通常的做法不同，他没有把神仙、神或隐士与这座山联系起来。司马承祯所列目录"福地部"（《云笈七签》，卷27，载《道藏》第1032册）未包括武当山。

④ 在明清时期，这块福地被移到了紫霄宫前一个叫作禹迹池的地方（参见《名山胜概记》；谭元春，第5页；王世贞，第3页）。

提到了尹喜作为第一位道士隐居在武当山的情况。在尹喜之后，从汉朝到唐朝，还有众多著名人物住在武当山，如马明生、吕洞宾、孙思邈。这种说法当然是出了名的不可靠，但我们可以肯定地说，至少从六朝开始，道教隐士就与武当山联系在一起：依据《洞仙传》中一位隐士的传记，他生活在公元前 2 世纪的武当山（《云笈七签》，卷 110，第 19 页）。

据《宋史》记载，著名的陈抟（872—989 年）在武当山住了二十年，后来为了躲避"过多的游人"，移居华山。[①] 在《云笈七签》卷 87 中，占据整卷篇幅的是"武当山隐士"——来自南阳的翟炜的事迹。

雍熙年间（984—987 年），来自附近光化的贫寒子弟张士逊（964—1049 年）在武当山读书，后登科甲（王概，1744 年，卷 4，第 6 页）。江休复（1005—1060 年）在《醴泉笔录》中讲述了青年张士逊的一个传说故事："（张士逊）少时薄游武当，村舍主人将杀以祀鬼。安卧室中，诵六天北帝咒，巫者见星宿覆其上，怖而却走。"[②]

1141 年，嗣业的茅山道士孙寂然，自述得上清五雷诸法，来到武当山。[③] 孙寂然看到武当山被金兵洗劫一空，殿宇不存，于是他很快设法重建了五龙诸宅——五龙观后来才成为五龙宫——因为孙寂然被认为成功地用道教的"符水""治愈"了当地人（符水是里面掺有符箓燃烧后的灰烬的水）。宋高宗（1127—1162 年在位）传诏，命孙寂然进宫，孙寂然奉命敕度道士十人后还山。孙寂然的弟子邓真宫继承了上清五雷诸法，1201 年去世。邓真宫的继承人是住在武当山附近岷山的曹观妙，他于 1236 年去世。

在废弃了一段时间后，1275 年，汪贞常和六名弟子修复了五龙宫。此后

---

① 武当山的主要景点之一似乎是陈抟（陈希夷）的"诵经处"（王概，1744 年，卷 3，第 16 页）。根据陈抟的传记（王概，卷 4，第 5 页），在移居华山躲避人群之前，陈抟在武当山生活了 20 多年。

② 我感谢龙彼得（Piet van der Loon）的著作。

③ 本文及以下各段均基于王概，1744 年，卷 4，第 7—10 页。关于所谓的雷霆仪式，参见鲍菊隐，1987 年，第 413 页。

不久，几位武当山道教徒从雷渊黄真人（黄舜申）那里学到了新的清微上道：荆门人刘道明续写了前面提到的《武当福地总真集》；叶云莱在 1285 年应诏赴阙驱邪祈雨；长沙人张道贵最早师从汪贞常。张道贵自己有两百多个弟子，其中最有名的是张守清，也就是我们将要述及的南岩上天乙真庆宫的创建人。

这些累积的故事表明，自从宋朝早期，武当山就已经是一座非常重要的道教名山。因此，武当山是道教山脉网络的一部分。自遥远的江西茅山而来的清微上道很快就传到了武当山，武当山的杰出道士们也吸引了皇帝的注意力。

但是，是什么吸引了道教人士来到武当山呢？在宋代，我们只有张士逊的故事，表明武当山的独特之处是崇拜北帝真武——这块"金字招牌"将在元朝得到广泛确认。

武当山的皇家建筑

匪夷所思的是，在明朝，与武当山有关的天地观，是王朝的正统性既仰赖于武当山，又仰赖于武当山的神灵，而这个观念在少数民族统治的元朝就被明确阐述了。根据官方文献，蒙古人对武当山及其神圣统治者感兴趣的原因实际上与明朝一致：王朝和北方的因果关系。北方是中国传统宇宙观中妖魔的起源地，也是中国政治史上"蛮族"入侵的起源。但是这个不归王化的北方地区，一旦得到神圣的北帝和他在世间化身的适当治理，就会成为安全边界和充沛降雨的代名词。无论何人，只要能确保北方边疆的安全，并在适当的时候降雨，就表明得到了上天的许可——天命。

所有这些有关元朝的证据可以在《玄天上帝启圣灵异录》（《道藏》第 961 册）中找到。这本书的前三篇写于 1270 年，提到了元朝新建都城附近真武庙的修建是为了纪念在 1269 年隆冬出现在金水河中的"神蛇"和"灵龟"——这些现象被认为是新都城获得真武许可的标志。翰林侍讲学士徐世隆（《金史》，第 1227 页）撰写了前三篇中的第一篇，引用文耀钧的观点，认为这种神圣的标志是很自然的，因为"我国家肇基朔方，盛德在水"（第 1 页）[1]。

在著名书画家赵孟頫 1312 年撰写的文章中，可以找到有关崇拜真武的宇宙和政治意义更完整和明确的陈述：

《易》曰：天一生水，地六成之。夫一者，数之始也。水者，万物成形之始也……皇元之兴，实始于北方。北方之气将王，故北方之神先降；事为之兆，天既告之矣。（《玄天上帝启圣灵异录》，第 14—15 页）

《玄天上帝启圣灵异录》第四篇是翰林学士程钜夫于 1315 年为纪念南岩仙宫的创建所作。程矩夫写道，宋理宗（1224—1264 年在位）诏令道士刘真人在南岩建宫观，但没有完成。穿着汉人装束的异人鲁大宥隐居此地四十余年。传说鲁大宥有预知祸福和其他神奇的能力，"时人神之"。[2]

当蒙古人进入该地区后，鲁大宥离开武当山去研修全真派的道教。1275年，鲁大宥返回武当山，修复了五龙宫和紫霄坛宇，再次独自隐居南岩。1284 年，来自峡州（湖北宜昌）的张守清，时年三十一岁，请求成为鲁大宥的弟子。鲁大宥曰"吾待子久矣"，即授道要。鲁大宥死后的次年正月，张守清带领徒弟开辟了通往南岩的道路，并在悬崖周围开垦农田。"岁三月三日，相传神始降之辰，士女会者数万，金帛之施"，他们在南岩上建造了一个宏大的建筑群。历时二十余载才建成这座宫观。1308 年，元成宗皇后听闻张守清的名声，遣使命举行金箓醮。1312 年，张守清奉诏到大都祈雨。据赵孟頫记载，从 1311 年农历九月到 1312 年农历三月，一直没有下雨（王概，1744 年，

---

[1] 第二篇是在第一篇的 5 个月后撰写的，也是徐世隆所撰，他已被提升为吏部尚书。

[2] 程钜夫也许是根据自己的经历写的，因为他从 1300 年到 1304 年一直是湖北道肃政廉访使（《元史》卷 172，第 13 册，第 4015 页）。他还撰文回忆了 1313 年的旱灾（关于此次旱灾，见下文）。

卷 6，第 39 页）。张守清于 1312 年和 1313 年两次成功求下了降雨。朝廷授予张守清新宫观封号。1314 年，张守清奉命返回武当山，携香币"致祭"（《玄天上帝启圣灵异录》，第 6—9 页）。

元代集贤直学士揭傒斯 [①]（1274—1344 年）写的另一篇文章，讲述了五龙宫的重建工程完成于 1336 年（王概，1744 年，卷 6，第 21—23 页）。揭傒斯向我们叙述了张留孙和吴全节参与了此次重建，此二人与龙虎山和朝廷都有着密切的联系。揭傒斯又提供了自 1286 年以来的相当完整的道长名单。揭傒斯还提到元仁宗（1311—1320 年在位）的寿辰与真武诞辰一样，所以元仁宗为五龙宫名加赐"万寿"并在寿辰这一天举行金箓醮。

最后，按照谭元春所言，坐落在太和宫对面小山上的第一座青铜大殿建于大德年间（1297—1307 年）（参见其《游玄岳记》，第 7 页，载于《名山胜概记》）。

明朝对真武的崇拜可以追溯到明朝开国皇帝明太祖。明太祖不仅创制了两年一次在真武诞日（三月初三）和飞升日（九月初九日）祭祀的习俗 [②]，而且在南京为纪念他修建了一座寺庙（《明史》卷 50，第 1304 页；王概，1744 年，卷 5，第 21 页）。明朝的第三位皇帝成祖除了在武当山进行大规模的建设外，还在北京为真武修建"行宫"，这座道观显然是为了保护首都脆弱的东北角（八卦中的"艮"，鬼门）。成祖还下令在每年的正月初一和正月十五，从两京出发，向真武致祭（王概，1744 年，卷 3，第 38 页；亦可见《御制真武庙碑》，撰于 1415 年，载《道藏》，第 960 册）。

王概的《大岳太和山纪略》收录一系列永乐时代的诏令（卷 5，第 3—8 页；其中一些永乐时代诏令也载于《大明玄天上帝瑞应图录》[《道藏》，第

---

① 1335—1342 年，揭傒斯被选为集贤直学士。

② 据《均州志》卷 7，第 21 页，在 19 世纪后期，这些祭祀所需要的各种物品花费了 18060 文钱。

959 册］）。一封写于 1413 年致"官员军民人等"的诏令，提到了元朝末年武当山的建筑被毁，在明朝建立时神明给予了"显助"，最重要的是"十分显应我自奉天靖难之初"（明成祖是指 1399—1402 年期间，他身为"燕王"［"燕"是中国最北部的地区］开始发动战争，然后推翻了明朝第二位皇帝，即他的侄子明惠帝）：

那时已发诚心，要就北京建立宫观，因为内难未平，未曾满得我心愿，及即位之初，思想武当正是真武显化去处，即欲兴工创造，缘军民方得休息，是以延缘到今，起倩些军民去那里创建宫观，报答神惠，上资荐扬。

该诏令还敦促负责的官员照顾好丁夫的饮食和健康，并劝诫丁夫"若是肯齐心出气力，神明护佑工程也，易得完我这件事，不是因人说了才兴工也，不是因人说便住了工"（对该工程方案完整的描述，参见 1418 年碑文，卷 5，第 19—21 页）。

王概《大岳太和山纪略》中发布于 1424 年的永乐诏令，重申了在武当山大兴土木的原因——"上为荐扬皇考皇妣二圣在天之灵，下为四海苍生祈迓福祉以敷利泽于完穷"，于是命令当地官员，工程告竣后，要定期巡视和维护好建筑。《大岳太和山纪略》只保留了这一诏令最后的一次修订文（是在 1445 年英宗在位时；卷 5，第 9 页）。但在方升的《大岳志略》中，列出了从 1425 年至 1495 年不少于 9 次的修订（卷 1，第 14—23 页）。

武当山建筑和道路的维护费用主要来自向朝圣者征收的香税。以宫中内官左少监王敏起草的 1531 年诏令（方升，1556 年，卷 1，第 37—39 页）为基础，撰于 1532 年的诏令让我们得以一窥武当山香税的历史：该诏令称，最初，崇拜的目的是"为民祈福之盛心，非假修奉香火以纲罗民利也"。所有开支都由有关衙署监督，没有浪费。但随着香火旺盛，财富大量积累，并被用于私人目的。因此，在 1493 年颁布谕令，每年正月至四月，香客盛行之时，委官收受香钱，解送均州净乐宫官库收贮，以备本山修葺庙宇之资。从五月以后的香钱，将会留在山上以备日常开销使用。

上交官库后，香税仍有盈余。1522 年，一位御都史决定用这笔钱支付驻扎在当地军队的费用。从那以后，几乎没有足够的钱用来支付日常的开支——持续数年的饥荒导致朝圣者数量急剧减少，甚至还出现了缺钱的情况。因此，1532 年的诏令恢复 1493 年诏令所制定的制度。这项香税最终在 1736 年被废除（见下文）。

方升的书中还保存了与祭祀有关的诏令，即武当山道士为换取朝廷的恩惠而必须提供的各种服务。1422 年诏令要求武当山的道士在皇帝诞辰那天诵经（卷 1，第 31 页）。1428 年的法令更明确地规定，他们不但要诵经，而且在皇帝的诞日献上七天的供品，在真武诞辰那天也要这样连续致祭五天（卷 1，第 32 页）。方升还向我们提供了不少于七条订制特别祭品的诏令（时间从 1473 年到 1526 年不等），其中有四次致祭是在武当山的宫观里安奉神像。有一篇致祭碑文记载称：1479 年，宪宗皇帝御赐一套新的铸铜像，即紫霄宫的镀金雕像——载于王概的《大岳太和山纪略》（卷 5，第 21 页）。在这篇文章中，明宪宗重申皇室对真武的信奉："国家乂安，四裔怀服，无为之治，于斯为盛，岂不赖于神之翊赞而能尔耶？昭答之典，在所必行。"在 1479 年十一月举行的"迎神会"上，人们举行了供奉神像的仪式。初七是祭祀的日子，初八、初九日是在山上的不同地方进行祭祀的吉日——这是真武准许的征兆。在这个月的初十，也就是人们为皇帝的长寿祈祷之后的十五日，是正式安奉神像的日子。后来都御史李衍（1421—1494 年）的看法表明他对真武崇拜的感情投资既没有兴趣，也不愿去了解它：

伏惟天地以生物，为心帝（真武）即天地之心，主宰生成者也。其在北方司冬令，则其职在凝固太和（武当山的别称），以斡造化生长之仁也。物终于此，复始于此帝之仁覆万物，其有穷乎？皇上祗承于帝所祈者，上延慈寿，下昌圣嗣，内和家邦，外宁海宇，以遂万有之生成。

皇上之心，亦帝之心也。然皇上克体帝之心，使奉而安之者，弗克仰体皇上之心，则泽将壅于下矣，何以至民物入安？而神罔时怨恫哉？

今诸中贵臣皆知，畏天之灵，遵国之度，不倚神而慢，不倚公而私，不倚威而灵，可谓"克体皇上之心"，疏导德泽而覃及民物矣。此神所以日监在兹，歆悦于上，故彰其灵异而降祥也。钦斯其可记也。（《圣德昭应碑记》，王概，1744 年，卷 6，第 31 页）

最后，我们可以引用翰林侍讲刘正廉在 1600 年撰写的一篇碑文。这篇碑文是为祭武当山冲虚庵的元帝而撰写的，它表明，具有意识形态意义的宇宙观直到明末都保持着重要性：

元帝祠殆遍天下，于武当最重。明永乐定大统，帝实阴佑之，即礼绝百神……盖五行各以其德，帝德之盛宜莫水若已。今祠官事元帝最谨，故武当称"大岳"巍然，为"五岳"长。岂偶然哉！（王概，1744 年，卷 6，第 34 页）

武当山的道教

我们已经注意到，武当山的道教传统可以相对清晰地追溯到 12 世纪中期。王概的《大岳太和山纪略》把这个故事带到了西安的段云阳处。在他 1741 年去世之前的半个世纪里，段云阳一直在清净乐宫中"拜斗诵经"，为任何有求于他的人服务。在随后的数百年里，武当山与龙虎山（江西）、茅山（江西）、

华山和终南山（均在陕西）的联系被提及。^①

　　根据近来出版的一部关于武当山道教音乐的著作，居住在武当山上的道士经常举行三种法事活动：早晚的日常功课；每年一度的玉皇圣诞（正月初九）、真武圣诞（三月初三、九月初九），以及三元节（在正月十五、七月十五、十月十五这三天，参见劳格文，第20—22页）；斋醮，主要是为故世者准备的法事（史新民，1987年，第8页）。

　　史新民似乎是根据当地未发表的资料，称通常与龙虎山联系在一起的正一派，早在宋真宗时代就已经来到武当山。

　　到清代中期，尽管正一派尚未从周围的乡村消失，但实际上已经从武当山消失了，它已被全真派（尤其是龙门正宗）所取代。全真教最初是由丘元清（著名的丘处机的第四代传人）在洪武时期（1368—1398年）带到武当山的。

　　史新民还讲述了六位当时在世的武当山道士的故事。比如，出生于1902年的喇万惠，就来自山脚下的均县。他被山上的一位道士治好病后，在七岁成为金殿的侍僧，"兑现"母亲为他立下的誓言。喇万惠被教导阅读儒家经典，他还学会了唱曲，演奏六种乐器，以及举办各种法事的仪式。作为全真道华山派的一员，由于当时该地区局势动荡不安，喇万惠于1933年离开武当山。

――――――――――――――

　　①关于"道山"（Daoist mountain）的含义，这里或许可以做下说明。与"四大名山"相对比，传统上将"五岳"视为道教的。虽然历史观和宇宙观可以证明道教对五岳的认同，但在道教采取一种有组织的宗教形式之前，这些山脉在西汉（参见《史记》）就已经构成了一个独特的群体。直到六世纪末，道教才齐心协力宣称这些山属于他们。

　　道家从未彻底成功地推行这一主张。五岳中的华山和泰山，两者在祭祀仪式上有明显区别，但在道教宗教史中仍然发挥着重要而持续的作用。也许更重要的是，在道教历史中即使是这两座山也远不及作为上清派中心的茅山和作为正一派中心的龙虎山那样重要。茅山、龙虎山与灵宝派的中心阁皂山（在江西）一起构成了道教的"三山"，到12世纪早初，才正式获得官方认可。至于终南山，因为它与老子把《道德经》传给尹喜相关，时至今日仍是一座重要的道教名山，但其真正的辉煌时刻是在唐代，当时老子被认为是皇室的神圣祖先。

　　当然，还有更多著名的道教名山，从四川青城山到福建武夷山，从广东罗浮山到山东崂山。

在离开之前，他曾多次担任科仪主持人。直到 1980 年，他才返回武当山居住（史新民，1987 年，第 227—230 页）。

方继权于 1918 年出生于均县一个赤贫家庭，五岁时被带到武当山上生活，是武当山上唯一健在的三茅派传人。他和喇万惠一样，不仅学习儒家经典，还学习风水学。史新民还提到另外两位道士，一位是四岁入山，另一位是十二岁入山，他们都是全真派道士，也都是本地人（史新民，1987 年，230—233 页）。

史新民介绍的最后两位人物都是谷城县人（第 233—237 页）。第一位是周炳相，他似乎是一位比喇万惠更多才多艺的音乐家，也履行祭拜天地的仪式，并为人治病。

史新民提到，武当山上共存着正一派的三个支派和全真派的六个支派。在缺乏任何有关这些教派及来到武当山的确切史料的情况下，他们对于这座山的影响，我们所知甚少。在山上长大的僧人与来自其他山上向某个特定师父学习的僧人之间，或者周边村子的僧人与已婚的神职人员之间，或者僧人与隐士之间，是否存在着竞争？我们尚未了解。我们亦不了解武当山何时几乎以太极拳为主流武术，以及何时成为与佛教少林寺相抗衡的道教圣地。[1]

除了史新民有关武当山道教传统的介绍外，我们还可以从武当山武当拳法研究会会刊《武当》的创刊号中了解有关徐本善的故事：

徐本善，号伟樵，道号武当山乾乙真人，1860 年生于河南杞县。少年时曾陪同父亲朝拜武当山真武大帝。谒遇真宫时，发现自己面对着张三丰的塑像，对这位身高超过常人、有着仙风道骨、品格脱俗、道德崇高和灵化元妙的人极为敬仰和推崇，从小就深深地埋下了弃世出家的种子。年及弱冠那年

---

[1] 关于少林，见本书佛尔所写论文。与少林和武当相联系的两类太极拳，通常被对比为"内家拳"（道教）和"外家拳"（佛教），也就是说，分别旨在内部或外部的防御和控制。

孟春，他只身出游，经南阳入武当山，决意入道，遂拜武当龙门派王复貌和刘复宝为师。（黄学民，1983 年，第 14 页）

1889 年，徐本善领命负责兴修升神道。因其出色地履行了自己的职责，而被襄阳府道尹熊斌任命为武当山全山道总。徐本善彻底改革了武当山的道教生活，要求所有人都严格遵从他的清规戒律。

在 1909 年初的一天，到山的"朝山香客"日以千计，有均县器川香客会众二百余人，无故在"十方丈"后院内滋事。最后徐本善亲自出面，但其会首带领的六十余众精通拳脚，不愿言和，欲以武力相见。徐本善跳出圈外，抓起附近的一根五米长的木梁，让香客上前。当他们看到徐本善戏耍长木舞动生风，个个停住，扑通跪倒在地，恳请道总息怒。"自此，武当道众及附近百姓才知晓徐本善武功高强，遂有'徐大侠'或'徐教师'之称。"

这篇《水浒》式的传记提供了一窥武当山道教的机会，这是史新民或后续有关武当山的专著中所没有的：由朝圣而产生的天职，武术在武当山与周边乡村的重要性，一直延续到 20 世纪宗教与政治的交融。

然而，对于我们而言，最重要的是了解武当山作为一座道山的意义，即徐本善在"与神相遇"的天职中所扮演的角色。

有关张三丰的著作已经写得很多了，最近一部是由黄兆汉所作。与其前辈一样，黄兆汉质疑张三丰这位传奇人物是否曾经存在过，更不用说还创立过一个武术学派（前面所提到的著名太极拳）。虽然黄兆汉似乎没有意识到任子垣《大岳太和山志》的十五卷本成书于 15 世纪末这一事实，但他根据任子垣有关张三丰的传记，推断张三丰是一位真实存在的人物，在明初曾在武当山待过（黄兆汉，1988 年 a，第 18、36 页）。任子垣本人可能认识张三丰，成了三教经书的拥护者，自述是可以预测未来的道士，并且拥有辟谷数月的非凡本领（任子垣，1983 年，第 428—432 页）。不巧的是，对于太极拳传说，张三丰对道教的实践，任子垣只字未提。任子垣只提到了"张守清尽得秘传，从那时起，'天风'（道教）扩大，并且焕发新的活力"。

如果我们不把真武说成是一位道教神灵，那么我们就很难把武当山看成是一座完整的道山。道家经典包括许多种类，根据黄兆汉的说法，有十七种（黄兆汉，1988 年 a，第 53 页，注 43）。与其祭祀有关的，包括讲述真武故事的那部《太上说玄天大圣真武本传神咒妙经》（《道藏》，第 775 册），其内容无疑是根据想象写成的。它简短讲述了玉皇大帝对真武"分封"的历史："玄元圣祖"（唐代称"老祖"）第八十二次变身为真武，是嘉靖年间的一位太子，"后即长成，遂舍家辞父母，入武当山修道。四十二年，功成果满，白日升天。玉皇有诏，封为太玄，镇于北方。显迹之因，自此始也"（第 3 页）。

简而言之，这就是玄武神话的道教版本：一种以道家隐士为模式的天职。我们将在后面看到它是如何与明末流行的神话小说版本《北游记》进行比较的。

武当山的文人

在前面两部分，我们已经看到了一座明确的道山：它的神明是道士，道士住在那里 [①]，皇帝遣使到那里请道士为朝廷向真武祈祷。

但是，当我们现在把注意力转向文人时，会发现情况完全不同。当然，文人是儒家学者，这意味着他们为皇帝效劳，但这也意味着他们对自己在中国社会中的独特性有一种清醒的认识。这种认识包括对道教和民间宗教的消极态度，这种消极态度在明清时期尤为明显。因为为皇帝服务就意味着向当地的神明祈求降雨和繁荣，文人士大夫们不管是否愿意来到武当山，都肯定了武当山

---

① 武当山并非完全是道士的天下，据我所知，在 16 世纪后半叶的大部分时间里至少有一位居住在此的禅宗隐士（参见袁宏道撰写的碑记，王概，1744 年，卷 7，第 24—26 页中；参见王世贞在其《游太和山记》第 6—8 页中对拜访这位隐士的描述）。

的地位。但当他们作为普通人来到此地时，会经常挑战这种地位，嘲笑道教神话和流行的宗教仪式，并对这座山进行美学上甚至是伦理上的思考。

官方访客

王概的《大岳太和山纪略》收录了许多官方参拜武当山的原始文献。例如，下篇可能是在 1517 年由都御史吴廷举[①]（1487 年进士）所撰的祈丰年祭文：

水旱必祷，疾痛必呼；趋者如川，应之如响；迩来连岁，洪潦为殃，麦谷失收。室家漂荡，廷举钦承上命，赈济一方。谓府库有限，钱粮仅续饥民之命……雨众情所忧者，夏月大水，秋月亢阳，廷举跽进瓣香，为民祈祷。（王概，1744 年，卷 6，第 54 页）

半个世纪后，另一位都御史王世贞[②]（1526—1590 年），撰写了下篇祈雨文（五、六月是旱季）：

夫天下称名山者，无逾玄岳，而称名江者，无逾汉。其神当最灵而又尊贵……都御史今贬车服，减驺从；从事于坛壝。而欲与神约：其惠我甘霖三日，以起焦枯，当从父老子弟百拜稽首，以谢神之大贶，而光昭其威德……都御史无似，尚能，以五都吏民，请命天子，而神不能以五都吏民请命上帝者，未之有也。（王概，1744 年，卷 6，第 55 页）

———————————

① 《明史》卷 201，第 17 册，第 5309 页，"吴廷举传"。吴廷举首次出征是在广东顺德，他在顺德拆毁淫祠不少于 250 座。

② 根据《明史》卷 287，第 24 册，第 7380 页，"王世贞传"，王世贞于 1574 年被任命为郧阳府的右副都御史。

显然，此次祈雨被认为是成功的，因为在这篇祈雨文下面就是感谢降雨的文章。一篇 1681 年由均州知州王民皞撰写的类似的祈祷文也表达了对仲夏亢旱结束的感激之情。"虔诚致祷，"他写道，"持咒诵经，尚未浃旬，早已蒙泽……由辛未以迄癸酉，大沛甘霖。"（王概，1744 年，卷 6，第 56 页）

也许在武当山历史中最重要的官方访客是蔡毓荣（1633—1699 年），他于1670 年被任命为四川、湖南和湖北总督。"毓荣持节入楚，礼得祀其封内名山大川"，但直到 1673 年夏天，这一刻才最终实现。[①] 他写道，首先，骑在马背上到太子坡；乘舆至朝天宫，屏舆而步（其他文人显然更乐于挑夫用特制的轿子一直抬到山顶）；最后，他前往均州谒净乐宫而还，在那里祈祷"上祝圣天子万年，下祈家大人眉寿，臣子之悰于斯遂矣"。"虽昉于前朝永嘉（307—313 年）之代，而其兆灵北极行协徽名，实维我国家肇基王迹，皇上诞膺景命之祥也。"（王概，1744 年，卷 7，第 32 页）

私人访客

文人也为私事到武当山祈祷。如国子监司马一龙（1490—1562 年）的《太和山赋》：

> 予昔丁卯（1507 年）之疾，祷元帝而承天休。乃今庚午之岁，谒太和以答贶，大哉巍乎天地中有是山，故造化中有是神也！

[①] 在传统的中国，取得统治地位立刻意味着承认当地的神灵并赐封号，授权指定的官员来负责此事。这些官员作为皇帝的代表，反过来又要确保对当地神灵的所有祭祀义务得到履行，特别是那些定期祭祀和向某一地区的山神和河神呈报要事的义务。

《清代七百名人传》（卷 1，第 72 页）的蔡毓荣传中记载，他于 1670 年被任命为总督，1674 年被任命为湖广总督。蔡毓荣在该地区共度过了 17 年，其中大部分时间都致力于在那里和西南远至云南的叛乱分子作战。这部传记清楚地表明，1674 年 2 月，他被任命为总督，与 1673 年 12 月爆发的吴三桂叛乱有关。蔡毓荣参拜武当山的时间，参见王概，1744 年，卷 7，第 30 页。

当地官员告诉太仓人、提学副使王在晋（1592 年进士）"谒太和例当先谒净乐宫行香"，所以他于晨起盥沐后才至宫门（王概，1744 年，卷 7，第 16 页）。王在晋在前往金顶金殿的路上，羽士笙箫列队引导着车经过。当王在晋到达山顶的时候，在太和宫设醮。在那里休憩后，"整衣"准备"朝谒圣殿"。王在晋赞叹明代早期建筑的壮丽后道："圣像庄严肃显，瞻叩万虑屏息"（王概，1744 年，卷 7，第 20 页）。

王在晋描述了自己的下山的情形：

出三天门，四方朝礼者蚁度鱼贯，拔援而上，到处狂呼荷荷声，闻健夫喘息，即轩冕贵人与村媪俗子肩相摩也，如是者数里，而始达一天门。（王概，1744 年，卷 7，第 21 页）

王概本人对武当山的道家虽然持否定态度，但是通过他在太和宫内留下的碑文来判断，似乎因为承担了《大岳太和山志》的改版工作，促成他向真武求子的愿望：

大岳之为灵昭昭也：出云降雨，捍患御灾，以福国佑民。由唐宋元明迄于今，历传其神应事焉。概于辛酉（1741 年）发分守兹土职，得礼于神，而蒙其休者数矣。窃念行年四十之外，未举嗣续，敢为积诚默祷。又以缛礼谀词不足仰干爱，修葺本山志传，庶几凭借宠灵以昭格之至。丙寅（1746 年）岁始，成《太和山纪略》一书，锓版装卷，焚告于太和宫金殿神座。越戊辰（1748 年）春仲，果举一男。岳灵之应，念以酬信有明征矣。夫千求不如一验，而一事可推万感。用申谢悃，且不敢不益勉于善，以迪吉也。谨记！乾隆十三年（1748 年）九月。①

但是，如果文人来武当山祈祷，也会去游览和描写武当山，正如我们从王概在他的《大岳太和山志略》（卷 8，第 35 页）结尾中所看到的那样：

尾儒臣文士来游来歌者，代不乏人。登高凭眺，飘然意远于山。峰峦之环拱于水，见涧溪之清澄。而于时日，景物则又有往复代谢之感。目营心想，而风云之思拂拂从腕下流出。俾后之览者，靡不有会于斯文以妄谈神异事者哉？

杨鹤（1604 年进士）在 1623 年参拜武当山后也写下类似内容：

自一天门至二天门，道中奇峰突兀。远岫参差游者，戒心畏途，往往当面错过。"不知身在陆探微画中也！"余语同行。天门信险，若三步回头五步坐，不觉登顿为疲矣。因笑烧香士女，贾勇而上，惟恐不前，以为有神相预予。然黑汗交流，喘息欲死，良可嗤也！（《参话》，第 3 页）②

盘旋数道弯折后，身份高贵的杨鹤在"神厨"（太和宫建筑的一部分）停了下来，在最后上坡之前进行洗漱，"登顶拈香，谒帝"。当然，在这样做之后，"解衣四眺，此身在千叶宝莲之上"。

他对眼前的景象惊叹不已，进行一番描述后，向道士求证他所看到的北面的景色："果华岳也！""从自亭午看山，至暮天朗气清，略无片云遮障游目。暝色欲来，四方尽紫；夕阳既收，翠重红敛，忽见东方月白，光采澄鲜，烟霄镜净，令人骨蜕欲仙矣。"

---

① 译者摘自《武当山金石录》第一册，内部图书，第 148 页。——译者注
② 王概（1744 年，卷 7，第 28 页）删除了这篇游记中嘲讽朝圣者的有关文字。

普通朝圣者

我们很难了解在进入现代社会之前没有接受过教育的大众的思想和行为。在中国，有文化的统治阶级和他们统治的大部分文盲人口没有共同的宗教信仰，这使问题变得更加复杂了。结果，民众对神灵的虔诚和文人的精神信仰之间的差距比中世纪欧洲要大得多。对于这个事实，文学笔记要么是沉默的，要么其记载是轻蔑的。幸运的是，朝圣者来到武当山（和其他地方——参见本书韩书瑞论文）确实以游记的形式纪念他们的参访。这些碑刻，在时间的磨蚀下，只有一小部分得以保存下来，使我们得以掀开文人面纱的一角，瞥见普通武当山朝圣者的真容。让我们先来看看文人是如何向我们讲述他们自己的。

资料来源

文人著述很少提及普通朝圣者。正如我们所见，他们对朝圣者的刻薄态度并不罕见。但所有观察朝圣者的文人都一致认为，朝圣者是成群结队地来到武当山的。例如，1552 年，副使王继洛因监督武当山的修缮而来到此地，在其《大岳太和山志序》中描述道："熟不知有是山也，虽朝谒而来者，月无虚日"（王概，1744 年，卷 6，第 42 页）[1]。约一个世纪后，谭元春写道："天下人咸来此山，如省所亲。足足相蹑，目目相因。"[2]

据推官、襄阳人刘执中所载，明末，武当山地区的战火导致了山上大部

---

[1] 王概在 1554—1556 年担任下荆南道兼理水利按察使司金事，也就是在《大岳太和山纪略》所提到的事件之后不久（《襄阳府志》[1886 年]，卷 19，第 44 页）。

[2] 《名山》，谭元春（第 1 页）。谭元春对他的一位僧人同伴说："请与师更其足目以幻吾心！"同行僧曰："此而去有金沙坪，明日从望仙楼后，由昨所谓樵径者，渐不逢人。"这句话不仅指武当山人满为患，而且还指武当山的人都看到了一样的东西，也就是前人所看到的（所描述的）东西——也就是说，他们什么也没看到。

分道士逃散，但在 1655 年一场激烈的骚乱后，该地区重新开放，"四方朝谒
（武当山）依然不绝如缕"（王概，1744 年，卷 6，第 36 页）。有关清代武当
山朝圣人数的资料较难获得，但从 1763 年的谕旨可以看出，朝廷的关注足以
验证朝圣者的人数：

> 山东泰安州香税，朕已降旨豁免。近闻湖北太和山，凡远近进香者，亦
> 有香税一项。小民虔谒神明，止应听其自便，不宜征收香税以滋扰累，所有
> 太和山香税，着照泰安州之例，永行豁免。（王概，1744 年，卷 5，第 1 页）

　　居士高鹤年于 1904 年 4 月在武当山住了一周，见证了清末朝山活动的持
续盛行。据高鹤年记载："载沿途香客，男女老幼不绝于道。"仅太和宫就有道
士百余名。高鹤年引用了另一位居士的诗句："四大名山皆拱极，五方仙岳共
朝宗。"（高鹤年，1983 年，第 119—121 页 [①]）

　　就我们目前所知，很难确定武当山在多大程度上算真正的全国朝圣之地。
根据 1937 年王宁初的记载，朝圣者主要来自湖北、河南、陕西和四川（第 86
页）。但最近一篇发表在《汉江考古》上的论文，引用了有关明末苏州每年有
组织的朝圣的材料：每年农历二月到了约定之日，来自苏州府各路的一百多
艘"香船"（朝山船）聚集到无锡的北塘。香船动地而来，声振四方，从无锡
城南门出发，经东门，依次到北塘停泊。入夜以后，各香船船头船尾桅杆上
为每位香客挂起"灯树"。然后，香船施放花炮。一听到锣声，无锡人就出来
迎接伴着丝竹管乐之声到来的香船。丝竹管乐一直欢闹到深夜。最后，香船
开始了从大运河、长江、汉江至均州的武当山的往返航程，该航程长达 3500
公里。顾文壁估计他们需约一个半月左右的时间到达均州，三周后返回，这

---

　　① 此处有误，应为"第 90—92 页"。——译者注

意味着整个远征船队可能会花整整三个月的时间（顾文壁，1989 年，第 74—75 页）。

朝圣者碑文

竖立在宫观内的石碑碑文，或镶嵌在武当山岩壁和宫观墙壁上的文字，提供了有关普通朝圣者的第二种资料来源。1987 年，在一次为期三天的登山之旅中，我数了数，大约有 80 处这样的碑文，其中大部分仍然清晰可辨，可以复制。[①]绝大多数幸存下来且字迹清晰的碑文记载着普通朝圣者的名字，有时还记载着他们的故事。从这些记载中可以清楚地看出，大多数朝圣者都是成群结队而来的，他们来自同一社区或同一村庄，因为标准的牌匾上标明了朝圣者的来源地、参与者的姓名和他们的到访日期（参见本书韩书瑞的论文）。

大约四分之三的朝圣者显示了来源地：

来源地	时期				
	明	清	民国	不确定	总计
湖广	5	27	6	6	44
其他	2	4	3		9
未标明	3	4			7
总计	10	35	9	6	60

绝大多数的朝圣者来自湖广（湖北和湖南）地区，这并不令人惊讶，但真正令人惊讶的是，来自其他省份的朝圣者明显稀少。在明朝，唯一其他来源省份是河南（也离武当山不远），甚至在清朝也很少有来自其他地方的朝圣者。如果 34 号铭文所列出的重建宫观的贡献者也是朝圣者的话，那么 1761

---

① 下面讨论的这些数字是我自己统计的结果。除了大量文人的诗作和与官府相关的一些碑文外，几乎所有碑文都位于南岩和从南岩通往山顶的道路、太和宫、太子坡、磨针井。还应该指出的是，岁月和风雨的磨蚀使我所能够拓印的碑文漫漶难识，加之山壁上布满了长方形的凹坑，碑文就是在这些凹坑里消失了。

年的碑文则是提到来自江南、山东、山西等地的武当山朝圣者年份的第一篇碑文。这意味着尽管有皇家捐助，朝圣（而不是祭祀）在清朝基本上仍然是一种地域性现象。

另一点值得注意的是，大量的匾额纪念了道教的祭祀仪式（第19号），特别是在万历时期（第13号）。从那以后，祭祀仪式就不再那么频繁了——我发现一篇标注1823年的碑文（第44号）。

朝圣的缘由如下：为儿子祈祷（第11、26、32、36号），表示感谢（第1、32、35、38、40号），还愿（第19、28、43、44、69号）。

17篇与朝圣有关的铭文列出了所有参与者的姓名，揭示了团体的规模，从3人到50人不等，正常团体的规模应该在15人以上。[1] 团体组织的组长被指定为"会首"（association heads）（第5、21、22、29、62号）、"香长、香主，或香首"（incense chiefs）（第10、14、16、50号）和"首人"（headman）（第38号）。朝圣者被称为"信善、信士、善信"（believers），"居士"（laymen），"善众、善士"（good people），"弟子"（disciples），当然，也被称为"朝山进香"的人。

团体组织有时是由家庭（第36、69号）或由香会（会、会首）组成（特别值得注意的是，来自附近老河口的太平会1922年的财产），但最常见的模式似乎是通过宫观（第11、14、40、60、69号）和村庄、小村子，或"土地爷"（参照特别是第16号，各街社主；第19号，各坊土地祠下；第21号，土地下住；第25号，土地分下；第27号，各坊土地居住；第35号，土地居

---

[1] 《襄阳府志》（1759年，卷40，第25页）中记载了一个怪诞的故事，该故事讲述的是一位来自山东济宁的妇女，在听了其夫讲述两次集体前往武当山朝圣的故事（据说第一次是在1686年）之后，坚持要跟随丈夫进行第三次朝圣。其夫不同意，她就自杀了。但是当朝圣者到达河南时，这个男人突然以为在路边看到了他的妻子。这个人以为看到了鬼，开始发抖，但他的同伴说："吾等百余人渠，即魅何怯之有？"有关朝圣者群体的性质和规模，请参阅本书杜德桥、吴百益、于君方和韩书瑞所写的文章。

住）。虽然最后一组中的大多数名称可以被理解为纯粹的行政区划，但作为一个整体，它们似乎非常明确地指宗教定义的空间单位。因此，它们提醒我们，在整个国家的层面上，也在最小地方单位的层面上，在传统中国，"宫观"和"国家"是不可分割的。

现在让我们更仔细地看一些更有意义的碑文，看看它们告诉我们，朝圣者为什么来武当山，以及他们在那里做了什么。第 21 号碑文是这样写的：

大清王朝时期，湖广均州府江陵县以西的各地香会：我们在十二宫通过奉献供品的方式举行祭祀仪式；每晚在河上放灯，给饿鬼"分发食物"。我们上山拜见，上香还愿，以求福荣。迎福香会会首王悦，仪名"觉仪"。[①]

王悦的十三名同伴的仪名也列于碑上。最后一位是唯一的女子付氏，仪名是"觉粤"（黑天的弟子）。此文为"康熙二十三年（1684 年）甲子年秋九月初十吉日，弟子周钦雍所题"。

第 28 号碑文是苏薰沐应某人之请，为一群来自宜陵县的香客所作，他们包括一位全真弟子、一名"信女"、几位最低学位的生员，以及一名监生。苏薰沐一开始就对此行为予以肯定，因为武当山凡有叩必灵，无祷不应，所以"四方之瞻拜者，不啻霞蔚云蒸，莫可纪数"。这群人的首领及其四十多个同伴在 1712 年立下誓言，从那以后每隔三年就去拜谒一次，迄今已屈指数次矣。其间，备物尽志，盛服斋明，必诚必谨。

在标有 1725 年的第 28 号碑文边上，在磨针井井楼的墙上，是第 30 号碑文，标注日期为 1736 年，它也是由苏薰沐撰写的。该碑文写道：

---

① 此引文系译者直译。——译者注

每当春秋之际，四方瞻拜者，络绎不绝……吾里诸善士之朝谒也有年，余之为记也亦有年。今圣天子御极，政简徭轻，泽及寰宇。又时值有秋，万姓乐业，诸善士复向武当而朝谒之，或亦藉是，以仰酬高厚驭。[①]

由于这两处碑文显然指的是不同来源的群体，我们可以得出这样的结论：苏薰沐生活在武当山，也许是山上众多道士之一，他的职责是接待和照顾朝圣者；定期反复朝拜在武当山和其他地方是一种有规律的现象。

第 35 号碑文之所以特别让人感兴趣，在于它描述了一个世代相传参拜武当山的家庭：

伏惟德幈幪！灵显宇内！神恩感应，位镇朔方。弟子万，荆南户籍，沮邑青衿，世蒙庇佑，谒叩武当。万曾祖张应祥同万祖先，勒石于磨针井。万父佐清偕万叔复刻碑于老君堂命……□仍偕弟同族亲众姓，志心皎投注石于仙。非敢谓标名，无愧于承先□。弟云："向善有人以继后耳。"[②]

另一处非常有趣的是第 36 号铭文，也在磨针井。这位作者的父亲在 1724 年首次来到武当山求子。1725 年 10 月，父亲得子心愿达成，于是在 1732 年和 1737 年前来还愿。铭文接着写道，"遵从父意"，在 1757 年、1763 年和 1774 年，求子者亲率乡亲三次朝圣武当山，得到真武大帝保佑，求子者有了 5 个儿子和 10 个孙子。自 1774 年以来的十年里，求子者又有了 2 个孙子。真武大帝赐予求子者家如此好运气，为表示感谢，1783 年冬，命求子者两个儿子在他六十大寿那天去朝拜并向真武大帝表示感谢。该碑文的落款是乾隆四十九年（1784 年）春正月甲辰。

---

① 此段引文摘自《武当金石录》第一册，第 199 页。——译者注
② 此段引文摘自《武当金石录》第一册，第 205 页。——译者注

第 43 号碑文是有关 1811 年 10 月由光义（音译，位于附近的老河口）"信众"制作供品。它首先提到了古老的真武崇拜及其广泛的地域传播。碑文如下：

我们发誓要去拜访皇帝，去山上和河边听他演讲，以获得他神圣的帮助……我们光义村已经连续三年上香了，但我们并没有假装已经履行了我们的誓言或完成了我们的任务。为了感谢上帝对我们的无限恩惠，我们信徒筹集了一些钱，刻了这块石头。①

第 51 号碑文位于南崖寺入口的左边。该碑文是应谢明峰之邀，由负责修缮宫观的张宗莱所作，写于 1880 年，列出了大约 35 个人的名字（和一个商号名"瑞发"）和贡献，其中大多数人也姓谢。谢明峰似乎是唯一一位真正去过武当山朝圣的人，在他三次拜访中的一次，看到南岩建筑年久失修，于是他决定筹集资金来修复它们："其同乡诸君子闻之"。张宗莱写道："亦愿广种福田，各输白镪，以助补葺之资。"②

顺便提一下，19 世纪的碑文大多与修缮建筑和道路的财政捐助有关。例如，第 65 号碑文讲述了熊印宾③在与妻子和女儿朝拜时，看到通往山顶的道路状况不佳，于是回到河南，向"襄阳诸大善士"募集资金。

第 69 号碑文表明，这类资金募化也可能有私人动机。该碑文有部分损毁，

---

① （此段文系直译。——译者注）即使在今天，连续三次朝拜去实现誓言仍是一种常见的做法。1987 年，我遇到一个人，他就许下了这样的誓言。1986 年，他去为妻子健康祈祷。1987 年，他又去了一次，一方面是为了感谢妻子健康状况的改善，另一方面是为了让当地道教人士给他开"口"。次日，我从山顶下来，在净乐宫再次遇见此人。事实上，这一切只是刚刚开始，因为一个人张开"口"就意味着"接受神启"——这个人就作为真武的代言者回家了。

② 此段引文摘自《武当金石录》第一册，第 212 页。——译者注

③ 摘自《武当金石录》第一册，第 107 页。作者把"熊印宾"误拼写成"Hsiung Hsieh-pao"，熊印宾为襄阳道道尹。——译者注

讲述了某人 1909 年吞咽"道符"后治愈疾病的故事。[①]"奉道朝山进香三次，施银复建寺庙。"

朝圣者的经历

这些碑文或许有助于我们了解普通朝圣者，但它们简短且公式化的风格，几乎没有告诉我们是什么原因使武当山的朝圣之旅如此独特。因此，我们唯一的办法似乎就是考察这座山本身：朝圣者在武当山上看到和参观了什么？

整座山都是按照皇帝的敕命修建起来的，以至于对真武的崇拜达到痴迷的地步，这大大简化了"解读"武当山的任务：如我们所见，这座山从山脚平地到山顶都被纳入真武崇拜体系，讲述真武本人从凡人的太子上升为圣帝的故事。因此，武当山地位的提升意味着与真武的逐步相遇。在我们"攀登"这座山的过程中，将大量地依靠明末小说《北游记》——实际上是一部武当山旅游指南。我们可以肯定，阅读它，对明末清初登山朝圣者的经历有很大的影响。[②]

对许多朝圣者而言，与真武的相遇始于襄阳，它位于离均州大约 70 公里的汉江之滨：王概在其《大岳太和山纪略》（卷 3，第 10—11 页）中告诉我们，前往武当山的人，首先要到襄阳附近的真武观"奏表"。在 1759 年的《襄阳府志》（卷 9，第 9 页）中，提到了九宫山城西的真武庙。该庙于明宣德年间（1426—1435 年）由萧旭开始修建，明末被烧毁并于清初重建，"香火日盛"，《襄阳府志》记载其有"小武当"之称。[③]

---

① 道家的符号一般用朱笔写在薄薄的黄纸上。如果要吞下它们，首先要将其化为灰烬，掺入水中（见上文）。

② 参见本书第 5 篇文章，关于《西游记》对普陀山朝圣的影响的讨论。在此，我们也可以回想起，遍布帝国各地的真武庙是传播真武故事的中转站，尤其是通过装饰在寺庙墙壁上的壁画。

③ 根据同部《襄阳府志》（卷 9，第 25 页），位于南城西北二十里的香炉山上的云雾观也被称为"小武当"。

与"大武当"的相遇，通常始于均州府汉水之滨的净乐宫。这座巨大的宫观，有五百二十间屋子，占了均州房舍数量的一半——其命名是根据真武被封为太子的传说，朝圣者甚至可以参观离城不远的太子父母的坟墓（参见参考书目注）。《北游记》的第七回载，在净洛（乐）国，真武在转世之前，曾经历几次轮回。事实上，他被立即派往凡间，带回下凡的三十六天将，还要有四十二年"受尽苦难"的劫难（沈雅礼，1987 年，第 87 页），如同老子在其母亲左胁出生。斗母元君变身为道士，告诉身为太子的真武"要脱酒色财气四事"，必须断绝一切家庭关系。因此，真武离开宫殿，由元君领着前去武当山"修行"（沈雅礼，1987 年，第 91—92 页）。[1]

从均州开始，这条铺着青石板的路向南延伸大约二十五公里，才到达山脚下，标注"1552 年"的牌坊上刻着据说是明世宗的御书："治世玄岳"。一旦进入大门，朝圣者就真正进入了神圣的领域，陶真典引用了一个生动的谚语："进了玄岳门，性命交给神。出了玄岳门，还是阳间人"（陶真典，1984 年，第 12 页）。传说王灵官负责维持山上秩序，他的塑像显示出他确实非常凶恶：他有一双炯炯有神的眼睛和一对突出的毒牙，右手握着一根铁鞭。[2]

过了这道大门，路就向东转了。遇真宫是成祖为了表达对张三丰的仰慕而建造的，距入口有一公里远。离这所宫院不远的地方是黑虎洞。据《北游记》载，黑虎神乃赵公明部将。赵公明是煞神，曾在徐州取食过长江的旅行

---

[1] 参见上面有关的道教经典，使真武八十二次转世的是道教创始人老子。斗母元君是现代道教最重要和最受欢迎的神灵之一。因此，真武出生和入教的故事，也是确立他作为道教创始人的依据。

[2] 王概（1744 年，卷 4，第 31 页）说："朝山者往往夜闻鞭声，云：'灵官巡山'。"在五龙宫附近的茅阜峰有守山土地灵官殿。王概再次提到，如果"有不洁登山者，或被蛇虎逐出，或摄于树下，如束缚状目瞪口沫，祷之后解"（卷 4，第 35 页）。

文人对于这些道德执法者的看法，可以从以下的"编者按"中归纳出来："夫无所欲而为善，无所畏而不为不善，士大夫且难言之矣。闻兹黑虎灵官等说，使遇夫妇望山战栗，因之悔过、迁善，或于千万人得一二人，或于千万日得一二日，或于千万念得一二念，亦足以阴助刑政之所不及，于世教人心未必无补云"（卷 4，第 36—37 页）。

者，直到未来祖师真武根据"三清"的建议打败他。赵公明和他之前降服的黑虎神，两人都必须为真武效力（沈雅礼，1987 年，第 125—130 页）。

离入口两公里处是元和观和一个岔路口："神道"向南上山，山谷路则一直延伸到老营镇和有着 2200 间房的玉虚宫。"元和"和"玉虚"都是根据真武在天庭的职位而得名的。根据陶真典（第 16 页），元和观是用来关押违反宫观戒规的道人的。

这座昔日的监狱与首次建于武当山的建筑群——磨针井——相距约五公里。"磨针井"的名字源于下面这个传说故事：当太子真武第一次离开净乐园，他独自到深山里"练气"（他去的地方现在叫"太子坡"，离磨针井有五公里远）。有一次，太子对自己的进步感到灰心丧气，决定回家。往下走到井边时，太子遇一老妇在井旁磨铁杵，甚感好奇。太子问这位实际上是妙乐天尊的老妇在做什么。"欲磨成针，"老妇回答道。"但这不是很难吗？"太子问。"铁杵磨细针，"老妇乘此点化道，"功到自然成。"太子听后顿悟，遂返身上山，重新修炼，最终得道升天（陶真典，1984 年，第 21 页；这个故事更为复杂的版本在《北游记》中有描述，见沈雅礼，1987 年，第 98—104 页）。

距离磨针井不远处，朝圣者要经过一座供奉关羽的庙宇。关羽是三国时期的儒将英雄，是官方认可的战神，因此，在清代每座官府所在地都有官方资助的供奉关羽的庙宇。他的神殿在距真武所在的山很近的地方做什么呢？《北游记》讲述了一个传说，使得这种存在确实耐人寻味：根据明末的小说，关羽是普庵祖师的弟子。在太子与关羽的打斗中，太子首先被关羽的魔剑所伤，然后又被自己的圣师救活，圣师是奉"三清"尤其是老子之命行事的。圣师然后告诉太子去西天求助，关羽在西天练习禅修。当太子来到西天时，未来之佛将他作为"至高皇帝"示现给关羽：

"上帝乃玉帝一魂化身……汝乃臣子，他乃主，……他今既来，安有不去之礼？"关羽曰："去则当去，闻法未完，何缘再会？"如来曰："法虽未完，汝在此即拜上帝为师，生生世世，不入尘劳，不须闻经说法，亦可脱轮回之苦矣。"（沈雅礼，1987年，第135页）

关羽和太子一道返回，收服了自己的帮手，并从玉皇大帝那里得到了"助上帝降魔"的新头衔（沈雅礼，1987年，第136页）。简而言之，儒家的战神皈依了佛教，却被告知，加入真武的队伍，和修习佛教智慧一样，都是获得救赎的有效办法（毫无疑问，降魔是一项极具价值的活动）。

据说太子已经完成了他的飞升——在他与北方黑暗势力斗争时——在以他的名字命名的悬崖上（太子坡），就在现在紫霄宫的后面。我们已经提到过（本书第315页注释④），明代武当山的"福地"被移到位于武当山现存最大的建筑群大门外的禹迹池。在距禹迹池不远处，曾经有一座财神庙，供奉的财神就是此处认定的赵公明。这座寺庙也被称为"黑虎庙"，"黑虎"是赵公明的护法法名。换句话说，这座庙宇让人想起了山脚下的黑虎洞，生动地展示了真武既逐渐提升赵公明降魔的功力，又使赵公明为自己效力的传说。

紫霄宫入口的碑文写道："始判六天。"根据《北游记》第十四回，明末清初的朝拜者，可能这样理解：碑文是指太子打败"自号为天地日月年时六毒①"（沈雅礼，1987年，第145页）。传说这些"六毒"生活在道家神话的中心——昆仑山上，太子被他们的毒气冲倒，不省人事。关羽即驾云往上界，向"三清"报告了灾难，"三清"亲自向太子呵气，使其醒来。然后，他们给了太子一把宝扇，太子的一个部将用它来击败六毒和他们的主人朱彦夫。朱彦夫被授予道教权威头衔并发誓"某今收尽毒气，恐天下人日后将杂邪之气，呼为六毒之气，借我名假收毒气，某愿除去假行之人"（沈雅礼，1987年，第

---

① 这些"六毒"显然指的是北上六仙的妖魔能量，据说在早期的道教天师中，正是"三清"的纯气击败了这种能量（参见劳格文，1987年，第360页）。

149 页）。

武当山上有几处宫观群落，在主殿后面有一个父母殿。最受欢迎的是紫霄宫，位于真武父母的左边。在百子堂里坐落着送子娘娘像。（陶真典，1984年，第 30 页）

如果太子按传说在以其名字命名的悬崖上完成了自己的使命，那么传说中他实际上是从距南岩大约两公里远的悬崖上飞升的。通往那里的小路会经过一座建在悬崖上的小庙。该庙供奉的是雷公——传说太子再次打败了宇宙中的另一种力量并且使其为自己效力（沈雅礼，1987 年，第 137—138 页）。

传说中太子升天的地方被标记为"飞升台"，建在一座直达山顶、突起的山峰上。在清初，至少有一位总督蔡毓荣认为有必要在此处立下禁令：

飞升台禁止舍身碑文

南岩飞升台者，真武上帝飞升处也。世俗讹称为"舍身崖"，山中道人传习其讹，又从而神其说。愚夫愚妇误于其名，或以迷惑之见，或以一朝之忿，轻生殒命，莫之拯救。夫天下名山绝顶不可胜数，缁黄之徒因其危峻，往往皆以舍身目之。沿袭妄谬，眩惑流俗、不独南岩也。

惟南岩以飞升之所，亦受不经之名。遂使瑶阙琼台血肉狼藉。渎嫚上真陷阱愚昧，肇斯名者不仁甚矣。世人不悟，相率从之。生为下愚之民，没为枉死之鬼。必其宿业所招，堕此现前地狱。上帝垂慈，宁无悲悯。今不立禁，伤生必多。故考订图经，正其名曰"飞升台"。

学道之士，栖心世外；灭景寰中，名列紫府，冲举将至。登斯台也，于以骖驾鸾鹤，翱翔云霞，斯上帝之弘愿也。若其功行未满，犹当望岫息心，而况五浊之愚顽，何可捐彼革秽仰滓山岩哉？

自今以后，不得复称"舍身崖"。本宫住持暨诸众道，随时晓诫，永远禁止。如有违犯，有司治以见死不救之罪，其遵勿忽！（王概，1744 年，卷 6，

第 37—38 页）

舍身崖并不是南岩上唯一的险峻之地，还有从元君殿突出的"龙首石"："朝礼者，辄步虚踏石龙进香，以白至诚。道士遥指舍身台孤危若坠。"① 蔡毓荣对此行为，立"南岩禁龙头香碑"加以禁止（王概，1744 年，卷 6，第 38 页）。

如果疯子和圣人可以像传说中的太子那样"羽化飞升"，普通人就不得不从南门——通往山顶的大门——折回通往南崖的入口，从那里，他们继续缓慢地向上到达天柱峰和金殿。对他们而言，最糟糕的还在后头：先是一段很长的下降，然后是五公里的陡峭攀登，要经过四个山口——一天门、二天门、三天门，最后是朝圣门。朝圣者一旦通过了最后一道门，就可以看到山顶和环绕紫禁城② 的城墙。又转了一个弯，来到了太和宫，宫殿背靠着"紫禁城"的南墙。

在此，如果我们根据上述引用的两位文人的游记进行判断，朝圣者们在身体上和精神上都做好了与神灵相遇的准备。然后，他们穿过南门，在第二座大殿③（专门供奉王灵官）里接受最后的检查，接着，沿着几乎垂直的九道台阶往上走——数字九是指道教的九重天——到达金殿。里面坐落着真武的铜像，在宝座上，有青铜蛇龟——他的先锋——在他的脚下（他们被真武打败的故事载于《北游记》第十回）。当朝圣者们向真武表达敬意时，会在左边的一座小楼里占卜命运，并在朝圣者的袋子上印上金殿的标记。最后，朝圣者在临下山之前，在大殿后面真武父母像前烧香（1985 年秋，当我第一次进

① 这是王在晋的游记（王概，1744 年，卷 7，第 22 页）。另见方升撰于 1535 年的游记道："其奉神谨者，则缘龙头置一瓣于其上以为敬。"（载于《名山胜概记》卷 28，第 5 页）

② 武当山有许多景点——舍身崖、三天门和南门——与中国的许多圣山相同，但据我所知，它是唯一一座拥有"紫禁城"的山。因此，与其他任何特征相比，这一特征进一步强调真武"上帝"头衔的含义：在宗教中与天子地位相同。

③ 有关保存于该圣地的石碑，参见本书第 315 页注释①。

去时，后面这座神龛的墙壁上覆盖着近期的还愿物）。

普通的朝圣者不会在山顶逗留——凝视周围的山峰，沉浸于它们的秀丽——也不会去沉思命运的起伏与财运兴衰的关系。普通的朝圣者知道自己的身份，他们也知道自己不该在宫观里久留。事实上，许多人在一天之内就完成了整个行程：黎明前出发，天黑后返回山脚下。我们已经看到，如此急促是一种崇敬的表达——朝圣者相信，只有完全的虔诚才能保护自己在这片圣地上不受伤害。尽管如此，如果他们没有在宫观里逗留闲谈，我们可以肯定，一路上，他们一直在倾听和交流使这一景观生动起来的传说。在离开山顶之前，下面的故事很可能已经在他们的脑海中掠过，并且形成了一种好奇感，以及与他们一起朝圣的伙伴们的参与感（无论如何，这个故事为我们向真武大帝告别提供了一种适当的方式）：

（金殿殿顶在每年立秋前后）必有飞蚁绕朝后伏地。多至石余，少亦数斗；扫之送深岩间，以多少占来年香客，多验，殿四角金凤时有声。（王概，1744年，卷4，第35页）

在下山的路上，当他们到达南岩，许多朝圣者离开了所走的路，并按照他们自己的方式下到下面的峡谷，在五龙宫作最后的停留。我们可能记得，这座宫观是武当山最初的中心。我们没有确切的证据证明它从一开始就是真武神话的一部分，但直到《北游记》出现，"五龙"才被融入单一的真武崇拜中。在小说中，它们以信使的身份出现，把玉帝的旨意传给太子，太子通过这个旨意得知自己被任命为北方玄天上帝和玉虚师祖。我们看到小说中，太子在接旨前"于岩上梳头，霎然想起血身无用，自觉懒意，头亦不梳，撇向后面，沉吟半晌，将身视下岩去"（沈雅礼，1987年，第109页）。

这个"岩"当然是南岩。我们可以想象，五龙捧驾登上天柱峰宝座（在这里应该注意的是，在道教的仪式中，数字"五"代表"气"在北方）。一道玉帝谕旨称："朕观玄元苦修四十余载，无毫发动念。"玉帝还命令真武每年逢九月初九日、十二月初五，巡游天下，"验察善恶"（沈雅礼，1987 年，第 109—110 页）。

结论

大多数中国的神山，即使是与佛教或道教有关的神山，都不承认单独、统一的解释。例如，虽然普陀山与峨眉山属于"四大佛教名山"，但普陀山对仙人梅福、峨眉山对黄帝的崇拜仍然非常活跃。

在普遍被称为"道教五岳"之一的南岳衡山，佛教的神龛和寺庙的数量超过了道教。我们不禁要问，如韩书瑞（本书第 8 篇文章）所述的传说中主宰五岳以东的碧霞元君崇拜是否属于道家。其他名山——浙江天台山、江西庐山——传统上为佛教和道教共有。还有一些，不胜枚举，是当地祭祀的中心，没有广为传播，也从未被国家祭祀所覆盖或融入更大范围的神灵信仰之中——确实，许多崇拜都没有在任何书面资料中提及。

因此，武当山是非常特殊的，甚至可以说是独一无二的案例：这座山的每一座神龛和每一个场景都融入了同一位神灵的戏剧性传说，他的道教身份是不容置疑的，他与帝国的关系也是无懈可击的。莫非我们的灵活解释链条是无懈可击的吗？一个也没有。因为如果武当山在唐朝就已经从属国家祭祀网络，但还没有和真武明确联系在一起，那么武当山就从来没有和任何其他祭祀明确联系在一起。即便是武当山原来的焦点在五龙宫，也无法证明在有历史记载前曾有过明显有异的崇拜。到明末，不仅因为五龙已经成功地融入了真武神话，而且，如前所述，"五龙"是道家的"北方五气"，而真武被认为首先是北帝。

但真武不是在五岳之北岳得到崇拜的北帝。元代神话最能说明，真武是北方帝君，是由古代蛇龟化身而成的，蛇龟在汉代被称为"玄武"。我们注意到，在从古至今的道教仪式中，"玄武"是扮演重要角色的"四圣兽"之一（参见劳格文，1987年，索引："四圣兽"），因此，宋真宗时期，是真武作为"四圣"之一的首次"现代"亮相。

从"四圣"首次出现以来，"四圣"在道教众神灵和道教仪式中就占据了重要的位置（见下文），我们想做的是，在结论中，阐述这些礼仪事实与我们对武当山朝圣理解之间的相关性。为了这样做，我们将再次求助于《北游记》。在该小说的最后一回，真武被描写成"在长江上游荡的魔鬼"的征服者：

> 若有官船过江有难，祖师披发持剑，现身半空中救之……官员客商，常常得救，塑祖师一个神像于武当山下，立一庙宇供养。（沈雅礼，1987年，第203—204页）

《北游记》重述历史后，接着讲述明成祖在战争中是如何获得一个神灵帮助的：他通过把天师召进宫内而得知该神灵的身份，"其神自成正果"，天师告诉明成祖，"救济万民"（沈雅礼，1987年，第205页），成祖驾临武当山，入庙行香，"见祖师相貌与我主前见相似，心中大喜"（沈雅礼，1987年，第206页）。回朝后，这位皇帝下令大规模修建宫观并建七日大醮，这是我们已经提到过的。该小说结尾写道：

> 武当山祖师大显威灵，逢难救难，遇危救危，四海风平波息，民感神恩。人家孝子顺孙，求伊父母，无子求嗣者，无有不验……至今二百余载，香火如初，永受朝拜。天下太平。（沈雅礼，1987年，第207—208页）

在沈雅礼的介绍中，展示了驱魔和灵媒写作在真武崇拜中的重要性。在台湾一座真武庙出版的《北游记》的序言中，讲述了一个人的故事：此人在1871 年进行武当山朝圣之旅后，考虑修建寺庙的问题，并且重新刊印了该小说，"这样他的记载就不会出现错误，并且将通过他的道德修养惠济苍生"。（沈雅礼，1987 年，第 23 页）

就这样，《北游记》既讲述了朝圣的动力，又讲述了朝圣者体验这座山的关键（该小说还保佑那些沿着长江乘船旅行者平安）。当然，《北游记》这一作用是由许多讲述真武故事的寺庙壁画支持的（参见贺登崧，1952 年）。然而，对我们研究目标极为重要的是，《北游记》以武当山为参考准确揭示对"道山"这一术语的理解：道山是由神灵统治着的难以驾驭的精神世界的山。和统治中国的皇帝一样，神灵也生在紫禁城里。

但是我们必须记住，在小说中，真武只是玉皇大帝的代表（和小说所依据的道教经典中老子的 82 次转世），真武经常被恶魔对手打败，也经常被三清道尊拯救。

最后（如同我们在本文开头那段所看到的），正如历史上的明成祖命四十四代天师为武当山的宫观挑选道士那样，类似罗马皇帝一般的明成祖要求张天师（毫无疑问，这个张天师就是张道陵）来确认他的圣恩；1424 年，明成祖请求张天师奉祀感恩。

换而言之，真武的生命依赖于三清道尊，其身份识别和崇拜依靠的则是天师。道教的圣地是以现代"正一派"传统的方式建构的，这有助于我们理解为何有这种依赖以及这种依赖对于我们理解武当山意味着什么。"内坛"由"三清"的画像占据着，玉帝在第四位；"外坛"悬挂的则是天将的肖像（他们中的大部分人都是《北游记》中的人物）以及真武和张道陵 ① （劳格文，1987

---

① 该描写是以建于台湾南部的正一坛为基础的，然而，无论道教圣地在何处，建造的原则基本上是一致的。

年，第 36—45 页）。真武代表了道教的驱魔功能，张道陵的角色是文官，他们的画像挂在各自所代表的武当山和龙虎山的供桌上面。对道教仪式的分析表明，文官的作用表现在与上天沟通，降魔人的角色是与北方的"黑暗势力作战"。（劳格文，1987 年，第 64 页）[①]

总之，可以说，道教的醮品已经出现在 8 世纪张万福的祭拜礼仪中，它是为祭祀完整众神而设计的一种仪式。它以仪式的方式表达了对整合的追求，无论是在个人层面、集体层面还是帝国层面的整合。宋朝以来，纳入道教祭拜诸神之列的凡人之神越来越多，这种变化与皇室喜好从贵族化并且有隐士色彩的茅山派逐渐转移到大众化且群体性的龙虎山派密切相关。（劳格文，1987 年，第 259—264 页）

《北游记》所描述的真武崇拜和在武当山的经历，使人们对道教精神统一的本质有了相当深刻的认识：真武的每一个胜利都会导致另一位神灵的加入道教诸神行列——赵公明、关羽、各种天将和瘟神张健（沈雅礼，1987 年，第 23 页）。值得注意的是，许多真武打败和融入真武"正一"的恶魔生活在洞穴里，真武对他们的降服和首次征服武当山的道士们一样，都通过"气功"这个套路。

事实上，真武神话最适合被解读为对道家"内丹"的诗意描述。道士和传说中的真武一样，独居于洞穴里，为的是可以忍受自身死亡和欲念的强迫，而且之所以住在洞穴里，是因为洞穴可以使道士接触深绕于山中的洪荒之力。虽然这些洪荒之力会毁灭苍生，但隐居道士可以像传说中的真武那样运用洪荒之力。隐居道士之所以能够这样做，是因为他通过实践领悟世间秩序——宇宙观。

---

① 小说《水浒传》的开篇就有一首描写龙虎山上清宫的诗，它提到了三圣堂和四圣祠。这座宫观在"文化大革命"期间被完全摧毁，但在其附近的天师府，也就是这位天师曾经居住过的地方，在供奉同样两组神灵的不同宫观中，是最先被修复的。

换句话说，《北游记》这部关于隐居道士的作品是三种关于武当山的想象的根源：将自己与内心中死亡和欲望的抗争展现于风景中，并被普通朝圣者视为神话，小说中的真武把自己的力量与自然之力结合起来，给文人从艺术角度审思自然提供了路径，也为帝国意识形态所阐述的宇宙体系的效力提供了鲜活的证据。

作者后记

在此，我要感谢龙彼得教授提出的许多宝贵建议，特别要感谢顾文壁和黄兆汉的论文。本文也在很大程度上要归功于沈雅礼在会议上的评论，以及他对《北游记》的翻译和研究工作。1985 年，我第一次去武当山，托马斯·哈恩是我的导游，他还寄给我王概的专著和王宁初的文章。

在其他四部有关武当山的专著中（卜正民，1988 年，第 157—158 页），我有机会读到方升著作的第一卷，通读并做了笔记。应该指出，后面的著作并不是任子垣的原作，他于 1428 年被任命掌管武当山，后于 1430 年去世（王概，1744 年，卷 4，第 17 页），但这是弘治时期（1488—1505）一个相当大的扩充版，内部标注的最新日期是 1495 年。

我的主要资料来源《大岳太和山纪略》，是在王概的命令之下于 1744 年编纂的，当时王概任下荆南道兼理水利按察使司金事（见序言，第 2 页）。王概在他的序言（第 4 页）中说，前明所编已烬于兵燹之余。1680 年至 1681 年，均州知州王民皞（见《均州志》卷 8，第 16 页）曾编纂过一个新版本，但又毁于净乐宫之火：

仅得山间所藏，钞本拟再为剞之，犹嫌其辞浮于事，且多引科篆，颇近宋人"青词"（道教的祈祷），疑道士家或有假而窜入之者，未敢尽信。夫大礼必简，至敬无文。太和名岳也；真武尊神也。蒸缋则恐失真怪诞，亦为亵体；而山经久阙，又不敢不及。今以为之，纪爰是不揣，谫陋于旧志。采其言之雅，驯又参之，以列史所载旧民所传，为纪略若干卷。宁约毋杂宁质，毋华庶几于职。（序言，第5—6页）

根据王概的"凡例"，明代专著记载为5卷本《太和志》，由道士任子垣写于宣德年间（1426—1435年）（任子垣在其文第364页中标注为1428年，并称为《太和山志》）；王民皞的版本有20卷。有些传奇故事不值得列入凡例，如"道家言帝越海东游所传"以及在均州附近找到真武父母坟墓的故事。同样被删除的还有"如真武诰劝孝经等文，凡为真武庙者，皆通用，与太和无关涉，俱不录入"。我们会看到，王概重新编辑山志的私人原因。参见本书第5篇文章作者于君方对山志的总体性论述。

参考文献

Boltz, Judith（鲍菊隐）. 1987. *A Survey of Taoist Literature, Tenth to Seventeenth Centuries*（十至十七世纪道教文献通论）. Berkeley:Institute of East Asian Studies, University of California.

Brook, Timothy（卜正民）. 1988. *Geographical Sources of Ming-Qing History*（明清历史地理资料）. Ann Arbor: Center for Chinese Studies, University of Michigan.

Chavannes, Edouard（沙畹）. 1919. *Le jet des dragons*（投龙简）. Paris: Leroux.

蔡冠洛编《清代七百名人传》，194 卷，清代传记丛刊，上海：明文书局，1936 年。

贾洪诏编《均州志》，16 卷，1884 年。

方升，《大岳志略》，5 卷，1556 年。

Grootaers, Willem A（贺登崧）. 1952. "The Hagiography of the Chinese God Chen-wu（中国真武大帝的圣徒言行录）." *Folklore Studies* 12, 2:139-182.

《襄阳府志》，40 卷，1759 年。

《襄阳府志》，26 卷，1886 年。

许道龄，《玄武之起源及其蜕变考》，《史学集刊》，第 5 期，1947 年 12 月，第 223—240 页。

《玄天上帝启圣灵异录》，《道藏》第 961 册。

《玄天上帝启圣录》，8 卷，《道藏》第 958 册。

《玄天上帝百字圣号》，《道藏》第 1482 册。

黄兆汉，《明代道士张三丰考》，台北：学生书局，1988 年。（本文简称"黄兆汉，1988 年 a"。——译者注）

——《玄帝考》，《道教研究论文集》，香港：香港中文大学出版社，1988 年，第 121—156 页。（本文简称"黄兆汉，1988 年 b"。——译者注）

黄学民，《武当山武道人，徐本善略传》，《武当》第 1 期，武当山武当拳法研究会会刊，1983 年，第 12—14 页。

《皇明恩命实录》，《道藏》第 1462 册。

任子垣，《大岳太和山志》，15 卷，《道教文献》，台北：丹青图书公司，1983 年。

高鹤年，《名山游访记》，台北：佛教出版社，1983 年。

顾文壁，《明代武当山的兴盛和苏州人的大规模武当进香旅行》，《江汉考古》，第 1 期，1989 年，第 71—75 页。

Lagerwey, John（劳格文）. 1987. *Taoist Ritual in Chinese Society and History*（中国社会与历

史上的道教仪式）. New York: Macmillan.

梁天锡，《宋代祠禄制度考实》，香港，1978 年。

刘道明编《武当福地总真集》，3 卷，1301 年，《道藏》第 962 册。

间野潜龙，《明代文化史研究》，东京：都名社，1979 年。

《名山胜概记》，卷 28。

方升，《大岳志》。

王世贞，《游太和山记》。

王道坤，《太和山后记》。

杨鹤，《参话》。

谭元春，《游玄岳记》。

《明史》，上海：上海人民出版社，1985 年。

Rudolph, Richard C（鲁德福）, and Wen Yu（闻誉）. 1951. *Han Tomb Art of West China: A Collection of First- and Second-century Reliefs*（益州汉画集）. Berkeley: University of California Press.

Seaman, Gary（沈雅礼）. 1987. *Journey to the North: An Ethnohistorical Analysis and Annotated Translation of the Chinese Folk Novel " Pei-yu chi"*（北上之旅：中国民间小说《北游记》的民族史学分析与译注）. Berkeley: University of California Press.

Seidel, Anna（石秀娜）. 1970. "A Taoist Immortal of the Ming Dynasty（明代道长张三丰）." *In Self and Society in Ming Thought*, edited by W T De Bary, 483-531. New York: Columbia University Press.

史新民，《中国武当山道教音乐》，北京：中国文联出版社，1987 年。

《大明玄天上帝瑞应图录》，《道藏》第 959 册。

《太上说玄天大圣真武本传神咒妙经》，《道藏》第 775 册。

陶真典，《武当山》，武汉：湖北人民出版社，1984 年。

杜光庭，《洞天福地岳渎名山记》，《道藏》第 599 册。

王概，《大岳太和山纪略》，8 卷，1744 年。

王宁初，《关于武当山》，《经逸》第 29 卷，1937 年，第 84—88 页。

《元史》，北京点校版。北京：人民文学出版社，1985 年。（此处有误，应为"中华书局，1976 年"。——译者注）

张君房编《云笈七签》，120 卷，约 1025 年，《道藏》第 1032 册。

《御制真武庙碑》，《道藏》第 960 册。

8

北京妙峰山朝圣：宗教组织和圣地

韩书瑞（Susan Naquin）

　　北京这座现代城市坐落于华北平原的西北边缘。虽然很早就有人居住在北京，但数百年来，北京一直位于帝制中国的边疆地区；事实上，正是作为少数民族政权在南面的立足点，这座城市才得以首次崭露头角。只有在明朝第三个皇帝于 1403 年决定把这里作为其北方都城时，才使得这座城市取得"南面之尊"的地位。在接下来的时间里，北京成为中国的首都所在地。在这一时期，不仅城市扩大，人口增加，而且该地区的自然地形也因为历史遗存和越来越漫长且复杂的历史记忆而变得更加富有内涵。

　　在这个毫无特色的平原上，一道城墙勾勒出这座城市的轮廓。规则的网格状街道把皇城的核心区周边封闭起来，城墙把街道围起来，并且把城市与乡村的界线划分得泾渭分明。随着时间的推移，这个空间充满了仪式感、象征性和历史意义。在环绕着这座有着城墙的城市的西北群山中，文化也同样重塑了地形。本文是一部有关北京更大著述中的一部分，将着眼于这个过程的一个方面，即对于信徒来说，北京西部的一座山变成朝拜一位受欢迎的当地神灵的圣地的过程。这个人文遗迹是由各种到访过此地的朝圣者在几个世纪的时间里逐渐促成的。同时，我们还会看到，朝圣者之外的其他人的看法也被结合起来使进山朝圣在当地文化中具有更复杂的蕴意。[①]

妙峰山，位于北京西北四十公里处，海拔 1330 米[②]，是更有名的西山山后地区的最高峰，从这里可以看到京城（普意雅，1925 年）。与中国的众多山峰相比，妙峰山的历史显然是相当短暂的，具有的文化层面意义比较薄弱，在吸引朝圣者的竞争中也处于劣势。这种简单性造成假象。然而，因为它是供奉一位女性神灵——碧霞元君的庙宇所在地，这使得妙峰山变得重要起来，我们的叙述必须从碧霞元君崇拜开始。

碧霞元君崇拜

到 19 世纪后期，在中国民间宗教诸神中，这位在华北地区[③]变得卓越超群的女神是一位后来者：只是在明清时期，对她的崇拜才变得常见起来，并且，即使在那时，崇拜碧霞元君的人也明显带有区域性。

这种崇拜可能始于 11 世纪早期，当时人们在一座山的池塘底发现了一尊

---

① 本文中的一些资料是韩书瑞 1986 年最早记载的。杜德桥、邓海伦（Helen Dunstan）、艾尔曼（Benjamin Elman）、田海（Barend ter Haar）和梅维恒（Victor Mair）的评论，来自约翰·霍普金斯大学、哥伦比亚现代中国研究所和在 1989 年"中国朝圣者与圣地"研讨会的讨论使我获益匪浅。我还要感谢美国国家人文基金会、中美学术交流委员会以及宾夕法尼亚大学对这项研究的资金支持，感谢北京图书馆（今国家图书馆。——译者注）和首都图书馆馆员们的宝贵帮助。

② 位于山东的泰山只有两百米高。（此处作者注释有误。泰山主峰玉皇顶海拔 1545 米。——译者注）

③ 当然是在华北地区内，正如施坚雅论述以及清朝所确定的那样。我不能确定碧霞元君祭祀是否会扩展到邻近的山西。

女性塑像。这尊女性塑像被修复并安放，当作供奉的对象。传说这位"玉女"能够证明她拥有作为一个神灵的法力。虽然还有别的与她有关的传说故事，但大多数信徒认为这位神灵是发现塑像所在地山神的女儿。但这不是一座普通的山，而是东岳泰山——矗立于鲁中平原之上（距北京五百公里远），一个对皇帝和百姓而言都是神圣且历史悠久的地方。这位玉女显然不是凡人，因此从一开始就在神话中和象征上与泰山紧密地联系在一起。

这里是自公元前一千年以来，专属帝王的祭拜中心。泰山被尊称为华北平原上最卓越的山，"五岳之首"。这座山的山神被认为是一位男性神灵，至少在唐朝（约7、8世纪），他被认为是死者的审判者和地狱的主宰（首都图书馆拓片，1684年，323号；沙畹，1910年，第3—16页；《日下旧闻考》，卷88，第1484—1491页）。皇帝们连续授予泰山山神头衔，明清统治者也定期祭祀泰山山神。泰山山神的正式称号是"天齐仁圣帝"。

这个更晚才发现的玉女被挂靠到强势而威严的东岳泰山山神名下，成了他的女儿。她被尊称为"泰山天仙玉女"。因为泰山是东岳，在明朝，玉女获得了"碧霞元君"[①]称号。她的祠宇尤其与山顶相关就是很自然的事情了。

与传说中她可怕的父亲相比，碧霞逐渐被视为一位慈祥的女性。到1600年，她被称为"天仙圣母"，许多人简称其为"娘娘"[②]（《泰安府志》，1760年，卷7，第7—8页；沙畹，1910年，第30—38页）。"五岳并尊独，东岳为世所崇奉。东岳诸神又独天仙圣母为世所崇奉，岂非以东方生物之府而万物皆生于母耶？"（北京图书馆石碑拓片，1599年，第5827号）传说中，她还与

[①] "碧霞"意指"拂晓前的彩云"；"元君"是一个常见的道教术语，指的是女性神灵，我把它译成"圣"，是因为这些文字本身指的是一位男性人物。在中国的宇宙观中，东方与出生和寿命相关："万物资生"（首都图书馆拓片，1592年，289号）。有关碧霞，通常参见《泰山志》卷2，第55—59页；沙畹，1910年，第29页；罗香林，1968年，第6—10页。这两个祭祀的早期历史需要做适当的研究，我只是对二手资料进行概述。在本书吴百益和杜德桥的论文中也对这两个问题进行过讨论。

[②] 此处，我借用了杜德桥的译文。参见杜德桥，1991年。

其他一些女性神灵建立了密切的联系，其中有两位是她的忠实同伴：子孙娘娘和眼光娘娘。最后，我们发现有多达九位娘娘（不一定是一个人）有规律地出现在专门供奉碧霞的庙宇中，她们大多数是传说中生育方面的专家（富善，1964 年，第 53—59 页）。

或曰："泰山之外为碧霞元君玉女也，今又天齐仁圣何与予？"应之曰："天地之理，阴阳两□□，碧霞玉女所以应阴德也，□仁圣大帝所以有阳德也。"（北京图书馆石碑拓片，1690 年，第 936 号）

碧霞从来都不是由帝国定期资助的东岳祭拜的一部分（尽管碧霞塑像经常被安放在东岳庙里），她的祭仪传播也是无系统的。她在泰山山顶的祠宇在明朝得到了民众和皇室的支持——她传说中的父亲的大庙坐落在山下（沙畹，1910 年，第 102 页及以下各页，第 126 页及以下各页）（见地图 8-1）。我们发现，虽然在 15 世纪后期，碧霞庙开始在北京地区出现，但直到一个世纪后的万历年间（1573—1619），这种创建的节奏才变得明显活跃起来（《宛署杂记》卷 19；《宸垣识略》卷 12—15；许道龄，各处；《日下旧闻考》卷 89—107；《顺天府志》，1885 年，卷 17；《京城古迹考》卷 6）。

在 14 世纪早期，北京修建了一座供奉东岳之神而且香火旺盛的庙宇，这座庙宇的修建使碧霞崇拜更容易扎根。那座令人印象深刻的建筑[①]离北京东城墙只有几分钟的路程（地图 8-1）。在晚春（农历三月二十八日）庆祝这个神灵诞辰，在明末也成为一种节日活动，这可能是都城最大的庆祝活动，那时寺庙庭院里挤满了游人（《帝京景物略》卷 2，第 67—68 页；首都图书馆拓片，1607 年，294 号；《长安客话》，1980 年，卷 4，第 79 页）。

---

① 东岳庙对公众已经关闭了二十多年，目前（1990 年）东岳庙庙址是一所学校。1964 年，在富善（Goodrich）遗物中发现了 1949 年以前的照片和一幅精美的中国绘画。

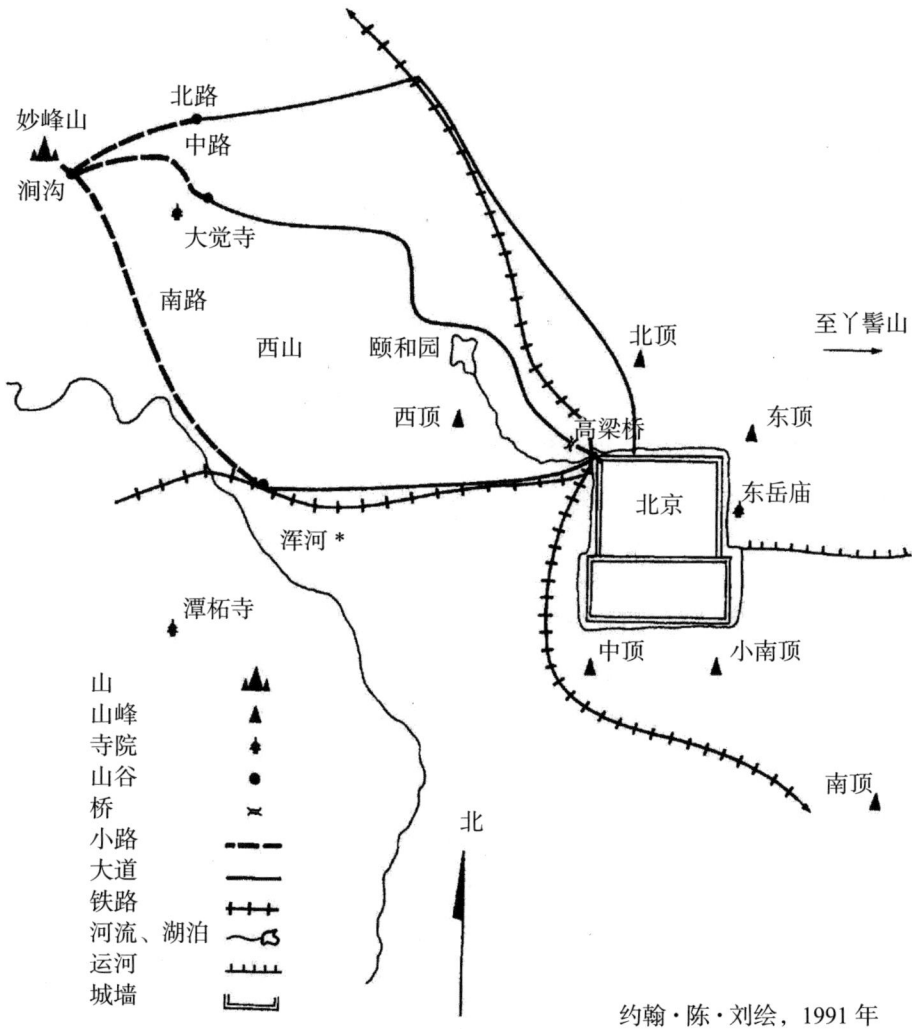

妙峰山

北路

中路

涧沟

大觉寺

南路

西山

颐和园

西顶 ▲

高梁桥

北顶

至丫髻山 →

东顶 ▲

东岳庙

北京

浑河 *

潭柘寺

中顶 ▲

小南顶 ▲

南顶 ▲

山	▲▲
山峰	▲
寺院	✦
山谷	●
桥	✕
小路	▬ ▬ ▬
大道	
铁路	┼┼┼┼
河流、湖泊	～〇
运河	⊢⊢⊢
城墙	⊏⊐

北

约翰·陈·刘绘，1991 年

地图 8-1　妙峰山

虽然这座庙宇的整修主要是依靠皇家进行的，但京城居民还是以有组织的方式提供了神殿的维护和神诞日的开销。所有中国寺庙都需要靠定期的捐款和捐赠来维持日常供品的供应，但东岳庙的供奉组织得非常好。圣[1]会吸引了邻里和市民每年捐赠各种祭祀用品：笔、墨、纸放在七十二司前的记录簿，以及旗帜、横幅、香和供品。"体神之心，虑神之切"（首都图书馆拓片，1634 年，305 号；白云观收藏的 1587 年东岳庙大锅；首都图书馆拓片，1591年，288 号；1592 年，289 号）。富有、有权势和虔诚的捐助人聚集在京城，鼓励了这些圣会的形成和维持。那些开始把自己的活动刻在寺庙庭院里的大石碑上的人是富人，他们中的许多人是内廷的宦官。在 17 世纪，我们可以开始看到类似的贵族和宫廷人群供奉碧霞元君。[2]

越来越多的庙宇为这位女神而建。大多数碧霞庙香火稀少，但也有少数香火旺盛，吸引了捐助人和朝圣者，并在规模和财富上有所增长。在明末北京及周边地区的二十四座[3]碧霞元君庙中，有九座是京城中最著名的庙宇，其他的位于城墙之外的乡间。碧霞的官方诞日是四月十八日，但早在万历年间，四月初八日（已经作为佛教节日来庆祝）就开始受到北京人的青睐，因为这一天最容易得到这个神灵祝福（沙畹，1910 年，第 70—72 页；《宛署杂记》卷 17，第 168 页；《帝京景物略》卷 3，第 133 页）。

与泰山的关系仍然是确定这些碧霞庙性质的重要因素——每座碧霞庙都

---

① "圣"和"胜"两个字交替使用。关于早期香会的名称，参见刘厚滋，1936 年，列表。

② 记录宗教组织的石碑急剧增加，要理解宗教组织如此异军突起，就有必要进一步研究 600年前的情况。根据这些记载来判断，东岳和碧霞的圣会在数量上远远地超过了清代北京其他寺庙运营的同类（和衍生的）团体。在 1636 年至 1704 年之间，仅碧霞祠一处立有 16 块石碑（北京图书馆石碑拓片中关于西顶卡片的目录）。

③ 根据相当详细的资料，我数出城墙内有 9 处，周边乡村有 18 处（最远的有五十里）。这些寺庙被命名为各种各样的"天仙""娘娘"或"天仙圣母"（庙、庵或行宫）。参见《宛署杂记》卷 19，第 204—205 页；《顺天府志》，1638 年，卷 2，第 55 页；《日下旧闻考》卷 96，第 1602 页；许道龄，约 1936 年，卷 2，第 89 页；北京图书馆石碑拓片，收集卡片目录。

附有祠堂供奉着泰山山神。供奉碧霞的洪慈宫建于 1608 年，它很快就被称为"西顶庙"，似乎与北京城区另一头的东顶庙形成一对。[①] 在中国有"五岳"[②] 的观念，即在四方和中心有五座山峰，这是一个古老而有说服力的观点，它暗示了一个稳定的物质世界结构，人类政府和社会可以根据这个结构来确定自己的方位。至少到 17 世纪 30 年代，北京居民通过祭祀碧霞元君，在他们生活的地方再造了一个更小版本的宇宙世界——他们有选择地把其他碧霞庙认定为南顶、东顶、北顶和中顶（《帝京景物略》卷 3，第 132—134 页）。

正如地图 8-1 所示，这些地点在实际地理位置上最多只能算是与其名称所指的方位近似，但其名称有能力把自然的无序重新组合成一个系统，因为它存在于人们的心中，不仅是对称的、有规则的，而且令人深感心安。通过把庙宇想象为山岳，区区之举的命名，乞灵于泰山五顶所构成的更大宇宙观，而且为环绕京城的华北平原之小部创造了崭新而独立的支柱。一个神圣的地带被创造出来并加以推行。这"五顶"所暗示的神灵护佑是内在的，因此指向了微观世界的中心——京城。反过来，这种共鸣的体系也会给碧霞带来所谓的力量，甚至单座庙宇的效力也会上升或下降。[③]

当 17 世纪中期在妙峰山上的新庙宇落成时——此刻我们把注意力转向碧霞——碧霞的庙宇、历史、造像、仁慈的名声、熙熙攘攘的诞日庆典和独立的圣会，使碧霞崇拜与东岳崇拜相抗衡。在清代，我们关注的妙峰山娘娘庙逐渐压过了这些古老的庙宇，从而崭露头角。让我们看看这是如何发生的。

---

① 我所见过的最早提及的"顶"是 1614 年的西顶，但在 17 世纪 30 年代，其他"顶"的名字得到普遍使用（陶允嘉，1633 年）。

② 见本书劳格文论文第 323 页注释①。虽然五岳的名称有所变化，但泰山一直是东岳。

③ 确实直到 18 世纪中期，才有了两座娘娘庙。

妙峰山朝圣之旅

虽然单方面的证据是不可靠的，对于我而言，证据是有说服力的，妙峰山的基本宗教活动始于 17 世纪[1]，特别是 17 世纪的后半叶，明朝被来自东北的强大满洲人所领导的联盟击败后。我们知道，在 1689 年，这座山吸引了北京的碧霞信徒。在那年春天，来自城外的一座寺庙的七百多人，他们是定期参拜北顶香客群体的一部分，受到委托在妙峰山碧霞元君庙立了一座石碑，记载这次参拜的情况（首都图书馆拓片，1689 年，653 号）。捐助者被确定为"里人"，碑文是由在工部职位较低的六品官撰写。这座石碑比较小也不引人注目，与东岳神寺庙中所能看到的精心装饰过边框的巨大石碑完全不同。

这座新的碧霞庙位于相当偏僻的地方。几个世纪以来，人们已经探索过西山山后地区的这些光秃秃的山岭，并给它们起了个名字。崎岖不平的道路已经踩了出来，小的定居点也已经建立起来，但是对北京居民来说，这片地区仍然是荒凉而遥远的（《大明一统志》，1461 年，卷 1，第 24—27 页；《帝京景物略》卷 7，第 321—325 页）。事实上，这座新庙宇并不在妙峰山的山顶，而是在南坡的尽头，在那里可以看到蜿蜒的山谷，远处是波光粼粼的浑河[2]（我没有找到任何史料来解释为什么会选择此处）。从北京前往此处山野的旅程不只是轻松的漫步：从北京到这片山麓丘陵要花去一天中的大部分时间，

---

[1] 我能找到的最早有关妙峰山的资料是 1512 年的。这座寺庙的传说可以追溯到 1662 年，但是在山顶寺庙标有年代的最古老的物品是 1689 年的。是否曾有过更早的祭拜，后来被碧霞元君祭拜所代替，我尚未发现相关线索。文人陶允嘉和于奕正都曾到过这些山庙（陶允嘉是在 1614 年秋，于奕正是在大约接下来的十年中），参观了许多碧霞庙并且沿着朝圣者后来旅行的路线向上攀登，然而，没有述及这里的任何庙宇（陶允嘉，1633 年；《帝京景物略》卷 7，第 319—325 页）。在任何一个相当详细的晚明笔记中也没有提到过北京妙峰山的圣会。明末的《灵应泰山娘娘宝卷》，既不是官方资料，也不是文人笔记，同样提到了北京地区四处重要的碧霞庙，但没有提到妙峰山。

[2] 浑河即永定河的别称。——译者注

从那里沿着标记不明的小路登上山顶又得花去一整天的时间。

尽管如此，香客们在妙峰山庙宇里所立的石碑提供了因娘娘庙香火逐渐旺盛而带动交通流量的充分证据。与 1689 年的团体不同，后来的团体是专门为在碧霞诞日那天到这座山朝圣而形成的。18 座至今仍存的石碑和捐赠的物品，是在接下来的一个世纪里，来自北京城内外团体的不怎么吸引人的礼物。城内和城外团体捐立的石碑和捐赠物品的数量相当。这些团体似乎是由同邻里或同村的人组织的，同邻里或同村的人每年都一起出行。他们绝大多数是男性，大部分是旗人——也就是说，新统治集团的成员，一些是满族人，一些是汉族人，他们在 17 世纪 40 年代来自中国东北。

到了 18 世纪 30 年代，这样的团体组织①规模相当庞大，而且越来越正规化：从几十人到 700 多人不等，采用圣会名称，并指定了会首。例如，"引善老会"，于 1737 年竖起他们的第一座石碑，列出 144 个成员，包括几位妇女；12 年后，他们又竖立起一座纪念石碑，上面刻有 163 个人的姓名，其中 18 个人曾任圣会管事；到 1755 年，这个群体已经发展到 268 人，其中 88 人为女性。他们自称是来自北京西北城外保福寺②的旗人。

在 19 世纪，精心设计的一组路线使妙峰山的持续兴旺得到反映并得以实现，因为朝圣的物质基础设施和象征性结构得到了同步发展。早在 1822 年，石碑碑文谈到通往山上的五条道路，一个后来的描述反复强调了"五"这个数字的象征意义大于现实意义。事实上，一组变化中的道路通向神庙，其中

---

① 清朝头一百年里，此种团体的平均数量是 173 个。我拥有关于这段时期 13 个捐赠石碑的团体的数据。对这些团体或类似团体的概括是根据存于原址或经拓印并保存于首都图书馆的妙峰山碑文总汇，补充资料来自奉宽和顾颉刚的著述。我在 1987 年的农历四月和 1988 年前往妙峰山，这些行程是在阎崇年和李世瑜的协助和陪同下进行的。

② 保福寺不是碧霞的庙宇。他们在 1806 年和 1836 年镌刻了姓名较少的另外两座石碑（首都图书馆拓片，1737 年，657 号；1749 年，660 号；1755 年，661 号；1806 年，669 号；1836 年，671 号）。

有三条路或多或少是固定不变的。它们被称为南路、北路和中路。①

中路似乎是最古老的，可以从北京轻易直接来到中路。朝圣者离开市区途经颐和园，这条路因为清朝康熙皇帝（1661—1722 年在位）和乾隆皇帝（1735—1795 年在位）在附近修建和扩建他们的避暑行宫而变得越来越好走。19 世纪初，人们开始沿着从山麓向西延伸的陡峭小道——先上后下，再直上妙峰山——修建可供朝圣者休息的场所。南路较长，但并不那么艰难。它包括从北京向正西的更商业化的道路：乘渡船渡过浑河，沿着妙峰山碧霞元君庙对面长长的山谷到达庙宇。在 19 世纪早期，大多数为朝圣者修建的驿站都位于这两条路的沿线。②直到 20 世纪末，交通条件的改善才刺激了北路的使用。这三条线路都在涧沟村会合，这是一个坐落在山顶庙宇影子之下贫穷而寂静的村庄。

一旦离开了平原，通往山顶的道路几乎没有经过什么古迹，只能看到远处偶尔出现的断壁残垣或摇摇欲坠的佛塔。妙峰山与泰山、武当山或普陀山（本书其他文章有所描述）有着天壤之别。这里的地名并没有什么特别的古老之处，只是让人注意到自然景观和登山的考验："十八盘"和"三百六十胳膊肘"，"瓜打石"，"涧沟"和"双龙岭"。由圣会建造的休息点和神龛成为旅行的亮点，而这些相对较新的"景点"把人们的注意力完全指向朝圣者的目标。在登山的过程中，人们抬头看看山峰是否真像一朵莲花。在山顶，人们前去凝视陡峭的庙宇悬崖，真正虔诚的人可以从这悬崖上跳下而发毫无损；人们还可以在主殿后找到突出的岩石，因阳光照射而显现轮廓，故该岩石被称为"金顶"（罗信耀，1941 年，卷 1，第 87 页；顾颉刚，第 172 页；梅邨，1983 年，第 136—139 页）。

---

① 它们在不同时期有不同的名称，包括北中路、旧北路、新北路、新中路、南中路。这些词语实际上只是指朝圣者最后行程多山的阶段，这些道路是由平坦的主路接出来的。

② 19 世纪的 12 座石碑提到的路名仅有南路和中路。有关距离，参见奉宽，第 21 页。

立于 1822 年的石碑纪念在山顶新建成的大殿，该石碑说明捐建活动范围之广。许多捐献者的姓名刻在上面，包括来自北京城郊的圣会中的男人和女人，老人和年轻人，满人和汉人，住宅和商店，甚至附近山上的石灰窑和煤窑。随着时间的推移，宗教协会把其活动集中在特定的任务上，以满足朝圣者同伴的需要。1822 年的石碑上写着 38 处可供休息的地方（字面意思为"茶棚"）以及每隔一段时间就会有一批人设立的其他祭坛。石碑也表明，（在山顶和途中）提供的商品和服务已经不仅包括香、水果、鲜花、祭坛装饰和寺庙内祈祷用的垫子，还包括茶、药品、米粥、灯笼、道路修理、沿着河的栏杆和渡船的绳索（首都图书馆拓片，1822 年，667、694 号）。

这些团体继续使用"圣会"作为术语，尽管有时其他人会称其为"香会"。其全名通常提到虔诚的目标和奉献：义合膏药老会、一心秉善毛掸清茶圣会、同心长善清茶圣会、恭献鲜花老会等（顾颉刚，第 41—52 页）。

随着团体组织变得更加专业化，它们内部也更加分化。除去早就开始使用的会首和副会首的职务（其他组织也设有这类职务），还出现了更多反应特定任务的职务：钱都管、茶都管、账房、厨师、车把式等（顾颉刚，第 23—25 页；无数的碑文）。

每一组都有一个特定的任务，例如，照料一个茶棚，或者修理一段石径。尽管最初的记载非常零散，但日渐兴旺的朝圣活动（反过来又受到这些服务的鼓励）使这种服务扩展到越来越多的朝圣路线上，直到提供了各种各样的所谓的旅游设施。没有任何明显的协调，数百个组的活动时间错开，以减少高峰期的拥挤，并在妙峰山开放的两周内提供连续的服务（顾颉刚，第 74—108 页）——在早春，北京全城各处会张贴大字布告（形如石碑状），邀请人们报名参加朝圣之旅，居民从这些告示上得知朝圣的消息。

图 8-1　艺人在前往妙峰山的途中进行表演

翻印自《宴图》，2 号（1990 年），封底

1852 年，开始有许多艺人团体的记载，他们那时（可能已经有一段时间了）已是朝圣的常客（《军机档》，1852 年，第 83202 号）。例如，这些团体有"开路"①，他们认为这样可以吓走沿路的恶灵。为了达到这个目的，他们在脸上画上了可怕的花纹，披头散发，用相当灵巧的手把沉重的叉子抛来抛去。还有穿着鲜艳服装的民间剧团，唱大鼓的，走钢丝的，杂耍演员，以及许多其他令人惊叹、嘈杂、多姿多彩的表演者（图 8-1；参见于雅乐，1885 年，第 62—71 页，以及许多后来的笔记）。

这些圣会的平均存续时间差别很大，可能与成员先前存在的社会关系（特别是居住地和职业）得到加强的程度有关。这些圣会没有任何重要的共同财产，其存续期可能取决于圣会成员社会关系的强度和领导的有力程度。在历史的记载中，大多数圣会只出现过一两次，较新的圣会有时会重复使用早已解散的圣会名称。例如，建于 1730 年"二人圣会"，于 1737 年和 1782 年竖立了石碑，这个名字再次出现，是在 1899 年的石碑上，在 1936 年再次使用。这些旗人（既有汉族人又有满族人）真正赢得"老会"这个称号可能因为提供免费茶水和米粥（首都图书馆拓片，1737 年，658 号；1782 年，665 号；1899 年，700 号；1936 年所在地石碑）。虽然圣会越来越多，但是清末时期的圣会与其前辈们在规模上有很大的不同。②

至少从 18 世纪开始，朝圣时节——在汉语用词中被定义为寺庙的"开放"时间——是在农历四月初（从初一至十五）。初八是主要的庆祝日子。③

---

① 有关"开路"，见《妙峰山志》，第 27—28 页；《京都风俗志》，1899 年，卷 5；董福明，1939 年，34 页。他们表演了一个取材于目莲转世的故事（葛禄博，1901 年，第 112—117 页；许道龄，1947 年，第 239 页）。有关"开路"的绘画，参见本书第 380 页，注释③，2 号画作。

② 我有 1797—1882 年间 17 个有名组织的数据，它们的平均规模是 204 人。

③ 《军机档》，1817 年，第 51173 号，参考资料由刘正云（音译）提供。参见顾颉刚，第 74—108 页中的时间表，在初八日到达高潮，十六日结束。石碑上记载的神灵诞辰是模糊的——可能掩盖了当地的庆祝活动比泰山上要早的事实。

在清中期，一场"秋季"朝圣（通常是阳历八月，实际上是农历七月）在某种程度上与"春季"朝圣形成了一种强制的对称，其程度远远不及"春季"朝圣。[①]

妙峰山一直得益于京城公共生活以及我们可以称之为城市中产阶级的日益参与（参见冉枚烁，1986 年；罗威廉，1989 年）。我们看到越来越多的证据表明，清末时期商行和行会也会进行捐赠和朝圣。

有些店铺自发行动；有些与行会成员合作（例如铁匠：首都图书馆拓片，1862 年，695 号。典当行：首都图书馆拓片，1885 年，683 号。艺人：首都图书馆拓片，1892 年，718 号。棚行：首都图书馆拓片，1862 年，731 号、1867 年，732 号；于雅乐，1885 年，第 64 页）。在 19 世纪 80 年代，一千多捐助人，包括北京的几十家店铺（很可能是钱庄），协助修复了山顶寺庙中的一部分（首都图书馆拓片，1882 年，717 号）。

不仅是富有的商人，甚至官员（首都图书馆拓片，1892 年，723 号）和其他许多普通职业的人同样也参加了庆祝活动。"公议常善茶叶圣会"一开始似乎是负责为清宫廷运送贡品担子的组织。他们这个组织在 1857 年成立，并且在世纪之交垄断了为北京家具店搬运货物的工作。他们视碧霞为守护神。该圣会同时也维护着垄断搬运工的行会。圣会的总坛设在北京汉人区的娘娘庙（似乎他们拥有这座庙宇），在那里，新来的人发起并举行年会（1926 年有 180 名成员）。他们每年都会前往妙峰山朝圣，作为一种善举，他们还为沿途大约 40 家茶棚捐赠茶叶，使用的是从成员那里得到的捐款（步济时，1928 年，第 80—91 页）。补锅匠和鞋履行会与神明有着类似的关系（于雅乐，

---

① 最早注明时间的秋季朝圣物品是 1767 年 8 月捐给财神殿的香炉（首都图书馆拓片，第 1767 年，693 号）。亦参见《宫中档雍正奏折》，第 25 册，第 369—370 页，标注年代 1735 年；首都图书馆拓片（1824 年，740 号）有关于秋季和春季的朝圣参考文献。于雅乐（1885 年，第 63 页）说寺庙的"开放"从 7 月 1 至 7 日开始；普意雅（1921 年）说 7 月 21 日至 8 月 1 日；顾颉刚（第 103—105 页）说是 7 月 25 日至 8 月 1 日。

1885 年，第 64 页；首都图书馆拓片，1921 年，757 号和 758 号；步济时，1928 年，第 171 页）。

到 19 世纪末，随着交通条件的改善和捐赠来源的扩大，使得妙峰山朝圣日益普及。宗教活动的高潮可能是在那个世纪的最后十年。1899 年的一块石碑说明了当年圣会的范围和规模：24 个娱乐团体，61 个茶棚，56 个老会——这些圣会来自城内外，整个西郊，沿着朝圣路线分布——还有 180 个其他的个人、商店和寺庙组织的圣会（首都图书馆拓片，700 号）。据一份当时的资料推测，沿着主要道路有超过 90 个茶棚（让廉，1899 年，第 5 页）；据其他资料，估计每年有一万到二十万人到此（《燕京岁时记》，1900 年，第 38—40 页；杜安，1910—1912 年，第 136 页）。

山顶上的建筑群随着朝圣之旅的兴盛而扩建。在大殿周围和后面还修建了 9 座较小的神龛，供奉的是碧霞和她的侍从，另外还有 3 个房间供朝圣者进食和居住。到 1900 年，主庭院里有几十座纪念性石碑和一个石坑，石坑被当作一个巨大的香炉来使用；旁边是另外三座独立的神龛；后面，稍往上一点的是回香亭[①]，那是供奉东岳的地方（顾颉刚，第 131—132 页；《妙峰山指南》，图表；《燕京岁时记》，1900 年，第 38—39 页；首都图书馆拓片，1882 年，717 号，1925 年，687 号；奉宽，第 96 页）。

宫廷慷慨的馈赠也鼓励了朝圣之旅。19 世纪 90 年代，慈禧太后每年春天都要在颐和园的一个专设的观景台上观看过往的朝圣者。艺人在她面前驻足表演——并且找到了一个最能接受他们的看客。不久，一群又一群的歌手、踩高跷的、举重的、演员、舞狮的、鼓手和表演武术的被授予了可以举着写

[①] "回香" 似乎是 "进香" 的反义词，意味着带着香从朝圣地返回家中。在本书第 1 篇文章，即由杜德桥所翻译的小说中，该词被用来指朝圣者在当地寺庙举行完庆祝活动后的返回。目前中国台湾的宗教习俗表明，从山顶寺庙带来的香被放在家乡寺庙的香炉里。但妙峰山的东岳庙被称为 "回香亭"，可能因为它是回家的第一站，而不是香的来源。

有"万寿无疆"字样的皇家黄色大旗的特权，这象征皇家恩宠。被选中的人还会得到赏钱。[1]（顾颉刚，第 204 页；《妙峰山志》卷 2，第 40—41 页；《内务府掌仪司承应各项香会花名册》，1937 年）

这种高潮不久就停止了。1900 年五月下旬，许多朝圣者在一场反常的暴风雪中被冻死。此后不久，义和团包围了北京的使馆区，皇帝和太后出逃，京城被外国军队占领。这个王朝在 1911 年结束。使得妙峰山从衰退中复苏的事件发生在 1917 年之后（奉宽，第 102—104 页；《妙峰山志》卷 3）。

在 20 世纪 20 年代和 30 年代，富有的天津团体在朝圣活力的恢复上发挥了与其人数不成比例的作用，并且在维护山上基础设施方面做出了重大贡献，甚至在他们的帮助下，在更广阔地区提升了神明的名声。首都地区的交通发展鼓励了这种参与。以前，来自天津的朝圣者沿着大运河乘船（免费乘坐）来到北京，然后绕到城北。1896 年后，一条铁路缩短了这一行程用时，促进了位于新铁路线附近北路的发展。在 20 世纪的头几十年里，城外的其他铁路改善了到妙峰山山麓旅客的行程（《都市丛谈》1940 年，第 65—66 页；《北京历史纪年》，1984 年，各处）。虽然资料偶尔会提到来自保定和张家口的朝圣者（两地相距约 150 公里远），但妙峰山娘娘的吸引力并未明显超出北京和天津。

20 世纪 20 年代，每年春天涌向这座山的人群并没有受到忽视。来自城里的警察维持着秩序，而住在北京的欧洲人、美国人和日本人也加入进来——他们被喧闹声、色彩和奇异的景色所吸引。他们惊奇地看到那些朝圣者戴着锁链，痛苦而缓慢地往上爬，一步一叩首。他们注意到朝圣成员穿着制服，扛着一箱箱的东西，摇着铃铛，旗帜在风中飘扬。他们观看杂技演员抛起沉重的铁锁，年轻的杂技演员在杆子上摇摇欲坠地保持平衡，戏班子的一些演

---

[1]　参见本书第 380 页注释③对 1 号画作的描述。宦官再次成为朝圣的重要捐助人。例如，在 1864、1870、1892 年，其中三人对几条上山道路的石径进行了大修（首都图书馆拓片，1870 年，721 号；奉宽，第 133 页）。

员在高跷上跳来跳去，表演着小戏和戏曲（普意雅，1921 年；甘博照片 a；柏干，1928 年，第 28 页；艾格纳，1939 年；村上知行，1940 年，第 158—167页）。中国的旅游指南（一些是由新成立的铁路公司出版的）也同样宣传这些节日（《京绥铁路旅行指南》，1922 年；《北平旅行指南》，第 57—58 页）。

尽管进行了修缮和现代化的改善，在 20 世纪 20 年代，游客们还是看到了许多破败不堪的建筑物，他们通常被告知朝圣的规模在过去要大得多（顾颉刚、奉宽，各处；《妙峰山志》，第 24—25 页）。虽然团体数量可能减少了，但服务的规模却异常庞大。通常有不同分工的接待者效力于各种众多的团体。对当时休憩之所和圣会（类别是重叠的）总数的粗略估计，在 200—400 个之间。

这些团体组织在妙峰山碧霞元君崇拜的发展中所起的作用似乎很难估量。正如我们所看到的，从一开始，他们不仅捐钱修建庙宇和通往庙宇的道路，而且通过其信众的参与，广泛地宣传了这位神灵的力量。在 17、18、19 和 20世纪期间，这座山庙的名气越来越大，肯定是这些社团努力的一个原因，也是一个结果。崇拜与这些组织一起成长，可以毫不尴尬地把这些组织称为妙峰山的促进者。当然，没有个人的大规模参与，没有有组织的朝圣者，"妙峰山"永远不会有今天的成就，而正是这些圣会，成为旅行社和导游，宣传妙峰山并促使妙峰山香火更加兴旺。

在过去几个世纪里，妙峰山碧霞元君崇拜在北京的流行文化中占据着重要的地位，但其发展轨迹在被战乱打断之前，只是从地方祭拜变成大范围的区域性祭拜。在 20 世纪 40 年代，妙峰山朝圣几乎无法持续进行，寺庙遗址

---

① 1917—1927 年西德尼·甘博拍摄的令人印象深刻的中国照片包括大量的妙峰山照片，以及长达 20 分钟朝圣生动的无声纪录片，由西德尼·甘博中国学研究基金会收藏。我非常感谢该基金会的凯瑟琳·甘博·科伦（Catherine Gamble Currin）和美国中国研究会（the China Institute in America）的贾楠（Nancy Jervis）授权我使用的这些材料。其中一些照片参见 *China Between Revolutions*，1989 年。

也遭到严重破坏。在 20 世纪 80 年代更为宽松的气氛下，公众资助庙宇重建的努力已经开始，还引入了电力，沿着南路修建了一条通往山顶的崎岖道路。1988 年春，安放了碧霞元君和她同伴的塑像，破损的旧石碑躺在院子里，一块崭新的石碑记载了那年 5 月（农历四月）由来自附近村庄 150 人组成的"同心圣会"参拜的情形。[①]

一座原先无人居住的山变成了一座庙宇的所在地，其规模和声望稳步增长，因此在三百年的时间里，这座了不起的山成为碧霞元君崇拜的同义词。当然，中国有很多的朝圣地都是这样开始的，但这座庙宇相对迅速的发展似乎是依助于泰山的名气和东岳大帝、碧霞的丰富历史实现的。造像、信仰、仪式、组织和期望都可以从更古老、更广泛流传的传说中汲取，并简单地移植到这座山上——因为这个地方文化贫瘠，几乎没有其他崇拜竞争。一个非常庞大的城市（大约有 100 万居民）的繁荣进一步加速了妙峰山的发展，这个城市可以为这个神灵提供支持者。朝圣圣会一门心思地投入资金和精力来推广这个地方。

妙峰山的故事似乎相当地简单，因为这座山看起来只是一个简单的圣地，没有在本书中所谈及的在中国（和其他国家）朝圣中心正常意义上的竞争。但这种印象具有误导性。到目前为止，我们所介绍的妙峰山庙宇的历史，实际上就是圣会自己讲述的故事。圣会是我们叙说中的主要演员，圣会的石碑是我们的主要资料来源，圣会的成功为我们提供了情节。

事实上，并非这些圣会凭一己之力"建造"了这座圣山，但我们需要仔细聆听其他朝圣者微弱的声音。更重要的是，妙峰山在北京文化中所占据的极为重要的地位，不仅仅是由朝圣者"建造"的。许多从未到过这座山的人知道它，并在他们自己的框架内对它进行解释——通常是非常不同的框架。

----

① 依照"后来者宣称自己的祖先早已到此"这个众所周知的中国惯例，这个"同心圣会"坚持称自己成立于 1573 年。

我们首先来关注这些有趣的部分：对于妙峰山持续上演的历史戏剧而言，局外人、观察者和竞争者，都是直言不讳的观众，他们对这座山逐渐形成的看法融入这座山的叙事中。然后我们将回头关注朝圣者本身的多样性。这样，通过扩大和缩小关注范围，我们应该能够发现结束有关这个朝圣地以及其他朝圣地的争议的事实。

竞争框架

目睹妙峰山并逐渐将其融入他们自己世界的局外人，包括同在一座山脉的僧人团体、其他碧霞元君寺庙的信徒、捐助当地宗教并维护正统的在位皇帝，以及首都受过教育的精英们。这些团体有不同的观点，相互竞争的利益，以及他们自己对圣地的定义，然而他们也只不过是这种朝圣集体建设的一部分。

妙峰山自身从未有过僧人团体。在妙峰山周边贫瘠的山区，9—11 世纪的辽和金时期，修建了几座寺庙（《顺天府志》，1407 年，卷 11，第 270—271 页），直到明代，有些仍然被当作避难之所。它们的神圣之处源自远离尘世事务。纪念 1513 年那次修复的石碑上面写着：

寺之兴建始末世远莫考矣，其地幽阻，人迹罕到，诚释□者流离俗究竟之所，非戒行精坚神完志定者，弗能生也。（首都图书馆拓片，1513 年，874 号）

喜欢这种隐居生活的人的确不多，但在明末清初，在这条山脉的其他地方也还存在着佛教寺院。这些佛教寺院体现了其自身对朝圣和神圣空间古老的、容易理解的看法，对其中两座寺院的简略一瞥就可以揭示对我们所关注的民间崇拜有影响的观点。

潭柘寺是一个大型寺庙群落，坐落于妙峰山以南浑河对岸的山腰上。寺院里许多古老的碑文和参天大树证明了潭柘寺的历史，据说"先有潭柘寺，后有幽州城（北京）"。口头传说称，这个地方是为了纪念当地龙神（一个常见的神话）皈依佛教而建的，但僧人们则认为，为了静思聚在一起的稳定僧人群体，才是随后发展而成的集中虔诚和宗教仪式的来源。石碑记录了寺庙持有大量的土地，有受到尊敬的方丈，定期的皇家捐助，以及大型佛教集会。僧人和佛教教义使这个地方与众不同（许道龄，1936 年，卷 2，第 91—92 页；《菲尔德博物馆中国拓本目录》和石碑；《宛平县志》，1684 年，卷 3，第 18页；阿灵顿、卢因森，1935 年，第 197—198 页）。同样，离妙峰山不远的大觉寺，也表现出自己是一座庞大、古老、富有和受人敬仰的寺庙。许多御书的石碑和牌匾，精美的佛像，著名方丈的传记，以及一套珍贵的巨型佛教典籍（《菲尔德博物馆中国拓本目录》；《日下旧闻考》，卷 106，第 1764—1767页）给许多游客留下深刻印象。

在这个框架内的考虑，妙峰山的建筑群显得相形见绌。妙峰山庙宇寺院很小，历史相当短，没有吸引任何有身份的僧人或捐助人。虽然至少从 1734年起，就有一些僧人在此居住，但他们在妙峰山庙宇或朝圣的生活中——作为参与者或组织者——的作用微乎其微（首都图书馆拓片，1734 年，656 号；于雅乐，1885 年，第 70—71 页；顾颉刚，第 148 页）。[①] 在佛教经典中没有提及此地的神灵，即碧霞元君。此外，虽然在《道家正典补编》中有一段关于碧霞元君的经文，但是没有道士在妙峰山居住。山顶庙宇的神龛并不是古老、正统和一个世系的，它只是用来纪念在 1662 年共同努力修建庙宇的一位

---

① 艾约瑟声称，僧众只在秋天和春天的朝圣季节才住在寺庙里，而在一年的其余时间里，寺庙都是"关闭和无人居住"的（艾约瑟，1893 年，第 271 页）。众多常驻管理人员的存在有助于我们分辨庙宇里的僧人。

僧人、道士和普通人（顾颉刚，第 176 页；普意雅，1921 年）。

然而，文字记载还是部分掩盖了寺院与这个被认为更粗俗的大众宗教世界的联系。游记显示，对于朝圣者和其他在四月来此祈祷并欣赏其巨大的银杏树和如画风景的游客而言，潭柘寺本身就越来越有吸引力。此外，一些石碑记载，到清代中叶，这些僧人从北京宗教团体的年度参拜中获得捐助——尽管这些宗教团体成员的人数很少，而且在潭柘寺（不像妙峰山），僧人们自己掌管着捐赠财物。

实际上，那些住在大觉寺的僧人发现自己已经卷入并受到妙峰山转变的影响。他们的寺院离村子很近，村子是中路登妙峰山的起点，寺院后面隐隐约约就是那座山。朝圣者经常把奉献给碧霞元君的祭品留在了大觉寺。[1] 僧人们对这些来客所带来的祭品由最初的不屑必定转变为感兴趣，因为最后他们修建了供朝圣者住宿和吃饭的房间（裴丽珠，1922 年，第 338—341 页）。由于 19 世纪皇家和私人捐助的减少，这两座寺院——以及其他类似的寺院——的额外收入可能变得越来越重要（坐落于当地的石碑；潘荣陛，1758 年，第 19 页；《燕京岁时记》，1900 年，第 30 页）。

1934 年，一个迟来的正式接受妙峰山进入首都佛教机构框架的标志是在山顶庙宇的前台上修建了一座白色佛塔，京城最负盛名的寺院的僧人为这座佛塔举行落成典礼和讲授佛法（《华北宗教年鉴》，1941 年，第 12 页）。由于对神圣的理解不同，因此这些僧人群体既要与异类宗教力量竞争，又要使自己适应异类宗教力量。

大型佛教寺院可能以同样谨慎的态度对待北京地区的其他碧霞庙宇，与妙峰山相比，这些碧霞庙宇有自己的竞争对手和对话者。如同许多其他供奉着受欢迎神灵的寺庙，它们理所当然地认为，超自然的存在会对人们放在祭

---

[1]　在第 380 页注释③中所描述的 3 号画作。

坛神像前的供品和真诚的祷告做出回应。正是这种回应祷告的传说能力使得寺庙的神明灵验，而不是名声、悠久的历史、财富或令人印象深刻的环境（尽管这些因素可能会随之而来，而且肯定会有所帮助）。在这个框架内，碧霞仅是北京人向之祈祷的众多神灵中的一位——并且许多人不只向一位神灵祈祷。关帝和观音也有许多祭坛，但其他神灵就少得多（韩书瑞，1986年）。对于那些同样虔信碧霞的人们来说，妙峰山娘娘庙的出现必然会引起他们特别的关注。

其他庙宇的信徒一致认可碧霞的神力，并且也承认获得碧霞神力的方式，但在哪里获得碧霞神力，则存有分歧。每座寺庙都受到其他地方看似更有效的表现形式的隐性挑战。中国宗教的动态性意味着，神灵效力和香火多寡是相辅相成的，随着时间的推移，在众多寺庙中产生了一些（变化中的一些）非常成功的寺庙模式。在明末，妙峰山娘娘的潜在竞争对手的影响范围已经衰微了，随着时间的推移，会变得更加衰弱。

位于北京城西北角高梁桥附近的庙宇，在17世纪经常得到捐助，但它从来不是五顶之一。后来虽然位于进山朝圣的路线上，但是直到20世纪，这里也只是举行一些不甚起眼的庆祝活动。东顶，可能是一座普普通通的庙宇，只是被赋予了使得象征体系得以圆满的名称，也从来没有受到过欢迎，所以最终还是消失了。北顶的普通庆典被及时转化为农业器具展览会。南顶是北京附近历史最古老的碧霞寺庙，也是明代一次盛大朝圣之旅的所在地，后来，在象征性和仪式上被一座更新、更近的南顶所取代。这里，以及西顶和中顶，在清代不但有连续的春节庆祝活动，而且西顶寺还会在四月举行庆典，而另外两座庙宇已经改为在五月和六月举行庆典。到了20世纪，只有北京城区附近的两座庙宇仍然纪念碧霞的诞日，即西顶和位于北京城区以东八十公里远丫髻山的一座古老庙宇，并且它们的朝圣者远远少于妙峰山（《燕京岁时记》，1900年，第28—56页各处）。

尽管妙峰山有可能是作为"五顶"之一而得以享有盛誉，但到了 19 世纪 80 年代，被人们称为"金顶"的妙峰山，其光芒还是盖过了其他顶庙。丫髻山已经积累了 10 座圣会留下的石碑；西顶有 9 座石碑（1725 年之后一座也没有）；北顶有 3 座（从 1773 年到 1942 年）；中顶和高梁桥各有 3 座（自清初以来则一座没有）（实地考察；北京图书馆石碑拓片，卡片目录）。① 而妙峰山至少有 24 座。② 与妙峰山的圣会不同，其他地点的圣会虽然会帮助庙宇本身（用香、灯笼等），但只在庙宇里为朝圣者提供服务（例如茶水）。丫髻山虽然远离市区，但这里似乎没有在朝圣路上为疲惫的游人准备的茶棚。③

这些碧霞庙的住庙僧人和热心的捐助人可能会对前往妙峰山路上精心布置的茶棚、娱乐场所和其他服务设施的布局感到惊讶和羡慕。面对这样的竞争，奉献者们如何阐明他们自己寺庙的特殊性呢？当然，每个庙宇都强调了碧霞的普遍法力，尤其是她的慷慨和响应能力，有些庙宇注意到她与强势的东岳的关系，其他庙宇则强调京城本身有利的背景或五顶的群落。

如果可能的话，大多数人会提醒人们注意他们所信奉的"碧霞"的声望，这一点可以从每年诞日焚香的数量和聚集的人群中得到证明。他们肯定会讲述神迹发生的故事，但这个主题在这个祭祀的历史记载中保存得很不好。（参照本书于君方有关观音的故事）我们知道，西顶最初的流行与一种（对我而言）神秘的信仰浪潮有关，即在寺庙里摆放成袋的泥土会带来好处（《万历野获编》，1619 年，卷 29，第 746 页）。高梁桥寺，在明朝后期，特别是以娘娘送生保育的法力传说而闻名："俗传四月八日，娘娘神降生，妇人难子者宜以是日乞灵"（《宛署杂记》卷 17，第 168 页）。西顶的信徒也注意到神灵送生的法

① 有几块石碑，包括丫髻山的三块石碑，因漫漶严重以至于无法确定年代。

② 在 1890 年之前，已经有 24 块圣会竖立的石碑。有几百个圣会的名字得到证实，但在某种程度上，这是其他寺庙所没有的。

③ 确实存在这样的休息点的记载（北京图书馆石碑拓片，1696 年，第 8186 号），而且还有很多原因可以解释为什么其他休息点会消失。沿途还有小旅馆为这些游人提供服务。

力传说了（北京图书馆石碑拓片，1688 年，第 2791 号；1689 年，第 2787 号）。

由于每一座庙宇都会因其自然和环境的布局而与其他庙宇有着最明显的区别，历史和地位成为其身份的重要组成部分。中顶位于以种植花木而著称的北京郊区附近，所以中顶的捐助者们通常会注意到芳香的花朵、成荫的树木和普通的绿色植物（北京图书馆石碑拓片，1664 年，第 3681 号）。西顶的信徒对山泉和山脉附近的环境加以赞扬，其效力和知名度远高于其他的顶庙："其地不山，而远映峰崒；□□不水，而远接潺溪"（北京图书馆石碑拓片，1665 年，第 2759 号；1673 年，第 2767 号）。丫髻山神祠有一个相当大的优势，它实际上位于一个山顶上（虽然是一座相当小的山的山顶），大多数人都会注意到它奇特而独特的形状："（这座山）两峰高矗，望之如髻，故得是名。"它是"北倚紫塞，南拱神京，冈峦回合"（1715 年碑文）的一座山。

这些庙宇，只有丫髻山和妙峰山与遥远的泰山一样，是真正的山，在文化中存在着重要的优势——正如本书所阐述的那样——把神性与遥远的高山联系在一起，并且这些庙宇肯定不会损失祭祀的信徒，这些信徒就是这样强调他们的神灵与顶之间联系的。丫髻山距离北京城区很近，每年都有信众前来朝拜，虽然丫髻山和北京城区的距离是妙峰山和北京城区距离的两倍，但其平坦而缓步上升的路要容易走得多。这座不怎么讨人喜欢的双峰小山坐落在高山环抱的山谷之中，上山只需花几个小时。相比之下，妙峰山则给人一种气势雄伟的感觉，而且可以通过更短也更艰苦的路登上去。

对于这两座山上庙宇的碧霞信徒而言，其区别在于朝圣的支持者。丫髻山因其"富香"，妙峰山则因其"苦香"①而闻名（普意雅，1923 年，第 308 页）。把"富"和"苦"进行简单分类是讨论这个社会分层和不平等的一种常见方式。其他信息证实了这种区别。丫髻山坐落在通往清陵和夏季围场交通

---

① 金勋说，"苦香"是指苦修者（《妙峰山志》，第 21 页），的确如此。也许在妙峰山也有更多这样的朝圣者。

繁忙的皇家路线附近，拥有许多与皇帝有关系的人捐赠的石碑。这些尊贵的朝圣者可以乘坐马车，住在沿途的小客栈，然后被领着走一小段路到达山顶，他们不需要圣会①的服务。相比之下，妙峰山吸引了大批更为普通的信众。

妙峰山与其他庙宇的关系就是这样不稳定的。"分香"一词或主寺分支的关系，并没有（在我所掌握的资料中）把不同的庙宇与这位神灵联系起来。一个圣会只是简单地通过每年一次的庆典把一座小庙（有时是另一位神灵的庙宇）与一座大的碧霞庙连接起来，没有标记的巡游队伍或内置的等级制度把它们连接起来或构成竞争。②尽管如此，还是存在"五顶"的体系，甚至新的南顶和金顶也挤了进来。而其他庙宇则是与通俗宗教文学有关，如明末的《灵应泰山娘娘宝典》中反复提到的四座北京碧霞庙（包括丫髻山的）。另一群非正式的群体（包括丫髻山和妙峰山的），则反映了当地的萨满祭祀（李尉祖，1948年）。当然，所有的碧霞庙都从这位神灵的名声中获益，因此，尽管每座庙宇都试图表达一种与众不同的特征，但是其所表达的竞争的不适感通常是温和而间接的（至少在书面材料中是这样表述的）。

朝廷对妙峰山朝圣的政策是以诏令和法令的形式表达出来的，相比之下，是明确和公开的。几个世纪以来，政府一直试图让自己拥有认定（或至少是批准）神圣事物的权力。任何宗教场所都有可能使这样的权威感到不安，而清政府官方对大众朝拜并不支持。③此外，由于宗教庆祝活动是各个社会阶层的男男女女大聚会的场合，也是艺人和武师表演的场合，因此他们所呈现的正是官府长期以来认为有损于公众道德而不鼓励的那种异质集会——清朝的法令通常禁止结会，特别禁止包括伴随着吹吹打打的神像巡游的宗教活动（高

---

① 只有几个圣会。参见北京图书馆石碑拓片，1696年，第8186号。

② 例如，这种关系在清代和20世纪的台湾地区很普遍，参见桑高仁，1987年，第88页。

③ 在这里我们只考虑了清朝时期，那时朝圣就已形成了。明朝对民间宗教的政策更具多样性（李世瑜、韩书瑞，1988年）。

延，1903—1904 年，第 38 页）。

清世祖曾明确表达过这种担忧："京师辇毂重地，借口进香，张帜鸣锣，男女杂还喧填衢巷，公然肆行无忌。"（《清实录》，1656 年，卷 104，第 12—13 页）这样的禁令在 1709 年和 1724 年反复出现，并经常在此后张贴在公共场所的法令中宣布（《钦定大清会典图事例》卷 501，第 7—8 页）。虽然毫不含糊的言辞并没有转化为有效行动（正如本文所示），但这些律例界定了官府的观点，为断断续续的打击行动提供了依据。

人们依然可以看到，该谕旨并不情愿承认世间到处存在有活力的民间组织。当乾隆于 1735 年继承皇位时，他让百姓知晓，虽然他不鼓励中国北部的居民进行远距离朝圣，但他也不反对每年都有很多人爬上泰山向碧霞祈祷（"众神的功效到处都有下降"。《宫中档雍正奏折》，1735 年，第 25 册，第 369—370 页。《清实录》，1736 年，卷 21，第 10 页；1739 年，卷 92，第 19—20 页）。虽然没有修改律例，但在后来的奏折中，他对有关北京及其附近地区碧霞元君圣会活动的报告未予处理。19 世纪，随着皇权衰落，与撼动帝国的重大叛乱的威胁相比，对于小规模动乱的恐惧显得苍白无力，后来的统治者除了重复空洞的禁令外，也无能为力。然而，从法律角度来看，妙峰山朝圣的中心意义无疑是其非法和危险的方面：为人们忽视正确的行为并且为威胁社会提供了机会。

明清皇帝对民间宗教的态度通常是比较矛盾的（李世瑜、韩书瑞，1988 年）。毕竟，他们有自己的朝圣活动，通常更喜欢合作而不是对抗。官府的律例和对皇家祭仪的记载，吸纳被认为是值得皇家支持的地方祭祀的历史。泰山的神灵是这个官方神殿祭祀对象的一部分：供奉他的庙宇不仅建在京城，也建在每个省府，由官员定期提供祭品，费用由官府支付。这位受到帝国广泛支持的男性神灵被描绘成一位令人敬畏的统治者，是意志坚定的审判者，但这种支持并没有延伸到地方的碧霞元君崇拜中。帝国对碧霞的支持要低调得多，只是在纪念特定参拜和捐赠的石碑和牌匾上才有半官方的记录。

明朝，以统治者的名义提供的捐助实际上往往来自内廷的妇女和宦官。高梁桥碧霞庙在 1592 年进行大规模的修缮，是为了表达感谢——当时曾在那里为一位染天花的皇子祈祷，之后皇子存活了下来（《顺天府志》，1885 年）。1608 年，宦官与皇家织染局共同创建了西顶（《万历野获编》，1619 年，卷 29，第 746 页）。清朝皇帝也十分挂念这位神灵。西顶在 1712 年得到了皇家的支持，并由康熙皇帝赠送了许多其他礼物。中顶和南顶则是在乾隆年间受到皇家财政资助的。这些皇帝还在北京城郊建造、修葺碧霞庙或赐御书（《日下旧闻考》，卷 90，第 1530—1531 页；卷 99，第 1639 页）。

我们不应自动地把这种关注视作是一种对碧霞特殊崇拜的标志，因为明清皇帝对各种各样的寺庙都很慷慨，而且满族统治者特别注重这种不厚此薄彼的慷慨。1713 年，朝廷官员为了纪念康熙皇帝六十大寿，在丫髻山修建了一座寺庙，并在与碧霞庙相对的两座山峰的第二座山上建了一座玉皇祠。在他们立的石碑上称，他们赞美的是这个地方，而不是神灵的力量（《怀柔县志》，1604 年，卷 1，第 17 页；1715 年现场石碑）。1773 年，乾隆皇帝重建了南顶，同时重建了庙宇所在地的重要桥梁。他甚至在谕旨中指出，其他人反对重建的理由是这位神灵已经拥有太多的供品（《通州志》，1879 年，第 23—24 页）。

与此相反，更多的私人记载表明，在清朝时期，私人和皇家对碧霞元君虔诚程度有所提高。1819 年 4 月 3 日，嘉庆皇帝（1796—1820 年在位）亲自登临西顶拈香，他之前至少在南顶烧过一次香，但只有《清代起居注》记载了这次登顶。道光皇帝（1820—1850 年在位）在当皇子时也曾在前往邻近围场的旅行中拜访过南顶，我们是通过他后来写的一首诗才知道这点的（《畿辅通志》，1884 年，第 11 册，卷 2，第 359—360 页）。道光仍是皇子时写的一篇向碧霞祈雨的祷文，表述了碧霞的神力，而官方声明无论如何也不能如此表述："古称积高之区神明，四方之民会此祈祷者，骈肩叠迹不可胜计"（《畿辅通志》，1884 年，第 11 册，卷 2，第 340 页）。

皇帝捐助丫髻山的历史表明，他们甚至与这位传说中独特的娘娘有着更为密切的联系。1704 年，康熙皇帝参拜了这座山庙；十年后，他在本人 60 岁生日的时候捐了更多的钱[①]；又过了十年，丫髻山在康熙皇帝神位前焚起了香（《顺天府志》，1885 年，卷 24，第 7—10 页；1723 年石碑在现场）。乾隆帝创作了两首有关这座山的诗歌。据一份私人笔记记载，在道光统治期间，其母亲（皇太后）在火灾后监督修复丫髻山庙宇，并参加了 1837 年的开光仪式（麟庆，1849 年，三集，第 31 页）。据说慈禧太后（1835—1908 年）也曾在 1886 年参拜过此地（非正式地），此后，有皇子定期来访（吴振棫，1896 年，卷 7，第 9 页）。附近有一座供皇家旅行使用的行宫（《日下旧闻考》，卷 129，第 2248—2249 页）。

因此，在皇家框架内，碧霞元君的祭祀被保持在一定的距离之外，通过限制公众行为和准正式的支持来加以控制，包括被当作私人崇拜的对象。然而，皇家对妙峰山寺庙的捐助明显是缺位的。只有在 19 世纪后期，我们才能看到强势的慈禧太后的私人兴趣：在 19 世纪 80 年代，大钟被捐赠给了山顶庙宇；据说在某个时候，她亲笔题写的三块木匾也被用来装饰庙宇的内部。然而，慈禧对妙峰山朝圣者的最大影响，是她对那些每年都去参拜的艺人的捐助（前已述及）。然而，这是该庙宇 200 年历史上第一次出现皇室直接捐助的例子。[②] 几幅现存的有关朝圣的绘画可能也是当时为朝廷绘制的。[③]

也可能是因为皇家捐赠和参拜才使得丫髻山和"五顶"的庙宇被纳入国

---

① 康熙皇帝生于 1654 年，原文误将"60 岁"写作"50 岁"。——译者注。

② 嘉庆皇后以前也曾授予给这种圣会类似的荣誉，但并未使之成为惯例（《妙峰山志》，第 35—36 页）。

③ 这些绘画（我在下面编号为 2 号、3 号）属于我所见过的五幅反映朝圣之旅的当代作品。不巧的是，我们只能在这里复制其中的一幅。

家祭祀范围，但这些庙宇兴旺程度却下降了。毕竟，皇家人员的到来赶走了普通朝圣者，而皇家捐助优先于圣会捐助，朝廷官员可能会取代当地管理者。远离权力中心和道路的妙峰山，没有受到这种恩惠的阻碍，所以它的圣会也越来越多。因此，人们很容易看到以牺牲"五顶"为代价的"金顶"的成功，这反映了人们对于不受官方或神职人员监督的寺庙的普遍偏好。

1911 年，君主制度崩溃了。相比之下，后来的民国政府和军阀政府很少支持社区寺庙，但即使不乐意，也未能禁止春季朝拜。很少有人对 20 世纪许多知识分子有关民间宗教明确的怀疑论调提出质疑。事实上，受教育的汉人的一种传统早已"影响到政府的态度"，在本文中还讨论了对妙峰山所代表的那种现象的矛盾心理。北京的精英们，无论是当地的家族、官员、文人，还是来自帝国其他地方的商人，都有自己对山脉、祭祀和更普遍民间宗教框架的理解（也是相互矛盾的）。

其中一幅（1 号）是彩色木版印刷，表现了前往颐和园路上的皇家赞助的艺人团体（包括秧歌队）；标题"万寿无疆"预示着时间是清末。原件收藏于彼得格勒隐士宫博物馆（《中国流行版画》，1988 年，113 号）。

来自清代的两幅不同的妙峰山游记彩画，原件可能藏于北京的故宫博物院。本文所示为图 8-1（2 号）展示上山途中的几组朝圣者：突出表现了工部赞助的一群表演者，但也表现了踩高跷的、开路的和杂技演员（宴图，2 号，1990 年，封底）。另一幅（3 号），显示了一个戏班子在大觉寺前表演的细节（宴图，4 号，1986 年，第 25 页）。杂志没有提供关于这些画的任何信息。

另一套绘画（4 号），表现了清代的场景（我通过约 1930 年在北京售卖的一张照片复制品看到），可以看出这是一次朝圣之旅的四幅悬挂的卷轴。每座山的背后都有山峰，前面是寺庙前的朝圣场景。与上述 2 号和 3 号类似，3 号代表了北路、南路和中部路线的浓缩景象，后者是在大觉寺前。第四幅画以涧沟为中心，并且引人注目地表现了山顶上的寺庙坐落于悬崖峭壁上。所有这些都是娱乐团体和朝圣者的中心舞台，展示了数不清的通往山顶的道路，在这些山上，休息之所看起来如同令人印象深刻的寺庙建筑（这张照片属于维克多·权［Victor Ch'üan］，我是通过于君方看到了这张照片，在此对他们二位表示感谢。目前尚无关于这张照片进一步信息）。

相比之下，在一位外国人 1939 年翻摄的照片上（5 号），粗糙的木刻板画被圣会贴在他们张贴的布告上。里面有几位穿着制服的粗犷男子，提着挂着旗子的箱子成群结队，吸引了众多人——超出了他们的规模——蜿蜒穿过群山，走向插有三角旗的顶峰（艾格纳，1939 年，第 170 页背面）。

最初，吸引京城精英的是更低矮且更近的西山，而不是更远的荒山。早在 13 世纪，这些山之所以被朝廷的成员们当作远离城区的休养之地，不是因为它们是神圣领地，而是因为其凉爽的气候和宜人的景色。多样的风水格局也使这些山丘成为理想的墓地。到明末时期，他们已经成为文人出游的好去处以及随笔和诗歌的主题（例如，《顺天府志》，1638 年，卷 6，第 68 —117页；《日下旧闻考》，卷 86、87）。皇帝及其家族在与世隔绝的园林里自娱自乐，享受着中国园林精心营造的自然景观：湖泊、小径、亭台楼阁、私人庙宇、船只、鲜花和岩石。文人们在更广阔的地方作短途旅行，他们喜欢相对原始的地方，因为这些地方的山丘、谷地和山崖可以给他们带来荫凉、宁静、眺望的远景、惊喜。他们停驻在寺庙——通常在这样的地方可以找到的唯一住处——吃斋或住一晚，对古树、艺术品，以及偶尔与和尚交谈特别感兴趣。他们追踪历史遗迹，虽然这里除了清朝皇帝狩猎场或名人坟墓外没有什么其他的遗迹。著名的寺庙，如大觉寺，较小的寺庙以及更多普通设施，当然要参观（参见《日下旧闻考》，卷 101 各处，或《帝京景物略》卷 6—7）。另一方面，神灵和神迹很少在他们的著作中被述及。

尽管西山深受欢迎，但有关妙峰山的文人诗歌或笔记几乎不存在。毕竟，妙峰山更偏远，而且也不处于前往任何其他地方的道路上。缺乏可全年住宿之地以及朝圣季节的拥挤，似乎都与孤独、高贵文人的旅行格格不入（见本书吴百益的论文）。取而代之的是妙峰山被有学识的人在当地史志的地理部分标注出来。从远处所看到的群山，统称为"仰山"，曾因已经消失的金代景观"五峰八亭"而闻名，其中一座山叫妙高峰（《顺天府志》，1407 年，卷 11，第 270—271 页）。后来的学者视妙高峰为妙峰山的前身。[①]

由文人所撰写的地方志通常会列出寺庙，会把有名的地方和每年举行节

---

① "妙峰山"一词最早出现在 1513 年的一座石碑上（奉宽，第 13 页）。

日庆典的地点进行分类。在明末的《宛平杂记》（1593 年）、《帝京景物略》（1635 年）或者其后的各种清人笔记中，都记载了东岳庙和碧霞元君庙。1758 年的《帝京岁时记》中首次列出"妙峰"，是作为个人可以参观的几座寺庙之一，也许作为"圣会"的一部分而顺便述及，该书没有把妙峰山当作著名碧霞祠堂之一（潘荣陛，1758 年，第 18—19 页）。而在 18 世纪卷帙浩繁而且极其详细的《日下旧闻考》（1785 年）中，提到了无数供奉这位神灵的庙宇，却没有提及妙峰山。

在 19 世纪，一种新的旅游文学体裁开始出现，这种文学体裁对景点的定义略有不同：《北京旅游指南》，它是为了不那么讲究而更实际的读者准备的。其中一些收集了有关纪念当地风景的短诗，其他大多数是列表。妙峰山最初是在 19 世纪 70 年代被简单地提及（《都门竹枝词》，1877 年，第 13 页），但是对朝圣的第一次详细描述出现在 1885 年出版的，不是关于北京而是关于天津的指南手册中（《津门杂记》卷 2，第 35 页）。

在清朝末期，由满人所做的几项有关朝圣的严谨学术研究，展现出了一种截然不同的态度。当时自认为北京文化代言人的满人，是这个祭祀的长期捐助者。[1] 这些作者以朝圣者和学者的身份拜访了妙峰山，以充沛的精力记录了旅途经过的标志性建筑物，并且理解了其宗教的目的。他们的著述从更为有利的角度重铸了妙峰山的朝圣。他们惊叹于人群和娱乐活动，并宣称对朝圣的香火旺盛充满热情："凡此等会，以曾经朝顶者为贵"，"京北妙峰山香火之盛，闻天下"（让廉，1899 年，第 5—6 页；唐晏，1907 年，卷 9，第 17 页；另《燕京岁时记》1900 年，第 38—40 页和后来奉宽 1929 年的研究）。

20 世纪最早的 10 年中，西式风格的综合性旅游图书出现了，有些是中

---

[1] 包括汉军八旗和满洲八旗在内的旗人，都是著名圣会的成员。明末东北地区南部城市中出现的碧霞庙表明，在 1644 年他们进入北京时，这位神灵对他们来说并不陌生（《奉天通志》，1934 年，卷 93，第 18 页；卷 93，第 32 页）。

文的，更多是外文的。在这些书中，妙峰山被称为"北京周边主要的景点之一"，其庙会"肯定是最令人兴奋的庙会"（《新北京官方规划指南》，1917 年，第 45 页；《北平指南》，1929 年，卷 4，第 19 页；《京绥铁路旅行指南》，1922 年）。这些记载，有的详细一些，有的简略一些，但都是为了让读者相信，位于妙峰山的朝圣中心是当地的骄傲和特色的来源。外国游客从这些观点中寻找线索，但仍然只有少数人坚持去旅行。1924 年通济隆公司的指南手册建议，要踏上这段旅程，你需要"不短的时间、全套旅行装备和在艰难道路上奋斗的耐心"，但裴丽珠（Juliet Bredon）称它"也许是西山之旅最美丽的一段了"（裴丽珠，1922 年，第 335—338 页；通济隆公司，1924 年，第 46 页）。

在有关妙峰山的笔记繁荣的大背景之下，20 世纪 20 年代的中国新民俗学家开始考察朝圣之旅。1925 年，美国社会学家西德尼·甘博（Sidney Gamble）说服其中国同事李景汉，无视他的朋友"以为这样烧香迷信的事情，有甚么值得辛苦"的看法，在朝圣的季节爬上妙峰山。李景汉撰写了一篇关于 1925 年那次旅行的文章，而甘博在电影和照片中保留了这次记录。同年 5 月，历史学家顾颉刚（不是北京本地人），得到北京大学民俗学研究会的资助，召集四位同事陪他登妙峰山。他们的文章首先在当地的报纸上发表，后来又在他们新办的杂志《民俗》（第 69—70 号，1929 年 7 月）上连载，重新确定妙峰山的特征。如今，妙峰山被认为是关于民间传说一个极好的例子，值得知识分子认真思考，"一种活泼的新鲜材料！"（顾颉刚，第 9 页）顾颉刚自己对这种圣会尤其感到惊讶（他的文字充满感叹号[1]），他收录了自己所能收集到的有关民俗文化令人敬佩的表现形式的全部资料——这些文化被学者们忽视许久了。[2]

---

① 顾颉刚是用汉语白话文写作的，所以里面所有标点符号都是新颖的。

② 自 1949 年以来，中国的知识分子并没有公开分享顾颉刚般的热情。相反，当代西方的学术趋势鼓励人们重新发现这些材料，而本文作者也对流行文化有着浓厚的学术兴趣。

三百年来，妙峰山的形象是通过中国受过教育的精英们的作品折射出来的，这些作品反映了朝圣本身的发展和这个日益多元化的精英群体的变化。明清时代汉族文学作品在述及宗教问题时，保持刻意的谨慎（受读者的驱策），满人文学作品则表现出（或试图表现）更多的热情和本地自豪感，而外国人则推动好奇并保持惊异。

所有这些局外人，他们的记载，以及他们的读者，在看待妙峰山方面都反映了非常不同的框架——彼此不同，也不同于那些其他的朝圣者。我们可以简而言之，对于僧人而言，关键的参照标准是佛教寺院和民间崇拜神灵之间的区别。对于碧霞的信徒来说，这是她不同显灵的相关效力；对于国家来说，朝圣是一个社会秩序问题；对统治者们自己来说，这座庙宇属于众多祭祀之一，值得支持，其重要性则由统治者们来决定；在文人看来，山寺被持续评选为京城地区众多风景名胜区之一。

我们应该更容易看出本文第一部分所叙述的妙峰山历史是如何反映妙峰山朝圣来历的。包括本文作者在内的 20 世纪实地考察者对史料的热情收集，晚清满族人对北京文化的深情记述，还有那些由圣会竖立的石碑——它们无视竞争，视自己为神灵受欢迎的关键因素。当然，故事本身并不虚假，只是有些片面。从更广阔的背景来看，妙峰山朝圣的成功并非一帆风顺并毫无争议，而是发生在一个充满矛盾、敌意、嫉妒、虔诚和信仰的领域。但是这种片面的观点也受到了来自内部的挑战，因为朝圣者本身对"妙峰山"的意义还没有统一的看法。在这里，仔细观察也可以发现更多的声音。

内部的多样性

圣会在组织和确定朝圣参与者上有多重要呢？对于那些加入团体的朝圣者来说，爬上妙峰山当然是一种集体行为——要么是与邻居和同事，要么是与可能一年才见一次面的人一起。一般来说，这些圣会会在这次年度旅行后解散，然后在第二年的早春重新集结。朝圣和相关的慈善活动的时间相当长，通常远远超过了三天——大多数人用了将近两周的时间，在四月初一山"开放"之前离开家，直到十四日或十五日才返回。

例如，鞋行于二月初一开始筹备工作。在三月二十五，它准备发布令人印象深刻的黄色公告，宣布时间表，并邀请老成员和新成员报名。然后准备参与者的名单，并且很可能在这个时候选定了当年朝圣的负责人，分配了任务，准备了资金、货物和设备。这些团体首先聚集在一个地方（通常是寺庙，但并不总是寺庙），他们团体的神像（通常是碧霞元君）在一年中被安奉在那里。鞋匠们在三月三十见面，在出发前一起过夜。四月初一，他们起程。次日，在山上的碧霞像前安坛设驾，然后在接下来的十四个昼夜里按要求修理其他朝圣者的鞋子和草鞋。四月十一，这群人开始了自己的"朝顶"，然后回到他们的休息地。四月十三，参与者的名字被记录在一份请愿书上，这份请愿书是通过焚烧的方式向神明请愿的。四月十六，所有参与者都"谢山"回家（顾颉刚，第14—16、75—103页；奉宽，第49、84、105—106页；董福明，1939年，第25页；罗信耀，1941年，第1册，第81页）。

所有的组织都会根据类似的阶段，按照通用的名称，组织这样的时间表：一起过夜，出发，开始提供服务，登顶，终止服务，然后回家。诸如此类的时间表是秩序和可预见性的重要来源，因此，圣会成员的活动高度受到限制。

在一个共同的框架内，每个圣会不仅有自己的时间表，而且有自己的领域。所遵循的路线——总是从一条路线上山，从另一条路线下山——也都是预先公布的。此外，这些圣会大多把一座寺庙或茶棚作为他们的总部：有些是临时的茅草建筑，他们以"茶棚"命名；另一些则发展成小型（甚至是大型）石制建筑。这群人是通过使用永久性石碑、木制牌匾和香炉进行宣示的方式占有此处，或者通过在每年的朝圣时期挂在那儿的旗子、灯笼和装饰物进行宣示（《妙峰山志》，第 27 页）。

此外，组团往返山顶被认为是一种高度仪式化的活动。每个圣会都必须在途中的每个休养地停下来——每隔几公里就有一个——吃一些点心。到达后，他们按固定的顺序依次进入会场，并被要求"先参驾，后落座，这边喝茶"。的确，他们会立刻在祭坛前鞠躬、献上祭品；听到钟声或锣声，然后落座。对着下山的朝圣者，圣会招待的服务人员会唱："带福还家，这边喝茶。"有时还互对短歌（顾颉刚，第 143 页；陈雷，1986 年，第 255—259 页；李景汉，1925 年，第 8—9 页；罗信耀，1941 年，第 1 册，第 88 页）。如果两组人在路上相遇，要按规矩表现出正式、体面和礼貌的尊重。

民国时期的照片显示，某些圣会成员（可能是官员）穿着制服：深色裤子和夹克，衣服上缝着圆形的徽章，上面写着圣会的名字。任何时候都要举止得体，有时还会在某个团体的宣言中阐明："本把人等不准拥挤喧哗玩戏，亦不准沿路摘取花果，以及食荤饮酒，一概禁止。"不遵约者就予以处罚（顾颉刚，第 22 页）。

对这些朝圣者来说，个人动机应该包含在对集体善行的满足之中。这些圣会所使用的名称和语言有力地强调了群体的团结：一切都是"一心"或以"一个共同的目的"来进行的。成员们把自己统称为"善士"。他们所宣称的目标是为自己赢得功德，而佛家善行的语言经常出现在重复的语句中，比如"宣扬诸善士之功德十五昼夜"。这些活动是公开的，因此被自豪地记录在牌匾、石碑上。

娱乐团体和这些服务型的朝圣者之间的基本身份不仅体现在朝圣的相似名称和程序上，而且体现在他们的分类上：按照中国人通常的二分法，分为"武"（娱乐）和"文"（服务）两类。① 表演者的行程也交织于朝圣时节。

---

① 这个"文""武"分化有可能是在 19 世纪 90 年代的皇家捐助时期正式形成的，因此折射了皇家对朝圣的象征性整顿。

他们有自己的旗子，穿着自己的特殊服装，并遵循着同样的礼仪举止。休憩处也是他们路线的节点。到达时，他们也首先向神灵表示他们的顺从，然后为神明和百姓表演（《妙峰山志》，第 21、25—28 页；董福明，1939 年，第 33—40 页）。圣会为朝圣创造了一种无形的基础结构，艺人们的音乐、服装和活力，公开点缀并活跃了更为压抑的朝圣队伍。

虽然我们可能会对这些圣会之间无组织的协调感到惊讶（顾颉刚和他的同事们也是如此），但重要的是停顿下来并认清圣会如何从无疑混乱的现实出发来运作的。并不是所有的服务都是持续可行的——茶摊倒塌了，小路被冲毁——新群体并不总是随着旧群体的消失而形成。与所有的发起者一样，这些圣会呈现出一幅非常乐观但肯定具有误导性的画面。同样，我们应该从他们对共同目标的强调中看到对理想与现实的并重。

这些一年一度的才艺展示和组织活动自然会产生竞争，而这种竞争不可能完全淹没在统一的仪式和辞令中。举例来说，我想我们必须假设，年轻强壮的人熟练地耍弄棍棒、长矛或叉子，花时间进行打扮和表演，他们为自己的技艺感到自豪并且渴望比其他队伍得到更多的喝彩（参见老舍，1985 年，第 151 页，来自 1935 年的故事）——用服装、剧目、技巧、规模、皇家的旗帜等很多方式来竞争。善会捐赠的石碑本身就是对财富的公开宣示——石碑的大小、装饰的精美程度、雕刻的质量和撰文的高雅都有很大的不同。

一般来说，这些圣会的成员代表了一个由行业、村庄或社区组成的不同组织。如果不对北京的宗教（和其他）组织进行全面研究，就无法说前往妙峰山的那些人是否代表了首都社会的某个特殊阶层。但是，如果我们承认旗人是地方社区的一个重要组成部分，那么我们可以说，当地人（相对于寄居者而言）占据着主导地位。随着时间的推移，碧霞在该地区的吸引力变得越来越广泛，附近城市天津的居民开始逐渐发挥积极作用。

天津这个商埠，其规模也许只有北京一半大，位于京城东南一百公里远的地方。在 1860 年后，随着清朝与列强缔结条约，天津被迫开放，成为通商口岸，进入了一个新经济增长阶段，成为该地区的主要城市（贺萧，1986 年）。在 19 世纪 80 年代，天津朝圣者开始在妙峰山（《津门杂记》，第 35 页）引起人们的注意。天津商人在北京日益增长的财富和影响力也许足以解释这种变化。而且信徒们愿意奉献陪祭的"王三奶奶"。来自天津的王三奶奶，自己本身就是碧霞元君虔诚的信徒。王三奶奶去世后（据说故于朝圣途中，她的坟墓位于中路），天津信徒认为"王三奶奶"对自己的祈祷表现出特别的回应，他们则以香、供品、塑像和神龛还愿（奉宽，第 27、97 页；周振鹤，1929年；李尉祖，1948 年；泽田瑞穗，1965 年，第 59 页；李世瑜，1987 年）。

不管怎样，天津朝圣者帮助开发了中路，然后是北路：建造了新休憩点，提供灯笼，照亮道路，使朝圣者能够在晚上安全旅行。（《妙峰山志》，第 38页。首都图书馆拓片，1906 年，745 号；1925 年，687 号。奉宽，第 54 页）

19 世纪 20 年代，在活跃于天津的 18 个朝拜圣会中，大多数已经合并成单个的"联合圣会"（奉宽，第 51—52 页）。他们在山顶建造并维护了许多新的殿堂，很少有游人能忽视这一事实（首都图书馆拓片，1920 年，689 号；1925 年，687 号。李景汉，1925 年，第 8 页）。考虑到朝圣期间普遍存在着共同的精神目标，那些来自北京的成员年龄大、可能不太富裕的群体在接受这种铺张的捐助时，会有怎样的复杂情感呢？只能依靠我们的想象。

对于这些圣会，不仅要考虑到内部分裂的压力，还要考虑到那些经常并不参加朝圣的局外人对圣会非持续同情的观点。我们可以先了解圣会的声明。在声明中，圣会解释了自己是什么样的组织，表示不希望被误解：我们是仁义的良善之民（而非出家僧人和闹事者），是真诚供奉（而不是旅游）这位娘娘（而非她的其他化身，亦非其他神灵）的，而且是一心一意（而非争夺）地供奉。

圣会可能在某种程度上会限制其成员的活动和态度，但影响所有朝圣者则完全是另一回事。尽管这些圣会使我们相信，每位朝圣者的经历都被牢固地建立在这种有组织的公益精神的环境和氛围中，但绝大多数朝圣者（至少80%）都不是这种团体的成员。[①]

当然，不管有没有组织，朝圣者都有共同的经历。五顶和普通的休憩点，以及四月初八前后的两个星期，共同构成了时间和空间的网格。在这个网格上，那些独自攀爬妙峰山的人也计划着朝拜。与在途中上来下去的一队一队人一样，每个人都会在这些小寺庙前驻足致敬，喝上一碗茶或粥，并捐上一点钱。他们作为观看杂技、举重、变戏法和剑术的观众，加入了拜神的行列。他们听着民歌，观看舞狮和踩高跷。到了山顶，他们也挤进院子里，挤到圣坛旁的一个地方，在每一个单独的神龛前都要拜谒一番。所有的人都被锣鼓声、唢呐声和钟声弄得震耳欲聋，淹没在飘扬的旗帜、烟雾和刺鼻的熏香之中。下山的时候，每个人都戴着有吉祥图案的红色纪念剪纸，晚上在黑暗中像一条游龙，在山谷中形成了一道光。

当然，也有不同之处。单个朝圣者（或更有可能是一个小的家庭团体）的旅程比一个大圣会的旅程要短得多，没有规定的路线或时间表，在一年中的任何时候都可能发生。[②]穿着凉鞋，带着瓶子、香囊和手杖，不需要特殊的服装，就可以表明他们是朝圣者——照片显示他们的服装有很大的变化。

此外，这些朝圣者的注意力并没有放在他们的旅伴身上，而是集中在他们的目标也就是寺庙里的神灵身上。对他们来说，妙峰山的故事肯定不是关乎交情，而是关乎神灵的功效，关乎众所周知的奇迹，关乎人与人之间的关系。一个人到来，是因为传说女神可能会回应个人的求助——她的寺庙不是

---

① 李景汉估计，其中10%—20%的朝圣者是圣会成员（1925年，第9页）；董福明说有5%（1939年，第26页）。

② 从北京出发前往妙峰山的旅程通常需要三天两夜，那些能够负担得起交通工具的人需要的时间更少，特别是在火车和汽车出现之后。

叫"灵感宫"吗？她的承诺被镌刻在无数的牌匾和横幅上："有求必应"。

此外，和中国其他地方的朝圣者一样，妙峰山朝圣者祈祷时的用语不是善行，就是衷心的承诺、诚挚的誓言和慷慨的回报。人神之间这种交易的核心是朝圣者的誓言。向神灵提出请求可以在任何地方、任何时间，但这种祈祷应该伴随着真诚的感谢，表达为一种苦修或慈善的行为。请求和许愿，如果紧随其后的是一个神圣的回应，还可能会还愿（罗信耀，1941 年，第 1 册，第 79 页；杨庆堃，1961 年，第 87 页）。

一些苦修是在上山朝圣的过程中进行的，尽管苦修者相对较少，但他们似乎为所有看到他们苦修的人设定了宗教虔诚的重要基调（顾颉刚，第 159—160 页）。穿着囚服的人，脖子上套着一副木枷，坐在路边募捐，以履行修复当地的一座寺庙的誓言；一个人背着马鞍，像马一样四肢着地向上爬，一言不发，感谢神明"治好"了他的疾病；裹着小脚的女人，迈着沉重的步子，三步一叩地爬上山（奉宽，第 61 页；李景汉，1925 年，第 10 页；艾格纳，1939 年；《妙峰山指南》；罗信耀，1941 年，第 1 册，第 86—87 页），这些鼓舞人心的榜样们，在疲惫不堪地坚持登顶之后，受到了其他朝圣者的特别敬重——显而易见的痛苦几乎肯定会得到这样的回报。他们是碧霞力量的鲜活象征，是神灵与每一位朝圣者之间活跃的纽带。他们以极端形式表现了似乎是理想朝圣者的态度：真诚、奉献、坚韧不拔、全心全意、感激。

如果说登顶有时意味着痛苦，那么下山则是快乐的。朝圣者希冀神灵酬之以"祝福"和"好运"。山顶大量出售象征着这些福气的东西：蝙蝠（谐音"福"）、蝴蝶、老虎、鲜花、金鱼等等。售卖的红色腰带宣告佩戴者已经"朝山敬香，带福还家"（顾颉刚，第 162 页）。

为在妙峰山相遇的朝圣者所规定的问候语——在前往山顶的路上，每个人都低声说"哦，虔诚！"，也可以被替换为"您好呵"和"借光"；下山则是"带福还家"（《妙峰山指南》）——包含了这些价值观：在一个陌生人经常受到忽视、按等级身份的方式进行称呼的社会里，坚持要求参与这一共同活动的人们之间统一用这样的措辞进行交流，说明虔诚比地位更重要，所有人都会得到祝福。

与朝圣相关的其他用语（并非此处所独有的），可能暗示着传递给（并且表达给）朝圣者其他潜在的价值观。神灵们被认为住在"宫"和"殿"里，朝圣者来"进香"是为了"朝顶"，完成后，他们"还愿"，"谢山"，最后"回香"。这种从宫廷礼仪中借用的部分术语，赋予仪式以庄严和权威。虽然这种恭敬奉承的语言可以维护朝圣活动的正统性，但它和妙峰山本身一样，也强调了神灵的强大和请愿者的谦卑。

远离熟悉的场景，和山上明亮的寺庙殿堂、神像、缭绕而起的香、古老的石碑以及古松的存在，传达了一个强有力的信息：这是一个超越时空的区域，充满了文字和物质符号，而这些文字和物质符号强调的是集中的神力所具有的不朽和永恒，普遍和无处不在，吉祥和祝福，圣洁和美德。

神灵吸引力的普遍性是朝圣修辞的另一个重要部分。个人祭拜的焦点——碧霞元君——被认为是善良、有教养、宽容和仁慈的。从理论上讲，她被认为对任何请愿者都是慷慨的，如"金光普照"，"慈惠天下四方男女老幼远近"。在碧霞的面前，人人都是平等的。不分阶层和性别的正式问候语，普普通通的粥和茶，以及原始的住宿条件，进一步促进了这种均衡。此外，焚香是一种简单的仪式，可以把所有的人都团结起来，使每个人都成为朝圣者。

不巧的是，我们没有找到关于普通朝圣者描述他们自身感受的记载。观察家的证词强调，朝圣者达成了期望，他们带着纪念品回家，唱着、笑着，似乎洋溢着欢乐和喜悦，"心中充满了快乐"。维克多·特纳所提出的，在其他朝圣的基础上所拥有的，被称之为"群体"（1974年）的那种非同寻常的好感，甚至会给对此抱有非常怀疑态度的游人也留下了深刻的印象。1919年，一位佛教僧人认为它"如同另一个世界"（修明，1986年）。而顾颉刚也是如此，他被这种和谐友好的行为所打动（第 73 页）。顾颉刚的朋友李景汉（1925年，第5—6 页）对这里的秩序与和平感到惊讶。另一项研究发现，每个人都在进行同样的仪式，而且"一心一意"，这种经历"将所有社会阶层的人转变为一个家庭"（《妙峰山志》，第 4 页）。一位受过西方教育的知识分子指出，"一种神秘的气氛会使每一个去拜见女神的人磕头，即使这个人可能不是信徒"（董福明，1939 年，第 28 页）。有两位西方人写道，总的来说，"旅行者中存在着完美的民主。一路上，人们彼此分享，势利感荡然无存"（裴丽珠、伊戈尔，1927 年，第 285 页），揭示了他们自己对团体的标准。

这种一致的证词不能被忽视，但重要的是要记住，在这里，个人（甚至圣会成员）是在自己和他人期望的微妙压力下做出这种行为的，个人的不安、烦恼或失望的感觉要加以抑制。

有关春季朝圣的前期宣传，主要是由团体组织在寺院、政府和文人看法的背景下创建的，目的是指导可能的朝圣者，并且提高期望。宗教书籍和手册描述了这条路线，讲述了有关妙峰山的故事。[①]一本未注明年代（约 1940年）的小册子《妙峰山指南》，其内容相当学术化。该小册子为朝圣者提供了哪些应该做哪些不该做的建议。大多数朝圣者也可以从彩色木刻版画、在家乡或朝圣途中听到的歌曲和奇迹故事中了解到应该期待什么。[②]当现实被证明是不那么美妙时，有些人或许不会感到失望。

此外，朝圣者——如同圣会——纷至沓来，社会等级和性别等级的习惯

---

① 朝圣者手册在裴丽珠、伊戈尔所著的书中（1927 年，第 286 页）有提及。据说有一部关于这位碧霞的经文（杜安，1910 年，卷 12，第 135—136 页）和另一部有关王三奶奶的经文（扶乩）（周振鹤，1929 年，第 74—75、94—96 页）。我一直没有找到这些东西。

② 最近这些故事的抄录，参见张宝章、彭哲愚（1985 年，第 190—192 页）。我的研究还没有包括更多收集这类史料的实地考察。在第 380 页注释③中所描述的 1、2、3 号画作强调通过在中心放置几组表演者来展现娱乐场景。如同高居翰的论文（本书第 6 篇文章）中描述的绘画，这些画作在旅行前后都可以欣赏。

在平等主义的表面之下是不可能隐藏很久的。多样性虽然证明了神灵广泛的吸引力，但也使平等和伙伴关系的理想受到了威胁。的确，圣会成员自豪地把自己与普通朝圣者区分开来，而且与在其他地方一样，富人比穷人更容易减轻他们的不适。

我们是否应该假设，在祭拜娘娘时，女性和男性怀着同样的期待呢？至少，女性应该特别乐意有机会因为一个节日走出家门（此为官方关注的公共道德）。那些因为孩子和生育问题向碧霞和其同伴娘娘寻求庇护的朝圣者，实际上可能代表了一个特殊的群体。毕竟，在他们心中，这位天仙圣母已经成为中国这一地区至高无上的女神。这些话题通常不在我们的资料来源之内，但是通济隆公司的北京指南手册告诉我们，山顶上"送子娘娘和眼光娘娘（碧霞的同伴神灵）被相信他们奇迹般治愈和赐福的人数"（1924 年，第 46 页；亦参见艾格纳，1939 年，第 171 页）。但这样的请愿者可能大多数是男性。最好的证据是，女性人数实际上很少，圣会不超过 10% 的成员是女性。①

同样值得记住的是，碧霞不是朝圣中唯一被崇拜的神灵。一些圣会在庙宇里供奉其他神灵，因此各种茶摊也会把这些神灵供奉在主祭坛旁边。在顶上（就像中国的任何寺庙一样），随着岁月的流逝，有许多附属的神龛——这里供奉着释迦牟尼像、观音，以及财神和药神。艺人行会向他们的祖师爷捐款，工匠们也是如此。为东岳帝而建的回香亭是所有朝圣者必到之处（顾颉刚，第 130、173 页）。因此，虽然每个人都会立即前往大殿，在每个祭坛前烧香，但不同的个人和团体仍然与除碧霞之外的神灵有着特殊的关系。

我们也不应该忘记，并非所有上山的人都是来朝圣的。在公共慈善得到

_____

① 从 1689 年至 1936 年之间为这种朝圣所建的 47 块石碑来看，有大约 7000 个名字，其中 300 个（4%）是女性。但这些石碑中，只有 20 块列有女性的名字，在这 20 块石碑中女性名字只占 7%。李景汉估计女性有 7%—8%（1925 年，第 9 页），而西德尼·甘博同一年的照片显示很少有妇女（见上文）。十年后卜德拍摄的照片也相差无几（私人通信，1989 年）。

鼓励的场合，乞丐会聚集在一起，每年都有残疾人和赤贫者出现在通往妙峰山的路上。（至少）在 20 世纪，他们沿路而行，并且向前来朝圣的人大声喊着、分享着他们的祝福："虔诚的老爷，可怜我这前生造孽、今世果报的废人吧！"（F. 澜，1921 年；李景汉，1925 年，第 5—13 页）

住在妙峰山庙宇附近的村民和农民做些什么呢？围绕着妙峰山的坚硬多石的山脉在北京的经济中逐渐发挥作用，这里出产核桃、杏子、山楂、桃子、石料和石灰石等非重要资源。当地居民因此欢迎每年涌入的朝圣者，卖主在游人中寻找顾客。身强力壮的男人可以出借自己的劳动力当"爬山虎"，运送富人上山。一些摊贩在路边售卖当地的水果，而另一些摊贩则向希望购买桃木拐杖的下山者叫卖，还有一些人用纸、毛毡或麦秸编成帽子、篮子等纪念品（董福明，1939 年，第 28 页；修明，1986 年；《北平旅行指南》，第 57—58 页）。在主要的起点，客栈和餐馆也可以在这个时节做大量的生意，小一些的居住点、房间被租出去并设为临时就餐处。清静的涧沟村，是所有朝圣者进行一年一次的最后攀登前的休息处，难怪当地人把朝圣时节称为"庙秋"（《北平旅行指南》，第 57—58 页）。①

总之，个人朝圣者本身都是一群混杂的人，他们怀着各种不同的期望、兴趣和关注来到这座山。他们使用的朝圣用语强调的不是集体，而是个人与神灵的关系。对他们而言，没有必要分享促进旅程的圣会的目标和价值。虔诚的苦修者必须专心致志，而不会在意基础设施的条件。普通游客则可以随心所欲。因此，我们不仅不应让圣会的正式声音代表整个朝圣者群体，也不

---

① 似乎是在天津商人的鼓励下，玫瑰种植业于 20 世纪在妙峰山地区发展起来。玫瑰用于制作昂贵的酒、茶和香料，而山上的空气和水使它们具有了一种特殊的香味。朝圣之后是收获玫瑰的时节，庙宇的庭院用来进行选分和晾晒玫瑰（郝播德，1923 年，第 59—65 页；奉宽，第 45 页）。关于"为什么妙峰山的玫瑰在六月开花"，据当地人说，传说碧霞（显然被说成是这些商人的朋友）让这些玫瑰花开得很晚，是为了避免信众把玫瑰花摘光（张宝章、彭哲愚，1985 年，第 193—194 页）。另外，这个地区每年有十个月的时间仍然是相当荒凉的。

应过高估计"特纳进程"的统一效果，我们还可以反思多样性为整个体验所带来的实际活力。

对妙峰山朝圣历史的多方面认识可以提醒我们，接受任何一个圣会的规范性观点是有风险的，而且这种认识也可能意味着可以更好地了解该朝圣之地的兴旺程度。事实上，妙峰山的力量来自被赋予的多重含义，以及前往那里朝圣者的多样性。内部的多变性，有组织的圣会和个人朝圣者的结合，为朝圣活动提供了能量。同样，更广泛的碧霞祭祀，以及与其他寺庙和其他神灵的竞争，统治者和精英的敌意和捐助的混合，为这座山人气的日益增长提供了动力。

结论

尽管存在争论，妙峰山的朝圣圣会仍然保持着其特色，这一点值得我们深思。

由于缺乏中国其他时间和地点的圣会史料，所以无法充分评价这些圣会的意义（类似的组织在其他文化中是常见的）。在明末以前，北京城市历史中没有关于这类群体的记载。从16世纪80年代起，这些圣会留下的石碑数量不断增加，而且目击者也注意到它们的存在。这类群体中有相当的比例与东岳（首次出现的）以及后来的碧霞元君（后来的）的祭祀有关，随着时间的推移，京城其他寺庙也组织起圣会。清朝时期，北京志愿组织的范围在总体上有了稳定的发展。鉴于此过程过于复杂，此处就不赘述，北京志愿组织与其他城市同业行会（张琳德，1986年，有关上海的研究；罗威廉，1989年，有关汉口的研究）、其他地区清末精英组织的发展趋势是一致的（冉枚烁，1986年）。这些发展只是部分地反映了中国社会正在发生的变化。

当然，毫无疑问，在初级和次级文献中，虽然对它们的描述是零散而无系统的①，但中国早在 16 世纪以前就已经存在了志愿宗教组织。如果没有进一步的研究，就不可能把本文研究对象的发展放在一个更长期的背景之下，我对在现代早期所发生的一些不同事情的看法也无从得到验证。

在明清时期，如果没有对其他圣地的研究，把妙峰山朝圣与其他朝圣地的活动相比较也是困难的。

大多数研究中提到的圣会似乎是在中国北方地区的朝圣圣会，实际上是为泰山碧霞祭祀而组织的（明恩溥，1899 年，第 142—144 页；杜赞奇，1988 年，第 122—128 页；杜德桥，本书第 1 篇文章和研讨会论文；吴百益，本书第 2 篇文章）。本书中的研究（以及为以前的会议所做的研究）表明，这种规模的组织活动对整个中国来说可能是非典型的。②

20 世纪的实地考察提供了一些史料。顾颉刚（第 12 页）指出北方的香会和南方的赛会——神像从寺庙里抬出来，然后沿着社区的街道游行——之间的区别。尽管这种区别有一定的可能性——这样的游行在北京确实很少见——这种常见的南北类别之分似乎相当草率。

由于有许多实地考察研究，我们对近代台湾的宗教组织有了比较完整的了解。在那里，游行是很常见的。人类学家对基于归属关系而非自愿关系的组织活动最感兴趣。他们发现，新的神龛是通过分香形成的，并把这些团体视为朝圣的组成单位（例如，施舟人，1977 年；桑高仁，1987 年）。

本文所描述的朝圣圣会并不符合这种模式。它们是在各种联系的基础上建立起来的（具体如何建立尚不清楚）：村民们作为庙宇社区的部分成员参与其中，同业公会成员们结伴而游，来自同一官署的同僚们一起参加，以及

---

① 有关中世纪的这类组织，参见谢和耐，1956 年，第 251—269 页。爱德华·肖内西（Edward Shaughnessy）善意地提醒我注意这些群体。

② 劳格文（见本书第 7 篇文章）所研究的武当山的一些石碑，使用了"会首"之类的术语，似乎代表着社区。于君方在本书第 5 篇文章中提到的"汤房庙"，是由 19 世纪 40 年代沿南五台山的特定村落支持的，看起来和我们所关注的妙峰山上的茶摊相类似。

没有其他共同活动的业余演唱者、武师、大批城区店铺主和居民组成的团体。这些团体并不总是代表明确界定的社区。桑高仁所称的台湾 20 世纪早期的"社团"可能与之更为相似，包括城市和农村的"弱势"群体，他们也参加了一年一度的庆祝活动（1987 年，第 84—86 页）。但在进行有意义的比较和发现更广泛的模式之前，还需要进行大量的研究。

在此之前，本文介绍了中国近代早期一个看似简单的区域性朝圣中心，并呼吁人们关注那些似乎是该中心最重要捐助人的组织。最后，我所叙述的仍然是他们的故事。

参考文献

明、清文献再版的引文给出的是原书卷号和再版页码。

引用文献

《清代起居注册》，台北"故宫博物院"，1985 年。

《军机档》，台北"故宫博物院"，按年代编号。

金勋，《妙峰山志》（附《皇会考》），1929 年抄本。

《津门杂记》，1885 年。

《清实录》，沈阳，1937 年；台北，1964 年再版。按日期引用；每个皇帝统治时期单独分开。

《日下旧闻考》，约 1785 年；北京：北京古籍出版社，1983 年再版。

奉宽，《妙峰山琐记》，北京：北京书局，1929 年。

Catalogue of Chinese Rubbings from the Field Museum（菲尔德博物馆中国拓本目录）. Edited by Hartmut Walravens（哈特穆特·特文斯）. Field Museum of Natural History, Fieldiana Anthropology, new series, no. 3. Chicago, 1981.

《钦定大清会典图事例》，1899 年；台北，1963 年，再版。

许道龄，《北平庙宇通检》，北平：国立北平研究院史学研究会，1936 年。

励宗万，《京城古迹考》，1745 年前；北京：北京古籍出版社，1981 年。

《宫中档雍正奏折》，台北"故宫博物院"，1977—1980 年。

顾颉刚《妙峰山》，广州：中山大学语言历史学会研究所，1929 年；台北，1970 年再版。

《北平旅行指南》，未标注日期，约 1935 年，非连续编页。

《灵应泰山娘娘宝卷》，明代，中国社会科学院宗教研究所藏复印本，北京。

金禅雨，《妙峰山指南》，名胜导游社，19 页小册子，约 1936 年。

《大明一统志》，1461 年；1505 年再版。

《内务府掌仪司承应各项香会花名册》，档案由北京图书馆整理，1937 年。

《碧霞元君护国庇民普济保生妙经》，《续道藏》，1607 年；台北，1961 年，再版。

北京图书馆石碑拓片，目录号按时间排序。

首都图书馆拓片，目录号按时间排序。

《顺天府志》，版本：

(1)《顺天府志》，1407 年，北京：北京大学出版社，1983 年；1885 年版本的 1403—1407 年部分是《永乐大典》部分的再版。

（2）《万历顺天府志》，1638 年。

（3）《光绪顺天府志》；台北，1965 年，再版。

刘侗、于奕正，《帝京景物略》，1635 年；北京：北京古籍出版社，1980 年，再版。

敦礼臣，《燕京岁时记》，1900 年。由卜德为《燕京岁时记》译注，第 2 版，香港：香港大
　　学出版社，1965 年。

沈榜，《宛署杂记》，1593 年；北京：北京古籍出版社，1961 年，再版。

沈德符，《万历野获编》，1619 年；北京：中华书局，1979 年，再版。

其他文献

Arlington，L C（阿灵顿），&William Lewisohn（威廉·卢因森）. 1935.*In Search of Old
　　Peking*（北京寻古）. Peking：reprinted. New York：Paragon Book Company，1967.

Bogan，M L C（柏干）. 1928. *Manchu Customs and Superstitions*（满族的习俗与迷信）.
　　Peking.

Bouillard，G[eorges]（普意雅）. 1921. *Péking et ses environs*. *Première série*：*Le Yang Shan
　　et ses temples*（北京与畿辅，第一系列：仰山寺庙）. No pagination.

——1923. "Usages et coutumes à Pékin durant la 4e lune（四月的北京风俗习惯）." *La
　　Chine*38：299-311.

——1925.Sheet 141 of "Carte de la Chine（中国地图）"（1 ：100，000）prepared for the
　　French Ministry of Communications.

Bredon，Juliet（裴丽珠）. 1922. *Peking*：*A Historical and Intimate Description of its Chief
　　Places of Interest*（北京）2d ed. Shanghai：Kelly & walsh.

Bredon，Juliet（裴丽珠），and Igor Mitrophanow（伊戈尔）. 1927.*The Moon Year*：*A Record
　　of Chinese Customs and Festivals*（阴历年——中国风俗节日记）. Shanghai：Kelly
　　&Walsh.

Burgess，John Stewart（步济时）. 1928. *The Guilds of Peking*（北京的行会）. New York：
　　Columbia University Press.

张宝章、彭哲愚，《香山的传说》，石家庄：河北少年儿童出版社，1985 年。

Chavannes，Edouard（沙畹）. 1910. *Le T'ai Chan*：*Essai de monographie d'un culte chinois*
　　（泰山志）. Paris：Leroux；reprinted. Peking，1941.

陈雷，《妙峰山的茶棚与茶棚小调》，《文史资料选刊》，第 30 辑，北京：中国文史出版社，
　　1986 年。

《宸垣识略》，1788 年；北京：北京古籍出版社，1981 年，再版。

蒋一葵，《长安客话》，明代万历朝；北京：北京古籍出版社，1980 年。

《畿辅通志》，1884 年；石家庄：河北人民出版社，1985 年，再版。

China Between Revolutions：Photographs by Sidney D Gamble 1917-1927（变革中国：甘博 1917—1927 年摄影）. 1989. New York：China Institute in America.

Chinese Popular Prints（中国民间版画）. 1988. Leningrad：Aurora Art Publishers.

《京绥铁路旅行指南》，1922 年第 3 版。

周振鹤《王三奶奶》，《民俗》，第 69—70 期，1929 年，第 68—107 页。

Cook，Thos，and Son（通济隆公司）. 1924.*Cook's Guide to Peking*，*North China*，*South Manchuria*，*Korea*（通济隆旅游手册）. 5th ed.Peking：Thos Cook and Son.

Douin，M G（杜安）. 1910-1912. "Cérémonial de la cour et coutumes du peuple de Pékin（宫廷和北京平民的礼仪）." Bulletin de l'association amicale franco-chinoise（Paris）2：105-138，215-237，327-368；3：134-155，209-233；4：66-84.

Duara，Prasenjit（杜赞奇）. 1988. *Culture*，*Power*，*and the State：Rural North China*，*1900-1942*（文化、权力与国家：1900—1942 年的华北农村）. Stanford：Stanford University Press.（该书中译本为王福明译，南京：江苏人民出版社，2003 年。——译者注）

Dudbridge，Glen（杜德桥）. 1991. "A Pilgrimage in Seventeenth-Century Fiction：T'ai-shan and the Hsing-shihyin-yuan chuan（一部 17 世纪小说中的进香：泰山与《醒世姻缘传》）." *T'oung Pao* 77.

Edkins，Joseph（艾约瑟）. 1893. *Chinese Buddhism：A Volume of Sketches*，*Historical*，*Descriptive*，*and Critical*（中国的佛教）. 2d ed. London.

Eigner，Julius（朱利叶斯·艾格纳）. 1939. "Strange Ceremonies Connected with Buddhist Pilgrimage to Miao Feng Shan（与妙峰山佛教朝圣有关的奇特仪式）." *China Journal* 30，3：168-172.

《奉天通志》，1934 年。

Gernet，Jacques（谢和耐）. 1956. *Les Aspects economiques du bouddhisme dans le societe chinoise du Ve au X' siecle*（中国 5—10 世纪的寺院经济）. Saigon：Ecole Française d'Extrême-Orient.

Goodrich，Anne Swann（安·丝婉·富善）. 1964. *The Peking Temple of the Eastern Peak：The Tung-yueh Miao in Peking and Its Lore*，*with 20 Plates*（北京东岳庙及传说）. Nagoya：Monumenta Serica. Research done in the 1930s.（该书中译本为李锦萍译，北京：清华大学出版社，2018 年。——译者注）

Groot，J J M de（高延）. 1903-1904. *Sectarianism and Religious Persecution in China*（宗教

的一页——中国的宗派和宗教迫害）. Reprinted. Taipei，1963.

Grübe，Wilhelm（葛禄博）. 1901. *Zur Pekinger Volkskunde*（北京民俗·民族皇家博物馆）. Königliche Museum fur Volkerkunde zu Berlin Veröffendichen，vol. 7，nos. 1-4. Berlin.

Guide Book to the New Official Plan of Peking（新北京官方规划指南）. 1917. Edited by the Geographical and Topographical Society of China（地理和中国地形学会）. Shanghai.

Hershatter，Gail（贺萧）. 1986. *The Workers of Tianjin*，1900-1949（天津的工人，1900—1949）. Stanford：Stanford University Press.

修明，《朝拜妙峰山娘娘顶杂记》，《文史资料选编》，第 30 辑，1986 年，第 249—250 页，根据 1919 年一次行程记述。

许道龄，《玄武之起源及其蜕变考》，《史学志刊》，第 1 卷，第 5 期，1947 年，第 223—240 页。

《华北宗教年鉴》，北京，1941 年。

《怀柔县志》，1604 年。

Hubbard，Gilbert E（郝播德）. 1923. *The Temples of the Western Hills*（西山的寺庙）. Peking：Librairie frangaise.

Imbault-Huart，Camille（于雅乐）. 1885. "Le pèlerinage de la montagne du Pic Mystérieux près de Pékin（北京附近神秘的山顶朝圣）." *Journal Asiatique*，8th series，5：62-71.

让廉，《京都风俗志》，1899 年。

Johnson，Linda Cooke（张琳德）. 1986. "The Decline of Soochow and the Rise of Shanghai：A Study in the Economic Morphology of Urban Change，1756-1894（苏州的衰落和上海的崛起：城市变化的经济形态研究，1756—1894）." Ph.D. dissertation，University of California，Santa Cruz.

Lan，F（F. 澜）. 1921. "Souvenir d'un pèlerinage à Miao fung shan（妙峰山朝圣纪念品）." *La Chine* 4：272-274.

老舍，《月牙儿》，北京：人民文学出版社，1985 年

李景汉，《妙峰山"朝顶进香"的调查》，《社会学杂志》，第 2 卷，第 5、6 期合期，1925 年，第 1—42 页。

李世瑜，《王三奶奶的故事》，1987 年。

Li Shiyu（李世瑜）and Susan Naquin（韩书瑞）. 1988. "The Baoming Temple：Religion and the Throne in Ming and Qing China（保明寺：中国明清时期的宗教与皇权）." *Harvard Journal of Asiatic Studies* 48，1：131-188.

李尉祖，《北京地区四大门崇拜》，《民俗研究》，第 7 期，1948 年，第 1—94 页。

麟庆，《鸿雪因缘图记》，1849 年。

刘厚滋，《北平东岳庙碑刻目录》，《国立北平研究院汇报》，第 7 卷，第 6 期，1936 年，第 116—138 页。

罗香林，《妙峰山与碧霞元君》，载罗香林编《民俗学论丛》，台北：传记文学出版社，1968 年，第 1—57 页。初写于 1929 年。

Lowe, H Y [Lo Hsin-yao]（罗信耀）. 1941. *The Adventures of Wu: The Life Cycle of a Peking Man*（吴氏历险记：一个北京人的生命周期）. Peking; reprint ed., Princeton: Princeton University Press, 1983.

梅邨，《北京西山风景区》，北京：北京旅游出版社，1983 年。

村上知行，《北京岁时记》，东京，1940 年。

Naquin, Susan（韩书瑞）. 1986. "The Pilgrimage to Miao-feng-shan（妙峰山的朝圣之旅）." Paper presented at the Second International Conference on Sinology. Taipei.

潘荣陛，《帝京岁时纪胜》，1758 年；北京：北京古籍出版社，1981 年，再版。

《北京历史纪年》，北京：北京出版社，1984 年。

《北平指南》，北平：北平民社，1929 年。

Rankin, Mary Backus（冉枚烁）. 1986. *Elite Activism and Political Transformation in China：Zhejiang Province, 1865-1911*（中国的精英行动主义和政治转变：浙江［1865—1911]）. Stanford：Stanford University Press.

Rowe, William T（罗威廉）. 1989. *Hankow：Conflict and Community in a Chinese City, 1796-1895*（汉口：一个中国城市的冲突和社区，1796—1895）. Stanford：Stanford University Press.（该书中译本为鲁西奇、罗杜芳译，北京：中国人民大学出版社，2016 年。——译者注）

Sangren, P Steven（桑高仁）. 1987. *History and Magical Power in a Chinese Community*（一个中国社区的历史和魔力）. Stanford：Stanford University Press.

泽田瑞穗，《蟠桃宫诸神》，《东方宗教》，第 26 期，1965 年，第 55—75 页。

Schipper, Kristofer M（施舟人）. 1977. "Neighborhood Cult Associations in Traditional Tainan（旧台南的街坊祀神社）." In *The City in Late Imperial China*, edited by G W Skinner, 651-676. Stanford：Stanford University Press.

Smith, Arthur H（明恩溥）. 1899. *Village Life in China：A Study in Sociology*（中国乡村生活）. New York：Revell.（该书中译本为午晴、唐军译，北京：时事出版社，1998 年。——译者注）

《泰安府志》，1760 年。

《泰山志》，明嘉靖时期（1522—1566）。

唐晏，《天咫偶闻》，1907 年；台北：古亭书屋，1969 年再版。

陶允嘉，《西山纪游》、《名山胜概图》，1633 年。陶允嘉于 1614 年游览西山。

《都门竹枝词》，1877 年。

《都市丛谈》，约 1940 年。

Tung Fu-ming（董福明）. 1939. "Chinese Itinerant Players at Miao Feng Shan. Evidences of Greek Influence in the Pilgrimage Plays at the Temple of the Jade Lady（妙峰山的中国巡回表演者）." Reprinted from *Collectanea Commission is Synodalis*（Peking）12，1：20-43.

《通州志》，1879 年；台北，1968 年，再版。

Turner，Victor W（维克多·特纳）. 1974. "Pilgrimages as Social Processes（作为社会交往过程的朝圣）." In *Drama，Fields，and Metaphors*，edited by Turner，166-230. Ithaca：Cornell University Press.

《宛平县志》，1684 年。

吴振棫《养吉斋丛录》，1896 年；台北，1968 年再版。

Yang，C K（杨庆堃）. 1961. *Religion in Chinese Society*（中国社会中的宗教）. Berkeley：University of California Press.

作者简介 [1]

　　高居翰（James Cahill）：加利福尼亚大学伯克利分校艺术史教授，专攻中国画。他的著作和文章包括：《中国绘画》（1960 年）、《气势撼人：十七世纪中国画的自然与风格》（1982 年）和《中国画的三种历史选择》（1988 年）。目前，他正在撰写五卷本的中国绘画系列的第四卷，前三卷已经出版。近年来，他花了大量时间在中国参观收藏、学习和讲学。

　　杜德桥（Glen Dudbridge）：牛津大学中文系教授，牛津大学学院院士，英国科学院院士。他曾在剑桥大学和香港新亚洲研究院接受培训。他的主要著作（译作）有英译《西游记》（1970 年）、《妙善传说》（1978 年；中译本，1990 年）和《李娃的传说》（1983 年）。他目前的工作是研究中国的宗教文化。

　　伯纳德·佛尔（Bernard Faure）：斯坦福大学宗教研究的副教授。他在法国出生并接受教育，1984 年在巴黎大学获得了法国人文文学博士学位。他的

著作包括：《正统性的意欲：北宗禅之批判系谱》（1988年），《禅的洞见和溢见：禅传统之认识论批判》（1989年），和《顿之修辞：禅佛教之文化批判》（1991年）。目前，他正在研究14世纪早期日本禅宗莹山绍瑾的宗教世界观，以及佛教对图表作为口传和书写之间的媒介的使用。

詹密罗（Robert M. Gimello）：亚利桑那大学东亚研究和宗教研究教授。他在哥伦比亚大学获得博士学位，曾在加州大学圣巴巴拉分校和达特茅斯学院任教。他的著作包括《禅宗与华严研究》（与彼得·格雷戈里［Peter Gregory］合著）、《解脱之路》与（罗伯特·布斯韦尔［Robert Buswell］合著），文章《华严佛教与比较神秘主义研究》等。他目前正在研究公元7世纪到12世纪的东亚佛教思想史。

劳格文（John Lagerwey）是法国远东学院的成员。他在哈佛大学获得博士学位，并在中国从事道教仪式的实地研究。他的著作包括《无上秘要：六世纪的道教大全》（1981年）、文章《中西宗教的口头与书面》，载于《东亚的宗教与哲学：汉斯·施泰宁格纪念文集》（1985年）和《中国社会与历史上的道教仪式》（1987年）。他继续在道教历史和目录学领域进行研究。

韩书瑞（Susan Naquin）是宾夕法尼亚大学的历史学教授。她在耶鲁大学获得博士学位，著有《千年末世之乱：1813年八卦教起义》（1976年）和《十八世纪的中国社会》（1986年）。她目前正在撰写一本有关近代北京民间宗教和公共空间的书①。

吴百益（Pei-yi Wu），皇后学院古典及东方语言教授，哥伦比亚大学中文系访问教授。他最近出版的著作是《儒者的进阶：传统中国的自传作品》（1990年）。他目前正在撰写一本关于中国女勇士的书。

于君方（Chün-fang Yü）是新泽西州立罗格斯大学的宗教学副教授，专门

---

① 该书即《北京：公共空间和城市生活》，由孔祥文翻译，中国人民大学出版社于2019年出版。——译者注

研究自唐朝起的中国佛教历史。她相继在中国台湾东海大学、哥伦比亚大学接受教育，并在哥伦比亚大学获得博士学位。其著作包括《中国佛教的复兴：袾宏与晚明的融合》（1981年），《宋代禅的教育：理想与程序》（1989年）和即将出版的《剑桥中国史》第8卷中有关明代佛教的章节。目前她正在撰写一本关于中国观音崇拜的著作①。

① 该书即《观音——菩萨中国化的演变》，陈怀宇等译，2012年由商务印书馆出版。——译者注